Ackr

—

Metafiktion und Ästhetik in Christa Wolfs „Nachdenken über Christa T.", „Kindheitsmuster" und „Sommerstück"

Für meinen Doktorvater, Peter J. Graves, zur freundlichen Erinnerung an diese Arbeit.

Ursula Ackrill

Ursula Ackrill

Metafiktion und Ästhetik in Christa Wolfs „Nachdenken über Christa T.“, „Kindheitsmuster“ und „Sommerstück“

Königshausen & Neumann

Bibliografische Information Der Deutschen Bibliothek

Die Deutsche Bibliothek verzeichnet diese Publikation in der Deutschen Nationalbibliografie; detaillierte bibliografische Daten sind im Internet über <http://dnb.ddb.de> abrufbar.

Gedruckt auf säurefreiem, alterungsbeständigem Papier
Umschlag: Hummel / Lang, Würzburg
Bindung: Buchbinderei Diehl+Co. GmbH, Wiesbaden

Printed in Germany
ISBN 3-8260-2809-0
www.koenigshausen-neumann.de
www.buchhandel.de

INHALT

EINLEITUNG 7

1. Christa Wolfs *Nachdenken über Christa T.*

1.1. Die metafiktionalen Eingriffe der Erzählerin 20

1.2. Das Verhältnis des Ästhetikideals der Christa T. zur vermittelnden Ästhetik der Erzählerin 26

1.3. Ausgeglichenheit als Gestaltungsprinzip in *Nachdenken über Christa T.* 31

1.4. Das ästhetische Selbstverständnis bei Christa T. und Tonio Kröger 47

1.5. Ästhetik und Metafiktion in *Nachdenken über Christa T.* 53

2. Christa Wolfs *Kindheitsmuster*

2.1. Die Problematik der Fiktionalität in *Kindheitsmuster* 60

2.2. Die Fiktionalisierung traumatischer Inhalte in Jurek Beckers *Jakob der Lügner* und Virginia Woolfs *Mrs Dalloway* 77

2.3. Die Eintracht von Ästhetik und Moral in *Kindheitsmuster* 93

2.4. Der metafiktionale Diskurs der Erzählerin 96

2.5. Die Integration der Realität in das ästhetische Gestaltungsprinzip 103

2.6. Der Anschein einer Peripetie 117

3. Christa Wolfs *Sommerstück*

3.1. Der Zerfall politischer Weltvorstellungen 122

3.1.1. Der Brand als dramatische Lösung 136

3.2. Der Verlust der ästhetischen Vision 141

3.2.1. Der selbstkritische Blick als dramatische Lösung 149

3.3. Das metafiktionale Spiel im Spiel in Christa Wolfs *Sommerstück* und Virginia Woolfs *Between the Acts* 156

3.4. Die Ästhetik von *Sommerstück* und die ontologisch instabilen Textstellen 167

SCHLUSS 173

BIBLIOGRAPHIE 183

EINLEITUNG

Die Ästhetik Christa Wolfs erregte kontroverses Aufsehen im Feuilleton der deutschen Presse, nachdem ihre im Juni 1990 veröffentlichte Erzählung *Was bleibt* das Medienereignis auslöste, das als ‚deutscher Literaturstreit' in die Geschichte eingegangen ist. Dieser Streit wurde vorerst durch eine moralische Beurteilung der Beziehungen gekennzeichnet, die zwischen den Intellektuellen der DDR und dem Machtapparat SED existiert hatten. Ab Oktober 1990 aber nahm er eine Wende: die Literaturkritiker Ulrich Greiner, Frank Schirrmacher und Karl Heinz Bohrer warfen den engagierten Literaten nicht lediglich privates moralisches Versagen vor. Der Nachkriegsliteratur wurde der ästhetische Wert insgesamt aberkannt.[1] Die extreme Empörung der Kritiker rührt nicht zuletzt von ihrer Enttäuschung über *Was bleibt* als den ersterschienenen Text aus der ehemaligen DDR. Dieser Haltung liegt offensichtlich die Hoffnung auf eine durchschlagende und sensationelle Abrechnung mit dem SED-Staat zugrunde, aber eine solche Erwartung macht den Kritikern schwer zu schaffen. Denn von einem fixen Erwartungshorizont aus bleiben die eigentlichen ästhetischen Koordinaten, nach denen sich die Prosa Wolfs richtet, außer Sichtweite. Das Verständnis von Ästhetik in meinen Interpretationen beruht auf der Poetik-Forschung Jürgen Petersens.[2] Seine distinktive Auslegung des wirklichen und des fiktionalen Seinsbereichs mit den zugeordneten unterschiedlichen Sprachregistern, die im Wirklichkeits- beziehungsweise im Fiktionalbewusstsein in Kraft treten, spielt in diesen Interpretationen eine wichtige Rolle. Davon ausgehend, dass die oben erwähnten Kritiker, Greiner, Schirrmacher und Bohrer, wäh-

---

[1] Ulrich Greiner setzt den Begriff „Gesinnungsästhetik" in Umlauf, der die Ästhetik der Prosa der Nachkriegsautoren abqualifizieren soll. „Gesinnungsästhetik" besagt, dass im Fall der engagierten Literatur die inhaltliche Teilhabe eines Textes an der politisch korrekten Gesinnung als ästhetisches Kriterium geltend gemacht worden ist.

Ulrich Greiner, Die deutsche Gesinnungsästhetik. In: Thomas Anz (Hg.), Es geht nicht um Christa Wolf. Der Literaturstreit im vereinten Deutschland. München 1991, S. 208-216.

Frank Schirrmacher, »Dem Druck des härteren, strengeren Lebens standhalten«. In: Thomas Anz (Hg.) 1991, S. 77-89.

Karl Heinz Bohrer, Die Ästhetik am Ausgang ihrer Unmündigkeit. In: Merkur 44 (1990) 10-11, S. 851-865.

Karl Heinz Bohrer, Kulturschutzgebiet DDR?. In: Merkur 44 (1990) 10-11, S. 1017.

Karl Heinz Bohrer, Die Grenzen des Ästhetischen. In: Wolfgang Welsch (Hg.), Die Aktualität des Ästhetischen. München 1993, S. 48-64.

Die Ästhetik, die Karl Heinz Bohrer anstelle der „Gesinnungsästhetik" fördern will, bleibt unüberzeugend, was sachbezogen der autarken Abgetrenntheit des Erhabenen in seinem Konzept anzulasten ist. Reinhard Baumgart und Ulrich Schmidt haben den Ursprung des Bohrerschen Konzepts in der klassischen Moderne gefunden, in der „asketische[n] Moderne auf ihrem Höhepunkt", und beziehungsweise in der Kunstdoktrin, die „der französischen Tradition des l'art pour l'art" verpflichtet ist.

Reinhard Baumgart, Der neudeutsche Literaturstreit. In: Heinz Ludwig Arnold (Hg.), Vom gegenwärtigen Zustand der deutschen Literatur. Text und Kritik, Heft 113. München 1992, S. 75.

Ulrich Schmidt, Engagierter Ästhetizismus. Über neudeutsche Literaturkritik. In: Arnold (Hg.) 1992, S. 90.

[2] Jürgen Petersen, Erzählsysteme: eine Poetik epischer Texte. Stuttgart & Weimar 1993 und Jürgen Petersen, Fiktionalität und Ästhetik: eine Philosophie der Dichtung. Berlin 1996.

rend des Literaturstreits „Gesinnungsästhetik" mit „»Gesinnungskitsch«" gleichsetzen, ist es angebracht, mit Petersen auf die ontologische Unterschiedlichkeit von Wirklichkeit und Fiktionalität zu verweisen.[3] Davon ausgehend kann sich Literatur nach Belieben mit wirklichen Sachverhalten, Denk- und Glaubensinhalten befassen, da die Elemente der Wirklichkeit im Übergang zur Fiktion zwangsläufig eine ontologische Modifizierung durchmachen. Der Wechsel vom Real- ins Fiktionalbewusstsein ist dem jeweiligen Rezipienten schon derart geläufig, dass der ontologische Unterschied zwischen den Seinsbereichen des Realen und des Fiktionalen meistens übersehen wird. Die Fiktionalisierung jedoch entzieht selbsttätig den wirklichen Inhalten ihre Wirksamkeit und stattet sie mit einer andersartigen ontologischen Qualität aus, so dass sie sich grundsätzlich ins ästhetische Wertsystem der Kunst integrieren lassen.

Die vorliegende Arbeit nimmt sich vor, die Ästhetik Christa Wolfs am Beispiel von drei Erzählungen zu studieren: *Nachdenken über Christa T.* (1968), *Kindheitsmuster* (1976) und *Sommerstück* (1989). Um das ästhetische Wesen der Texte nachzuvollziehen, wird auf jeden Text als auf ein funktionales Gefüge von Erzählverfahren eingegangen. Es geht darum, die Modalität des Zusammenhängens aller Prozeduren im einheitlichen ästhetischen Ganzen zu beschreiben. In diesem Sinn erwächst die Ästhetik eines Textes aus dem Ort der Übereinstimmung, der die einschlägige, als ästhetisches Wohlgefallen rezipierte Harmonie aller Einheiten im Text auslöst. Die gewählten drei Texte machen reichlich Gebrauch von Gestaltungsmitteln metatextueller Art. In der Prosa Wolfs ist die Autoreflexivität ihrer Texte ein augenfälliger Wesenszug, der bereits oft kommentiert worden ist. Es ist daher bedenklich, dass Wolfs ausgesprochen zeitgenössischer Umgang mit Fiktionalität während des Literaturstreits, als ihre Ästhetik in die Schusslinie der Kritik kam, nicht aufgegriffen wurde. Das liegt meines Erachtens daran, dass das Verhältnis zwischen der Autoreflexivität der Texte und deren Ästhetik noch ungewiss ist und weiterführender Erforschung bedarf. Diesem Verhältnis auf den Grund zu gehen, es in seiner Eigentümlichkeit zu verdeutlichen und zu erläutern, ist Ziel dieser Arbeit. Unter Autoreflexivität wird hier sowohl das Eingreifen der Erzählerin in die Fiktion, als auch das Vermögen einzelner Textelemente, die ästhetische Gesamttendenz der Erzählung zu widerspiegeln, verstanden. Die Gesamtheit der auktorialen Interventionen und der erzählreflexiven Vorkommnisse, die ich besprechen werde, kommt unter der Bezeichnung Metafiktion vor.[4] Metafiktion bedeutet wörtlich ein Textverfahren, bei dem die ontologische Grenze des Fiktionalen von Innen oder von Außen manipuliert wird, so dass sich die Erzählung aus sich heraus auf eine Metaebene begibt. Der

---

[3] Petersen bezeichnet die Differenz zwischen dem Real- und dem Fiktionalbewusstsein als ontologische, insofern sie zwei unterschiedliche Wahrnehmungen beim gleichen Subjekt verursachen.
Petersen 1993, S. 29 und
Petersen 1996, S. 35.

[4] Niall Lucy stellt fest, dass der Begriff Metafiktion seit den 70er Jahren für diese Erzählverfahren bezeichnend ist: „This was the term employed most widely to describe the peculiar self-legitimating features of the ‚new' literature (confined almost exclusively to prose writing) and, as the prefix ‚meta-' suggests, what it marked as ‚new' was a perceived preoccupation among American fiction writers of the time with the nature of fiction: ‚metafiction' refers, in short, to fiction that is about fiction."
Niall Lucy, Postmodern Literary Theory. An Introduction. Oxford 1997, S. 82-83.

Effekt, den metafiktionale Textverfahren verursachen, ist eine absehbare Destabilisierung des ontologischen Gleichgewichts.[5] Diese ontologische Instabilität wird für das Verständnis der Ästhetik Wolfs eine nicht zu überschätzende Rolle spielen.

Die Wahl der Texte für diese Arbeit fällt auf Erzählungen, die Wolfs kennzeichnende Ästhetik veranschaulichen und zugleich in ihren separaten Erzählsystemen eine Ästhetik eigenen Rechts aufweisen. In *Nachdenken über Christa T.* setzt Wolf an, durch die Hauptgestalt eine Ästhetik zu definieren, die sich mit ihrem Humanitätsdenken zusammenfügen lässt. Es wird sich herausstellen, dass Christa T. bewusst die Wahrnehmung von Fiktion mit der Gewissenhaftigkeit und dem Verantwortungsgefühl des Realbewusstseins imprägnieren will. Der Vorzug dieser Erzählung liegt darin, dass die Erzählerin von einer völlig unterschiedlichen Ästhetik Gebrauch macht, um die moralische Ästhetik Christa T.s zum Vorschein zu bringen. Die metafiktionalen Erläuterungen der Erzählerin erinnern an das auktoriale Erzählverhalten aus vormodernen Zeiten. Dadurch wird vermieden, dass die Stimme der Erzählerin Christa T. unversehens aufholt und aus dem Weg räumt; die Differenz der Ästhetiken garantiert, dass das diffizile Konzept Christa T.s unversehrt bleibt und zugleich durch den Kontrast mit der Ästhetik der Erzählerin schärfer hervortritt. Im Scheitern Christa T.s, eine moralische Ästhetik literarisch zu realisieren, führt Wolf die Grenzen dieser Ästhetik vor. Das Risiko liegt im Anspruch, aus der Perspektive der Nachkriegszeit eine originelle Ästhetik zu erschaffen, die das gewohnheitsmäßig eskapistische und folgenlose Rezeptionsverhalten konterkariert. Christa T. selbst kommt über einen theoretischen Umriss des Projekts nicht hinaus. Es fällt der Erzählerin zu, die Ästhetik Christa T.s auszuarbeiten. Sie erreicht das, indem sie das Wunschgebilde der Hauptgestalt im Lauf der Erzählung mit äußerster Sorgfalt nachzeichnet. Die Ästhetik bleibt unfassbar, doch die Ahnung von ihrem Wesen verstärkt sich unaufhaltsam. Wie eigenwillig Christa T. ihre Ästhetik konzipiert, kann am besten gegen die Folie einer klassischen Künstlernovelle erfasst werden. Der Vergleich mit Thomas Manns *Tonio Kröger* drängt sich zu diesem Zweck geradezu auf. Die Gegenüberstellung wird nahelegen, dass das Ästhetikideal Christa T.s sich mit programmatischer Präzision von den Kunstvorstellungen Tonio Krögers abgrenzt. Der Ausgleich zu der spröde anmutenden und dazu noch gescheiterten literarischen Absicht der Hauptgestalt wird durch zwei Kunstgriffe herbeigeführt. Metafiktion spielt in dieser Erzählung eine vermittelnde Rolle zwischen der relativ unzugänglichen Ästhetik Christa T.s und dem Leser. Das metafiktionale Spiel mit der Fiktionalität wirkt als Korrektiv der Entrücktheit. Der zweite Kunstgriff ist das Porträtieren der Hauptgestalt in Zügen, die sie dem familiären Künstlerbild der Spätromantiker oder der Literaten um die Jahrhundertwende angleicht. Der Leser reagiert auf den anheimelnden Gemeinplatz, der die konkrete Erscheinung dieser Gestalt ausmacht, und achtet ihr Ideal, obwohl es bis zuletzt außer Reichweite bleibt. Die Erzählung erreicht dadurch das Gleichgewicht, das die Komposition in der Schwebe zu halten vermag.

---

[5] Petersen unterscheidet zwischen stabilen Erzählsystemen, der „Verknüpfung epischer Elemente zu einem Text, in dem ihre funktionale Zuordnung zueinander und zur Thematik beibehalten wird, und zwar von Textbeginn bis zum Textende" (Petersen 1993, S. 95), und variablen Erzählsystemen, in denen die besagte Zuordnung durcheinander gerät. Eine der Formen erzählsystematischer Variabilität bezeichnet Petersen mit dem Begriff „textontologische Instabilität" (S. 113).

In *Kindheitsmuster* entwickelt Wolf die Ästhetik, die sie durch die Gestalt Christa T. eingeführt hatte. Die Erzählerin nimmt es in dieser Erzählung auf sich, den traditionellen Umgang mit Fiktionalität verantwortungsvoller zu gestalten. Die metafiktionalen Unterbrechungen der Erzählerin aus der Erzählzeit überwiegen im Verhältnis zur erzählten Zeit; sie lösen den Zusammenhang der Kindheitserinnerungen auf und bemächtigen sich der Vergangenheit durch unermüdliches Kommentieren, Interpretieren und Verarbeiten aus dem Nachhinein der Erzählzeit. Die Fiktionalität des Textes wird unterdrückt, da der Leser immer wieder dazu gebracht wird, das Geschriebene mit dem Realbewusstsein wahrzunehmen. Um die Originalität der Ästhetik zu demonstrieren, die Wolf durch ihren Umgang mit Fiktionalität verfolgt, werden in diesem Kapitel zwei Texte zum Vergleich herangezogen. Virginia Woolfs *Mrs Dalloway* und Jurek Beckers *Jakob der Lügner* handeln wie *Kindheitsmuster* auch von traumatischen Erfahrungen, mit denen die Hauptgestalten zurechtzukommen versuchen. Durch den Vergleich wird ersichtlich, dass die Erzählerin bei Wolf ein von Grund auf anderes Verhältnis zur Fiktionalität hat, da sie im Unterschied zu den Erzählinstanzen in den Texten von Woolf und Becker aus der Täterperspektive erzählt. Die metafiktionalen Unterbrechungen hängen in *Kindheitsmuster* eng mit der Ästhetik des Gesamttextes zusammen. Metafiktion lässt sich genaugenommen nicht mehr wie in *Nachdenken über Christa T.* als ‚Unterbrechungen' beschreiben, denn sie sprengt den Rahmen der Erzählzeit und bildet die Textsubstanz. Es wird in diesem Kapitel erörtert, wie Metafiktion sich dazu eignet, das Thema der Schuld an der deutschen Täterschaft ästhetisch zu realisieren. Die Ästhetik der Erzählung verbindet weiterhin das metafiktionale Verhindern der Fiktionalisierung mit einer radikalen Umgestaltung der faschistischen Vergangenheit aus der Perspektive der Erzählzeit. Die Erzählerin stellt die Umwelt Nellys und auch ihre gegenwärtige Umwelt aus einer Sichtweise dar, die ihrem Schuldgefühl und dem Wunsch nach Sühne entspringt. Die Analyse wird verdeutlichen, welche Konsequenz die erwünschte ästhetische Umarbeitung der Vergangenheit für die Erzählerin hat.

Im dritten Kapitel dieser Arbeit wird der Text besprochen, der die tiefgehendste politische Identitätskrise Wolfs bekundet. Der nachhaltige Effekt des Konfliktes, in den Wolf als Erstunterzeichnerin des Protestbriefs gegen die Ausbürgerung Wolf Biermanns mit der Partei geriet, ist in *Sommerstück* spürbar. Nachweislich fallen zusammen mit den politischen Überzeugungen der Erzählerin in *Sommerstück* auch ihre ästhetischen Anhaltspunkte weg, oder sie klingen bestenfalls im Hintergrund nach. *Sommerstück* registriert, wie die Erzählerin ihr Weltbild einbüßt, ohne dass sie diesem Verlust entgegenzuwirken vermag. Der Zusammenbruch des Weltbilds Ellens wird durch zwei parallel verlaufende Spannungsbögen inszeniert, die den Verlust ihrer politischen und ästhetischen Sicherheiten dramatisch darstellen. Die idyllische Kulisse des mecklenburgischen Dorfes, in dem Ellen und ihre Freunde Zuflucht suchen, vermittelt den Künstlergestalten ein trügerisches Gefühl von Geborgenheit. Das Abweichen vom früheren Glauben an den Sozialismus schärft jedoch Ellens Blick für die real existierende Verkommenheit des Dorfes, was unvermeidlich zu einem katastrophalen Ende des Idylls führt. Auch Ellens ästhetisches Selbstverständnis entgleitet ihr in zunehmendem Maß bis zu dem lösenden Schluss, wenn Ellen und ihre Freunde sich aus der Außenperspektive wahrnehmen und die Inauthentizität ihrer ästhetischen Vorstellungen erkennen.

Die Anfälligkeit der Gestalten, denen ihre Selbstkonstruktionen in Verlust geraten sind, wird metafiktional, durch die ontologische Destabilisierung des Textes ausgedrückt. Die Leistung des Textes, das Thema des Verlustes mit ontologischer Instabilität zu verquicken, wird im letzten Teil des Kapitels besprochen. Vorher wird ein anderer Gebrauch von Metafiktion in *Sommerstück* näher betrachtet, der als Gegengewicht zu den ontologisch instabilen Stellen fungiert oder sie zumindest ergänzt. Das Spiel im Spiel, das Theaterstück zum Malvenfest, weist in die Richtung einer Ur-Ästhetik und vertieft sich vorübergehend in die elementarsten Schichten des Erzählens. Um die Spezifität der Ästhetik des Theaterstücks vom Malvenfest zu ergründen, wird ein Vergleich zu einem Text von Virginia Woolf angestellt. In *Between the Acts* kommt ein Schauspiel vor, in dem Woolf klassisch moderne Kunstvorstellungen vorlegt. Eine vergleichende Betrachtung gibt weitreichend Aufschluss über die Unterschiede zwischen der Ästhetik, die Wolf verfolgt, und der Ästhetik der Moderne.

Es bleibt nun noch zu sehen, wo sich das ästhetische Modell Wolfs in das Spektrum der literaturgeschichtlich festgelegten Epochen eingliedert. Petersen bemerkt, dass Erzählphänomene wie das Spiel mit der Fiktionalität auf die Ästhetik der Moderne zurückführbar sind. Die Tendenz des Textes, sich selbst aufzulösen, wenn der Leser den Text mit dem Fiktionalbewusstsein und mit dem Realbewusstsein gleichzeitig aufnimmt, führe die seit der Frühphase der Moderne durchgehende Auflösungstendenz weiter. Petersen zufolge hatte in der vormodernen Dichtung jedes Textgebilde einen Sinnkern, und in Bezug auf ihn richtete sich das Funktionieren des gestaltenden Konzepts, der Bestand an Motiven, die Handlungsebenen, die Personenkonstellationen, alle Requisiten, die der Text aufnimmt, aus. Dieses auf den Sinnkern abgestimmte Funktionieren bildet die ästhetische Einheit in der Vielheit, wie Petersen das literarische Ästhetische formuliert. In der Moderne jedoch bricht Literatur mit der Ästhetik, die von ihrer Bedeutung her nachvollziehbare Texte herstellt. Bedeutungsverdünnung und -verweigerung, Themen- und Motivdiffundierung, Durcheinanderbringen der Zeitsequenz und Tempuswechsel innerhalb einer Episode sind Praktiken, die den Sinnmittelpunkt des vormodernen Texts abschaffen. Wie stellt sich nun die Einheit in der Vielheit in modernen Texten her? Petersen stellt fest, dass in der Moderne das Streben des Textes zum Diffusen und Inkohärenten den Mittelpunkt des Textes ausfüllt:

> In der literarischen Moderne besteht die Schönheit in der Funktionalität der Vielfalt selbst, darin, daß das Inkohärente und Diffundierende gleichwohl funktional und nicht ‚bloß' inkohärent und diffundierend, nämlich zusammenhanglos bleibt. Erst dort, wo die Elemente nicht mehr funktional wirken, stellt sich auch nicht mehr der Eindruck des Schönen ein.[6]

An die Stelle des geschlossenen Kunstwerks kommt in der Moderne das ‚offene', und es stellt den Leser vor die Aufgabe, statt bedeutungsmäßig nachvollziehbare Konstruktionen aufeinander zu beziehen, halbwegs festgelegte, instabile Textelemente funktional miteinander zu verbinden. Petersen interpretiert diesen Paradigmenwechsel als Ausdruck für den Verlust eines festen Weltbilds in der Moderne. In der Tat vollendete sich im Laufe des 20ten Jahrhunderts der von der Aufklärung begonnene Abbau der meta-

[6] Petersen 1996, S. 281.

physischen Fassungen. Psychoanalyse, Relativitätstheorie, Quantenmechanik, elektronische Revolution, das Erleben des Aufstiegs und Falls der faschistischen und später der sozialistischen Ideologie müssen den Menschen mit „der beliebigen Herstellbarkeit von Welt und Wertsystemen“[7] konfrontiert haben. Die Selbstkenntnis des Menschen als Subjekt der Geschichte kommt ihm jedoch mit dem Nachteil zu, sich nur einen begrenzt gültigen Überblick über die veränderliche Welt verschaffen zu können. Dieses Erlebnis soll die Rezeption von moderner Literatur spiegeln, die vom Leser verlangt, dass er sich in eine Funktionseinheit des Inkohärenten einliest.

Ein In-der-Schwebe-Bleiben wird bei der Ästhetik von *Nachdenken über Christa T.* und von *Sommerstück* festgestellt werden, so dass man Petersens Überlegungen über die Prämissen moderner Ästhetik zusammen mit der Wolfschen Ästhetik ins Auge fassen sollte. Es stellt sich heraus, dass Petersens Gleichung im Fall Wolfs nicht aufgeht. Man kann zwar bei Wolf textontologische Instabilität auf mehreren Textebenen beobachten. Wenn der Text den Leser dazu bringt, beim Lesen aus dem Fiktionalbewusstsein ins Realbewusstsein zu wechseln, hebt der Text die ontologische Grenze zwischen den beiden Wahrnehmungsmöglichkeiten auf und induziert den Eindruck von der Instabilität des Ganzen. Das Manipulieren der Grenze zwischen ontologisch abgetrennten Bereichen demonstriert vor den Augen des Lesers die Formbarkeit des literarischen Textes, sowohl von Seiten der Herstellung als auch der Rezeption. Und doch kann Wolf mit der literarischen Moderne nicht vollständig übereinstimmen, da ihr Weltbild, obzwar metaphysisch nicht determiniert, einer Gesellschaftstheorie mit universalem Geltungsanspruch, dem Sozialismus, verpflichtet ist.[8] Es stellt sich die Frage, was für moderne Textgestaltung ohne Adhäsion zur Moderne (im soziologischen Sinn) übrig bleibt. Meiner Einsicht nach ist die von Petersen gezogene Parallele zum Verlust des festen Weltbilds ein Interpretationsvorschlag, der die Ästhetik mancher Autoren um ein geschichtliches Korrelat bereichert. Jedoch nicht die Ästhetik Wolfs. Es wäre falsch, Wolf, auf deren Erzähltechnik Petersens Beschreibung des Modernen passt, wegen den Inhalten ihrer Prosa abzuqualifizieren. Abgesprochene Inhalte können nicht als ästhetische Maßstäbe zugelassen werden.

Nun trifft es zu, dass der amerikanische Kritiker Brian McHale in seinem *Postmodernist Fiction* ein umfassendes Register von postmodernen Erzähltechniken aufgestellt hat. McHale bespricht unter diesem Sichtpunkt nicht nur Nachkriegsliteratur, sondern stellt vormoderne, moderne und postmoderne Beispiele von Textgestaltung nebeneinander. Von ihrer zeitlichen Provenienz her überschneiden sich die Texte, die McHale und Petersen besprechen. Auch zeigen beide Kritiker Interesse für das Phänomen, das bei Petersen textontologische Instabilität, bei McHale ontologische Grenzüberschrei-

[7] Petersen 1993, S. 26.

[8] Dieses Argument bringt Heinrich Mohr vor, wenn er von Wolfs „formaler Modernität“ spricht aber dann aufgrund der politischen Überzeugung Wolfs findet, dass der Text ohne „die ‚moderne‘ Brechung des Unglaubens“ nicht zur Tradition der Moderne gehört.
Heinrich Mohr, Produktive Sehnsucht. Struktur, Thematik und politische Relevanz von Christa Wolfs „Nachdenken über Christa T.“. In: Angela Drescher (Hg.), Christa Wolf: Ein Arbeitsbuch. Studien - Dokumente - Bibliographie. Berlin & Weimar 1989, S. 42 und S. 46.

tung, um „to foreground the ontological structure",[9] genannt wird. Im Grunde passen die meisten in meiner Interpretation beschriebenen metafiktionalen Gestaltungsmittel Wolfs in die eine oder andere Kategorie aus McHales ausführlich angelegtem Register.[10] Was McHale und Petersen jedoch unterscheidet ist Terminologie: dieselbe Erscheinung bezeichnet Petersen als modern, McHale dafür als postmodern. Petersen zufolge entwickelt sich diese Prozedur als Weiterführung der Auflösungstendenzen in der modernen Literatur, McHale dagegen sieht darin eine Abkehr von moderner Textgestaltung. Obwohl sich diese Termini zur Verwendung anbieten, werde ich möglichst wenig Gebrauch von ihnen machen. Meines Erachtens kann die Entscheidung darüber, ob das Attribut modern oder postmodern zu Wolfs Prosa passt, an sich nicht viel mehr Licht in eine detaillierte und auch vergleichende Analyse der Erzählsysteme und Ästhetik Wolfs bringen. Für die Analyse kommt man über weite Strecken ohne Bezug auf die Moderne oder die Postmoderne aus. Es muss immerhin gesagt werden, dass mich insbesondere Phänomene der Textgestaltung interessieren, die Ähnlichkeiten mit den Prozeduren in der Studie McHales haben. Ich bin auch geneigt, eher dem Argument McHales für die Postmodernität jener Textstrategien zu folgen, als mit Petersen anzunehmen, dass sie die Weiterführung der sprachexperimentellen Vexierbilder der Moderne betreiben. McHale zufolge wenden sich die Nachkriegsautoren, denen seine Studie gilt, gegen Institutionen, die ihre Blütezeit in der ersten Hälfte des Jahrhunderts erreicht hatten. In der modernen Ästhetik, so McHale,

> [t]he communicative circuit becomes oblique, narrative seduction becomes indirect, rather than direct; ‚showing' replaces ‚telling' [...]. Rather than engaging the reader in face-to-face discourse, modernism turns its back on the reader, and requires him to *infer* all the things that that turned back might signify.[11]

Es ging einfach und ohne avantgardistische Allüren um das Prinzip der Abwechslung, als der *unreliable narrator* und das personale Erzählverhalten - der Leser ist der begrenzten Sichtweise einer Person ausgeliefert, wie in der Prosa Kafkas oder in Büchners *Lenz* - mit allwissenden Gaukeleien ersetzt wurden. Ich ziehe es trotzdem vor, die Erzähleinheiten bei Wolf ohne das Attribut postmodern zu beschreiben, da es literaturtheoretisch noch sehr umstritten ist und, wo verwendet, in Konfusionen verstrickt vorkommen kann.

---

9 Brian McHale, Postmodernist Fiction. London & New York 1987, S. 39.

10 Das Erzählen und darauffolgend das Streichen einer Episode, zum Beispiel, in meiner Interpretation mit Chaucers Occupatio verglichen (siehe 1.3.), führt McHale auf Derridas Setzung einiger Wörter in seinen Schriften *sous rature* zurück, wobei jene Wörter durchgestrichen werden, doch hinter den Balken, die sie durchkreuzen, immer noch lesbar sind (McHale 1987, „Worlds Under Erasure", S. 99 - 111). In seinem Kapitel „Chinese Box Worlds" bespricht McHale Verschachtelungen der Erzählebenen, darunter Metalepse, „the violation of narrative levels [...] between the nested narrative and the primary narrative, violating and thus foregrounding the hierarchy of ontological levels" (S. 120) und das Trompe-l'œil (S. 115). Unter Metalepse könnten alle Belegstellen verstanden werden, die, wie die auktorialen Äußerungen der Erzählinstanzen bei Wolf, gegen die Hierarchie der Erzählebenen verstoßen. Als Trompe-l'œil kann in „Nachdenken über Christa T." die Traumbegegnung der Erzählerin mit Christa T. beschrieben werden, oder in „Sommerstück" das Verwirren des Zeit- und Raumgefühls im Theaterstück auf dem Malvenfest und auch außerhalb des Spiels im Spiel.

11 McHale 1987, S. 223.

Vom ästhetischen Standpunkt müsste man unter ‚postmodern' in Prosa eine Erzählkunst verstehen, die, wie der Name sagt, gegen die Moderne gerichtet ist. Genaugenommen ist postmoderne Prosa nicht direkt gegen die Moderne gerichtet, sondern vielmehr gegen die elitär-ablehnende Haltung der Modernen gegenüber vormodernen Erzählstilen, dem Eingehen auf Geschichte, Schreiben für ein breites und gemischtes Publikum, Textkonstruktion, die sich nicht zu ernst nimmt.[12] Wolfs Texten wird von den meisten Kritikern die Modernität anerkannt und zugleich wird auf ihre Nicht-Zugehörigkeit zur Postmoderne gepocht. Das könnte dabei belassen werden, würden die Kritiker ihr Urteil nicht auf Erwägungen erzählinhaltlicher Natur stützen. Statt auf dem Niveau ästhetischer Kriterien zu argumentieren, werden die Texte Wolfs nach inhaltlichen Korrespondenzen gewöhnlich mit Ideen des französischen Poststrukturalismus abgesucht, geradezu so, als ob der Ideenaustausch mit einer philosophischen Richtung ästhetische Garantien bieten könnte. Dabei ist bekannt, dass für die Ästhetik fiktionaler Sprachgestaltung noch so informierte Inhalte nur das Material sind, aus dem die Form des Textes erarbeitet wird. Wolfgang Emmerich zum Beispiel attestiert der Prosa Wolfs „die Signaturen modernen Erzählens"[13] auf ästhetischer Basis, um Jahre später derselben Prosa das Attest postmoderner Zugehörigkeit auf nicht-ästhetischer Basis abzulehnen. Emmerich bestimmt, dass DDR-Autoren, deren Texte sich vom Sozialismus als Utopie mit negativen bis vernichtenden Urteilen abwenden, den Übergang zur Postmoderne schaffen, während die anderen, die am sozialistischen Weltbild festhalten, in der Moderne zurückbleiben.[14] Der Kritiker geht da von einer soziologischen Stellungnahme aus, man denkt an Lyotards Definition der Postmoderne als skeptische Los-

[12] In dieser Hinsicht sind die aufschlussreichen Studien der amerikanischen Kritikerin Ingeborg Hoesterey bahnbrechend. Hoesterey betrachtet die Postmoderne als Periodenstil, der neben anderen Periodenstilen die Literatur des 20. Jahrhunderts durchzieht: „Daß ‚postmodern literature' nunmehr zum Kanon der Anglistik- bzw. Amerikanistikprogramme gehört, ist ein weiteres Indiz für den historisierbaren Status der ästhetischen Postmoderne. Anti-modern meinte vorwiegend die Ablösung von einem bestimmten Moderne-Code, nicht eine Verabschiedung der Moderne als soziopolitisch definierter Makro-Epoche, deren Beginn jeweils eine Funktion des Diskurses ist, der sie entwirft. (Moderne als Zeit nach der Antike, Moderne als Frühe Neuzeit, als Aufklärung.) Periodenstile hingegen sind Übereinkünfte als Arbeitsbegriffe, die künstlerische Praktiken sortieren und dabei die Makro-Ebene geschichtsphilosophischer Betrachtung größtenteils unbeachtet lassen."

Ingeborg Hoesterey, Ästhetische Postmoderne und deutschsprachige Literatur. In: Robert Weininger und Brigitte Rossbacher (Hg.), Wendezeiten - Zeitwenden. Positionsbestimmungen zur deutschsprachigen Literatur 1945-1995. Tübingen 1997, S. 104.

Vgl. Ingeborg Hoesterey, Postmodern Bricoleurs: the New Syncretism in German Studies. In: German Studies Review 14 (1991) 3, S. 587-596;

Ingeborg Hoesterey, Critical Narratology. In: Text and Performance Quarterly 11 (1991) 3, S. 207-216;

Ingeborg Hoesterey, Postmodern Pastiche: a Critical Aesthetic. In: The Centennial Review 39 (1995) 3, S. 493-510.

[13] Wolfgang Emmerich, Der verlorene Faden: Probleme des Erzählens in den siebziger Jahren. In: Uwe Peter Hohendahl und Patricia Herminghouse (Hg.), Literatur der DDR in den 70er Jahren. Frankfurt am Main 1983, S. 157.

[14] Wolfgang Emmerich, Gleichzeitigkeit. Vormoderne, Moderne und Postmoderne in der Literatur der DDR. In: Heinz Ludwig Arnold (Hg.), Bestandsaufnahme Gegenwartsliteratur, Sonderband Text und Kritik. München 1988, S. 209.

sagung von allen *meta-narratives*, und überträgt diese auf die Ästhetik der Literatur. Doch das historische Individuum, das postmoderne Soziologen meinen, ist nicht mit den Erzählinstanzen und Figuren in der Fiktion zu verwechseln. Das erste existiert im Realbewusstsein, die zweiten im Fiktionalbewusstsein. Sie befinden sich, wie McHale und Petersen es ausdrücken würden, auf ontologisch verschiedenen Ebenen.

Ein ähnliches Problem wirft Karen Leeders Einschätzung von Wolfs Ästhetik der „subjektiven Authentizität" auf: da Wolfs Subjekt die Möglichkeit utopischer, das heißt sozialistischer, Aspiration repräsentiert, stimmt es mit dem integralen Individuum der Moderne überein. Darin unterscheide Wolf sich radikal von der jüngeren Autorengeneration, für die jenes Subjekt keine Glaubwürdigkeit mehr hält: „Rather than expressing affinities with the alienated subject of Romanticism, these writers attack the illusion of an autonomous subject and the fiction of a direct lyric voice."[15] Wenn Emmerich ein Konzept aus der Soziologie in die Literatur überträgt, so geschieht hier eine Übertragung aus dem Poststrukturalismus. Die Aufdeckung des Logozentrismus durch Derrida als selbstherrlicher Irrtum bezieht sich nämlich auf das geschichtliche Subjekt der westlichen Kultur, und das Sprachregister, in dem wir damit umgehen, ist das des Realbewusstseins. Die poststrukturalistische Kritik am Subjekt wird bei Leeder zum ästhetischen Kriterium für Fiktion erhoben. Beiden Übertragungen, Emmerichs und Leeders, muss man entgegenhalten, dass die bei Wolf als fehlend bemängelten Inhalte, bei den postmodern eingestuften Autoren Thema sind, und nicht ästhetisches Gestaltungsmittel. Ob sich ein Autor thematisch aus der Philosophie, aus der Literatur oder aus der Wirklichkeit inspiriert, steht ihm bekanntlich frei. Bedeutend ist, ob er von den avanciertesten Gestaltungsmitteln diejenigen auszuwählen versteht, die seine Literatur am besten an das Publikum heranbringen. Man kann bei Übertragungen aus anderen Diskursen auf Literatur in recht verzwickte Lagen kommen. Tatsächlich hat der Poststrukturalismus mehr mit der Moderne gemeinsam, als mit der Literatur, die McHale als postmodern beschreibt. Als Thema beschäftigte sich die Moderne seit Beginn des 20. Jahrhunderts bis heute, bei ihren zeitgenössischen Repräsentanten, mit der hermetischen Verschlüsselung des Selbst in Metaphern. Die Auflösung der sprechenden Instanz in Sprache bis zu Identitätsverlust und Unkenntlichkeit ist ein Anliegen, das nicht mehr neu ist. Denn das Zerrbild des lyrischen und epischen Ich hatten wir schon in den Sprachexperimenten der Avantgarden, in der konkreten Poesie.

Eine Interpretation, die auf Gemeinsamkeiten der DDR-Prosa mit der Postmoderne achtet, legt Dieter Sevin vor. Problematisch sind an dieser Interpretation die Begriffe des Kritikers für Moderne und Postmoderne, da ihre Bedeutung sich mit der postmodernen Theorie, aber nicht auch mit der Literaturwissenschaft deckt. Eine Bewegung in Richtung Postmoderne identifiziert Sevin in folgender Entwicklung:

> Die für die Moderne kennzeichnende Einstellung einer emphatischen Zuversicht, des Glaubens an die Möglichkeit einer Erneuerung und eines Neuanfangs, jener grundsätzlich optimistische Glaube an den Fortschritt der menschlichen Gesellschaft schlechthin [...] muß in der Postmoderne der ernüchternden Ein-

---

[15] Karen Leeder, ‚eine abstellkammer des authentischen': Postmodernism and Poetry in the New Germany. In: Arthur Williams und Stuart Parkes (Hg.), The Individual, Identity and Innovation: Signals from Contemporary Literature and the New Germany. Bern 1994, S. 206.

sicht weichen, daß die Möglichkeit eines solchen Fortschritts als begrenzt, wenn nicht schon als erschöpft angesehen werden muß.[16]

Sevin charakterisiert hier den Moderne-Begriff aus dem postmodernen soziologischen Diskurs, denn Literaturwissenschaftler haben den Antagonismus zwischen moderner Zivilisation und Kunst mehr als ein Jahrhundert früher, dem Zeitalter der Industrialisierung - 19tes bis Mitte des 20ten Jahrhunderts -, zugeordnet. Seit der Romantik äußern Künstler rationalitäts- und zivilisationskritische Ideen, die in den Gegenströmungen zum Naturalismus und vor allem im Expressionismus betont zur Sprache kommen. Diese Moderne verwarf das positivistische Weltbild, sah den zivilisatorischen Fortschritt als unheilvollen geistverachtenden Verfall und stand der Welt der Bürger in Respektverweigerung verbissen gegenüber. Im Verhältnis zum modernen Zeitalter ist dessen Literatur vom Ansatz her, seit dem Aufschwung des Kapitalismus, post-modern. Es scheint etwas anachronistisch, Wolfs Prosa für die Behandlung eines Themas zu loben, das bei Novalis vorkommt. In Hinsicht auf die sozialistische Utopie spezifisch argumentiert Sevin ähnlich Emmerich, dass Wolfs zunehmende Skepsis sie zum Übergang zur Postmoderne befähigt hätte, wenn ihr „ideologischer Optimismus" nicht überwiegen würde. Es ist aber fraglich, inwiefern Wolfs sozialistisches Engagement mit den *meta-narratives* - den großen Lehren, wie sie von Lyotard verstanden werden - vergleichbar ist. Es geht bei ihr nämlich nicht um das Vereinheitlichende am Theoriegebäude, das alle Eventualitäten des Realen einem Lösungsprinzip unterwirft. Ihr Interesse am Sozialismus ist hauptsächlich moralisch,[17] da Sozialismus sich als Alternative zum latent faschistischen Kapitalismus anbot. Sozialismus in Theorie bedeutet für Wolf, wie sie es ausdrückt, Vernunft, wobei Faschismus „das Äußerste an Unvernunft"[18] genannt wird. Offensichtlich meint sie mit Sozialismus nicht den Fortschrittsoptimismus oder die technokratisch ausgelegte Vernunft im DDR-Sozialismus.[19] Ihre zivilisationskritischen Stellungnahmen und die Warnungen vor dem Instrumentalisieren der Vernunft sind mit ihrem Glauben, der pauschal als Glaube an utopischen Sozialismus bezeichnet wird, nur dann vereinbar, wenn man unter ‚Sozialismus' das nächstbeste Wort für eine im Verhältnis zur jüngsten deutschen Vergangenheit moralisch erneuerte Gesellschaft versteht. Es ist unmöglich, das Eingehen auf dieses Thema in Fiktion einer literaturgeschichtlichen Epoche, ob modern oder postmodern, zuzuteilen. Das kann man nur im Hinblick auf die Art der Darbietung versuchen.

---

[16] Dieter Sevin, Textstrategien in DDR-Prosawerken zwischen Bau und Durchbruch der Berliner Mauer. Heidelberg 1994, S. 241.

[17] Vgl. Peter J. Graves, Christa Wolf and the Concept of Morality. In: I.K.J Williams (Hg.), GDR: Individual and Society. London 1987, S. 115 - 123.

[18] Christa Wolf, Nachdenken über Christa T. München 1999, S. 34. Weiterhin abgekürzt als N, Seitenangaben in Klammern.

[19] „Wir, ernüchtert bis auf die Knochen, stehn entgeistert vor den vergegenständlichten Träumen jenes instrumentalen Denkens, das sich immer noch Vernunft nennt, aber dem aufklärerischen Ansatz auf Emanzipation, auf Mündigkeit hin, längst entglitt und als blanker Nützlichkeitswahn in das Industriezeitalter eingetreten ist."
Christa Wolf, Von Büchner sprechen (1980). In: Die Dimension des Autors. Essays und Aufsätze, Reden und Gespräche 1959-1985. Darmstadt und Neuwied 1987, S. 612.

Es gibt bei Sevin ein parallel verlaufendes ästhetisches Argument, das nun näher betrachtet werden soll. Der Kritiker verbindet „den Glauben an die Möglichkeit einer Erneuerung und eines Neuanfangs“[20] der Moderne - im soziologischen Sinn - mit der Suche der literarischen Moderne nach künstlerischer Innovation[21] und künstlerischer Authentizität.[22] Sevin konstatiert diese Tendenzen in der Prosa Wolfs und fügt noch Wolfs Glauben an die kreativen Möglichkeiten und Aufgaben der modernen Prosa hinzu,[23] um den Beweis ihrer Zugehörigkeit zur Moderne abzurunden. Wir hatten jedoch festgestellt, dass die Bemühung um einen gesellschaftlichen Neuanfang vom Wunsch nach moralischer Erneuerung motiviert ist. Moralisch motiviert ist auch die Ästhetik, die Wolf zu realisieren versucht. Es ist eine völlig neue Ästhetik, die der Tradition misstrauisch gegenübersteht, jedoch mit dem meist amoralischen Streben der Modernen nach Innovation nichts gemeinsam hat. Die moralische Unbedingtheit, die Wolfs Erzählinstanzen von ihrer Ästhetik abverlangen, ist das Hauptthema und fungiert zugleich als unerreichbares Ideal. Dass die Ästhetik, die Wolfs Texten obliegt, keine innovationsversessene sein kann, beweist der vielfältige Intertext, den ihre Texte entwickeln. Bezüge zu Texten der Tradition einzubauen und sogar von der Dichtung von Autoren vergangener Epochen inspiriert zu werden, wäre für den modernen Autor indiskutabel. Was nun den Glauben Wolfs an die Möglichkeiten ihrer Prosa betrifft, muss man sich fragen, ob es in der Geschichte der Literatur einen nennenswerten Autor gibt, der nicht an sein Metier glaubt. Damit sei gesagt, dass der Glaube des Autors an die Literatur keine epochenspezifische Eigenschaft ist. Es stellt sich heraus, dass die Kriterien, nach denen Sevin *Nachdenken über Christa T.* der modernen Prosa angleicht, fragwürdig sind. Dem Kritiker zufolge ist dieser Text aber vielmehr ein Übergangswerk der Moderne zur Postmoderne, da er auch postmoderne Züge an den Tag legt. Darunter versteht Sevin postmoderne Skepsis und Sprachskepsis beziehungsweise Argwohn gegenüber herkömmlichen Schreibweisen.[24] Mit postmoderner Skepsis ist hier die Kritik umrissen, die Wolf der westlichen Zivilisation, der instrumentalen Rationalität und dem DDR-Sozialismus entgegenbringt. Doch ist die Ähnlichkeit dieser Ideen, mit dem Ideengut, das schon modernen Autoren geläufig war, unübersehbar. Die Sprachskepsis und der Argwohn gegenüber der Tradition wiederum sind Schwierigkeiten, die alle Erzählinstanzen bei Wolf durch beharrliches Weiterschreiben im Glauben an die Möglichkeiten der Sprache immer wieder aus dem Weg schaffen, was schließlich ein prekäres Gleichgewicht im Verhältnis der Erzählebenen und der Inhalte entstehen lässt. Außerdem ist Sprachskepsis, wenn man an die hermetischen Traditionen der modernen Poesie oder an von Hofmannsthals Brief des fiktiven Lord Chandos an Francis Bacon denkt, eher ein Zeichen der Moderne. Man kann also auch diese Kriterien nach ihrer Angemessenheit zur Bestimmung der postmodernen Epochenzugehörigkeit dieses Textes befragen.

Es gibt auch Versuche, die Texte Wolfs ohne Rücksichtnahme auf Ästhetik dem Poststrukturalismus anzunähern. Dieter Saalman zum Beispiel ‚übersetzt‘ Ideen aus den

---

[20] Sevin 1994, S. 241.

[21] Ebenda, S. 243.

[22] Ebenda, S. 245.

[23] Ebenda, S. 246.

[24] Ebenda, S. 247.

fiktionalen Texten und aus den Essays Wolfs ins Vokabular der Systemtheorie Derridas.[25] So wird Wolfs Begriff von Spuren[26] der Derridaschen „Spur“ gleichgesetzt und Wolfs - Saalman zufolge - nicht determinierter Begriff vom Sozialismus wird Derridas Terminus „différance“ nebeneinandergestellt. Andere Begriffe Derridas, mit denen Wolfs Ideen neu formuliert werden, sind: Präsenz, Non-Präsenz, das Andere, dezentriertes Ich, der blinde Fleck, die Dichotomie Innen-Außen, und andere.[27] Man bemerkt, dass die Bedeutungen von Begriffen aus verschiedenen Diskursen, Fiktion und Philosophie, amalgamiert werden. Dabei wird die Fiktionalität der Texte Wolfs verfehlt. Aus diesem Grund kann ich die Dekonstruktion, die in den 90er Jahren in der Literaturwissenschaft Terrain gewonnen hat, als Methode nicht verwenden. Die Dekonstruktion, der literaturwissenschaftliche Zweig des Poststrukturalismus, geht von der Spaltung zwischen Sprache und Welt, Wort und dem von ihm bezeichneten Ding aus und folgert daraus die Unbestimmbarkeit der Bedeutung der literarischen Sprache. In dieser Hinsicht schließe ich mich dem Argument Jürgen Petersens an:

> Ich habe keine Einwände gegen das als Dekonstruktion bezeichnete Verfahren, die changierenden Bedeutungsmöglichkeiten freizulegen und auf diesem Wege Dichtung aus dem Bereich fixierbarer Wirklichkeitsaussagen zu lösen. [...] Denn auf diese Weise gewinnt [Paul] de Man das Poetische als Spezifikum zurück und grenzt es aus dem auf Wirklichsein hin angelegten Sprechen des Alltags und der Verständigung über Realien aus. Aber insofern er unter Sprache die Fixierung von Bedeutung im Sinne von Eindeutigkeit und Durchbestimmtheit versteht, verkennt er nicht nur das Wesen der Sprache, sondern letztlich auch das der Dichtung, da er dieser einen Bedeutungsgehalt absprechen muß, weil sie in der Tat nichts in vollkommener Präzision aussagt.[28]

Tatsächlich ist literarische Sprache im Gegensatz zur Sprache, wie sie in der Kommunikation in Wirklichkeit verwendet wird, auf Polyvalenz und Doppelbödigkeit hinaus formuliert. Doch von diesem vielfältigen, changierenden Umfeld des Textes auf seine Bedeutungslosigkeit zu schließen, geht zu weit. Denn, obwohl durch seine Natur polyvalent, kann ein literarischer Text doch meistens verstanden werden. Die Polyvalenz seines Bedeutungsfelds reduziert ihn nicht auf Unverständlichkeit und Unlesbarkeit. Die Dekonstruktion hat Recht zu behaupten, dass es unmöglich ist, alle Bedeutungen eines Textes im Einzelnen festzulegen. Petersen jedoch hebt hervor, dass die Erfahrung des Lesens trotz multipler Bedeutungen und Bedeutungsveränderung immerhin ein Verstehen zulässt, auch wenn es partiell bleiben muss. Den Unterschied macht das Wechseln des Lesers ins Fiktionalbewusstsein, das eine andere Wahrnehmung als die Wirklichkeit operiert. In der Sprache der Wirklichkeit würde undurchsichtige Polyvalenz in Unverständnis resultieren. Im Fall der literarischen Sprache macht der facetten-

---

[25] Dieter Saalman, „We Erect Our Structure in the Imagination Before We Erect It in Reality“ (Karl Marx, *Das Kapital*). Postmodern Reflexions on Christa Wolf. In: The Germanic Review 67 (1992), S. 159 - 165.

[26] „*Aber was sind Tatsachen?* Die Spuren, die die Ereignisse in unserem Inneren hinterlassen.“ (N, 169).

[27] Vgl. Jacques Derrida, Die Schrift und die Differenz. Frankfurt am Main 1972.

[28] Petersen 1996, S. 247 - 248.

reiche Bedeutungsspielraum aber gerade den Reiz der Rezeption aus. Der Dekonstruktion entgeht diese Differenz zwischen Wirklichkeits- und Fiktionalbewusstsein. Dazu ist es nicht das Ziel dieser Arbeit, die Bedeutungsmöglichkeiten der Prosa Wolfs zu erarbeiten, sondern auf der subjektiven Basis einer Bedeutungsversion einige Erzählsysteme dieser Prosa zu beschreiben.

DANK

Mein Dank für die wohlwollende Unterstützung bei dieser Arbeit gilt meinem Doktorvater, Mr Peter J. Graves. Seine konstruktive Beratung und Kritik haben mich ermutigt, diese Argumente auszuarbeiten und die Dissertation fertigzustellen. Aus unseren lebhaften Gesprächen über das Wesen der Fiktion und ästhetischen Wert habe ich Inspiration und immer wieder neue Einsichten gewonnen.

Danken möchte ich auch Robert Ackrill, dessen tätiger Enthusiasmus für sein Forschungsprojekt eine günstige, oft fördernde Wirkung auf meine Arbeit hatte. Schließlich will ich mich bei allen literaturkundigen Freunden bedanken, die im Lauf der Jahre ihre Ideen in vielen anregenden Gesprächen geteilt haben.

1. Christa Wolfs *Nachdenken über Christa T.*

1.1. Die metafiktionalen Eingriffe der Erzählerin

Im Titel der Erzählung *Nachdenken über Christa T.* wird die Struktur dieser Erzählung angegeben. Der Leser versteht von vornherein, dass eine Differenz zwischen der Zeit, in der die Erzählung zustande kommt und der Zeit, von der die Erzählung handelt, existiert. Die Bewegungsfreiheit der Erzählerin zwischen der Erzählzeit und der erzählten Zeit wird innerhalb dieser Erzählung in einer ostentativen Manier vorgeführt,[1] so dass KritikerInnen sich vielfach dazu geäußert haben. Es gibt zwei Argumente, die in der Sekundärliteratur immer wieder auftauchen: obwohl bekannt ist, dass die Gestalt Christa T. einer verstorbenen Jugendfreundin Wolfs namens Christa Tabbert abgewandelt wurde, wird über eine mögliche Identität zwischen der Erzählerin und Christa T. als ihrem *alter ego* reflektiert. Das zweite Argument, dem die Mehrheit der Kritik zustimmt, ist die ausdrückliche Absage an die Möglichkeit, dass die Erzählerin den Standort der Allwissenheit einnehmen könnte. Über diese beiden Argumente und einen möglichen Zusammenhang der beiden soll vorerst die Rede sein.

Die Erzählperspektiven, die Christa Thomassen im Text identifiziert, sind jene der innenperspektivischen Erzählweise, wenn die Erzählerin als eine der Handlungsebene angehörige und den Stoff erzählende Person erscheint, und jene der außenperspektivischen Erzählweise, wodurch die Erzählerin Distanz von der Handlungsebene nimmt, sich auf die Reflexionsebene begibt und die Handlung überblickt. Im Verhältnis der Erzählerin zur Hauptgestalt erkennt auch Barbara Einhorn zwei Standpunkte: „dedans", als wären die Erzählerin und Christa T. identisch, und „dehors", als wären sie zwei verschiedene Personen. Doch, anders als Thomassen, meint Einhorn, dass der Zugang der Erzählerin zum Innenleben der Hauptgestalt mit der ungeklärten Identitätsfrage der beiden zusammenhängt.[2] Wenn sie identisch sind, kann die Erzählerin natürlich wissen, was ihr *alter ego* denkt. Hans Mayer begründet die Möglichkeit, dass Erzählerin und Figur identisch wären, mit der literarischen Verbindung zwischen ihnen als Germanistinnen und Schriftstellerinnen. Mayer zufolge sei es unvermeidlich, dass die Erzählerin sowohl die Texte als auch die erzählten Begebenheiten aus dem Leben Christa T.s sprachschöpferisch mitbestimmt hätte. Dies habe zur Folge, dass die Grenzen zwischen den beiden Figuren im Verschwinden begriffen seien.[3] Alexander Stephan interpretiert das komplexe Verhältnis zwischen erzählter Figur, Erzählerin und Autorin als Identi-

---

[1] Christa Thomassen spricht von einem „ständigen Springen zwischen Zeit- und Reflexionsebene"; Chloë Paver macht in der „fluidity of perspective" einen Grundzug des Textes aus.
Christa Thomassen, Der lange Weg zu uns selbst. Christa Wolfs Roman „Nachdenken über Christa T" als Erfahrungs- und Handlungsmuster. Kronberg 1977, S. 50ff.
Chloë Paver, Narrative and Fantasy in the Post-War German Novel. A Study of Novels by Johnson, Frisch, Wolf, Becker, and Grass. Oxford 1999, S. 95.

[2] Barbara Einhorn, Der Roman in der DDR 1949 - 1969: die Gestaltung des Verhältnisses von Individuum und Gesellschaft: eine Analyse der Erzählstruktur. Kronberg 1978, S. 455.

[3] Hans Mayer, Christa Wolf: „Nachdenken über Christa T." [Rezension]. In: Manfred Behn (Hg.), Wirkungsgeschichte von Christa Wolfs „Nachdenken über Christa T.". Königstein 1978, S. 93.

tätsvermischung.[4] Heinrich Mohr erklärt zu Beginn seines Artikels, dass Subjekt (die Erzählerin) und Objekt (Christa T.) der Erzählung nicht identisch seien, wohl aber die Figur der Erzählerin im Roman und Christa Wolf.[5] Diese Aussage wird teilweise zurückgenommen, wenn Mohr weiterhin auf die Transformation der realen Instanz (Wolf) in die Kunstfigur (die Erzählerin) eingeht.[6] Doch im Kontext dieser Spezifizierung, die nach meiner Einsicht zutrifft, schlägt der Kritiker auch die Möglichkeit vor, dass sich eine Osmose zwischen Erzählerin und Figur ereignet habe. Mohr begründet diese Interpretation mit der Konturlosigkeit der Gestalt der Erzählerin, die als Komplementärfigur zu Christa T. zu verstehen sei und sie assimilieren könne. Das Argument Meyers wird hier wiederholt, die Erzählerin habe die Figur in einem ungewissen Maß aus sich selbst geschaffen und teile deshalb ihre Identität.[7] Dieter Sevin spricht von einer partiellen Identität von Autorin und Ich-Erzählerin.[8]

Der Nachteil der These von einer partiellen oder totalen Identität zwischen Erzählerin und ihrer Hauptgestalt liegt darin, dass der Text einen Teil seiner dramatischen Ladung verliert und unverständlich wird. Die Prämisse der Erzählhaltung der Erzählerin ist ein Todesfall, durch den Christa T. unwiederbringlich abwesend geworden ist. Zu diesem Punkt wird Fiktionalität auf den Plan gerufen. Bekannt ist von dieser Autorin, dass sie mit einer Ästhetik arbeitet, die, theoretisch zumindest, zweischneidig wirkt, sowohl auf ihr Objekt als auch auf ihre Urheberin. Die Erzählerin erklärt sich unzufrieden mit der banalisierenden Sicherheit ihrer Erinnerungen an Christa T., über die sie in ihrem Gedächtnis verfügt[9] und will in Bezug auf Christa T. auf neue Erfahrungen mit unvoraussehbarem Ausgang eingehen. Wenn sie folglich die Beziehung zur Verstorbenen fiktionalisiert, damit eine Erzählung entstehen soll, muss die Differenz zwischen den Gestalten unvermindert bleiben. Es geht primär um die Aktualisierung der Individualität Christa T.s., die unabhängig vom Willen der Erzählerin interessant und faszinierend ist.[10] Wie erklärt sich jedoch die Neigung der Kritik, eine irreführende These

---

[4] Alexander Stephan, Christa Wolf. München 1976, S. 61ff.

[5] Heinrich Mohr, Produktive Sehnsucht. Struktur, Thematik und politische Relevanz von Christa Wolfs „Nachdenken über Christa T.". In: Angela Drescher (Hg.), Christa Wolf: Ein Arbeitsbuch. Studien - Dokumente - Bibliographie. Berlin & Weimar 1989, S. 33.

[6] Ebenda, S. 43.

[7] Ebenda, S. 44.

[8] Dieter Sevin, Christa Wolf. Der geteilte Himmel. Nachdenken über Christa T.: Interpretation. München 1982, S, 67.

[9] Vgl. Einhorn 1978, S. 456
Einhorn vertritt die Meinung, die Erzählerin gefiele sich als Marionettenmeister, der über seine Figuren frei verfügen kann. Diese Ansicht verkennt den Standort der Erzählinstanz bei Wolf, der zwar, wie ich im Folgenden argumentieren werde, allwissend ist, zugleich aber ihren Figuren sehr nahe steht.

[10] Aus diesem Grund kann ich der These Bernhard Greiners, Christa T. sei Projektionsgestalt für einen selbständigen Teil des Erzähler-Ichs und die Beziehung zwischen den Gestalten narzisstische Liebe, nicht zustimmen. Greiner kommt zu diesem Resultat von einer tiefenpsychologischen Analyse, die meines Erachtens den Fiktionalitätsaspekt des Textes ignoriert. Greiner zufolge entsteht der Text infolge der Auflösung der Trennung zwischen Bewusstsein und Gedächtnis, wobei das Gedächtnis der Ort ist, an dem sich die verdrängten Erinnerungen an Christa T. abgelagert haben. Diese Erklärung verkennt die Notwendigkeit, aus der heraus die Erzählerin zum Zweck der Vergegenwärtigung der

wie jene von der Identität von Erzählerin und Figur ernst zu nehmen? Eine Erklärung bestünde darin, dass Kritiker die Polemik Wolfs gegen die Objektivität des allwissenden Erzählers[11] registriert hatten und daher diese Möglichkeit, einschließlich der Variante eines beteiligten allwissenden Erzählers, ausschlossen, als es darum ging, zu erklären, wieso die Erzählung sich innenperspektivisch - aus der Perspektive Christa T.s aber übrigens auch aus der Perspektive jeder noch so beiläufigen Figur - und außenperspektivisch mitteilen kann.

Die Kritik hat unterschiedliche Argumente gegen die Eventualität, dass die Erzählerin den Standort der Allwissenheit einnehmen würde, gefunden. Thomassen beruft sich auf die Stellen im Text, an denen die Erzählerin ihre Schwierigkeiten beim Verfassen dem Leser anvertraut. Dadurch verrät Thomassen, was sie unter einem allwissenden Erzähler versteht. Sie nimmt diese Bezeichnung m. E. allzu strikt wörtlich, denn ein allwissender Erzähler hat nicht unbegrenzte Macht und Wissen zu besitzen, sondern bloß die Übersicht über das Ganze eines vielfältigen Geschehens.[12] Anzeichen von Unzulänglichkeit vonseiten der Erzählerin oder der Hauptfigur, die eine (fiktive) Autorin ist, sollten auch nicht als ernstgemeinte Bekenntnisse der Autorin des Textes verstanden werden. Jene Aussagen befinden sich im Bereich des Fiktionalen, wo sie von der Erzählerin genau dosiert werden, um eine Wirkung zu erzielen. Die Erzählerin bestimmt wieviel Autoritätsverlust und Unterlegenheit sie in Kauf nehmen kann, um statt dessen, zum Beispiel, die Sympathie des Lesers für ihr Unternehmen zu wecken. Sevin argumentiert, dass eine auktoriale Erzählweise in *Nachdenken über Christa T.* nicht zu finden sei, da die Ich-Erzählerin nur bedingt informiert ist. Dementsprechend würde sie die Erzählung fragend und zweifelnd vorantreiben.[13] Man kann tatsächlich einen Diskurs im Text verfolgen, der die Erzählerin als rätselnde Verwalterin des irritierend fragmentarischen Nachlasses Christa T.s zeigt. Doch die Erzählerin bleibt nicht lange ratlos. Die Erzählung setzt vom Ansatz her auf Fiktionalität, und die Erzählerin macht keinen Hehl daraus, dass sie ihr begrenztes Wissen mit Spekulation und Erfindung ergänzt.

Aus diesem Grund kann ich Annette Firschings Interpretation nicht zustimmen, die von der Annahme ausgeht, dass willkürliches Erzählen die Verstorbene ein zweites Mal töten könne. Firsching zufolge wird dieser Gefahr mit der Aufnahme des Suchprozesses in die Erzählung begegnet. Dieser Suchprozess soll Firsching zufolge wie vorher bei Thomassen die Erfahrung der Machtlosigkeit der Erzählerin dokumentieren.[14] Diese Annahme beruht auf einem Missverständnis, das mit einem Beleg aus dem Text be-

---

Verstorbenen in die Öffentlichkeit ihres Lesepublikums tritt und sich nicht auf die Couch eines Psychiaters zurückzieht.
Bernhard Greiner, „Sentimentaler Stoff und fantastische Form“: Zur Erneuerung frühromantischer Tradition im Roman der DDR (Christa Wolf, Fritz Rudolf Fries, Johannes Bobrowski). In: Jos Hoogeveen und Gerd Labroisse (Hg.), DDR-Roman und Literaturgesellschaft. Amsterdam 1981, S. 267ff.

[11] Christa Wolf, Lesen und Schreiben (1968). In: Die Dimension des Autors. Essays und Aufsätze, Reden und Gespräche 1959-1985. Darmstadt und Neuwied 1987, S. 484-485.

[12] Jürgen Petersen, Erzählsysteme: eine Poetik epischer Texte. Stuttgart & Weimar 1993, S. 65.

[13] Sevin 1982, S. 72.

[14] Annette Firsching, Kontinuität und Wandel im Werk von Christa Wolf. Würzburg 1996, S. 57.

seitigt werden kann. Zu Beginn der Erzählung erwähnt die Erzählerin ihre Frustrierung gegenüber den Veränderungen, die das Gedächtnis beim Speichern der Vergangenheit in Form von Erinnerungen operiert. Vergangenes Leben, das zu seiner Zeit noch herauszufordern und zu überrumpeln vermocht hätte, wird im Gedächtnis zu Erinnerungen verarbeitet, die zahm und auf Abruf verfügbar geworden sind. Die unreflektierten Erinnerungsprozesse erfüllen die Erzählerin mit Angst. Sie findet, dass sie in ihrem indifferenten, mechanischen Seinszustand - das Bild vom Abspulen eines Films wird erwähnt - den Tod der Freundin vervielfältigen. „Ich aber sehe sie noch. Schlimmer: Ich verfüge über sie. Ganz leicht kann ich sie herbeizitieren, wie kaum einen Lebenden. Sie bewegt sich, wenn ich will."[15] Wenn das Gedächtnis die Beziehung der Erzählerin zu Christa T. verfälscht, bietet die Fiktion dagegen die Chance, diese Erfahrungen bewusst zu verarbeiten. Denn die unwillkürlichen Prozesse des Gedächtnisses sind der Gegner dieser Erzählerin und nicht die willkürliche Fiktionalisierung. Für diese willkürliche Fiktionalisierung sprechen die häufigen auktorialen Eingriffe der Erzählerin: die Erzählerin weist darauf hin, dass Begebenheiten, die sie nicht erlebt hat, erfunden werden;[16] die Erzählerin pocht auf ihre Freiheit gegenüber dem Text;[17] die Erzählerin bestimmt die Reihenfolge, in der sie die Begebenheiten erzählen wird[18] und misst mit genauen Zeit-

---

[15] Christa Wolf, Nachdenken über Christa T. München 1999, S. 7. Weiterhin abgekürzt als N, Seitenangaben in Klammern.

[16] Die Erzählerin erwägt „was man erfinden muß, um der Wahrheit willen" (N, 27); sie bekennt sich „zur Freiheit und zur Pflicht des Erfindens" (N, 47); als sie Christa T.s Notizen über den Besuch beim General mitteilt, heißt es: „Ich nehme mir heraus, sie zu korrigieren, und erfinde mir meinen General selbst." (N, 81); ähnlich geht sie mit der Figur des Schuldirektors um: „Dieser Mann von dem sie mir erzählt hat - aber ich kenne ihn nicht -, muß hier erfunden werden." (N, 102); ganze Episoden, die als erfunden präsentiert oder sich in nachhinein als erfunden herausstellen, sind zum Beispiel das Gespräch der Erzählerin mit Gertrud Dölling, die Beziehung Christa T.s zum Schulleiter aus dem Nachbardorf, der Vollzug ihrer Liebesbegegnung mit Justus.

[17] Im Kontext des Erfindens einer Sommerliebe für Christa T. unterstreicht die Erzählerin: „Das soll sie gehabt haben, ich will es." (N, 44); zur Wiedergabe eines Briefs von Christa T. gibt sie an: „Ich erfinde ihn nicht, aber ich erlaube mir, ihn zu kürzen, zusammenzurücken, was bei ihr verstreut ist." (N, 72); auch andere Details, die für das Leseverständnis gar nicht gebraucht sind, nimmt sie zum Anlass, ihre Freiheit zu behaupten, wie zum Beispiel, die Beschreibung des Zimmers Justus': „Die Erfindung des Zimmers habe ich aufgegeben, es ist nicht wichtig." (N, 118) oder den Namen des Medikaments, das Christa T. einnimmt: „Sie nannte den Namen des Medikaments, merkwürdigerweise weiß ich ihn noch, also soll er hier nicht stehen." (N, 158); oder sie hebt hervor, dass Textgestaltung und Textverständnis von ihrer Willkür abhängen: „Lachend stand sie und winkte mir nach, als ich abfuhr... Das Lachen könnte ja bleiben. Aber den Weg vom Kaufhaus zum Bahnhof müssen wir noch einmal gehen [...]" (N, 30) beziehungsweise: „So kann es gewesen sein, aber ich bestehe nicht darauf." (N, 104).

[18] Auktoriale Eingriffe für diesen Zweck sind zum Beispiel: „Davon wird berichtet werden zu seiner Zeit." (im Kontext der Flucht 1944 nimmt die Erzählerin das Finden einer vermoderten Gasmaske im Wald vorweg, das Jahre später stattfindet; N, 27) und greift darauf zurück „[...] die Stelle, wo die Gasmaske im Wald liegt, verrottet, wir sprachen schon davon, damals lag dieser Augenblick voraus, jetzt ist er doch herangerückt." (N, 79); oder: „Diesen Satz wird sie vorerst vergessen, er kommt später wieder hoch, zu seiner Zeit." (N, 105) und „Aber dieser Abend gehört noch nicht hierher. Hierher gehört noch jener Silvesterabend und vorher die Rückfahrt [...]" (N, 159); doch sollte der Eindruck nicht entstehen, dass die Erzählerin der Chronologie ihres Textes überaus sicher ist und alles geschehe im

angaben die Zeit aus, die sie Christa T. bis zu ihrem Tod in der Erzählung noch geben wird.[19] Dieses auktoriale Erzählverhalten weist auf einen Standort der Allwissenheit hin.[20] Firsching kommt zu der konträren Einsicht, dass Wolf ihrer Erzählerin die Allwissenheit und den auktorialen Standort abspricht.[21] Die Kritikerin stützt ihr Argument auf Wolfs literaturtheoretische Stellungnahme, die sie in *Lesen und Schreiben* erörtert hat. Doch geht es in diesem Essay Wolfs spezifisch um die Objektivität des allwissenden Erzählers, und nicht um den allwissenden Standort als solchen.[22] Diese Objektivität kam im 19ten Jahrhundert in Mode und kann mit Leichtigkeit vom Standort des allwissenden Erzählers wieder weggedacht werden.

Der allwissende Erzähler des 19ten und 20ten Jahrhunderts gefiel sich in einer äußersten Zurückhaltung gegenüber dem Geschehen im Text. Wayne Booth bringt diesen Standort in Zusammenhang mit dem Ruhm der modernen Zivilisation und der zur Zeit bewunderten Objektivität des Wissenschaftlers, dessen Erfolg auf einer unbeteiligten Musterung des Objekts seiner Untersuchung beruht.[23] Eine solche unbeteiligte Sichtweise wird im Bewusstsein einer Autorin der Nachkriegszeit Assoziationen mit dem entmenschlichenden und verdinglichenden Weltbild, welches das Genozid an den Juden denkbar gemacht hat, hervorrufen. Sarah Lennox beschreibt die Ästhetik Wolfs als Suche nach einer neuen Art von Erkenntnistheorie, in der ein Subjekt ein anderes Subjekt (nicht Objekt!) nicht nur erkennt, sondern im Prozess selbst erkannt und verändert wird.[24] In diesem Sinn kann man auch Myra Love zustimmen, wenn sie feststellt, dass Wolf „demystifies authorship by removing it from its traditional position of depersona-

---

Text zu „seiner Zeit". Sie fühlt sich frei, Sicherheit und auch Unsicherheit vorzuzeigen: „Ich weiß nicht, ob wir auf ihre Reise noch zurückkommen werden, [...] weil jetzt das Kapitel über Justus kommt." (N, 112).

[19] „Am 22. Mai 1954. Da hat sie noch acht Jahre und neun Monate. Die Uhr ist aufgezogen, keine Sorge, sie läuft ab. Von jetzt an wird ihr Ticken uns begleiten." (N, 94), heißt es, und später: „Neunzehnhundertsechsundfünfzig. Jetzt brauchen wir jedes einzige Jahr, die Großzügigkeit ist uns ganz vergangen, mag sein, wir werden noch lernen, mit Tagen zu rechnen. Und mit Stunden." (N, 121). Schließlich: „Das Haus ist gebaut worden. Aber man kann die Nächte zählen, die sie unter seinem Dach geschlafen hat." (N, 149)

[20] Paver geht in ihrer Interpretation von einer allwissenden Erzählinstanz in „Nachdenken über Christa T." aus.
Paver 1999.

[21] Firsching 1996, S. 58

[22] Peter Beicken und Rolf J. Goebel argumentieren aufgrund von Wolfs Essay „Lesen und Schreiben", dass Wolf den allwissenden Standort des Erzählers inakzeptabel findet. Doch darunter verstehen die Kritiker nicht den allwissenden Standort als solchen, sondern den Standort des neutralen, objektiven Erzählens. Die Formulierung, in Wolfs Text vollziehe sich „die Absage an die auktorial verbürgte Welt zugunsten erzählerischer Mutmaßung", enthält eine Contradictio in adiecto, denn die Eingriffe der Erzählinstanz sind auktorial.
Peter Beicken und Rolf J. Goebel, Erzählerische Selbstverständigung: Christa Wolf zwischen Moderne und Tradition. In: Monatshefte 74 (1982) 1, S. 68.

[23] Wayne Booth, The Rhetoric of Fiction. London 1991, S. 112.

[24] Sara Lennox, „Nun ja! Das nächste Leben geht aber heute an" Prosa von Frauen und Frauenbefreiung in der DDR. In: Uwe Peter Hohendahl und Patricia Herminghouse (Hg.), Literatur der DDR in den 70er Jahren. Frankfurt am Main 1983, S. 251.

lized authority“.[25] Die Tendenz zu dieser Entmystifizierung ist im Text präsent. Doch die Behauptung, eine Erzählweise könnte in *Nachdenken über Christa T.* gefunden worden sein, die kein Niveaugefälle zwischen Figur und Erzählerin zulässt,[26] ist nach meiner Einsicht übertrieben und läuft die Gefahr, den Text eindimensional auszudeuten. Denn die Annäherung zwischen Erzählerin und Figur wird im Text zwar thematisiert, bleibt aber ein unerreichbares Ideal. Die erreichte Nähe wird durch auktoriale Eingriffe, durch die sich die Erzählerin von der Seite der Autorin einmischt, konstant auch wieder relativiert. Das Erzählverhalten der Erzählerin sieht es nämlich auf möglichst viel Variation ab.

Die Erzählerin adoptiert ein personales Erzählverhalten, nur wenn sie in die Rolle einer Figur schlüpft und innenperspektivisch, die begrenzte individuelle Optik der Figur übernehmend, erzählt. Ansonsten versucht sie nicht, bei aller Zuwendung zur Hauptfigur, die Differenz zwischen dem größeren Überblick der Erzählerin und dem limitierten Überblick der Figuren zu beseitigen. Der schon erwähnte unbefangene Genuss, den ihr die auktoriale Freiheit über dem Text bereitet, rührt aus einer nüchternen Feststellung: „Da ich am Leben bin und sie nicht, kann ich bestimmen, worüber gesprochen wird, worüber nicht“ (N, 47). Dieses auktoriale Erzählverhalten hat mit der Objektivität der Realisten des 19ten und 20ten Jahrhunderts nichts mehr gemeinsam, eher mit dem beflissen eingreifenden Erzähler der vormodernen Literatur, von Grimmelshausen über den Roman der Empfindsamkeit, worin sich der Einfluss der Schriften Laurence Sternes bemerkbar macht, zu Jean Paul und der romantischen Ironie. Das auktoriale Erzählverhalten der Außenstehenden liefert die Grundlage für die öfters ironische Erzählhaltung[27] zum Geschehen im Text. Ein personales Erzählverhalten hätte diese Ironie nur verwässert, als wohlwollende Spielerei oder als Selbstironie, zugelassen. Die Distanz der allwissenden Erzählerin bringt ästhetische Vorteile auf den Plan, die in der Erzählung nicht ungenutzt bleiben. Auch untermischt die Erzählerin ihren beiden Erzählverhalten, dem personalen und dem auktorialen, ein drittes, das allerdings sparsam eingeschaltet wird. Es ist das neutrale Erzählverhalten, das ein Maximum an Zurückhaltung verlangt[28] und hier nur der Abwechslung zuliebe vorkommt:

> Da sprach sie mir von ihren Schülern. Wir gingen vom Marx-Engels-Platz zum Alex. Wir standen am Zeitungskiosk und ließen die Hunderte von Gesichtern an uns vorbeitreiben, wir kauften uns die letzten Osterglocken am Blumenstand. Vielleicht sind wir ein bißchen vom Frühling betrunken, sagte ich. Aber sie bestand darauf, nüchtern zu sein und zu wissen, was sie sagte. (N, 170-171)

---

[25] Myra Love, Christa Wolf and Feminism: Breaking the Patriarchal Connection. In: New German Critique 7 (1979) 16, S. 34.
Dazu die Bemerkung, dass, anders als bei Love, der Erzähler nicht mit dem Autor zu verwechseln ist.

[26] Firsching 1996, S. 58.

[27] Kritiker, die auf die Verwendung von Ironie in dieser Erzählung aufmerksam gemacht haben, sind Marcel Reich-Ranicki, Eine unruhige Elegie (1969). In: Entgegnungen. Zur deutschen Literatur der 70er Jahre. Stuttgart 1981, S. 247; Heinrich Mohr, a.a.O., S. 56; Colin Smith, Tradition, Art and Society: Christa Wolf's Prose, Essen 1987, S. 107.

[28] Vgl. dazu Petersen 1993, S. 74.

1.2. Das Verhältnis des Ästhetikideals der Christa T. zur vermittelnden Ästhetik der Erzählerin

Fragt man nach dem Effekt, den die Vorführung der ganzen Skala von möglichen Erzählverhalten nach sich zieht, kommt man der Ästhetik des Textes auf die Spur. Diese Ästhetik entsteht aus dem Verhältnis der DDR-Autorin zum Sozialismus der 50er und 60er Jahre. Das Verhältnis ist komplex, da es um eine vielfältige Auseinandersetzung geht, auf der Realitätsebene, des Menschen als Mitglied der sozialistischen Gesellschaft und im Bereich der Kunst, des Prosaautors der Nachkriegszeit, der einen zeitgemäßen Standort für sein Erzählen ausfindig machen muss. Wie die Kritik immer wieder betonte, kann in diesem Text - dessen Verfasserin eine ehemalige ZK-Kandidatin ist - die mutige und zugleich unaufgeregte Distanzierung von der Kulturpolitik Ulbrichts nicht übersehen werden. Das trifft auch für die Wiedergabe des politischen Klimas der Zeit zu. Der naive Enthusiasmus Christa T.s und der Erzählerin für den real existierenden Sozialismus geht allmählich verloren. Die Revolution in Ungarn 1956 schafft den Lichtwechsel herbei (N, 130), durch den das Weltbild der Protagonistinnen seine unmittelbare Geltung als universales Ideal einbüßt.[29] Die Ernüchterung infolge der Ungarnrevolution wird nie von einer neuen Welle von Enthusiasmus und Vertrauen in die Regierung abgelöst. Christa T. behält, bei aller Bereitwilligkeit sich abzufinden,[30] einen bitteren Nachgeschmack. Vielmehr macht sich das Bewusstsein, in einer totalitären Gesellschaft zu leben, an mehreren Stellen bemerkbar, besonders wenn man bedenkt, dass der Text 1968, dem Jahr der Unterdrückung des Prager Frühlings, abgeschlossen wurde. Ein verschlüsselter Hinweis auf die Gesellschaft kann der Aussage entnommen werden, Christa T. würde ermüdet und erschöpft nicht durch das, was sie tat, sondern durch das, „was man nicht tut oder nicht tun kann“ (N, 136). Diese Formulierung legt nahe, dass äußere Umstände Christa T. daran hindern, ihre Absichten in die Praxis umzusetzen. Ein weiterer Hinweis auf die Unfreiheit der DDR-Gesellschaft kommt von einem beiläufig eingestreuten Kommentar der Erzählerin zur Bemerkung des Studienfreunds Günter. Günter klagt den aufstrebenden Autor Blasing an, die Wirklichkeit einem vorgefertigten Weltbild anzupassen, mit der Folge, dass sie verzerrt und um ihre Authentizität gebracht werde: „Er will, sagte Günter, daß alles sich verfestigt, er kann nicht anders, und wenn er den Leuten den Kopf abschneiden muß, damit sie stillhalten ... Da war schon nicht mehr von Blasing die Rede.“ (N, 165) Es ist unverkennbar, dass die Erzählerin sich hier auf den Machtapparat der DDR bezieht, dessen Kontroll- und Überwachungsmechanismen den Wunsch nach Freiheit beeinträchtigen.

---

[29] Die Krise bahnt sich im Nachhinein des 17. Juni 1953 an. Nachklänge dieses Ereignisses können dem Brief an die Schwester entnommen werden, wenn Christa T. klagt, ihr stehe alles „fremd wie eine Mauer entgegen“, in der es keine Lücke für sie gibt (N, 72). Im gleichen Zusammenhang spricht sie von einer „Kälte in allen Sachen“ (N, 72), eine Metapher die, wie auch die Mauer-Metapher, auf die tiefgehende Befremdung der überzeugten Sozialistin angesichts des Konfliktes zwischen Partei und Mitbürgern verweist.

[30] „In jener Nacht [...] merkten wir nur die Verdunkelung der Welt und merkten nicht, daß bloß die Bühnenscheinwerfer gelöscht waren und wir uns daran gewöhnen mußten, in das nüchterne Licht wirklicher Tage und Nächte zu sehen.“ (N, 131)

Auf einer Ebene, die parallel zur Auseinandersetzung der Hauptfiguren mit dem DDR-Sozialismus verläuft, geht es um ihre Schwierigkeiten mit der Kulturpolitik der DDR. Die Dominanz des technokratischen Diskurses, besonders nach der Einführung des Neuen Ökonomischen Systems (der Planung und Leitung), einerseits und die Übereinkünfte des sozialistischen Realismus andererseits, drängten diejenigen Literaten, die es zu einem eigenen ästhetischen Programm bringen wollten, in die Defensive. Die Privilegierung wissenschaftlicher Rationalität, welche die wissenschaftlich-technische Revolution nach sich zog, bewegte Wolf dazu, einen Gegendiskurs in ihren Text einzubauen.[31] In ihrem Werk wird sich dieser Diskurs zu einem aufklärungs- und zivilisationskritischen Diskurs ausweiten. In *Nachdenken über Christa T.* beginnt die Autorin den Streit um die Definitionsmacht im sozialistischen Kulturraum. Es wird suggeriert, dass die Rationalität, von der die Wissenschaft Gebrauch macht, im folgenden nach Horkheimer und Adorno als instrumentale Rationalität bezeichnet, sich mit Vernunft im herkömmlichen Sinn nicht deckt und daher das Subjekt vor seinen destruktiven irrationalen Potenzen nicht schützt. Zum Zweck der Abwehr vor den eigenen Zerstörungstendenzen muss eine neue Subjektivität herankultiviert werden, welche sich der Hinfälligkeit der Vernunftsfassade[32] annimmt. Man kann von einem Gegendiskurs zum Machtdiskurs sprechen, da der Text unterstellt, dass das Neue Ökonomische System (der Planung und Leitung) und die wissenschaftlich-technische Revolution eine objektivierende Ideologie verbreiten würden, die das Subjekt auslöscht (N, 58). Wie Michael Schenkel erörtert, gewinnt die DDR-Literatur

> [I]ihre besondere Brisanz [...] dadurch, dass sie sich nicht damit begnügt, in abstrakter Form Kritik am Projekt der Aufklärung zu üben, sondern die Betreiber der instrumentalen Vernunft im eigenen Land namhaft macht. Denn anders als in westlich-kapitalistischen Gesellschaften, wo der wissenschaftlich-technische Fortschritt nicht direkt vom politischen System durchgesetzt wird und deshalb natur- und menschenschädigende Modernisierungsfolgen nicht umstandslos den politisch Herrschenden angelastet werden können, bedeutet Kritik an den nichtintendierten Nebenwirkungen des Fortschritts in den zentralisierten, von einer schmalen politischen Führungsschicht exklusiv gesteuerten Gesellschaften sowjetischen Typs zugleich immer auch Herrschaftskritik.[33]

Die Feststellung Chloe Pavers, dass *Nachdenken über Christa T.* seine subversive Qualität verschenkt,[34] da im gleichen Zug mit der Kritik Loyalitätsbezeugungen gegen-

---

[31] In diesem Sinn lässt sich schon die 1965 fertiggestellte Erzählung „Juninachmittag" auslegen, die mit der Frage beginnt: „Eine Geschichte? Etwas Festes, Greifbares, wie ein Topf mit zwei Henkeln, zum Anfassen und zum Daraus-Trinken?"
Christa Wolf, Juninachmittag. In: Gesammelte Erzählungen. München 1996, S. 42.

[32] „So dünn ist die Decke, auf der wir gehen, so dicht unter unseren Füßen die Gefahr, durchzubrechen in diesen Sumpf." (N, 35)

[33] Michael Schenkel, Fortschritts- und Modernitätskritik in der DDR-Literatur. Prosatexte der achtziger Jahre. Tübingen 1995, S. 67.

[34] „For while the narrator's celebration of her nonconformist friend was considered extremely radical in the context of GDR writing for the 1960s, what stands out from a post-communist perspective, it is argued, is the unnaturally intense effort which the narrator invests in trying to reappropriate her dead friend to the socialist cause. In other words, the narrator makes what appears now as a rather

über dem Sozialismus gemacht werden, zieht das Verhältnis der Hauptfigur/Erzählerin zum wirklichen Sozialismus und ihr Verhältnis zum theoretischen Sozialismus zusammen. Einzeln betrachtet, kommen jedoch gewichtige Unterschiede zwischen den beiden zum Vorschein. Der real existierende Sozialismus ist im Text in überwiegendem Maß ein Ärgernis, demgegenüber kritisch geurteilt wird. Peter J. Graves weist in einem 1992 erschienenen Artikel nach, dass Wolf in ihrer Prosa sogar zunehmend von den früheren marxistischen Überzeugungen Abstand nimmt: „Indeed one could argue that her writing has never been Marxist in any strict sense. If one wanted to attach a label to her convictions, the most appropriate would be humanism [...].“[35] Diesem Argument ist beizustimmen, insofern es sich auf die politischen Inhalte des Marxismus bezieht. Was meines Erachtens Wolf an den Sozialismus bindet, ist, dass sie sich eine Version vom System konstruiert hat, die eigen auf ihre psychologischen Bedürfnisse ausgerichtet ist. Der Humanismus Wolfs ist entfernt mit dem Marxismus verwandt. Ihre eigenartige, zeitgenössisch-humanistische Interpretation vom ideellen Sozialismus ist dann auch für das ästhetische Programm dieser Autorin wesentlich. Der Sozialismus inspiriert Wolf zur Umwälzung des Verhältnisses zwischen Subjekt und Objekt, nämlich das Ersetzen des Machtverhältnisses Subjekt-Objekt durch ein Verhältnis gleichwertiger Subjekte. Der Nachdruck auf Subjektivität soll eine mögliche Indienstnahme durch verdinglichende Ideologien endgültig außer Kraft setzen. Christa T. findet im theoretischen Sozialismus jene „vernünftige Klarheit“, welche den Machtgewinn des Faschismus, „das Äußerste an Unvernunft“ (N, 34), hätte verhindern können. Es geht ihr um eine Ästhetik, die in der Prosa eine neuartige und vor allem moralische Existenz des Subjekts vorwegnimmt. Diese Ästhetik wird im Text in der Beziehung zwischen der Hauptfigur und der Erzählerin und in der Beziehung der beiden (fiktiven) Autorinnen zur Literatur thematisiert.

Diese moralische Existenz artikuliert sich auf der Realitätsebene und auf der Fiktionalitätsebene zugleich. Zuerst zur Realitätsebene: hier bedeutet Sozialismus die Möglichkeit, die kreativen Energien des Subjekts im Aufbau der sozialistischen Gesellschaft einzusetzen. Eine antifaschistische Gesellschaft zu formen, die von den Individuen gestaltet wird und diese wiederum harmonisch integriert, ist ähnlich - oder noch mehr - herausfordernd wie ein literarisches Projekt. Es ist ein Kreativität forderndes Projekt, das in diesem Fall jedoch auf die Realität übergreift. „Sie hielt viel auf die Wirklichkeit, darum liebte sie die Zeit der wirklichen Veränderungen.“ (N, 171) heißt es im Text über Christa T. und über ihre Generation: „Denn die neue Welt, die wir unantastbar machen wollten, und sei es dadurch, daß wir uns wie irgendein Ziegelstein in ihr Fundament einmauerten - sie gab es wirklich. Es gab sie, und nicht nur in unseren Köpfen, und damals fing sie für uns an.“ (N, 53) Letztendlich dreht sich dieses Argument um die

---

strained attempt to neutralize the potentially destabilizing effects of her friend's subversive behaviour by demonstrating that, for all her apparent nonconformism, Christa T. was a better Socialist than her contemporaries.“
Paver 1999, S.115.

[35] Peter J. Graves, The Erosion of Hope, or: What Remains of Christa Wolf? In: Axel Goodbody und Dennis Tate (Hg.), „Geist und Macht“: Writers and the State in the GDR, German Monitor 29 (1992), S. 135.

Entdeckung, dass „die Welt, aus eisernen Definitionen entlassen, sich unserm Zugriff wieder öffnete, uns nötig zu haben schien [...]" (N, 140). Im Kontrast zum Künstlertyp der Moderne, der in einem aussichtslosen Konflikt zur Gesellschaft steht, wird hier die Möglichkeit erwägt, eine Gesellschaft konkret nach dem Maß des Ideals zu schaffen. Das alternative Projekt, das Christa T. der Technisierung der Gesellschaft entgegenstellt, ist die Kreation einer Gesellschaft von gleichen, freien, brüderlich verbundenen Subjekten, die aus der Geschichte ihrer Nation gelernt haben. Aber der moralische Schwerpunkt ihres Weltbilds divergiert von den leistungsorientierten Prioritäten des sozialistischen Alltags, zuweilen kommt er den Mitmenschen sogar ausgefallen vor. Auf der Realitätsebene scheitert Christa T.s Projekt. Sie kann sich für die Gesellschaft im DDR-Sozialismus nicht nützlich machen und hat folglich keine Wirkung auf seine Entwicklung.

Aus welchem Grund scheitert zugleich auch das Literaturprojekt Christa T.s? Allgemein nimmt die Kritik die Idee an, dass die kulturpolitischen „Verbotsschilder und Wegweiser"[36] der Ulbricht-Ära das Selbstvertrauen der Christa T. unterminiert haben. Dieses Argument stützt sich auf die ausdrücklichen Proteste Wolfs gegen den sozialistischen Realismus im Essay *Lesen und Schreiben*, auf den Bitterfelder Konferenzen, beim 11ten Plenum des Zentralkomitees 1965, wo die Autorin vergeblich für die Freiheit des Künstlers zu seinem Stoff plädierte. Ich stimme diesem Argument zum Teil zu und will vorerst an dieser Stelle nur andeuten, dass meiner Einsicht nach das künstlerische Scheitern Christa T.s, das im Text ausgiebig thematisiert wird, eine andere bedeutende Ursache hat. Diese Ursache hat weniger mit den kulturpolitischen Einschränkungen zu tun und viel mehr mit der Ästhetik, die diese Figur aufgrund des theoretischen Sozialismus und besonders des Konzepts von Verdinglichung realisieren will. Wolf versucht durch Christa T. eine Ästhetik zu befürworten, in der die Distanz zum Objekt der Fiktionalisierung abgeschafft wird. Die Motivation, die hinter diesem Versuch steckt, war schon in der Kahlschlag-Bewegung aktiv, mit dem Unterschied, dass Wolf, obwohl sie auch die elementaren Bestandteile ihrer Profession neu überdenken will, andererseits jedoch schon einen Glauben an die Zukunft in der Form vom theoretischen Sozialismus gefasst hat. Ähnlich wie im erwähnten Verhältnis der Figuren zum Sozialismus auf der Realitätsebene - „daß wir uns wie irgendein Ziegelstein in ihr [der neuen Welt, n.n.] Fundament einmauerten"- besteht Wolfs Innovation darin, sich selbst als Autorin dem Fiktionalisierungsprozess mitzugeben. Die Dimension des Autors soll zu einer zusätzlichen Dimension des fiktionalen Texts werden. Dadurch versucht Wolf Änderungen an einem Verfahren vorzunehmen, das seit undenklichen Zeiten besteht und unsere Wahrnehmung von Fiktion geprägt hat.

Die Ästhetik dieser Autorin wurde mit dem Begriff der Utopie verbunden. Das leuchtet für die Figur der Christa T. ein. Wie weiter zu sehen sein wird, werden im Text Lebensläufe und Schreibstile herbeigesehnt, die gleichzeitig außer Reichweite der biographischen und künstlerischen Möglichkeiten der Protagonistin gestellt werden. So wird das Wunschbild ‚Schriftstellerin' durch geschickte Führung der Perspektive abso-

---

[36] Manfred Jäger, Sozialliteraten. Funktion und Selbstverständnis der Schriftsteller in der DDR. Düsseldorf 1973, S.44.

lut erhöht: der Traum wird einem gewöhnlichen Menschen nebeneinandergestellt, der eine auffallend banale Existenz führt und dadurch einen fantastischen Doppelgänger erhält, ein Sehnsuchtsbild, dem er nacheifert. Doch das Lamento der (fiktiven) Autorin Christa T. über den Verlust ihrer Kunst ist ein Thema, das auf der Reflexionsebene durch das unverzagte auktoriale Erzählverhalten immer wieder relativiert wird. Gleichzeitig haben wir es in diesem Text mit einer Erzählerin zu tun, die paradoxerweise zeigen will, was einer Erzählinstanz möglich geworden ist, hat sie sich die Aufmerksamkeit des Lesers erst einmal gesichert. Welche ästhetische Absicht verfolgt die Autorin mit dieser Rollenverteilung? Meines Erachtens unternimmt dieser Text den Versuch, die literarische Autorschaft für seine Zeit, die Aufbauphase der DDR, zu definieren. In diesem Punkt überschneiden sich die Themen, Motive und Symbole des Textes. Der Text handelt von der Verfolgung eines unerreichbaren Ideals, die Ästhetik, die „einer neuen Art in der Welt zu sein“[37] gerecht wird. Diese neue Ästhetik stellt die realistische und subjektivistische Tradition der Moderne in Frage, erklärt sie aus der Perspektive der Nachkriegszeit für unpassend und kommt über eine theoretische Formulierung doch nicht hinaus. Die neue Ästhetik hat eine utopische Natur, die bei Wolf parallel zum gesellschaftlichen Projekt des Sozialismus verläuft. Ihre Unerreichbarkeit kann sie nicht entwerten; umgekehrt schafft sie es, den Anspruch des Werks zu heben, obwohl sie nur am Zenit des Werks aufblinkt. Der Grundton der Ästhetik, mit der die Erzählerin arbeitet, ist dagegen provisorisch und daher ungezwungen, als wäre bekannt, dass man sich im Bereich einer Präambel zum intendierten Text befindet. Die Erzählerin probiert mehrere Erzählverhalten aus, leistet sich auktoriale Scherze auf Kosten des Lesers, setzt lieber auf Fiktionalität als auf das Gedächtnis. Die unzugängliche utopische Ästhetik und die Ästhetik, durch die man von ihrer Existenz als Projekt erfährt, sind grundverschieden und wiegen sich gegenseitig auf. Kritiker haben einen rätselhaften Schwebezustand an diesem Text beobachtet.[38] Dieser Schwebezustand umreißt die ästhetische

---

[37] Christa Wolf, Lesen und Schreiben (1968). In: a .a.O., S. 463.

[38] Kritiker können sich über die Stimmung des Textes nicht einigen. Reich-Ranicki geht auf die elegische Orientierung des Textes ein, seine Rezension trägt den Titel „Eine unruhige Elegie“. Jäger macht zwei diskrepante Bemerkungen zum Text. Einerseits findet der Kritiker die Frauengestalten beunruhigend ernsthaft, „Sie sind fast todernst, mindestens wenn man an ihr Unvermögen denkt, auf spielerisch-witzige Weise Bedrängendes von sich abzutun.“ (Jäger 1973, S. 33). Andererseits entgeht ihm der „vertrackte Optimismus“ nicht, den der Text ausstrahlt. Smith findet hier wie auch im „Geteilten Himmel“ „an affirmation of an almost primitive optimism“ (Smith 1987, S. 124).
Einige Kritiker umschreiben dieses Phänomen im Text mit Metaphern, die von einem In-der-Schwebe-Halten handeln. So Heinrich Mohr, a.a.O., S. 41; Brigitta Schuler, Phantastische Authentizität: Wirklichkeit im Werk Christa Wolfs. Frankfurt am Main & Bern & New York 1988, S. 115; und besonders Sevin 1982, S. 65ff. und Dieter Sevin, Textstrategien in DDR-Prosawerken zwischen Bau und Durchbruch der Berliner Mauer. Heidelberg 1994, S. 54ff.
Da die These meiner Interpretation teilweise mit dem Ausgangspunkt der Interpretation Sevins übereinstimmt, ist es hier angebracht hervorzuheben, worin die Unterschiede liegen. Sevin interpretiert den Text auf dessen Kompatibilität mit Wolfgang Isers Theorie von Unbestimmtheitsstellen aus z. B. „Der Akt des Lesens“ (1976) hinaus. Sevin zufolge bildet das In-der-Schwebe-Bleiben in Wolfs Text die Umschlagstelle, die dem impliziten Leser ermöglicht, Zugang zum Text zu haben. Die Unbestimmtheitsstellen, reflektiert im ‚Schwebezustand‘ des Wolfschen Textes, wären also die Basis des Leseverständnisses. Der Leser eignet sich den Text an, indem er sich dessen Sinn aufgrund der Unbestimmt-

Harmonie des Textes: alle ästhetischen Sicherheiten der Moderne sind verloren gegangen bis auf den Glauben an Autorschaft, und nun wird mit einem vor-modern anmutenden Erzählverhalten improvisiert.

1.3. Ausgeglichenheit als Gestaltungsprinzip in *Nachdenken über Christa T.*

Es wurde bereits angedeutet, dass die Problematik des künstlerischen Scheiterns der Christa T. nur teilweise als Anklage gegen die kunstfeindliche Kulturpolitik ihrer Zeit zu verstehen ist. Dafür nimmt sich das demonstrativ auktoriale Erzählverhalten geradezu als Abrechnung mit auferlegten Vorschriften aus. Man kann sich leicht vorstellen, dass Wolf mit Vergnügen den sozialistischen Realismus links liegengelassen und auf die Freiheit des Autors, den Text zu gestalten, gepocht hat. Es muss ihr zugleich bewusst gewesen sein, dass sie damit die Publikationsgenehmigung riskierte.[39] Was heute an diesem Text beeindruckt, ist die Konsequenz, mit der auf allen Ebenen auf die Macht der literarischen Sprache gesetzt wird.[40] Der Schwebezustand, der als Chiffre des Textes zu bezeichnen ist, wird häufig dadurch erreicht, dass sowohl auf der Handlungsebene als auch auf der Reflexionsebene dem Fortschreiten der Erzählung Hindernisse in den Weg gestellt werden, die durch literarische Sprache übergangen werden. Ein wohl beherrschtes Gleichgewicht entsteht im Text zum Beispiel zwischen der Tendenz der Erzählerin, sich selbst zu beschuldigen, und der Gegentendenz, sich wieder herauszureden. Aus diesem Grund finde ich die Interpretation Bernhard Greiners unvollständig, da Greiner nur an dem Selbstverhör der Erzählerin interessiert ist, durch welches Christa T. aus den Tiefen des Gedächtnisses ins Bewusstsein befördert werden soll.[41] Gedächtnisarbeit jedoch ist meiner Einsicht nach nur ein Bestandteil des gesamten Fiktionalisierungsprozesses und, als Teil der Fiktion, von den geistigen Vorgängen im Realitätsbewusstsein zu unterscheiden. Dieser wesentliche Unterschied schlägt in Greiners Interpretation nicht durch. Dagegen gibt es bei Chloe Paver eine auf Fiktionalisierung

---

heitsstellen erarbeitet. In meiner Interpretation ist der Schwebezustand nicht Basis des Leseverständnisses, sondern Thema, mit dem die Struktur (Führung der Erzählebenen, inhaltliche Konstruktion, Motive und Symbole)) Korrespondenzen aufweist. Meines Erachtens ergibt sich der Schwebezustand aus der Verunsicherung gegenüber der bürgerlichen und sozialistisch-realistischen Ästhetik einerseits und dem Vertrauen in Literatur andererseits. Er ist also charakteristisch für das utopische Weltbild der Autorengeneration Wolfs.

[39] Das Veröffentlichen des „Selbstinterviews" 1966 und von „Lesen und Schreiben" 1968, bevor die Autorin ihren Verlag mit „Nachdenken über Christa T." konfrontierte, kann als Versuch ausgelegt werden, der subversiven Erzählung den Weg zu ebnen.
Christa Wolf, Selbstinterview (1966). In: Die Dimension des Autors. Essays und Aufsätze, Reden und Gespräche 1959-1985. A.a.O., S. 31-35.

[40] Mohr bemerkt, dass in Situationen, in denen „die unbefriedigende Wirklichkeit literarisch in Ordnung gebracht wird", im Grunde „der Wirklichkeit [...] auf die Sprünge geholfen wird".
Heinrich Mohr, a.a.O., S. 39.

[41] Bernhard Greiner, Die Schwierigkeit „ich" zu sagen: Christa Wolfs psychologische Orientierung des Erzählens. In: Deutsche Vierteljahrsschrift für Literaturwissenschaft und Geistesgeschichte 55 (1981), S. 337.

eingehende Sektion in ihrer Interpretation zu *Nachdenken über Christa T.*,[42] die ich in hohem Maß überzeugend finde. Paver spricht über die Praktik der Erzählerin, Erinnerung mit Erfindung zu durchsetzen,[43] um die Vergangenheit zu verändern und auszubessern.

Die Begünstigten der Fiktionalisierung sind hauptsächlich die Erzählerin und Christa T. Paver findet, dass die Erfindungen, die Christa T.s Vergangenheit zum Besseren kehren, ein Versuch sind, ihr unbefriedigendes Leben wiedergutzumachen. Ins Tagebuch Christa T.s zum Beispiel werden Gedanken hineingeschrieben, die sie auszuformulieren nicht gewagt hatte.[44] Eine weitere erfundene Begebenheit ist das Kostümfest, auf dem Christa T. als Sophie la Roche erscheint. Die Erzählerin bringt diese Inszenierung zustande, da Christa T. nicht einmal in einem Gesellschaftsspiel den Mut dazu aufgebracht hätte, sich als Literatin vorzustellen.[45] In die gleiche Kategorie gehört Christa T.s Romanze mit dem Schulleiter aus dem Nachbardorf, die zwar, wie die Erzählerin mitteilt, nicht stattgefunden hat, aber sehr wünschenswert gewesen wäre. Wiederholt geht es darum, die Vergangenheit zu Gunsten der Figur zu verändern. Paver zufolge benutzt die Erzählerin den Freund als Projektionsfläche, gegen die der Charakter Christa T.s - insbesondere ihr Enthusiasmus, neue Erfahrungen einzugehen, ihre Humanität und der Wunsch, ihre Ideale verwirklicht zu sehen - schärfer hervortritt.[46] Wenn es um die Erzählerin als Begünstigte der Fiktionalisierung geht, ist der Einsatz höher. Sie muss ihr Schuldbewusstsein, die Freundin unterschätzt und vernachlässigt zu haben, verarbeiten.

Wenn die Erzählerin das Leben der Figur lebenswerter darstellt als es in Wirklichkeit war, versucht sie nicht, ihre Schuld zu vermindern und sich in ein besseres Licht zu rücken. Paver hält fest, dass diese Korrekturen und Ornamente am Lebenslauf der Figur diese allein begünstigen.[47] Die Erzählerin nimmt es tatsächlich auf sich, nach ihrer Schuld bis hin zu den beunruhigendsten Ahnungen über sich selbst zu forschen. Aber es geht nicht nur um eine rückhaltlose Bloßstellung der eigenen Schuld. Die folgenden Beispiele sollen die Rolle der Fiktionalität, wie sie von der Erzählerin eingespielt wird, hervorheben. Im fingierten Gespräch mit Gertrud Dölling erfährt die Erzählerin von der Isolierung ihrer Freundin während der Studienzeit und realisiert das Ausmaß ihrer Schuld. Nachdem das Gespräch durchgespielt ist, entscheidet die Erzählerin, dass der Einblick aus der Perspektive Gertrud Döllings für ihre Suche nicht unentbehrlich sei.[48] Es gibt eine rhetorische Figur, durch die der auktoriale Erzähler dem Leser mitteilt, auf welche Begebenheiten er im Lauf der Erzählung verzichten wird, wobei dem Leser trotzdem eine konzentrierte Zusammenfassung verabreicht wird, namens Occupatio

---

[42] „Expiating the Past through Narrative Invention". Paver 1999, S. 99.

[43] Ebenda.

[44] „Anpassen lernen! Und wenn nicht ich es wäre, die sich anzupassen hätte? - Doch so weit ging sie nicht." (N, 76); vgl. Paver 1999, S. 101.

[45] Paver 1999, S. 113.

[46] Ebenda, 102 - 103.

[47] Ebenda, S. 115.

[48] „Nein.

[...] Das Gespräch wird nicht stattfinden, diese Gemütsbewegung werden wir uns ersparen. [...] Der Umweg war überflüssig." (N, 52)

und ist zum Beispiel aus Chaucers *Canterbury Tales* bekannt. Chaucer verwendet diese Figur, um den Leser auf dem Laufenden zu halten, ohne dabei die Spannung zwischen den dramatischen Pointen abzuschwächen. Der Effekt dieser Figur wirkt aber auf den Erzähler zurück, denn er stellt sein ‚handwerkliches' Können zur Schau und gewinnt das Publikum für sich. Auch bei Wolf macht sich etwas von diesem Effekt spürbar. Im Text wird der Sympathieentzug, den sich die Erzählerin durch eigene Verschuldung verdient hat, rhetorisch wieder aufgewogen. Es nimmt nicht wunder, wenn die Erzählerin gleich im folgenden Paragraphen sich vom Eingeständnis des Versagens in der Freundschaft erholt und sich auf die vertröstende Wirkung der literarischen Sprache beruft:

> Übrigens verlieren alle Fragen mit der Zeit ihre Schärfe, und an die Stelle des Ich kann - diesen Ausweg läßt die Sprache immer - fast immer das Wir treten, niemals mit mehr Recht als für jene Zeit. So daß einem nicht zugemutet werden muß, die Schulden einer fremden Person zu übernehmen, oder doch nur unter gewissen Umständen. Selbstverständlich glaubte ich, weiter mit ihr [Christa T., n.n.] befreundet zu sein. (N, 52-53)

Mit dem letzten Satz hat sich die Erzählerin zurück in die Handlungsebene eingeschaltet. Inzwischen aber hat die Erzählerin durch offenbare Fiktionalisierung der Vergangenheit und durch Bewusstmachung der Wirkung der literarischen Sprache ihr in der Handlungsebene angesammeltes Schuldbewusstsein um einiges erleichtert. Der Leser glaubt nicht nur an die Echtheit ihres Bedauerns, ihm ist klar geworden, dass der Wortführer in der Fiktion im Verhältnis zu seiner Überzeugungskraft die Macht hat, ausstehende Rechnungen zu begleichen.

Ein weiteres Beispiel von Abwechslung zwischen Selbstbeschuldigung und Initiative, durch Fiktionalisierung dagegen zu wirken, ist auch folgendes:

> Da ich auf einmal bemerke, was andere - vielleicht - an ihr übersehen haben, ihre Schüchternheit zum Beispiel, muß ich mich natürlich fragen, was ich an ihr niemals gesehen haben mag und niemals werde sehen können [...]. So will ich denn auf der Suche nach dem Übersehenen noch einmal zu ihr ins Krankenhaus gehen, an jenem Sonntag im Herbst ihres Hochzeitsjahres. Ich habe Ursache, diesen Gang zu wiederholen, weil ich nie bei ihr war, als sie wirklich krank lag. Das klingt wie ein Selbstvorwurf, und es ist einer, aber ich hatte gute Gründe, wie jedermann gute Gründe hat. Mein bester Grund war, daß ich ihr ihren Ernst nicht glauben konnte. (N, 127-128)

In diesem Fall fängt die Erzählerin mit einer relativ leichten Beschuldigung an, sie habe bewundernswerte Eigenschaften der Freundin übersehen. Gleich darauf schlägt das Vorführen ihrer Fähigkeit, den Besuch im Krankenhaus wiederholen zu können, umso mehr ins Gewicht. Der Leser ist noch unter dem Eindruck der beneidenswerten auktorialen Freiheit der Erzählerin zum Text, als er erfährt, sie habe ihre Freundin auf den Sterbebett nicht einmal besucht, und er ist geneigt, den Grund, der ihm ohne Vorwarnung durchaus fadenscheinig vorgekommen wäre, als plausibel anzunehmen. Es muss schließlich betont werden, dass die Folgerung, die Erzählerin versuche sich zu entschuldigen, falsch ist. Im folgenden Kapitel wird das Problem des Real- und Fiktionalbewusstseins in Wolfs *Kindheitsmuster* erörtert werden, doch an dieser Stelle soll vorerst festgehalten werden, dass fiktionalisierte Inhalte eine qualitative Änderung durchmachen. Da Fiktionalisierung ein bewusster Prozess ist, werden Inhalte einer kalkülierten und rhetorikgeladenen Gestaltung unterzogen. Dadurch verlieren sie ihren reellen unvermittelten Aufprall auf das Bewusstsein und erhalten statt dessen eine abgezirkelte Wirkung im Erzählsystem der Fiktion. Mit dieser Transformation arbeitet die Erzählerin bei Wolf. Sie zeigt wie Schuld und Trauer in einer Fiktion eine andere, handhabbare Bedrückung verursachen, wobei, wohlgemerkt, das Schuldgefühl im Realbewusstsein[49] an keinem Punkt seine Intensität einbüßt.

Die Sprachskepsis[50] der Christa T., die auch von der Erzählerin geteilt wird, ist ein weiteres Hindernis, das in der Erzählung thematisiert und durch Einverarbeitung in die Fiktion in jenen strukturbestimmenden Schwebezustand befördert wird. Als Christa T. nach 1945 die Greuel des Naziregimes zur Kenntnis nimmt, wird in der Erzählung ihre Reaktion mit der des Reiters über den Bodensee verglichen. Die Erzählerin begründet mit diesem Schock Christa T.s sprachliche Verunsicherung, die ihr ganzes kurzes Leben nicht von ihr gewichen sein soll: „Die Lebenszeit wird nicht ausreichen, wieder davon [ihre Kindheit und Jugend bis zum Kriegsende] zu sprechen, *ihre* Lebenszeit nicht. Für diese Sache bis zum Schluß die halben Sätze..." (N, 33) Umgekehrt zeigt nicht nur die Haltung der Erzählerin großes Vertrauen in die literarische Sprache, Christa T. selbst stellt fest, dass sie nur schreibend über die Dinge kommen kann (N, 37). Auch ist es ihr innigster Wunsch, Schriftstellerin zu werden. Wie wir weiter sehen werden, wenn die Ästhetik, die Christa T. als ihr utopisches Ideal verfolgt, besprochen wird, geht es hier spezifisch um die Ästhetik einer Autorin der Nachkriegszeit. Ihre Sprachskepsis ist also nicht vergleichbar mit der erkenntnistheoretischen Sprachskepsis der Moderne, wie sie bei Wittgenstein oder in Hofmannsthals Chandos-Brief formuliert wird. Ihr Wunsch zu schreiben bringt Christa T. in die schwierige Situation absoluten Anfängertums. Das Gleichgewicht von dem - wie sich herausstellen wird - unerreichbaren ästhetischen Anspruch gepaart mit einer tiefen Skepsis gegenüber der tradierten literarischen Sprache und von einem ebenso ernsten Glauben an die Möglichkeiten der Literatur durchzieht den Text der Erzählung.

Der Tod Christa T.s ist das größte Hindernis, mit dem die Erzählung es von Anbeginn aufnimmt. Kritiker sind mit den verschiedensten Interpretationen zum Tod der Figur Christa T. aufgekommen. Es gibt die tendentiöse Interpretation Reich-Ranickis, der zufolge der Tod eine Anklage an das menschenrechtsverletzende Regime der SED sein soll.[51] Eine andere Auslegung, die auch im Bereich des Gesellschaftlich-Politischen

---

[49] Es geht hier freilich um ein Realbewusstsein, das seinerseits in einer Erzählung thematisiert wird. Aber da es der Erzählerin um das Präzisieren der Differenz zwischen Real- und Fiktionalbewsstsein geht, bleibt das Spezifikum des Realbewusstseins in seiner Repräsentierung in Fiktion erhalten.

[50] Kritiker, die dieses Thema aufgreifen, sind Sevin 1982, S. 105; Smith 1987, S. 96; Manfred Jäger, Die Grenzen des Sagbaren. Sprachzweifel im Werk von Christa Wolf. In Angela Drescher (Hg.), a.a.O., S 311. Jäger bemerkt, dass Wolf die Sprachzweifel ihrer Protagonistinnen auf individuelle psychologische Ursachen zurückführt und dadurch ihren Glauben an Sprache als einem Präzisionsinstrument, „dessen adäquater Einsatz vom Geschick und vom Wagemut dessen abhängt, der es handhabt.", verrät.

[51] Marcel Reich-Ranicki, a.a.O., S. 245

bleibt, ist Mohrs Deutung des Todes als der zu zahlende Preis,[52] den Christa T. der Gesellschaft, der sie sich durch nicht-Anpassung verweigert, schuldet. Diese Lektüre ist vereinfachend und auch sentimental. Andere Interpretationen begründen den Tod Christa T.s mit ihrer Künstleridentität. Smith stellt die Verbindung zwischen der Todessymbolik bei Thomas Mann, einem bevorzugten Autor Christa T.s, und ihrem eigenen Tod her.[53] Bekanntlich bildet bei Mann die Familiarität des Künstlers mit dem Todesprinzip in der Kunst eine undichte Stelle, durch die der Künstler als Individuum sich für den Tod durchlässig macht und diesem verfrüht erliegt. Obwohl dieses Argument oberflächlich überzeugend klingt, muss bezweifelt werden, dass Wolf eine Symbolik kritiklos übernehmen würde, die in der Ästhetik der Moderne nichts Geringeres als der springende Punkt ist. Eine andere Interpretation, der zufolge Christa T. den Tod als Ausweichklausel[54] seit dem Besuch beim General im Hinterkopf gehabt hat, überzeugt eher. In diesem Sinn zieht Christa T. es vor zu sterben, als mit ihren literarischen Ambitionen erfolglos zu bleiben. Sie hat vielleicht geahnt, dass ihre Begabung nicht zum Ausdruck kommen kann, ob aus politischen oder ästhetischen Gründen macht keinen Unterschied, und den Tod als Ausweg empfunden. Diese Einstellung wäre im Fall einer reellen Person nicht nachvollziehbar, aber da Christa T. eine literarische Figur ist, ist es vorstellbar, dass sie lieber sterben will, als unzufrieden dahinzuleben. Der Nachteil dieser Interpretation ist, dass nun die Erzählung ihre Hauptfigur zu opfern scheint, um die Vollkommenheit ihres Ideals zu retten. Damit wird die Erzählerin aus *Nachdenken über Christa T.* verfehlt. Die Prämisse dieser Erzählerin ist das Sterben einer Freundin an Leukämie. Ihre Erzählhaltung zum Text verfolgend, erwartet der Leser, dass sie sogar dem Tod der Freundin einen positiven Aspekt abgewinnen kann. Tatsächlich gelangt Christa T. im Angesicht des Todes zu einer Lösung, zu der sie sich in ihrem Leben nicht durchringen konnte. Sie findet in ihrem Instinkt, nicht sterben zu wollen,[55] das optimale Fundament für eine subjektzentrierte Alternative zum sozialistischen Modell des jenseits der Subjektivität angekommenen Künstlers, dessen Werk sich als geistige Nahrung für das Kollektiv verausgaben soll.

Was Christa T. Schwierigkeiten bereitet, ist das Problem, in ihrer Ästhetik einen praktikablen Standort des Erzählens zu finden. Daher die Schwierigkeit ‚ich' zu sagen. Um diesem Problem auf den Grund zu gehen, muss an das Germanistik-Studium Christa T.s in Leipzig erinnert werden, als ein Zusammenstoß des Kommilitonen Günter mit der sozialistischen Doktrin beschrieben wird. Günter wurde unter jenen Umständen des Subjektivismus bezichtigt (N, 68-69). Er hatte es gewagt, anhand von Schillers *Kabale und Liebe* den Vorrang der gesellschaftlichen vor den persönlichen Motiven im Verhalten des Subjekts zu bestreiten. Die politisch opportune Interpretation war, dass unglückliche Liebe in der neuen Gesellschaft kein Grund mehr sei, zu verzweifeln.

---

[52] Heinrich Mohr, a.a.O., S. 54

[53] Smith 1987, S. 118 - 119

[54] Paver 1999, S. 111

[55] Dieter Sevin bemerkt, dass der Wille, weiter zu leben, die Möglichkeit freilegt, „ihre innere Zurückhaltung und Reserviertheit, ihre Selbstzweifel und das Gefühl von Unzulänglichkeit zu überwinden", was freilich zu spät kommt.
Sevin 1994, S. 73.

Günter streitet also für die Tragödie in der modernen Liebe und behauptet indirekt, dass die Theorie an diesem Punkt nicht durchgreift. Er behauptet, dass das kollektive Subjekt das persönliche Ich weder ersetzen kann noch soll. Jahre später ist die Erzählerin überrascht, dass Christa T. die Verbindung zu Günter nie verloren hat. Günter ist bei der letzten gemeinsamen Silvesterfeier dabei und erscheint auch im darauffolgenden Traum der Erzählerin, der den Punkt der höchsten Motivverdichtung der Erzählung bildet. Im Traum gibt es folgende Sequenz: zuerst taucht Günter mit einer beiläufigen Bemerkung auf, dann ein ‚wir', unter dem der, die Erzählerin, Christa T. und ihre Kommilitonen in Leipzig zu verstehen sind, die vom neuen Menschen redend folgendes bemerken: „Das bißchen Ich, sagen wir verächtlich auf unserer Treppe. Der alte Adam, mit dem wir fertig sind." (N, 170) und schließlich kommt Christa T. ins Bild und führt Günters Argument weiter: „Ich weiß doch nicht. Das muß ein Mißverständnis sein. Diese Mühe, uns jeden anders zu machen - bloß, damit wir das wieder loswerden sollen? Das kann ich doch nicht annehmen." (N, 170) Auf dem Sterbebett kommt Christa T., nun auf der Handlungsebene, zur gleichen Schlussfolgerung, die wir im Traum der Erzählerin für erfunden halten können. Aus einer Ohnmacht erwachend, lernt sie den Wert ihres Bewusstseins als Subjekt zu schätzen. „Ich, denkt Christa T. nüchtern. Letzte Aufrichtigkeit, jetzt weiß sie auch, was das ist. Weiß nichts sicherer, als daß sie bleiben will, nun, da sie wieder »zu sich gekommen« ist." (N, 175) Sie merkt, sie hat sich vergeblich abgemüht, eine Ästhetik nach den Maßstäben des theoretischen Sozialismus dem neuen Menschen auf den Leib zu schreiben. Sie sieht ein, dass ihre Lebendigkeit die Ressource ist, aus der eine ihren moralischen Ansprüchen angemessene Ästhetik zustande kommen kann. Endlich fasst sie Mut, sich als Künstlerin an sich zu sehen, ohne im gleichen Atemzug nach dem Nutzen für das Kollektiv zu fragen.

Im Lauf der Erzählung wird dieser kathartische Moment der Klarheit durch die bedrückende Banalität, mit der Christa T. umgeben wird, hinausgezögert. Es geht der Erzählerin darum, die Figur dem Risiko auszusetzen, dass sie ihre Bestimmung verliert. Mit Banalität spielt die Erzählerin in vielen Varianten, besonders wenn sie ihre Figur in Sackgassen, wie die selbsterwählte Isolierung von kulturellem Austausch auf dem Lande und die freiwillige Überbelastung in ihrem Alltag als Hausfrau und Mutter, laufen lässt. Es geht zu Beginn um ein Herauswollen aus der Provinzialität des Dorflebens, der die Schülerin Christa T., wie wir wissen, überdrüssig ist, und gegen die sie abstechen soll. Wenn sie mit dem Schulleiter aus dem Nachbardorf in ihrem letzten Dorfsommer vor Kriegsende flirtet, scheint die Figur selbst innenperspektivisch die Banalität dieser Sommerliebe in idyllischer Umgebung abschütteln zu wollen. Die Erzählhaltung - aus der Perspektive der Protagonistin - ist ausdrücklich ironisch (N, 41). Aus der Außenperspektive der Erzählerin heißt es über Christa T., ihr sei ihr Leben „doch durchschnittlich und oft sogar eng" (N, 89) vorgekommen. Gleichzeitig geht der Verdacht auf, in der Persönlichkeit Christa T.s wäre ein Hang zum Banalen aktiv, in Gegenströmung zu ihren Entfaltungswünschen. Der Text liefert Belege dazu an Stellen, wo zum Beispiel bezweifelt wird, ob Christa T. eigentlich Ernst mit ihren literarischen Ambitionen machen wollte. Die Erzählerin sinniert: „Nicht alle Kritzeleien kann ich lesen, sie selbst hätte es unmöglich gekonnt. Hätte sie es überhaupt gewollt?" (N, 86) Es wird auch nahegelegt, dass Christa T. sich mittels Selbstsuggestion hinters Licht geführt hätte. Die Erzählerin unterstellt, dass Christa T. sich mit Selbstzweifel, nämlich dass sie für den Schriftstellerberuf untauglich wäre (N, 136), ihr Projekt, Schriftstellerin zu werden, verbaut hat. Sie soll sich absichtlich dagegen gewehrt haben, ihren „unmäßigen Ansprüchen, phantastischen Wünschen und ausschweifenden Träumen" (N, 120), Metaphern für ihr literarisches Streben, nachzugehen. Diese Neigung, ihren innigsten Wunsch aufs Spiel zu setzen und zu verspielen, erfüllt eine doppelte Funktion im Text: einerseits wird die Spannung dramatisch gesteigert, und zugleich fokussiert sie die Beteiligung des Lesers auf den zu verlierenden Einsatz. Für den Leser avanciert diese Frage zum Kernpunkt des Textes. Vom Leser wird als Lösung des Textes erwartet, dass Christa T. ihren Traum erfüllt, oder mindestens eine erfüllende Beziehung zum erwünschten Literatendasein meistern kann. Die Erwartungen des Lesers werden von Christa T. permanent unterminiert, sowohl durch die Fahrlässigkeit ihrer literarischen Bemühungen als auch in ihrem Privatleben. Es gibt da keine abenteuerlichen oder ermutigenden Entschlüsse, keine aufregenden Begegnungen. Auch in ihren privaten Beziehungen sucht Christa T. das Banale. Sie lässt sich von einem Studenten einer anderen Universität, der kurzweilig als Gast zu ihrer Universität in Leipzig kommt und dem sie zufällig in der Mensa auffällt, umwerben. Justus studiert Veterinärmedizin und ist kein Schöngeist im geisteswissenschaftlichen Sinne. Nach der Hochzeit wird Christa T. in einem Wutausbruch ihren Mann „Viehdoktor" (N, 126) nennen. In den späteren Jahren betrügt sie ihren Tierarzt mit einem ortsansässigen Förster, dessen Jugend und gutes Aussehen sie reizt. Sie selbst benennt sich einmal „Tierarztfrau in mecklenburgischer Kleinstadt" (N, 135), aber anders als die Erzählerin einschätzt, ist die Ironie hier nur gekünstelt, als Selbstschutz, um nicht direkt zuzugeben, wie erfüllend sie ihre banale Existenz zugleich empfindet.[56] Das hätte die Freundin womöglich zum Trugschluss geführt, Christa T. hätte ihren Traum vom Schreiben aufgegeben. Im Text jedoch verlaufen beide Bindungen, zum Alltag als Hausfrau und an den Wunsch nach künstlerischer Leistung, synchron. Auf diese Dualität werde ich im Kontext der Parallele zur Ästhetik Manns, insbesondere aus dessen Erzählung Tonio Kröger, noch zu sprechen kommen.

Es stellt sich nun die Frage, wieso der Leser Christa T. trotz der banalen Kulisse als Künstlerin erkennt und akzeptiert. Meines Erachtens erreicht die Erzählerin dieses Resultat durch In-Szene-Setzung der Protagonistin in verschiedenen Posituren, die seit dem 19ten Jahrhundert das Profil des Künstlertyps ausmachen. Aber bevor ich diese verschiedenen Mittel bespreche, möchte ich hervorheben, dass selbst die soeben erwähnte banalisierende Dekore im Text immer wieder mit Aussagen konterkariert werden, die eine Umwertung des Banalen in das gewünschte Leben artistischer Erfüllung versuchen. Die Erzählerin lässt aus den Alltagsaktivitäten der Hausfrau Christa T. sprachliche Bilder in Bewegung entstehen,[57] denen alles Rustikale abgegangen ist. In ihrer häuslichen Welt bewegt sich die Figur wie in einem komplizierten Gehäuse, in dem

---

[56] „Nichts konnte so banal sein, daß sich nicht wenigstens ein Spaß daraus ziehen ließ, manchmal aber eine wirkliche Freude, es war nicht zu glauben." (N, 121)

[57] „Ich will [...] jeden Tag früh aufstehen, um zuerst das Kind zu versorgen und dann für uns beide, Justus und mich, das Frühstück zu machen; ich will während ich hin und her gehe, hören, was er mir aufträgt; ich will mir merken, daß ich den Kreisarzt anrufen muß und wo ich ihn, Justus, erreichen kann [...]" (N, 135)

sie, ähnlich den urbanen Flaneuren und Bohemiens um die Jahrhundertwende, obdachlos und zugleich überall zu Hause ist. Die Erfüllung ihrer häuslichen Pflichten bekommt bei Christa T. eine kreative Qualität, die das erdrückend Banale und Monotone aufhebt. Bei dieser Hausfrau gerät das tägliche Wirtschaften zu einem improvisierten Kunststück, womit nicht nur die scheinbar mühelose Leichtigkeit der Ausführung suggeriert ist, sondern vor allem, dass den an sich geistlosen praktischen Handgriffen eine Reihenfolge und ein Konzept untergeschoben wird, die sie in eine für den Leser genießbare literarische Bilderfolge verwandeln.

> [...] der Schwebezustand, in dem sie ihren Haushalt zu halten wußte, kommt mir zu kompliziert vor, um zufällig zu sein. Wie da eine Schwäche die andere ausglich, wie aus zwei Versäumnissen eine überraschende Improvisation wurde, wie man immer im Glauben blieb, man dürfe nichts anrühren, damit das Ganze nicht zusammenbrach, sie selbst aber, wenn es darauf ankam, fest zugriff – das alles zusammen hätte man raffiniert nennen können [...] (N, 136)[58]

---

[58] Mit der Betonung der Kreativität der Arbeit, die Frauen im Haushalt leisten, schließt Wolf sich an die feministische Tendenz der Schriften Virginia Woolfs an. Beispielsweise im Essay „A Room of One's Own" oder im Roman „To the Lighthouse" setzt Woolf an, die unbeachtete und meistens verachtete Arbeit der Frauen neu einzuschätzen. In „To The Lighthouse" geht es um traditionell hausfräuliche Tätigkeiten, deren Produkte Woolf in ähnlich hohem Wert hält, wie das Produkt einer ‚schönen' Kunst, der Malerei in diesem Fall, oder wie die Leistungen der Wissenschaft. Die Liebenswürdigkeit und die Geschicktheit der Mrs Ramsay, mit der sie Harmonie in ihrem häuslichen Umkreis zu kreieren versteht, resultieren beim Abendessen in einen gesellschaftlichen und vor allem menschlichen Triumph. Alle Familienangehörigen und Sommergäste gruppieren sich um die Gastgeberin und fühlen sich durch die Wärme und die Anmut, die Mrs Ramsay ausstrahlt, in Einverständnis miteinander vereint. Mrs Ramsay selbst hat keinerlei Zweifel über die Bedeutung dieses Abends. Nicht nur rechnet sie diese Leistung zu den höchsten ihres Lebens, sie sieht auch ein, angenommen ihre Begabung ist gesellschaftlicher Natur, dass dieser Abend den bleibenden Wert eines Kunstwerks erreicht: „It partook, she felt, carefully helping Mr Bankes to a specially tender piece, of eternity; [...] there is a coherence in things, a stability; something, she meant, is immune from change, and shines out (she glanced at the window with its ripple of reflected lights) in the face of the flowing, the fleeting, the spectral, like a ruby; [...]. Of such moments, she thought, the thing is made that remains for ever after. This would remain." (S. 142)
Nach dem Tod der Mrs Ramsay finden im folgenden Verlauf der Erzählung zwei Tätigkeiten ihrem Andenken zuliebe statt, die vom Standpunkt der traditionellen Kunstkritik zwar weit auseinanderklaffen, von der Erzählerin jedoch als gleichwertig kreativ eingeschätzt werden. Es geht zuerst um die Tätigkeit der Putzfrau, Mrs McNab, die das Landhaus der Ramsays vor dem Zusammenbruch bewahrt und dessen Inhalt die ehemalige Schönheit zurückgibt. Zweitens geht es um die Malerei der Lily Briscoe, die als Gast zum Landhaus wiederkehrt, und in ihrem Gemälde die Gegenwart der Mrs Ramsay einzufangen versucht. Auch Mrs McNab arbeitet darauf hinaus, etwas von der Harmonie, die sich in der Gegenwart der Mrs Ramsay einstellte, durch die Restauration herüberzuretten. Sowohl der Putzfrau als auch der Malerin wird eine Vision von Mrs Ramsay zuteil, die eine symbolische Verlängerung der Präsenz der Verstorbenen in den Tätigkeiten der beiden Frauen bestätigt. Für Mrs McNab findet das folgendermaßen statt: „[...] and faint and flickering, like a yellow beam or the circle at the end of a telescope, a lady in a grey cloak, stooping over her flowers, went wandering over the bedroom wall, up the dressing-table, across the washstand, as Mrs McNab hobbled and ambled, dusting, straightening." (S. 186) und ähnlich erscheint sie auch Lily Briscoe, als optische Illusion, entstanden aus dem Faltenwurf eines Vorhangs, so dass die Malerin ihr Bild vervollständigen kann: „Suddenly the window at

Die Kritiker haben festgestellt, dass es drei Momente gibt, in denen Christa T. entschieden die Oberhand über ihr Schicksal gewinnt. Es geht um die Erscheinungen der Christa T. Trompete blasend, einem Ball am Strand nachlaufend und um die erträumte oder reelle Erinnerung der Erzählerin an Christa T. vor ihrem Schreibtisch sitzend.[59] Auch auf die Bedeutung des Bildes von der Trompete blasenden Christa T. für das künstlerische Selbstverständnis dieser Figur geht die Kritik ein. Dieses Motiv wird als „an early expression of Christa's creativity and capacity for self-expression"[60] empfunden. Das Trompetensignal wäre ein Wissen um die eigenen Möglichkeiten,[61] die in diesem Fall für genügend wertvoll von ihrer Trägerin geachtet werden, um sie ihrer Umwelt als Alternative entgegenzustellen. Was die Erzählerin an ihrer Mitschülerin bewundert, ist deren Freiheit, sich vom Kollektiv zu distanzieren und eine Geste zu machen, die ihre Unwilligkeit, unbedingt hineinzupassen, dazu noch herausposaunt. Die Schockwirkung erklärt sich aus der Erkenntnis der konsternierten Umwelt, soeben in Frage gestellt worden zu sein. Diese Geste Christa T.s bedeutet nicht einfach, dass sich eine Schülerin langweilt und aus Verzogenheit etwas Lärm macht, um die Erwachsenen und ihre Mitschüler aus der Fassung zu bringen. Man erkennt sofort, denn so will es die Erzählerin verstanden haben, dass es sich um das Aus-den-Angeln-Heben der Welt durch Kunst handeln soll. Diese Geste demonstriert die Möglichkeit, ganz anders zu leben, die Dinge aus einer anderen als der konventionellen Perspektive zu sehen. „A simple, carefree and spontaneous gesture"[62] erweitert den Horizont um das Unkonventionelle, aus dem Blick Verlorene, das durch den herrschenden Konsens mit den Tugendidealen des nationalsozialistischen Wertsystems Verdrängte. Der Grund jedoch, aus dem der Leser selbst sofort weiß, dass es sich um eine antagonistische Gegenüberstellung zwischen Kunst und Wirklichkeit handelt, liegt darin, dass ihm diese Gegen-

---

which she was looking was whitened by some light stuff behind it. At last then somebody had come into the drawing-room; somebody was sitting in the chair. For Heaven's sake, she prayed, let them sit still there [...]. Mercifully, whoever it was stayed still inside; had settled by some stroke of luck so as to throw an odd-shaped triangular shadow over the step. [...] Ah, but what had happened? Some wave of white went over the window pane. The air must have stirred some flounce in the room. [...] Mrs Ramsay - it was part of her perfect goodness to Lily - sat there quite simply, in the chair, flicked her needles to and fro, knitted her reddish-brown stocking, cast her shadow on the step. There she sat." (S. 271-272)

Virginia Woolf, To The Lighthouse. Oxford 1992.

Vgl. Susan Bennett Smith, Reinventing Grief Work: Virginia Woolf's Feminist Representations of Mourning in „Mrs Dalloway" and „To The Lighthouse". In: Twentieth Century Literature 41 (1995) 4, S. 319-323 und

Anna Snaith, Virginia Woolf's Narrative Strategies: Negotiating Between Public and Private Voices. In: Journal of Modern Literature XX (Winter 1996) 2, S. 141-142.

59 Mohr nennt diese Momente „vollendete Idyllen, poetisch-philosophisch vollendete Glücksbilder, wo der mit sich selbst identisch gewordene Mensch vorgezeigt wird" (Heinrich Mohr, a.a.O., S. 58). Thomassen identifiziert das Motiv des Trompete Blasens und das Laufen am Strand hinter dem im Wind treibenden Wasserball als „eine Art Glücksdokument", das die Intensität ihres Erlebens belegen soll (Thomassen 1977, S. 78).

60 Paver 1999, S. 112.

61 Firsching 1996, S. 48.

62 Smith 1987, S. 120.

überstellung schon geläufig ist. Die *poètes maudits* der Pariser Boheme definierten sich über diesen Kontrast sowohl in ihrer Dichtung als auch in ihrem Lebensstil und belieferten die westliche Kultur mit einem bleibenden archetypischen Image vom Künstler. Die Ausdruckskraft dieses Images ist nicht zu überschätzen. Es lebt in der Künstler-Bürger Polarität in den Romanen des Realismus und der Moderne, in der deutschen Literatur besonders bei Keller, Hesse und Mann, in den ästhetizistischen Strömungen um die Jahrhundertwende und taucht in den ex-zentrischen Künstlergemeinden der Beatniks im New York der 50er Jahre, der Hippie-Kultur der 60er Jahre, der DDR-Dichter der Prenzlauer-Berg-Szene in den 80er Jahren immer wieder auf. Auch Wolfs Christa T. wird an den Archetyp des Künstlers der Pariser Boheme geknüpft, besonders in dessen Erscheinung als Flaneur, die Wolf aus den Schriften Walter Benjamins[63] bekannt gewesen sein mochte.

Christa T. macht sich besonders dadurch bemerkbar, wie auch mit dem Trompeten auf der Straße, dass sie sich andere Prioritäten setzt, als wie es sich gehört oder für die anderen Mitschüler und Kommilitonen selbstverständlich ist. Dass der Bohemien sich nach einer anderen Wertskala ausrichtet, welche die Werte des Bürgers umstürzt oder persifliert, macht den Reiz seiner alternativen Welt aus. Wenn der Bohemien die Sicherheit der bürgerlichen Verhältnisse als beengend und deren Respektabilität als verlogen verwirft, umgibt er sich statt dessen mit Inhalten, Gegenständen und menschlichen Repräsentanten des vom Bereich der Respektabilität Ausgeschlossenen. Er gibt sich mit Lastern ab im Zeichen seiner Befreiung von der bürgerlichen Moral. Der Künstler flaniert durch die Straßen und Passagen der Metropole, um seine Freiheit im Gegensatz zum unter Arbeitsvertrag verpflichteten Bürger zu demonstrieren. Die Missachtung der Konventionen der bürgerlichen Moral, der Arbeitswelt des industriellen Zeitalters und der realistischen Kunst wird mit einer fast religiösen Achtung für ästhetische Innovation und einem prononciert anti-bürgerlichen Freiheitssinn ausbalanciert. Eine vergleichbare umstürzlerische Veranlagung hat auch Christa T. Sie definiert schon als Kind ihren persönlichen Adel als Gottesgabe, im Kontrast zum geerbten Adel und Wohlstand der privilegierten Klassen: „Sternkind - kein Herrnkind“ (N, 21). Als Schülerin wagt sie im Sommer 1944 eine Reise nach Berlin in Begleitung einer Freundin, die Christa T. Beethoven am Klavier vorspielt. Die beiden genießen ihre Ferien allein in der verlassenen Berliner Wohnung trotz der Todesgefahr, der sie sich bei jedem Bombenalarm ausliefern. Das kann die Erzählerin nicht nachvollziehen: „Nein, man konnte ihre Art nicht billigen, es darauf ankommen zu lassen, auf ein Unglück, auf einen Tod, auf eine Freundschaft.“ (N, 15)

Auch lässt ihr Pflichtbewusstsein gegenüber dem Studium zu wünschen übrig. In der Leipziger Zeit taucht sie unter, wenn alle anderen sich fieberhaft für die Prüfungen vorbereiten und liest Dostojewski. Kurz vor den Prüfungen erscheint sie und „konnte sich unschuldsvoll nach den Themen erkundigen“ (N, 39). Auf ihren nächtlichen Rundgängen durch die Stadt verliert sie ihre Pflichten aus den Augen: „Sie erinnerte sich später nicht, wie sie in ihr Zimmer und ins Bett gekommen war. Als sie am nächs-

[63] Walter Benjamin, Das Paris des Second Empire bei Baudelaire. In: Gesammelte Schriften. Bd. I·2. Frankfurt am Main 1974, S. 511-604.

ten Mittag erwachte, hatte sie eine Klausurarbeit verschlafen." (N, 60) Die Fragen, die Christa T. beschäftigen, gehen vor den Prüfungsstoff, sogar in der Zeit unmittelbar vor dem Examen. Auf Mäßigung und Sicherheit legt Christa T. auch wenig Wert. Es heißt ausdrücklich:

> Sie kam mit ihrem Geld nicht zurecht. Sie rauchte, kaufte sich teure Seife und konnte sich ohne Sinn und Verstand in eine der neuen HO-Gaststätten setzen und für zehn Mark Bratkartoffeln mit Sülze essen, dabei schnaufte sie vor Behagen. Dann trank sie, wenn sie ganz verrückt wurde, auch noch Wein, und in ihrer Gesellschaft, wenn sie auf Gesellschaft aus war, war sie nicht wählerisch. (N, 59)

Sie sitzt oft und gerne in ihrem Stammcafé. Bei diesem Lebensstil wundert es nicht, wenn die Erzählerin zweimal erwähnt, wie Christa T. „die letzten Pfennige Stipendium" (N, 37) für Kuchen oder ihr „letztes Geld" für ein Buch, „das teure Vogelbuch, das sie schon lange haben wollte" (N, 60) ausgibt.

Cafés bilden Zwischenstationen in der Welt, in der sich Christa T. bewegt. Zwischen der eigenen Wohnung, Wohnungen von Freunden und der Straße sehen wir Christa T. hin und her pendeln. Christa T. läuft manchmal die Berliner Wohnung der Erzählerin an „wie einen Hafen, denn mit ihrem eigenen Leben verglichen, war sie fest." (N, 98) Christa T.s Wohnungen haben eine gewisse boheme Trostlosigkeit, die sich als Kulisse für ihre Unrast hergibt. Die Erzählerin erwähnt ein „dunkles Schlauchzimmer", in dem Christa T. wenig bleibt. „Dann geht sie los. Jeden Nachmittag läuft sie durch die Stadt." (N, 100) Das Flanieren durch die Stadt ist eine Aktivität, bei der wir Christa T. immer wieder beobachten dürfen. Schon seit ihrer Leipziger Studienzeit wird klar, dass ihr Flanieren eine Suche nach originellem, mit der Straße verbundenem Ausdruck darstellen soll.[64] Im folgenden Zitat reißt sie buchstäblich aus dem Monument der Kulturtradition, der Bibliothek, aus und verirrt sich in eine unterweltlich aussehende Kneipe:

> Sie ging in die Vorlesungen, saß auf ihrem Platz im Lesesaal, folgte mit den Augen den Reihen der Bücherrücken und fürchtete auf einmal, hier könnte schon auf jede Frage eine Antwort stehen. Da sprang sie auf, lief hinaus, fuhr mit der

---

[64] Es gibt zwei Lichtblicke im Text, die ein Resultat von diesen Streifzügen versprechen. Zum einen verwendet Wolf die Epipher, um eine endlos scheinende Serie von Einblicken der Protagonistin in die Psyche des Menschen von der Straße zu demonstrieren. Nach dem Modell „die Stadt gehört ihr" geht es weiter mit „das Kind gehört ihr, das in der Straßenbahn [...] sitzt", „der schwarzhaarige Mann", „der junge Gärtner" und „auch die Dame, die ihren Sohn besuchen kommt, [...]. Da gehört er ihr auch." (N, 113-114)

Im zweiten Beispiel, das viel später, in der mecklenburgischen Kleinstadt, in der sie als Tierarztfrau lebt, abspielt, ist die Beobachtungsdistanz größer - es geht um Christa T. als Passantin, und innenperspektivisch wird Christa T.s Einblick in die Privatsphäre der Bewohner der Wohnungen, an denen sie auf der Straße vorbeigeht, wiedergegeben. Obwohl sie als Außenstehende im Vorbeigehen gezeigt wird, soll sie genaue Kenntnis von dem Leben der Leute in ihrer Umgebung haben: „Wir gehen durch die Stadt - rote Scheunenreihen, Kirche, Apotheke, Warenhaus, Café. Es ist Abend, kalt. [...] Wir blicken in die Fenster der Häuser, an denen wir vorbeigehen. Sie weiß genau wie die Leute leben, die unter den kleinen, bunten, schlecht leuchtenden Stehlampen sitzen, die in den letzten Jahren aufgekommen sind. Sie kennt den Geschmack der Bratkartoffeln, die hier zum Abend gegessen werden." (N, 167-168)

Straßenbahn den weiten Weg zur Stadt zurück, schon wieder war Nebel, sie fror. *Gestern bin ich, schreibt sie der Schwester, abends durch die Altstadt nach Hause gegangen. War plötzlich rasend abgespannt, landete in einer feuchten Spelunke, die Damen und Herren glotzten mich an. Ein durchreisender Plantagenbesitzer aus dem Magdeburgischen hat sich von seiner professionellen Begleiterin freigemacht und ist zu mir gekommen.* [...] *Wir politisierten, nicht zu seinem größten Vergnügen, tranken und rauchten tüchtig auf seine Kosten* [...] *Ich rauche zu stark, bin oft zerschlagen und traurig* ... (N, 55-56)

Die Stimmung, die hier beschrieben wird, ist unverkennbar der künstlerischen Boheme nachempfunden. Wein, Kaffee und Tabak sind Reizmittel, die in die Dekore um diese DDR-Künstlerin passen und eingesetzt werden. Entsprechend künstlerisch ist ihr Gemüt, bestimmt von „Schwingungen, zwischen mühelosen, glücklichen Aufschwüngen und schrecklichen Abstürzen" (N, 61).

Aus diesen Beispielen ist ersichtlich, dass die Verbindung Christa T.s zum Künstlertyp des Bohemien eine eher vage, konstant im Hintergrund verlaufende Beziehung ist. Sie ist jedenfalls deutlich genug, um den Leser verstehen zu lassen, dass Christa T. als Künstlerin gelten soll. Ein anderes Mittel, die Protagonistin als Künstlerin glaubhaft zu machen, ist ihre häufige Inszenierung mit Kindern. Es entsteht eine Wechselwirkung zwischen der Assoziation der Figur Christa T. mit Kindern und dem Effekt, den diese Nebeneinanderstellung an den Leser weitergibt. Gewöhnlich wenn Christa T. die Erzählerin besucht, bevor sie eigene Kinder hat, spielt sie mit dem Kind der Erzählerin „Einmal, als sie sich mit unserem Kind zu schaffen machte [...]" (N, 40) oder „Sie aß mit uns Abendbrot, spielte mit dem Kind [...]" (N, 98). Diese Figur erhält einen Teil ihrer Eleganz auch aus ihrem Umgang mit Kindern: „Ihr Lächeln, ihr Gang, die Bewegung, mit der sie einem gefallenen Kind aufhilft." (N, 100) Auch mit den eigenen Kindern wird sie oft gezeigt. Diese Dekore bringt Christa T., wie Kritiker schon bemerkt haben, in Bezug mit der Ästhetik der Romantik: „Christa T. manifests many characteristically Romantic traits, [...] a love of nature, an attraction to simple peasants, and an empathy with children, that comes from being in touch with the child in oneself."[65] Immer wieder werden Kinder in der Nähe dieser Figur erwähnt. Auf der Flucht vor den sowjetischen Truppen, nach vielen schlaflosen Nächten, sucht sie Halt in der physischen Präsenz eine Kindes: „Christa T., um die Verzweiflung abzuwehren, zieht ein Kind auf ihren Schoß." (N, 23) Immer noch auf der Flucht ist sie ist auch tief und bleibend verstört, als sie schlafend einen Säugling aus dem Arm verliert und dieser folglich erfriert. Nach dem Krieg wird sie ständig einen „Argwohn gegen den Erwachsenen in sich" (N, 32) nähren.

Kindsein bedeutet für Christa T. Teilhabe an einer Unschuld, die der paradiesischen Unschuld vor dem Sündenfall gleichkommt. In diesem Sinn ist auch die Aussage der Erzählerin zu verstehen, Christa T. habe bei den Kindern, ihren Schülern, Schutz gesucht (N, 34). Umso bedeutender verletzt sie die Einsicht, dass auch Kinder zu Grausamkeit und Verschlagenheit fähig sind. Trotz einiger ernüchternder Momente bleibt Christa T. die Faszination für das kindliche Weltbild erhalten. Die romantische Zuge-

[65] Robert Sayre und Michael Löwy, Romanticism as a Feminist Vision: the Quest of Christa T. In: New German Critique 64 (1995), S. 111-112.

hörigkeit dieser Perspektive wird offensichtlich, wenn die Erzählerin die Skizzen von Christa T.s Kindheitserinnerungen, die Manuskripte zu ihrem ›Kind am Abend‹-Projekt, in Kontext mit ihren zivilisationskritischen Überlegungen bringt. Es geht um Christa T.s Vergleich zwischen dem real existierenden Sozialismus der 50er Jahre und einem Mechanismus, zu dessen Inbetriebhaltung alle Kräfte mitwirken und dabei ihren eigenständigen Wert der „absoluten Perfektion und Zweckmäßigkeit des Apparats" (N, 58) opfern. Die Erzählerin erwägt die Idee, ob Christa T. „diesem Mechanismus" ihr ›Kind am Abend‹, eine Dichtung, entgegenzusetzen gewollt habe. Die moralische Garantie, die aus der Unschuld des Kindes bezogen wird, erhält zusätzlich eine zivilisationskritische Bedeutung: Kindheit ist auch die Zeit des kulturell noch Undeterminierten, von der instrumentalen Rationalität noch nicht Geformten. In der romantischen Ästhetik hält Kindheit dem aufklärerischen Zivilisations- und Kulturideal eine von der instrumentalen Rationalität unvoreingenommene Kreativität und Fantasie entgegen. Christa T. geht auf die Präsenz von Kindern auf eine Weise ein, die das Festmachen dieser Verbindung in der romantischen Ästhetik rechtfertigt. Sie hält an ihrer eigenen Kindheit und dem Kind in sich selbst fest. Als sie ihre neugeborene Tochter Anna im Arm hält, zum Beispiel, spricht sie mit ihr in einer eher ungewöhnlichen Weise. Gewöhnlich sagen Mütter etwas über das Kind, da es selbstverständlich nicht verstehen kann, was gesagt wird, oder sie reden ihr Kind in ‚Babysprache' an. Christa T. spricht mit ihrer Tochter wie mit einer Erwachsenen und lässt es natürlich erscheinen, dass Mutter und Tochter einander restlos verstehen: „Was machst du für Sachen, Anna, du fängst ja gut an, kann ich dir sagen. [...] Na, na, sagte sie unhörbar zu dem Kind, zu sich selbst, das war nun dasselbe und doch nicht mehr dasselbe, ist ja schon gut, sei doch man ruhig, so einzig ist's auch wieder nicht." (N, 132) Auch in ihrem Alltagsleben als Mutter steht sie eher auf der Seite des Kindes als auf der Seite der Erwachsenen. Ihr improvisiertes Bett hinter dem Schrank passt besser zu ihr als ein ordentliches Schlaflager, denn es hält ihren Glauben aufrecht, dass „für sie das gewöhnliche Leben der Erwachsenen, die sich eingerichtet haben, die eingerichtet sind, noch lange nicht begonnen hatte." So sei sie „für sich selbst jemand mit Aussichten, mit geheimen Möglichkeiten geblieben" (N, 133). In einer verlängerten Art von Kindheit eben. Auch kommt uns ein Bild für ihr Streben nach literarischem Ausdruck via einer Aufzeichnung über ihre Tochter zu. Anna erklettert eine Hungerharke und sitzt oben mit baumelnden Beinen. Dieses Bild vom Kind, das vom Boden abgehoben, in lebendigen Farben - Rot wird genannt - vom blauen und grünen Hintergrund absticht, deutet die Erzählerin als Sehnsuchtsbild: „Es gelingt ihr aus drei Farben Sehnsucht zu machen." (N, 143) Die Stichwörter, die dieses Bild ihrer Tochter liefert, sind eine gewisse unbekümmerte Schwerelosigkeit und Heiterkeit. Darin ist die Relevanz von Kindheit für die Ästhetik, die Christa T. verfolgt, ersichtlich. Die Referenz zur romantischen Ästhetik hat den Effekt, dass die Banalität des Alltags der Mutter Christa T. aufgehoben wird. Ihre gewöhnliche mütterliche Beziehung zu den Kindern wird mit der Konnotation des zusätzlichen ästhetischen Signifikats rezipiert.

Neben den Anspielungen auf die künstlerische Boheme und den romantischen Künstlertyp gibt es im Text direkte Hinweise darauf, dass Christa T. eine Künstlerin ist. Die Erzählerin oder die Figur können diesen Bezug deutlich machen. Auch kann die

Erzählerin die Wahrnehmung der Christa T. so beschreiben, dass der Leser indirekt die ästhetisch wertende und gestaltende Wahrnehmung des Künstlers darin erkennt. Eine dritte Möglichkeit Christa T. als Künstlerin darzustellen, entsteht durch den Gebrauch von Metaphern und Bildern, die sich ihrerseits auf bekannten Metaphern für das Künstlerdasein stützen. Zuerst aber zu den Aussagen, die Christa T. als Schriftstellerin identifizieren. Von ihr erfahren wir, dass sie sich nur schreibend gegen die Übermacht der Dinge wehren kann, sie also nur schreibend verarbeiten kann (N, 37). In einem Traum wird Christa T. von einem Inder namens Klingsor - ein Name, der offenbar auf den Dichter Klingsohr aus Novalis' *Heinrich von Ofterdingen* anspielt - „Dichterin" genannt, und der Traum wird einen erwartungsgemäß starken Eindruck auf sie machen (N, 56). Der wahrsagende General, den sie besucht, sagt ihr eine erfolgreiche Karriere voraus, in der ihr schöpferisches literarisches Talent zur Geltung kommen wird: „Sie werden über ihre Altersgenossen hinausragen." (N, 82) Es heißt über Christa T., dass das Bewusstsein von ihrer künstlerischen Ausdruckskraft - „das Bewußtsein dessen, wer sie in Wirklichkeit war" (N, 154) - sie überhaupt lebensfähig machte. Die Erzählerin erhebt den Anspruch, dass der Leser „den tiefen und dauerhaften Wunsch" Christa T.s nach literarischem Ausdruck als Bürgschaft „für die geheime Existenz ihres Werkes" (N, 171) annehmen soll. Auch auf indirektem Weg versucht die Erzählerin es dem Leser glaubhaft zu machen, dass ihre auf den ersten Blick unscheinbare Hauptfigur eigentlich eine Künstlerin ist. Sie erwähnt in diesem Sinn Christa T.s „äußerste Abneigung gegen das Ungeformte" (N, 20). Als die Erzählerin eine Textprobe Christa T.s kommentiert, erfahren wir, dass es um einen Text geht, den die Verfasserin nicht für sich selbst schreibt, sondern für ein Publikum. Die Erzählerin meint: „den Ton dieser Seiten. [...] Sie redet, daß man sie sieht." (N, 90) Es ist bekannt, dass dieser Schritt den professionellen Autor vom Hobbyschriftsteller unterscheidet. Dann gibt es Referenzen zur berühmten Beobachtungslust des Künstlers, die Christa T. auch gehabt haben soll. Die Erzählerin erwähnt Christa T.s Fertigkeit, disparate Begebenheiten als Material für Erzählungen zu verwerten, da sie Durchblick für das Erzählenswerte in ihrer Umgebung hat (N, 121).

Auch in Metaphern spricht die Erzählerin von Christa T. als von einer Künstlerin. Christa T. hat eine Hang zum „Schauen, Träumen, Gehenlassen" (N, 54) und empfindet als Kind beim Beobachten des Auszugs der Zigeuner aus ihrem Dorf die Entdeckung ihrer künstlerischen Beobachtungsgabe „wie eine zweite Geburt" (N, 59). Die Künstleridentität der Christa T. ist oft als ihr Geheimnis bezeichnet. An einer Stelle heißt es, die junge Lehrerin habe zum Unterschied zu den anderen auf einem Gruppenbild etwas zu verbergen: „Sie hat etwas zu verbergen, eine Wunde, könnte man denken, die schwer heilt." (N, 36) Die Metapher in diesem Fall erinnert an Kafkas Erzählung *Ein Landarzt*, in der eine mögliche Bedeutung der schauerlichen Wunde, die der Arzt vergeblich zu kurieren versucht, ästhetische Sensibilität sein könnte. Diese Bedeutung weiterverfolgend, erfüllt die Wunde dann bei Kafka die zwiespältige Funktion von Todesursache, da sie ihren Träger zugrunde richtet und von Adelszeichen, da sie ihn zur ästhetischen Produktion befähigt. Die Erzählerin unterstellt ihrer Figur diese Symbolik zwar nicht, aber die Assoziation bietet sich an und hilft, der Figur Christa T. eine Plattform auszubauen. Christa T. wird in ein Bedeutungsfeld plaziert, worin der Leser sie als Künstlerin wahrnimmt, obwohl sie an der Realisierung ihres Traums gescheitert ist. Ein weiteres Beispiel für eine Anspielung auf eine wohlbekannte Metapher für das Künstlerdasein findet man in folgendem Zitat:

> Christa T. ging in ihrer Wohnung herum wie in einem Käfig. Sie wußte, daß sie nichts denken konnte, was nicht schon millionenmal gedacht, kein Gefühl aufbringen, das nicht in seinem Kern durch Abnutzung verdorben war, und daß jeder ihrer Handgriffe von jeder anderen an ihrer Stelle gemacht werden konnte. Alle ihre Versuche, den toten Kreis zu verlassen, der sich um sie gebildet hatte, kamen in schrecklichem Gleichmut nur immer wieder zu ihr zurück. Sie spürte, wie ihr unaufhaltsam das Geheimnis verlorenging, das sie lebensfähig machte: das Bewußtsein dessen, wer sie in Wirklichkeit war. Sie sah sich in eine unendliche Menge von tödlichen banalen Handlungen und Phrasen aufgelöst. (N, 154)

Diese Belegstelle erinnert an Rilkes symbolisches Künstlerporträt in *Der Panther.*[66] Ähnlich wie mit Kafkas Wunde-Metapher, kann man im Fall von Rilkes Dinggedicht dessen wesentliche Symbolik nur teilweise, man könnte sagen oberflächlich, auf Wolfs Ästhetik übertragen. Es wird jedenfalls nicht eine Symbolik aus zweiter Hand angeeignet. In der Ästhetik Wolfs gibt es, zum Beispiel, kein Pendant zur Todessymbolik Rilkes, die den ästhetischen Schwerpunkt dieses Gedichts ausmacht und für das Verstehen von Rilke unentbehrlich ist. In der Tat streben Wolf und Rilke in diesem Punkt auseinander: das Symbol für den Künstler ist bei Rilke ein gefürchtetes Raubtier, in dessen Blickfeld der Mensch sich als Beute vorkommt. Wie der Panther seine Beute tötet, so ‚tötet' auch der Künstler, indem er Bilder aus der Wirklichkeit in poetische Bilder umwandelt. Das Bild, durch den Künstler aus dem reellen in ein fiktionales Dasein versetzt, erleidet einen Tod, es „hört [...] auf zu sein". Diese Gleichsetzung von Fiktionalisieren und Töten kommt bei Wolf nicht vor. Fiktionalität hat bei Wolf eine diametral entgegengesetzte, positive Bedeutung: Fiktionalität gibt der Erzählerin die Chance, in Wirklichkeit verlorene Gelegenheiten zurückzuholen. Und doch erkennt man sofort die Entsprechungen aus dem Wolfschen Zitat mit Rilkes Gedicht. Die rastlose Bewegung der Figur in einem „Käfig" stellt den Bezug her, der dann mit der kreisförmigen Bestimmung vervollständigt wird: die Erzählerin erwähnt „den toten Kreis, der sich um sie gebildet hatte", bei Rilke der „allerkleinste Kreis", in dem sich das symbolische Raubtier dreht. An Rilkes Panther rauschen die Eindrücke der Außenwelt vorbei. Der massenhafte Ansturm der Reize aus der Außenwelt drängt den Künstler immer mehr in sich selbst zurück. Sein Auge „hält" keine Eindrücke mehr, er ist völlig geistesabwesend, „betäubt". Sehr ähnlich steht es um Christa T.: ihre Umwelt gibt sich als bedrängende Masse, die ihre fragile Künstleridentität belagert und zu ersticken droht. Besonders fällt die Parallele zur quantitativ bedrohenden Außenwelt auf: Christa T. verzweifelt, da sie nichts denken

---

[66] „Sein Blick ist vom Vorübergehn der Stäbe/so müd geworden, daß er nichts mehr hält./Ihm ist, als ob es tausend Stäbe gäbe/und hinter tausend Stäben keine Welt.//Der weiche Gang geschmeidig starker Schritte,/der sich im allerkleinsten Kreise dreht,/ist wie ein Tanz von Kraft um eine Mitte,/in der betäubt ein großer Wille steht.//Nur manchmal tut der Vorhang der Pupille/sich lautlos auf -. Dann geht ein Bild hinein,/geht durch der Glieder angespannte Stille -/und hört im Herzen auf zu sein."
Rainer Maria Rilke, Der Panther. In: Sämtliche Werke. Bd. 1, Wiesbaden 1956, S. 505.

kann, was nicht „schon millionenmal" gedacht worden ist und auch da ihr Alltag aus einer „unendlichen Menge von tödlichen banalen Handlungen und Phrasen" besteht.

Es ist interessant zu beobachten, dass Wolf, indem sie Christa T. mit dem romantischen Kindheits-Motiv und mit Prägungen der Moderne, wie den Symbolen der Wunde aus *Ein Landarzt* und des Panthers aus dem gleichnamigen Gedicht und schließlich mit einem bohemen Flair in Kontext bringt, an der Oberfläche dieser Referenzen bleibt. Die Referenz schwingt meistens mit, jedoch nicht deutlich genug, um als Hinweis auf die referierte ästhetische Grundstruktur verstanden zu werden. Ein vages Netz von intertextuellen Bezügen wird hergestellt. Dabei wird nur die Gestik, das äußerliche Betragen des Künstlers in den verschiedenen Hypostasen gemimt. Wolf kompiliert die Erscheinung ihrer Künstlerin aus Elementen, die sie von verschiedenen überlieferten Images borgt. Diese oberflächliche Aneignung ähnelt dem Versuch eines Postmodernen, aus Zitaten ein möglichst variiertes, chamäleonartiges Image vom Künstler zusammenzutragen. Wolf kommt dadurch der postmodernen Pastiche, wie sie von Ingeborg Hoesterey verstanden wird, nahe: Hoesterey befindet, dass in der Postmoderne Pastiche keine unehrenhafte Imitation mehr ist, sondern eher kreative Kritik und Auseinandersetzung eines Autors mit dem Text eines anderen, wobei er dessen Thematik und Sprache verständnisvoll nachbildet.[67] Bei Wolf jedoch wird das Errichten dieser Plattform vom Text verlangt. Es ist für die Kontinuität des Interesses in Erzähl- und Handlungsebene wichtig, dass die Figur als Künstlerin glaubwürdig erscheint. Da Christa T. in ihrem Schreiben es zu einer eigenen ästhetischen Form nicht bringt, und Wolf will, dass die Erzählerin doch eine sehr genaue Idee von der Ästhetik hat, die Christa T. finden wollte, muss dieses Gelingen für Christa T. schon virtuell - und immer nahe daran, reell zu werden,- präsent sein. Um diesen Eindruck zu geben, lässt sie Christa T. auftreten, als ob sie ihr Debüt als Künstlerin schon hinter sich hätte. Was zur Überzeugung des Lesers in diesem Sinn noch zusätzlich beiträgt, ist die Anerkennung, die Christa T. von der Erzählerin und einigen Nebenfiguren im Text zukommt.

Von vornherein wird Christa T. als Mittelpunkt der Erzählung rezipiert, da die Erzählerin ihr Leben für erzählenswert erklärt. Zweifellos war sie von der verstorbenen Freundin stark beeindruckt. Auch andere Figuren kommen im Text vor, die wiederum nicht ungerührt geblieben sind. Zu Beginn der Erzählung sieht man Christa T. als Schwarm aller Jungen im Dorf (N, 21). Der junge Dorfschulleiter aus dem Nachbardorf verliebt sich in sie, doch sie hält ihn auf Distanz. In einem Gespräch fragt ihn Christa T., ob er als Soldat im Krieg Menschen getötet habe, worauf er erwidert, er hätte Glück gehabt und setzt dann hinzu: „Ich hab' manchmal gedacht, daß ein Mädchen mich mal danach fragen wird." (N, 43) Christa T. gibt sich als das Mädchen zu erkennen, dem ansteht, in seine Geheimnisse eingelassen zu werden. Zugleich gibt sie ihm zu verstehen, dass in ihren Zukunftsplänen kein Platz für ihn ist. Der Freund schätzt seine Lage ein: „Was auch passiert, du gehst. Ich kann dich nicht halten. Nein, das kannst du nicht."

---

[67] Ingeborg Hoesterey, Postmodern Pastiche: a Critical Aesthetic. In: The Centennial Review 39 (1995) 3, S. 496.
In dieser Hinsicht zeichnet sich besonders Wolfs Versuch aus, die Sprache und Gedankenwelt der Günderrode und Kleists in „Kein Ort. Nirgends" wieder aufleben zu lassen.
Christa Wolf, Kein Ort. Nirgends. München 1998.

(N, 43), bestätigt Christa T. Diesen Mann wird Christa T. so gründlich vergessen, dass sie ihn nach nur vier Jahren nicht wiedererkennen wird. Diese Art von unerwiderter Liebe wird Christa T. im Verlauf der Erzählung immer wieder zu Füßen gelegt. Der Kommilitone Günter hat sie seit der Studentenzeit in Leipzig verehrt (N, 87) und ist ihr in zärtlicher Freundschaft immer verbunden geblieben. Von der Liebe und Treue Gertrud Born-Döllings ist da noch die Rede, in der „keine Fragen gestellt" und „keine Erklärungen verlangt" (N, 52) werden. Sogar Justus' Liebe trifft auf verhältnismäßig wenig Gegenliebe. Er agiert um Christa T. wie ein Fan: dem Leser bleiben die Gründe, aus denen er sich entschließt, um Christa T. zu werben, unbekannt. Ihre Erscheinung erinnert Justus an das Bild einer ägyptischen Königin (N, 113), und damit wird die Macht dieser Frau über Justus mit der unvorstellbaren Macht der Herrscher im alten Orient ins Bild geführt. Dem Leser wird nur mitgeteilt, dass Justus „in seinem ganzen Leben noch nichts so dringlich gewünscht hat" (N, 113) wie die Beziehung zu Christa T. Ebenso unbegreiflich ist seine Beharrlichkeit in seiner Liebe, sowohl bevor sie heiraten - wir erfahren, dass es für Justus „gar nicht in Frage [käme], einen Gedanken an »aufgeben« überhaupt zuzulassen" (N, 117) als auch und vor allem während der Ehe. Ausgerechnet als Justus bei seiner Arbeit eine schwierige Zeit durchmacht, hat Christa T. eine Affäre mit einem jungen Förster. Sie beabsichtigt, dadurch Justus' Liebe aufs Spiel zu setzen und die Konsequenzen, wie sie ausfallen sollten, als intensive Erfahrungen durchzumachen. „Nun war jedes Mittel recht, etwas Neues über sich zu erfahren." (N, 155) gibt die Erzählerin als Grund für ihren Seitensprung an. Dieser Grund genügt freilich nicht, um Christa T. dem Leser wieder sympathisch zu machen. Das wird Justus' alles verzeihende, wenn auch etwas unergründliche, Liebe erreichen. Auch in größerer Gesellschaft ist Christa T. umschwärmt. Am Abend als sie ihren Freunden von ihren Plänen zum Hausbau erzählt, steht sie bald im Mittelpunkt unter den Gästen des Strandhotels (N, 148-149). Gefeiert wird sie auch bei den Silvesterfeiern, besonders bei der letzten, während der die Erzählerin die Gefühle des Freundeskreises gegenüber Christa T. als „ungeschickte Liebe oder altmodische Verehrung" (N, 163) auslegt. Sogar der Opportunist Blasing gesteht der Erzählerin zu einem späteren Zeitpunkt seine Anerkennung für Christa T.: „Sie war ein seltener Mensch [...]." (N, 161) Der Freundes- und Bekanntenkreis um Christa T. bringt ihr eine Liebe entgegen, die der bedingungslos ergebenen Liebe eines Fans zu seinem Idol ähnelt. Diese Behandlung beeinflusst den Leser und gibt das Maß von Respekt an, der Christa T. gebührt.

1.4. Das ästhetische Selbstverständnis bei Christa T. und Tonio Kröger

Nachdem die Mittel, die von der Erzählerin eingesetzt werden, um das Scheitern Christa T.s als Künstlerin aufzuwiegen, besprochen worden sind, ist es nun angebracht, dieses Scheitern zu erörtern. Ich hatte vorhin angedeutet, dass dieses Scheitern auf ästhetischer Basis zu begründen ist, obwohl auch die Richtlinien der Kulturpolitik der Ulbricht-Ära als äußerliches Hemmnis Geltung haben. Ich werde argumentieren, dass die Ästhetik, die Christa T. zu realisieren versucht, praktisch nicht durchführbar ist. Am besten kann dies anhand eines Vergleichs mit Manns *Tonio Kröger* gezeigt werden.[68] Wolfs Text kann auch als Künstlerroman gelesen werden, und Manns Text ist eine Künstlernovelle. In beiden geht es um das Leben von Künstlerfiguren, deren Werk nur vage umschrieben wird. In beiden Texten alternieren Begebenheiten aus dem Leben der Figur mit ästhetischen Überlegungen, denen das ästhetische Prinzip ihres Werks entnommen werden kann. Diese Figuren unterscheidet Erfolg beziehungsweise dessen Abwesenheit. Erfolg bezieht sich hier strikt auf ihre ästhetischen Mühen. Vergleicht man aber das Leben, mit dem Mann und Wolf ihre Figuren ausstatten, stößt man eher auf Ähnlichkeiten als auf Unterschiede. Christa T. und Tonio Kröger teilen das melancholische Künstlertemperament des modernen Künstlertyps. Beide haben eine befremdende Wirkung auf ihre Mitmenschen: Tonio Kröger wird aufgrund seiner Erscheinung für einen Verbrecher gehalten, der wegen „verschiedener Betrügereien und anderer Vergehen“[69] von der Münchener Polizei gesucht wurde, und beinahe wird Tonio Kröger verhaftet; Christa T. gelingt es, ihre Freundin Gertrud Born ungewollt dadurch zu verletzen (N, 50), dass ihre Vorstellungskraft ausschweifender ist, als die der zukünftigen Dr. Dölling. Die Zahnarztfrau und die Schulleitersfrau aus der Kleinstadt, in der Christa T. mit ihrer Familie lebt, erklären, dass die neue Tierarztfrau kein Umgang für sie sei: sie kommt ihnen „ein bisschen unernst“ und auch „unheimlich“ vor (N, 138-139). Das charakteristische qualvolle Unterlegenheitsgefühl Tonio Krögers gegenüber den Bürgern, die ein artiges und gesetztes Leben führen, kennt Christa T. auch. Sie entwickelt gegenüber ihrem Mann Schüchternheit, da sie weiß, dass er sie nicht wirklich verstehen kann (N, 127). Deutlich wird gesagt, dass Christa T. nicht nur kritisch Abstand von den Tatsachenmenschen - den Hopp-Hopp-Menschen - nimmt, sondern sich ihnen auch „tief unterlegen“ (N, 54) fühlt. Vom Verhalten her ist Christa T. dem Tonio-Kröger-Typ also relativ ähnlich. Diese Annäherung der Figur Wolfs an das Mannsche Künstlerprofil kann als zusätzliches Mittel zum Zweck der Identifizierung Christa T.s als Künstlerin gesehen werden. Von da an kompliziert sich das Verhältnis der beiden Texte zueinander.

Der gravierende Unterschied liegt, wie angedeutet, in der ästhetischen Orientierung Christa T.s und Tonio Krögers. Der letztere versteht das Fiktionalisieren, den literarischen Ausdruck des Künstlers, als Distanzierung vom Objekt der Sprache, wobei ästhetische Gesetze die Gesetze des menschlichen Anstands und der Empfindung ersetzen. Christa T. beabsichtigt dagegen die Distanz des Künstlers zum Objekt seiner Schöpfung aufzuheben. Zumindest gilt das für die ästhetischen Überlegungen Christa T.s. Denn in ihren privaten Beziehungen und besonders in Liebesbeziehungen übt Christa T. eine mehr oder weniger unauffällige Distanzierung, die ihr selbst unbewusst zu sein scheint. Vielleicht hält sich Christa T. instinktiv auf Distanz. Sie behält jedenfalls eine gewisse Tonio-Kröger-artige Souveränität gegenüber dem Gefühl bei. Im Gespräch mit dem jungen Schulleiter initiiert Christa T. eine Nähe, die unter den gegebe-

---

[68] Einen ausführlichen Vergleich mit Mannscher Prosa und darunter auch mit „Tonio Kröger“ gibt es bei Smith (Smith 1987, S. 110ff.) Im Unterschied zu Smith konzentriert sich mein Vergleich auf die Ästhetik, die von den Hauptfiguren der beiden Texte befürwortet wird.

[69] Thomas Mann, Tonio Kröger. In: Gesammelte Werke. Erzählungen. Bd. 8, Oldenburg 1960, S. 316. Weiterhin abgekürzt als T, Seitenangaben in Klammern.

nen Umständen - sie will aus dem Dorf ausziehen und zur Universität gehen - für den Gesprächspartner quälend sein kann. Sie nennt ihn „mein Lieber" und komplimentiert ihn zweimal, zu seinem Aussehen - „Blau steht Ihnen, [..]"- und zu seiner Einstellung - „An Ihnen gefällt mir das [ein optimistischer Idealismus, n.n.]" (N, 42). Dadurch, dass Christa T. sich die Freiheit nimmt, allein den Annäherungsgrad der Beziehung zu diktieren, obwohl sie entschlossen ist, wegzugehen, dominiert sie die Beziehung und zerstört ihr Potential, eine Liebesbeziehung zu werden. Ähnlich wehrt sie sich auch gegen ihre Verliebtheit in Kostja. Sie kehrt ihre selbstgefällige Seite hervor, was dem Partner keinen Raum lässt, eigene Gefühle für Christa T. zu entwickeln. Bedeutend ist, dass sie ihre Liebe durch ein Ausüben ästhetischer Betrachtung in Schach hält. Als Betrachtende entfernt sie sich vom Objekt ihrer Betrachtung, fasst es ins Auge und enteignet ihr Objekt seiner unabhängig existierenden Schönheit. „Kostja oder die Schönheit" wird ‚schön' nur dadurch, dass er die Regieanweisungen seiner Betrachterin befolgt. Diese sind im Imperativ gehalten, was wiederum die Dominanz Christa T.s etabliert: „Wenn ich dich liebe, was geht's dich an. Halt du nur still, sitz du nur neben mir, laß dich nur anschaun, dreh du nur den Kopf nicht weg, dann knurr' ich." (N, 63) Die Wiederholung des restriktiven Modaladverbs ‚nur' gibt ein weiteres Indiz zur begrenzt wichtigen Rolle, in die Kostja gezwängt wird. Dadurch wird die Liebe Kostjas im Keim erstickt. Um sich gegen die befremdende Nähe Christa T.s zu schützen, erobert Kostja „die blonde Inge, beziehungsreicher Name" (N, 65). Die Erzählerin suggeriert hiermit einen Frontwechsel vom lieblosen und alle Liebe abwehrenden Verhältnis mit einer Künstlerin zu einem Verhältnis mit Happy End. Obwohl Kostjas Inge schwächer und kränklicher ist als Inge Holm, kommt es doch für beide Frauengestalten nicht in Frage, Prioritäten ästhetischer Natur ihrem Gefühl voranzustellen. Genau das tut Christa T., wie Kostja ihr auch in einem provozierenden Vorwurf zu verstehen gibt: als sie sich trennen, rät er ihr, alles über sie beide aufzuschreiben, denn „- das willst du doch?" (N, 70), damit meinend, dass sie ihn an eine Geschichte über ihn verraten habe. Zum erstenmal, heißt es, habe Kostja statt Befremdung Bewunderung für Christa T. empfunden (N, 65-66), wenn sie Sympathie für Inge zeigt. Diese Selbstlosigkeit vonseiten Christa T.s zeigt sie nach langer Selbsttäuschung endlich einer ehrlichen menschlichen Regung fähig. Auch im Fall der Beziehung Christa T.s zu Justus gibt es eine Situation, die für diese Diskussion relevant ist. Wir wissen, dass Justus' Liebe für Christa T. ihn durch und durch für Christa T.s Erwartungen an ihn als ihren Partner formbar werden lässt. Dieses Attribut macht ihn zum ‚richtigen' Partner für Christa T. Im Text heißt es, dass sie sich diesen Mann „eigens erschaffen" hat (N, 118), was wieder auf die verdinglichende Wirkung des Künstlers auf sein Objekt anspielt. Und in der Tat geht Christa T. mit Justus nicht viel weniger dominierend um als mit Kostja oder mit dem Schulleiter. Sie erscheinen zum Beispiel auf einem Kostümfest als Sophie von Laroche und Lord Seymour, wobei Christa T. zuerst erklärt, ihre Maske wäre die Autorin, von Laroche, dann aber angibt, die Maske der Figur, des Fräuleins von Sternheim, zu tragen. Den bleibenden Eindruck macht Christa T. jedoch als Autorin der Figur des Lord Seymour. Die Erzählerin hält fest, dass Christa T. den Namen der Figur, die Justus darstellen soll, nennt: „Justus [...] spielte den Lord Seymour, jedenfalls behauptete sie es." (N, 116) Die Geschichte des Fräulein von Sternheim beim Plaudern mit der Erzählerin auffrischend, schliesst Christa T. mit den Worten: „Und zum Lohn für alles Lord Seymour, das Ende vom Lied." Justus protestiert, und darauf klingt Christa T.s Antwort nach der Antwort der Autorin, der jemand ins Handwerk zu pfuschen gewagt hat und den sie nun zurechtweist: „Das wird sich zeigen, [...] wie man Sie zu nennen hat." (N, 117) Zu dieser ‚auktorialen' Distanz macht Justus, anders als Kostja, durchgehend gute Miene.

Da es sich sofern herausgestellt hat, dass Christa T. in ihren Liebesbeziehungen eine Distanzierung praktiziert, in der man die artistische Gefühlskälte Tonio Krögers wiedererkennen kann, wäre nun zu betrachten, worin sich Christa T.s ästhetische Orientierung von der Tonio Krögers unterscheidet. Ich möchte davon ausgehen, dass Christa T. diese Distanz unbewusst nimmt, aus ihrem Künstlerinstinkt heraus. Im Grunde widerstrebt Christa T. das Außer-Kraft-Setzen der menschliche Teilnahme im künstlerischen Schaffensprozess. Es ist während der Nachkriegszeit, dass sie eine ästhetische Form für ihr Talent finden muss, und das erklärt ihre simultane Abwehrreaktion gegenüber der bürgerlichen Ästhetik, deren Sprachrohr für diesen Vergleich Tonio Kröger sein soll. In ihrer ästhetischen Stellungnahme geht Christa T. geradezu in die entgegengesetzte Richtung; sie will nicht eine Künstlerin im Sinn von Tonio Kröger sein. Sie stürzt sich obstinat in die alltäglichen Aktivitäten einer Hausfrau, im Glauben, dass diese ihr als Leitfaden, der sie mit dem Leben verbinden soll, dienen können. Unter Leben versteht sie das Allerbanalste, das getan werden muss, um das zivilisierte Leben in Gang zu halten: die Kinder versorgen, „Tausend Mahlzeiten zubereiten, immer aufs neue die Wäsche in Ordnung bringen" (N, 121) und so weiter. Sie nährt den Verdacht, dass in der Kunst das unmittelbar Betreffende des Lebens verloren geht - auf dem Weg von Realität zum Werk. Die Erzählerin erwähnt Christa T.s „Zwang, den Stift wegzulegen", denn einerseits will sie das Unmögliche, die Wahrnehmung der Wirklichkeit mit der Wahrnehmung von Literatur vereinbaren, und andererseits lässt ihr „Wunsch nach reiner, schrecklicher Vollkommenheit" es nicht zu, in halbwegs misslungenen Versuchen auszuharren. Der Zwang, das Schreiben zu unterbrechen, kommt aber auch aus dem Konkurrenzverhältnis, in dem Christa T. Fiktion und Wirklichkeit sieht. Sie ist „wirklichkeitshungrig" (N, 59) und lässt sich von der Wirklichkeit immer wieder vom Schreiben ablenken, teils weil sie ahnt, dass ihr Ehrgeiz nicht realisiert werden kann, teils aus genuiner Faszination. Auch Tonio Kröger geht in seinem Verlangen nach Wirklichkeit auf: „Ich liebe das Leben... [...], das Leben wie es als ewiger Gegensatz dem Geiste und der Kunst gegenübersteht [...]". (T, 302) Und seine Sehnsucht gilt den anderen, den Nicht-Künstlern wie Hans Hansen und Inge Holm, die „den Geist nicht nötig haben" (T, 303). Trotzdem kann er seine Inkompatibilität mit ihrer Wahrnehmung der Dinge nicht übersehen. Christa T. fordert diese Unverträglichkeit heraus. Sie versucht eine Ästhetik zu entwerfen, in der die Distanz zwischen dem Künstler und dem Objekt der Fiktionalisierung abgeschafft wird. Tonio Kröger der Künstler bezeichnet sich selbst als „kalten und eitlen Scharlatan" (T, 301),[70] dessen Kunst durch ein

[70] Im Text Wolfs gibt es eine Figur, den Schriftsteller Blasing, der als Widerpart Christa T.s auftritt und auf die Mannsche Metapher vom Künstler als Kriminellen bezogen wird. Literatur veröffentlichen bedeutet für Blasing dasselbe wie Falschgeld in Umlauf bringen, denn Literatur täuscht Gefühle vor, die der Autor nicht wirklich erlebt. Der Autor, den Blasing vertritt, bezahlt mit „Blüten, wie wir Ganoven sagen" (N, 146). Wolf lässt Christa T. eine Ästhetik auf den Plan rufen, die sie später im Es-

„Kaltstellen und Auf-Eis-Legen der Empfindung“ (T, 301) erkauft wird. Und doch würde er am Stand der Dinge nicht wirklich etwas ändern wollen. Während Tonio Kröger noch aufbegehrend, resigniert und dann doch wieder von Selbstgenügsamkeit durchtränkt zu seinem Beruf steht, kann Christa T. sich mit der Amoralität der Kunst nicht abfinden.

Der Erzähler in Tonio Kröger bestärkt die Neigung dieser Figur, den Bereich der Kunst gegen die Wirklichkeit auszuspielen:

> Er arbeitete nicht wie jemand, der arbeitet, um zu leben, sondern wie einer, der nichts als arbeiten will, weil er sich als lebendigen Menschen für nichts achtet, nur als Schaffender in Betracht zu kommen wünscht und im übrigen grau und unauffällig umhergeht, wie ein abgeschminkter Schauspieler, der nichts ist, solange er nichts darzustellen hat. (T, 291)

Diametral entgegengesetzt scheint Christa T.s Haltung zu Arbeit und Kunst. Erst wenn es zu spät ist, vor ihrem Tod, fasst sie den Mut sich selbst als Künstlerin gutzuheißen. Als Erwachsene will sie in die Arbeitswelt eingreifen. „Ich will arbeiten, Du weißt es - mit anderen, für andere.“ (N, 73) Aber sie erkennt, dass ihre Wirkungsmöglichkeiten künstlerischer, also mittelbarer Art, sind, und glaubt dadurch, in tiefer Nichtübereinstimmung mit ihrer Zeit festzusitzen.[71] Der Künstlerberuf kommt ihr im Vergleich zu einem direkten Gestalten der Wirklichkeit minderwertig vor. Sie fühlt sich durch die Daten ihres Berufs, die fiktionale Existenz der literarischen Sprache, zurückgesetzt. Neben diesem Minderwertigkeitskomplex, der allein schon die optimale Entwicklung Christa T.s zur Künstlerin beeinträchtigen kann, macht sich ein weiteres Problem spürbar. In ihrem Bewusstsein schlägt sich Realität Kopf an Kopf mit dem Ideal. Die Einsicht in die mittelbare Wirkung der literarischen Sprache und eine abgrundtiefe Überzeugung, dass die literarische Sprache eigentlich wie die Wirklichkeit, unmittelbar, auf den Menschen wirkt, folgen im Wechsel aufeinander. Das Utopische an dieser Überzeugung Christa T.s ist, dass sie aller Einsicht zum Trotz, auf einem Standort besteht, der literarisch-technisch nicht realisierbar ist, aber ihre moralische Sensibilität auf ihre Kosten kommen lässt. Diese Sensibilität zieht es vor, die Trennung zwischen dem Real- und dem Fiktionalbewusstsein zu ignorieren. Sie hält das Leben, also das Realbewusstsein, für „verletzbar durch Worte“ (N, 168). Unter ‚Worte‘ versteht sie Fiktionalität, denn im darauffolgenden Satz wird Fiktionalität unter der Metapher „bloße Wort-Existenz“- im Gegensatz zur wirklichen - umfasst. Eben dieses von Christa T. verabscheute scharfe Unterscheiden zwischen dem Real- und dem Fiktionalbewusstsein stellt Tonio Kröger als Grundbedingung des Vermögens, künstlerisch zu gestalten, heraus.[72]

---

say „Subjektive Authentizität“ erörtern wird: der Autor muss mit sich selbst bezahlen, sich selbst dem Text dazugeben, d.h. die Distanz zum Text liquidieren.

[71] Die Erfahrung der Nichtübereinstimmung wird durch die kulturpolitische Richtlinie - den vorgeschriebenen Sozialistischen Realismus - noch verschlimmert.

[72] „[...] weil der ein Stümper ist, der glaubt, der Schaffende dürfe empfinden. Jeder echte und aufrichtige Künstler lächelt über die Naivität dieses Pfuscherirrtums, - melancholisch vielleicht, aber er lächelt. Denn das, was man sagt, darf ja niemals die Hauptsache sein, sondern nur das an und für sich gleichgültige Material, aus dem das ästhetische Gebilde in spielender und gelassener Überlegenheit zusammenzusetzen ist. Liegt Ihnen zu viel an dem, was Sie zu sagen haben, schlägt Ihr Herz zu warm da-

Christa T. aber wehrt sich dagegen, auch nur vorübergehend, der Konvention folgend, einen ästhetischen Standort einzunehmen, der mit dem Menschlichen spielerisch, wie mit „gleichgültigem Material" umgeht. Sie will eine Ästhetik finden, die den Künstler befähigt, menschlich mitfühlend und beteiligt auch bei der Konstruktion von Fiktion zu bleiben. Das „kühle und wählerische" Verhältnis zum Menschlichen und überhaupt, dass der Künstler etwas „Außermenschliches" oder „Unmenschliches" sei, kommt für Christa T. einfach nicht in Frage. Sie zweifelt an der moralischen Korrektheit der Distanzierung beim Fiktionalisieren. Es scheint ihr, als wäre nur dem Realbewusstsein, in dem der Mensch mit moralischem Gewissen und unvermindertem Verantwortungsgefühl agiert, zu trauen. Vom Abkühlen und Verfälschen der Gefühle beim Erzählen ist Christa T. enttäuscht:

> Wie man es erzählen kann, so ist es nicht gewesen. Wenn man es aber erzählen kann, wie es war, dann ist man nicht dabeigewesen, oder die Geschichte ist lange her, so daß es einem leichtfällt. Allein daß man trennen muß und hintereinanderreihen, um es erzählbar zu machen, was in Wirklichkeit vermischt ist bis zur Unlösbarkeit... (N, 66)

Schließlich scheut sie jede Art von Trennung, die Wirklichkeit reduziert: „Niemals hat sie auseinanderhalten können, was nicht zusammengehört: den Menschen und die Sache für die er eintritt, die nächtlichen unbegrenzten Träume und die begrenzten Taten im Tageslicht, Gedanken und Gefühle." (N, 66)

Was das Scheitern Christa T.s verursacht, ist ein generationsspezifisches Dilemma. Sie ist hin- und hergerissen zwischen ihrem Vertrauen in Fiktionalität, das aus ihrer natürlichen Begabung zum Schreiben resultiert, und einem nagenden Misstrauen, das Fiktionalität moralische Insuffizienz unterstellt. Am besten kann man dieses Dilemma anhand einer Schlüsselmetapher des Textes evident machen. Es handelt sich um die Metapher, durch die Christa T. das Bild einer Mauer heranzieht. In ihrem Brief an die Schwester nach der Trennung von Kostja schreibt sie von ihrer Verzweiflung und ihrem Verlierergefühl. „Mir steht alles fremd wie eine Mauer entgegen. Ich taste die Steine ab, keine Lücke. [...] Keine Lücke für mich. An mir liegt es." (N, 72) Christa T. empfindet es als ihr persönliches Versagen, dass sie aus allen Rastern herausfällt. Sie hat Kostjas Liebe verspielt und ist unzufrieden mit dem totalitär ausgearteten Sozialismus der DDR-Gesellschaft; beide Konflikte hängen mit ihrem Selbstverständnis als Künstlerin zusammen. Die Initiative Christa T.s ist in diesem Fall, sich selbst als Künstlerin

---

für, so können Sie eines vollständigen Fiaskos sicher sein. Sie werden pathetisch, Sie werden sentimental, etwas Schwerfälliges, Täppisch-Ernstes, Unbeherrschtes, Unironisches, Ungewürztes, Langweiliges, Banales entsteht unter Ihren Händen, und nichts als Gleichgültigkeit bei den Leuten, nichts als Enttäuschung und Jammer bei Ihnen selbst ist das Ende... [...] Das Gefühl, das warme, herzliche Gefühl ist immer banal und unbrauchbar, und künstlerisch sind bloß die Gereiztheiten und kalten Ekstasen unseres verdorbenen, unseres artistischen Nervensystems. Es ist nötig, daß man irgend etwas Außermenschliches und Unmenschliches sei, daß man zum Menschlichen in einem seltsam fernen und unbeteiligten Verhältnis stehe, um imstande, um überhaupt versucht zu sein, es zu spielen, damit zu spielen, es wirksam und geschmackvoll darzustellen. Die Begabung für Stil, Form und Ausdruck setzt bereits dies kühle und wählerische Verhältnis zum Menschlichen, ja eine gewisse menschliche Verarmung und Verödung voraus. Denn das gesunde und starke Gefühl, dabei bleibt es, hat keinen Geschmack. Es ist aus mit dem Künstler, sobald er Mensch wird und zu empfinden beginnt." (T, 295-296)

zu verleugnen. Sie will sich um jeden Preis in die Gesellschaft eingliedern, will privat und professionell Beziehungen eingehen wie jedes andere Mitglied der Gesellschaft auch. Die Tendenz, eine Lücke in der Mauer - in der Außenwelt - für sich selbst ausfindig zu machen, wird von der Gegentendenz in Frage gestellt. Wenn die Erzählerin Christa T. nämlich als Künstlerin präsentiert, verwendet sie wieder eine Mauer-Metapher: „dichten, dichtzumachen" ist für Christa T. ein Prozess, in dem die „schöne, helle, feste Welt" gegen die dunkle abgedichtet wird. „Die Hände, beide Hände auf die Risse pressen, durch die es doch immer wieder einströmt, kalt und dunkel..." (N, 24) Einerseits gibt es die Suche nach einer Nische, in die man hineinpassen könnte, andererseits die Abwehr des Eindringens der Außenwelt in den Bereich der Fiktion. Die Erzählerin leiht sich diese Metapher von Christa T. aus und verwendet sie auf der Reflexionsebene: auch für die Erzählerin ist Fiktionalität, das Schreiben an diesem Text, „ein Damm" und zwar „gegen die Zeit, die mir feindselig vorkommt" (N, 136). Es ist bedeutend, dass sie die positive, Fiktionalität bejahende Variante der Mauer-Metapher, gewählt hat. Im Kontrast zu Christa T. kann man bei der Erzählerin ein vorherrschend enthusiastisches Verhältnis zur Fiktion beobachten. Anders als Christa T., die sich nicht traut, einen Kompromiss mit der Konvention der distanzierten Wahrnehmung von Fiktion auszuhandeln, gelingt es der Erzählerin, eine subjektive Nähe zum Objekt der Fiktion zu finden. Wie wir gesehen haben, erreicht sie dies durch auktoriale Eingriffe. Durch diese Eingriffe nutzt sie jede Möglichkeit aus, sich subjektiv den Figuren und dem Leser anzunähern. Im Rahmen des Arguments für die Allwissenheit der Erzählerin in *Nachdenken über Christa T.* habe ich auf vier thematisch verbundene Gruppen von auktorialen Eingriffen hingewiesen. Es erübrigt sich näher auf sie einzugehen, besonders da sie die Aufmerksamkeit der Kritik wiederholt auf sich gezogen haben.[73]

1.5. Ästhetik und Metafiktion in *Nachdenken über Christa T.*

Jürgen Petersen zufolge kann von ästhetischem Gelingen bei Werken die Rede sein, in denen alle Elemente, die den Text formal gliedern, Spiegelungen eines zentralen Aspekts - eines Motivs oder eines Kontrasts, einer Parallelisierung oder eines simplen Dingsymbols - ausführen, so dass man die Zugehörigkeit aller Teile zu einem funktionalen ästhetischen Ganzen erkennen kann.[74] Wenn man die Vielheit der bisher besprochenen Erzählebenen, Motive und Stilfiguren ins Auge fasst, stellt sich die Aufgabe, den Punkt harmonischer Einheit in der Vielheit ausfindig zu machen. Auffällig ist die Tendenz des Textes, sich selbst aufzulösen, einen Balanceakt vorzuführen, der auf allen Ebenen Entsprechungen hat. Wie im soeben erwähnten Beispiel der Mauer-Metapher, hat Christa T. den Wunsch in der Gesellschaft wirksam zu werden, und zugleich will sie

[73] Marcel Reich-Ranicki, a.a.O., S. 247; Heinrich Mohr, a.a.O., S. 39ff.; Marion von Salisch, Zwischen Selbstaufgabe und Selbstverwirklichung: Zum Problem der Persönlichkeitsstruktur im Werk Christa Wolfs. Stuttgart 1979, S. 35ff.; Sevin 1982, S. 105; Firsching 1996, S. 57ff.; und besonders Paver in einer Sektion des Kapitels über diese Erzählung, „‚Was man erfinden muß, um der Wahrheit Willen': The Narrator and her Narrative Strategies". In: Paver 1999, S. 86 - 93.

[74] Jürgen Petersen, Fiktionalität und Ästhetik: eine Philosophie der Dichtung. Berlin 1996, S. 232ff.

die Gesellschaft auf Distanz halten und sich in sich selbst zurückziehen. Zaghafter Ausdruck dieser vom inneren Widerspruch zerrissenen Ästhetik sind die wenigen Texte, die sie hinterlässt. In diese Situation greift die Erzählerin ein. Die Erzählerin übernimmt die utopische Ästhetik Christa T.s, indem sie diese in der Identität der Figur verschlüsselt - Christa T. wird so zum Symbol ihrer nicht realisierbaren Ästhetik promoviert. Der Umgang der Erzählerin mit der Figur auf der Reflexionsebene scheint übermütig und von ausladender Freiheit, um die Verzagtheit der anderen Künstlerin, Christa T., auf der Handlungsebene auszubalancieren. Das Vertrauen der Erzählerin in Fiktionalität geht auch aus der Praxis hervor, auf der Handlungsebene beständig gegen die Figur oder sich selbst zu setzen. Sie lässt den Leser von Anbeginn verstehen, dass die Erzählung gegen den Tod einer Person angeht, die ein wichtiges Geheimnis mit ins Grab genommen hat. Die nicht realisierbare Ästhetik erscheint durch den Tod Christa T.s noch unzugänglicher. Alle Erinnerungen und Gedanken, die sie in der Erzählung zusammenzutragen schafft, sind dem Tod - der lähmenden Stille der Abwesenheit - abgetrotzt. Diese Prozedur setzt gegen die Figur aus dem Vertrauen heraus, dass literarische Sprache sie über alle Hindernisse hinüberbringen wird. Ähnlich geschieht es mit dem Anhäufen von Banalität und Misserfolgen auf das Schicksal ihrer Figur, da bis zuletzt die Fiktionalität den Spielraum freigibt, die Figur aus den schlimmsten Niederlagen herauszuholen. Soweit wurde die Balance beschrieben, in der die Erzählerin Reflexions- und Handlungsebene hält, und der Schwebezustand von Motiven und stilistischen Mitteln binnen der Ebenen umrissen. Wenn man sich nun auf die Meta-Ebene der Rezeption begibt und den Text vom Effekt nach außen betrachtet, muss die Tendenz des Textes, sich als Ganzes aufzuheben, zur Sprache kommen.

Der Leser beginnt die Erzählung unter dem Eindruck, es handele sich um eine Rahmenerzählung. Doch das ändert sich mit den häufigen metafiktionalen Eingriffen, die hauptsächlich die Freiheit der Erzählerin zu ihrem Text hervorheben. Nähert sich der Leser den Figuren auf der Handlungsebene, beginnt er, sich auf ihre Eigenart, ihre Beziehungen untereinander und zur Welt einzulassen, so wird er immer wieder unterbrochen, wenn das Erzählte als erfunden hingestellt wird. Nach einer solchen Unterbrechung geht es auf der Handlungsebene oder auf der Reflexionsebene weiter, und die Glaubwürdigkeit des Erzählten wird wiederhergestellt. Doch bald darauf mischt sich die Erzählerin wieder ein und nimmt dem Leser den Halt im Bereich des Erzählten. Der Leser wird plötzlich von seinem Sitzplatz im Publikum sozusagen, wo er ebensoviel Übersicht über das Geschehen hat wie die Figuren, auf das Niveau der allwissenden Erzählerin gehievt. Dieser Wechsel zwischen größerer und geringerer Übersicht existiert in allen Texten, die von einem auktorialen Standort erzählt werden, mit dem Unterschied, dass der Leser gewöhnlich aus gehobener Perspektive etwas mehr über das Geschehen der Erzählung oder dem Verhältnis des Erzählers zu Aspekten des erzählten Materials erfährt, jedoch nicht um den Glauben an die Wahrheit des Erzählten gebracht wird. Im Gegenteil, Erzähler verwenden variierte Beglaubigungstechniken, um das Verhältnis des Lesers zum Ganzen als einer wahrscheinlichen kohärenten Einheit zu festigen. Es geht also im Fall der auktorialen Eingriffe der Erzählerin bei Wolf nicht um den bekannten Wechsel in der Übersichtshöhe der Perspektive. Der rezeptionsästhetische Schwindelanfall des Lesers bei diesen Unterbrechungen erklärt sich aus einer ernsthafteren Umstellung. Wenn die Erzählerin das Geschehen ungeschehen machen kann oder als erfunden decouvriert, mimt sie die Rolle der Autorin,[75] und verlässt den Bereich der Fiktion. Der Leser sieht sich plötzlich von der obersten textgestaltenden Instanz angesprochen, die mit ihm den Boden der Wirklichkeit teilt. Denn es versteht sich von selbst, dass die Erzählerin auch nur das Produkt einer Autorin ist und zur fiktionalen Welt gehört. Die Autorin als Person, der die Macht über das Erzählte zu bestimmen gehört, ist reell wie der Leser auch. Sie spricht aus dem Bewusstsein, aus dem über fiktionale Texte entschieden wird, dem Realbewusstsein. Der Leser wird vorübergehend aus dem Fiktionalbewusstsein ins Realbewusstsein und wieder zurück versetzt.[76] Er bewegt sich abwechselnd zwischen zwei ontologischen Seinsbereichen im gleichen Text, daher spricht Petersen von der textontologischen Instabilität eines Erzählsystems[77] wie dem Wolfschen in unserem Fall. Petersen zufolge wird „[D]das Leserbewußtsein [...] in einen Schwebezustand versetzt, in dem es des Erzählten nie sicher sein kann, also stets zwischen dem Erlebnis fiktionaler Wahrheit und dem ihrer Untergrabung hin- und herschwankt."[78]

Der Schwebezustand, der die ästhetische Ganzheit dieses Textes zusammenhält, wird auf der Meta-Ebene der Rezeption, also durch auktoriale Eingriffe herbeigeführt, die den Text als Fiktion dem Leser zeitweilig verfremden. Für besonders risikofreudig erachte ich eine Unterkategorie der auktorialen Eingriffe, welche die Verfremdung um einen Grad weiter treiben als die Aussagen, die den Leser in die Wirklichkeit aussetzen. Es ist im Sinn unserer Analyse diese Kategorie von Eingriffen zu differenzieren. Hier soll die Praktik der Erzählerin, die erzähltechnischen Innereien des Textes aufzudecken, zur Rede kommen. Es gibt nämlich einen unterschiedlichen Verfremdungsgrad zwischen Aussagen, die mit Fiktionalität spielen und den Leser gewaltsam aus dem Fiktionalen ausstoßen, um ihn den Text von außen sehen zu lassen, und Aussagen, die auf technische Beschreibung der Textgestaltung zielen. Für das Spiel mit Fiktionalität kann noch die unbegrenzte Freiheit des Genies als Pendant herbemüht werden, was für die Konferenz der Erzählerin mit dem Leser über erzähltechnische Details nicht mehr gilt. Was kann mit der Weitergabe dieser Art von Information an den Leser erreicht werden? Zur Einleitung ihrer Wiedergabe der Romanze Christa T.s mit Kostja zum Beispiel heißt es: „Ein romantisches Motiv aus ihren Studententagen [...]" (N, 62) Ähnlich führt die Erzählerin die kurze Rivalitätsepisode zwischen Günter und Kostja ein: „[...] eine richtige kleine Geschichte war es, wie ich jetzt merke, mit Einleitung, Hauptteil, Höhepunkt, Umschlag und schnellem Abfall, mit Kabale und Liebe [...]" (N, 67) Wir erfahren, wenn es der Erzählerin darum geht, Ereignisse zu schildern, die zu einem um Jahre entfernten Zeitpunkt stattfinden, dass sie einen „Szenenwechsel" unternimmt: „Szenenwechsel, Sprung von sieben Jahren, die Chronologie stört." (N, 109) Die Erzählung selbst wird als „Bericht" (N, 88) beschrieben, der je nachdem länger oder kür-

[75] Ebenda, S. 184.

[76] „Der Leser ist [...] dazu genötigt, einerseits mit dem Realbewußtsein, andererseits mit dem Fiktionalbewußtsein zu rezipieren."
Ebenda, S. 278 - 279.

[77] Petersen 1993, S. 113ff.

[78] Ebenda, S. 32 – 33.

zer ausfallen kann. Subversiv hört sich auch die Beschreibung der Erzählerin von ihrem und Christa T.s Weltbild in den 50er und zu Beginn der 60er Jahre:

> Da kamen wir uns ja noch wie Figuren in einem gut gebauten Stück vor, dessen Ende unfehlbar die Auflösung aller Verwicklungen und aller Konflikte war, so daß jeder einzelne unserer Schritte, ob wir ihn von uns taten oder zu ihm gedrängt wurden, schließlich vom Ende her seine Rechtfertigung finden mußte. Christa T. muß damals aus der Hand dieses überaus freundlichen, aber recht banalen Stückeschreibers gefallen sein. Sie muß ein ungutes oder auch gar kein ordentliches Ende auf einmal in Erwägung gezogen haben, etwas muß sie gereizt haben, gerade solche Schritte auszuprobieren, die nirgendshin führten. (N, 155)

Der Verfremdungseffekt wird hier durch die Verdopplung im Bewusstsein des Lesers erreicht. In einer erinnerten Wirklichkeit haben sich die beiden Figuren ihr Leben nach den Funktionsregeln eines fiktionalen Stücks vorgestellt, zugleich aber *sind* Christa T. und die Erzählerin Figuren in einem gut gebauten Stück und scheinen in der Handlungsebene von der zeitlich verschobenen Existenz der Reflexionsebene zu ahnen. Das Hinweisen auf den erzähltechnischen Apparat des Textes ist im Zusammenhang der Verwicklung Christa T.s in ihre Affäre mit dem Förster opportun, da der Leser an die Fiktionalität des Geschehens erinnert wird und nicht mit dem Realbewusstsein urteilt. Aber an den meisten Belegstellen im Text kann man die Absicht des Verweisens auf Erzähltechnik nicht gleich nachvollziehen. Man ist berechtigt zu fragen, was es mit der Weitergabe dieser Art von Detail an den Leser auf sich hat. Der Leser, der den Text zum ersten Mal liest, wird temporär durch den Text, wie wir sahen, ins Realbewusstsein befördert und nun sogar noch weiter, auf die Meta-Ebene der textanalytischen Sprache. Texte, die sich selbst in der Sprache der Kritik betrachten, konfrontieren den Leser von der ersten Lektüre her mit einer ernüchternden Distanz. Diese Distanz ist dem Kritiker geläufig, nicht aber dem Leser, der sich vom fiktionalen Geschehen überzeugen und einspinnen lassen will. Dadurch, dass der Text gegen die Erwartung des Lesers Einzelheiten über das technische Funktionieren der Textkonstruktion preisgibt, setzt die Erzählerin im Grunde wiederum auf Fiktionalität. Wir erfahren erneut von dem Vertrauen der Erzählerin in die Fähigkeit des Textes, alle Verfremdungseffekte aufzuholen und den Leser wieder an das Geschehen in der Erzählung zu fesseln. Der Text wird aber vorher mittels Metasprache als Ganzes aus den Angeln gehoben, was eine weitere Spielart seines ästhetischen Schwebezustandes vorführt.

Letztendlich wäre über eine dritte Modalität von Selbstaufhebung zu sprechen. In diesem Fall geht es nicht um eine Selbstaufhebung, die durch auktoriales Zutun geschieht, sondern um Teile des Textes, die eine andersartige doppelte Rezeption vom Leser erfordern. Textstellen von exzeptionell hoher Motivverdichtung können die Kraft erhalten, den Schwerpunkt des Textes auf sich zu verlagern und sogar den Text als Ganzes in den Schatten zu stellen. Es gibt im Wofschen Text Partien, die sich als archimedische Punkte beschreiben lassen, insofern sie als Teil den Körper des Textes aufzuwiegen scheinen. Am besten passt auf den Kraftakt des Teils, aus dem Text herauszugehen, ihm gegenüberzutreten und einen Gesamteindruck der Ganzheit zu widerspiegeln, Derridas Neuformulierung des mise-en-abyme. Derrida bemerkt, dass die Einschreibung eines Kreises in einen anderen nicht fähig ist, den Abyssus wiederzugeben, denn „In order to be abyssal, the smallest circle must inscribe in itself the figure of the largest.“[79] Wenn das gewohnte Verhältnis des Teils zum Ganzen auf den Kopf gestellt wird, wirft es den Leser aus dem Gleichgewicht, oder es fordert ihn zumindest heraus, seine Orientierung im Text zu überdenken. Es gibt drei Stellen im Text, an denen das Wort „Schwebezustand“ oder Formulierungen wie „schwebendes Gleichgewicht“ und „in Todesgefahr schweben“ zusammenfassend gebraucht werden, als Metapher für eine bestimmte Situation oder Atmosphäre. Die Beschreibung von Christa T.s Haushaltsführung als den Haushalt in einem Schwebezustand haltend (N, 136) spielt metaphorisch auf die hochsinnige doch im Projekt erstarrte Ästhetik Christa T.s an; die Erinnerung an einen Silvesterabend, als sich unter den Gästen ein „schwebendes Gleichgewicht“ (N, 162) einstellte, evoziert die gesamte ungewisse, in Fiktion errungene Freundschaftsbeziehung der Erzählerin zu Christa T. Auch die Metapher in der dritten Belegstelle zieht weite Kreise: „»In Todesgefahr schweben« ist ein guter Ausdruck, wirklich kann man sich den Aufenthalt in jenem Bereich nur schwebend vorstellen.“ (N, 173), heißt es von Christa T.s Agonie. Tatsächlich bildet der Tod Christa T.s von Anbeginn eine Trennwand, gegen die, wie wir bereits feststellten, die Erzählerin anschreibt. Zugleich ist aber die beständige Vergegenwärtigung dieser Trennwand eine Setzung der Erzählerin. Christa T. wird in jenen Bereich, wo man sie sich nur schwebend vorstellen kann, von Anbeginn der Erzählung gestellt. Die Erzählperspektive sieht es folglich auf einen gewissen Grad von Unschärfe in der Darstellung Christa T.s ab.

Immer wieder trifft man im Text auf doppelbödige Aussagen, wie zum Beispiel das Dissertationsthema, das Christa T. formuliert: „wie man denn - und ob überhaupt und unter welchen Umständen - in der Kunst sich selbst verwirklichen könne.“ (N, 95) Man erkennt sofort, dass diese Formulierung auch das große Thema des Textes umfasst. Auch kurze Erörterungspassagen, die den Erzählvorgang des Gesamttextes zusammenfassen, finden sich über den Text verstreut.[80] Von ungleich doppelbödiger Ausdruckskraft ist die metaphorische Konstruktion, die im Folgenden besprochen werden sollen.[81] Es handelt sich um eine Episode, die sich über mehrere Seiten streckt: der Traum der Erzählerin, in dem sie Christa T. am Schreibtisch erblickt. Dieser Traum spielt sich in der Nacht nach der letzten gemeinsamen Silvesterfeier ab, bevor Christa T. mit Leukämie diagnostiziert wird. Das Kräfteverhältnis ist scheinbar invertiert; Christa T., die Hauptfigur der Erzählung, sitzt am Schreibpult und schreibt, während

---

[79] Jacques Derrida, The Truth in Painting. Chicago 1987, S. 27.

[80] „Sie finden und noch einmal verlieren, war der gesuchte Punkt des Berichts. Beides wissen, beides annehmen. Hingehen, den ersten Satz schreiben: Nachdenken, ihr nach-denken. Dann Satz für Satz. Monatelang kein Tag ohne sie, bis nur noch übrigbleibt, sie wieder zu entfernen. Ihren Beistand, dessen man sich gerade versichert hat, wieder entziehen. Oder seiner nun erst recht sicher sein.“ (N, 98)

[81] Es gibt mehrere Beispiele, die aus Platzgründen hier nicht besprochen werden können. Allen voran, die Metapher des Netzes, in dem die Figur Christa T. gefangen werden soll (N, 115) und das gleichzeitig keine Falle sein darf (N, 138). Erwähnenswert ist auch die Aussage Christa T.s, sie hätte in ihrer Vermessenheit geglaubt, „Man könnte sich am eigenen Zopf aus dem Sumpf ziehen.“ (N, 72) Diese Fähigkeit nimmt aber der gesamte Text für sich in Anspruch, denn die Metapher Münchhausens versinnbildlicht das Potential des Literarischen, ingeniöse Lösungen in allen Situationen zu finden.

die Erzählerin, die bisher das Sagen hatte, in einem Halbschlaf liegt, aus dem sie sich nicht lösen kann. Liest man weiter, merkt man, dass es um mehr als eine einfache Inversion geht. Der Traum der Erzählerin symbolisiert das Fiktionalisieren, das Gesamtunternehmen, das sich im Text materialisiert. Und doch wird die Szene nicht von der Erzählerin als Schreiberin behauptet, sondern von der Figur. Der Leser experimentiert durch das Hervortreten der Handlungsebene ins Terrain der Reflexionsebene etwas wie Trompe-l'œil. Im Traum lässt die Erzählerin ihren Erinnerungen freien Lauf, so dass sie sich sprunghaft zwischen verschiedenen Begegnungen mit Christa T. und anderen Nebenfiguren bewegt und dazwischen immer wieder auf das Bild der schreibenden Christa T. neben ihr selbst, als Schlafenden, zurückkommt. Im Traum, Symbol für das Fiktionalisieren, sind plötzlich alle Barrieren gefallen: die Erzählerin erklärt, dass das Geheimnis Christa T.s gar kein Geheimnis mehr ist (N, 166), sie sieht Christa T. vorbeiziehen „in allen ihren Gestalten" (N, 167) und begreift den Sinn hinter allen ihren Verwandlungen, es werden Papiere mit Aufzeichnungen erwähnt, die im Traum greifbar nahe erscheinen, aus dem Nachlass Christa T.s aber spurlos verschwunden sind. Indem verschwundenes Material sowie der prekäre und unschlüssige Zustand der zurückgebliebenen Schriften eingeklagt wird, ebnet die Erzählerin den Weg für die Rezeption des Textes, der sich als versuchte Wiederherstellung versteht. Darüber hinaus begründet dieses Traum-Symbol die Berechtigung der Erzählerin zum Versuch, Leben und Werk von Christa T. ‚weiterzuführen'. Es gibt einen Austausch zwischen der Erzählerin und der Figur, bei dem die Reflexionsebene mit der Handlungsebene eins werden. Zu Beginn klagt die Erzählerin, dass die Traumbilder chaotisch wie ein Erinnerungsstrom auf sie zu kommen: „Ein bißchen mehr Ordnung hätt' ich schon gerne, sage ich, und ein bißchen mehr Übersicht." Man kann den Wunsch der Erzählerin nach Ordnung für die Gestaltung des gesamten Textes gelten lassen. Was darauf folgt, ist der Zusammenstoß zweier Erzählebenen: „Da blickt sie zu mir, der Schlafenden, herüber, lacht schon wieder, sagt aber dann ganz ernst. Ich auch." (N, 170) Wie zwei perfekt miteinander synchronisierte parallele Welten finden das Schreiben der Figur und das Entstehen des Textes der Erzählerin statt. Mehr noch verständigen sich die beiden auf der gleichen Ebene, was unmöglich ist. Der Trompe-l'œil-Effekt verstärkt sich. Es wird nahegelegt, dass die Erzählerin sich mittels Fiktion Zugang zu der zeitlosen Dimension verschafft hat, in der Christa T. am Schreibtisch sitzend raucht, schreibt und eine traumhafte, nur in halb bewusstem Geisteszustand wahrnehmbare, Konversation mit der Erzählerin betreibt. Die Traumepisode endet mit einer wirkungsvoll geführten Anapher: es werden die Wünsche der Erzählerin vorgeführt, denen der Text nach Maßgabe seiner fiktionalen Beschaffenheit entgegenzukommen gesucht hat.

> Wenn ich sie erfinden müßte - verändern würde ich sie nicht. Ich würde sie leben lassen, unter uns, [...]. Würde sie an dem Schreibpult sitzen lassen, eines Morgens in der Dämmerung [...]. Würde sie die wenigen Blätter vollenden lassen, die sie uns hinterlassen wollte und die, wenn nicht alles täuscht, eine Nachricht gewesen wären aus dem innersten Innern [...]. Ich, wenn ich uns erfinden dürfte, hätte uns Zeit gegeben. (N, 171-172)

In dieser Traumepisode gelingt es der Erzählerin für einen Augenblick, das Gefühlszentrum der Erzählung dingfest zu machen. Die Erzählung beseitigt in diesem Punkt die Distanz zwischen der Erzählerin und der Hauptgestalt, und erfüllt sinnbildlich das Anliegen der Ästhetik, die Christa T. anvisiert hatte. Die fiktive Begegnung der Erzählerin mit Christa T. wird trotz erheblicher Hindernisse, wie der definitiven Unerreichbarkeit Christa T.s und der Schwierigkeit, ihren Standpunkt zwischen den Alternativen der Moral und der Ästhetik nachzuzeichnen, zustande gebracht. Alle gegensätzlichen Elemente der Erzählung balancieren somit letztendlich auf dem Vertrauen der Erzählerin in den Seinsbereich der Fiktionalität.

2. Christa Wolfs *Kindheitsmuster*

2.1. Die Problematik der Fiktionalität in *Kindheitsmuster*

In der Erzählung *Kindheitsmuster* reflektiert die Erzählerin darüber, dass mit dem vorliegenden Buch der Ernst ihres Berufslebens beginne, und nicht erst mit dem nächsten.[1] Kann diese Aussage auf Christa Wolf übertragen werden? Das würde bedeuten, dass Wolf in *Nachdenken über Christa T.* einen vorläufig unbekümmerten Umgang mit Fiktionalität pflegte, der in *Kindheitsmuster* von einer „ernsteren" Form abgelöst werden wird. In der Tat trifft es zu, dass die Originalität der Prosa *Kindheitsmuster* auf einer Ästhetik beruht, die einen eigenartigen Umgang mit Fiktionalität vorführt. Wolf beginnt ihre Arbeit an *Kindheitsmuster* zu Beginn der 70er Jahre, in der Zeit des ‚zweiten Aufbruchs' der DDR: die Polenreise findet 1971 statt und die eigentliche Niederschrift in den vier Jahren danach, gefolgt von der Publikation der Erzählung in 1976. Politisch stimmt diese Periode mit den Änderungen überein, die die Ablösung Walter Ulbrichts an der Leitung der SED durch den jüngeren Erich Honecker nach sich zog. Honecker unternahm die Fortführung der in den 60er Jahren steckengebliebenen Wissenschaftlich-Technischen Revolution und entwarf 1971 einen Fünfjahresplan, der den zuvor dominanten Produktionssozialismus durch Erhöhung des materiellen Lebensstandards gleichzeitig einen „Konsumsozialismus" werden ließ.[2] Für Literatur schien 1971 eine Epoche größerer Freiheit angebrochen zu sein. Honeckers Rede zum 4. Plenum des ZK der SED besagte, dass es von der „festen Position des Sozialismus" ausgehend weder inhaltliche noch stilistische Tabus geben kann. Hoffnung wurde geschöpft als 1972 Ulrich Plenzdorfs *Die neuen Leiden des jungen W.* erschien und später als 1973 beim 7. Schriftstellerkongress ästhetisch aussichtslose Initiativen wie der Bitterfelder Weg und die NÖSPL-Doktrin, der zufolge sozialistische Planer und Leiter die positiven Helden der Literatur werden sollten, offiziell aufgegeben wurden.[3] Wolf hatte 1968 schlechte Erfahrungen mit der Zensur gemacht. *Nachdenken über Christa T.* konnte nach vielen Debatten nur in kleiner Auflage gedruckt werden. Es ist plausibel, dass der Stoff für *Kindheitsmuster* erst in der scheinbar günstigeren Periode zu Beginn der Honecker-Ära für eine Erzählung in Frage kam.

Zugleich darf man nicht übersehen, dass lange bevor die DDR ihren populärsten Kritiker Wolf Biermann 1976 ausbürgerte, Druck- und Aufführungsverbote weiterhin erlassen wurden. Volker Brauns *Unvollendeter Geschichte* zum Beispiel wurde 1973 die Veröffentlichung abgelehnt. Der Text wurde zwei Jahre später in *Sinn und Form* abgedruckt, erschien aber erst 1988 in Buchform. Kritiker haben sich bemüht, in *Kindheitsmuster* Kritik am repressiven DDR-Staat ausfindig zu machen. Wolfgang Emmerich glaubt in *Kindheitsmuster*, eine Parallele zwischen der NS-Epoche und der DDR erkennen zu können: die Kritik der Erzählerin an den faschistischen Verhaltensmustern, „Anpassung, Verstellung, Angst", sei zugleich eine „vehemente[] Kritik am Untertanen-

---

[1] Christa Wolf, Kindheitsmuster. München 1993, S. 34. Weiterhin abgekürzt als K, Seitenangaben in Klammern.

[2] Wolfgang Emmerich, Kleine Literaturgeschichte der DDR. Leipzig 1996, S. 243-244.

[3] Ebenda, S. 251.

staat DDR".[4] Anthony Stephens kommt zu einem ähnlichen Schluss bei seiner Suche nach einer Erklärung für den beispiellosen Gebrauch der Metafiktion im Text:

> Faßt man die [...] Erzählhaltungen zusammen, die [...] verurteilt werden: Gleichgültigkeit, Mißbrauch der Macht, anmaßende Gerechtigkeitsverteilung, so drängt sich uns der Schluß auf, daß die Besorgnis der Erzählfigur um die eigene Erzählweise doch in erster Linie metaphorisch zu verstehen ist, daß die Anklage gegen imaginäre Erzählinstanzen doch die realen Behörden der DDR meint.[5]

Der Staat fühlte sich allerdings nicht betroffen. Wenn Wolf vehemente politische Kritik äußert, ist sie vielmehr auf der Seite der DDR.[6] Die Erzählerin in *Kindheitsmuster* kritisiert den Krieg der USA gegen Vietnam oder die Errichtung der Diktatur des Generals Pinochet in Chile, beide bevorzugte Zielscheiben des Ostblocks im Kalten Krieg. Auch macht die Erzählerin keine Anstalten, ihre Antipathie gegen die Wohlstandsgesellschaften des Westens zu unterdrücken. Man kann Wolfs Text höchstens als Warnung an die SED lesen, die DDR nicht in eine Diktatur faschistischen oder stalinistischen Typs ausarten zu lassen.

Sonja Hilzinger deutet es als Kritik aus, wenn in *Kindheitsmuster* das kollektive Selbstverständnis der DDR in Frage gestellt wird. Die Kritikerin bezieht sich auf die Auseinandersetzung der Erzählerin mit der Schuld der deutschen Täterschaft. Diese Schuld hatte die DDR bis dahin an die BRD „delegiert", wobei sich die DDR in der Sicherheit wog, als Erbin „des proletarisch-revolutionären Potentials der Weimarer Republik und des antifaschistischen Widerstands"[7] keine Verantwortung für die Vergangenheit übernehmen zu müssen. Es trifft zu, dass Wolf mit dieser Erzählung das kollektive Selbstverständnis herausfordert. Man kann sich den Eindruck jedoch nicht erwehren, dass Wolf die gleiche Erzählung fertiggestellt hätte, wenn der DDR-Staat verantwortungsvoll mit dem Problem der Schuld umgegangen wäre. Es ist für Wolf in erster Linie eine persönliche Suche nach einer Identität und zugleich nach einer Ästhetik, die

---

[4] Ebenda, S. 322.

[5] Anthony Stephens, Vom Nutzen der zeitgenössischen Metafiktion: Christa Wolfs „Kindheitsmuster". In: Rolf Kloepfer und Gisela Janetzke-Dillner (Hg.), Erzählung und Erzählforschung im 20. Jahrhundert. Tagungsbeiträge eines Symposiums der Alexander von Humboldt-Stiftung Bonn-Bad Godesberg veranstaltet vom 9. bis 14. September 1980 in Ludwigsburg. Stuttgart 1981, S. 366-367.
Zu einem ähnlichen Schluss kommt Heinz-Dieter Weber: „So bleibt die Frage nach dem Fortwalten identitätszerstörender, faschistischer Gewalt in der Wirklichkeit der DDR die angedeutete, aber unübersehbare Leerstelle des Romans."
Heinz-Dieter Weber, »Phantastische Genauigkeit«. Der historische Sinn der Schreibart Christa Wolfs. In: Wolfram Mauser (Hg.), Erinnerte Zukunft: 11 Studien zum Werk Christa Wolfs. Würzburg 1985, S. 101

[6] Gegen den Vorwurf Hans Mayers, dass Wolf in „Kindheitsmuster" aus Rücksicht auf die DDR den Stalinismus glimpflich behandelt hat, wehrt sich die Autorin in ihrer Rede „Zum 80. Geburtstag von Hans Mayer" (1987): „[...] die Problematik des Landes, an dessen Veränderung ich immer noch mitzuwirken hoffte, mußte ich anders akzentuieren als Sie, dem die Möglichkeit einzugreifen entzogen worden war. Da ich zu dieser Entscheidung keine Alternative sah, bin ich immer, auch als Autorin, sehr behutsam umgegangen mit allen, selbst bescheidenen Anzeichen von schöpferischen Veränderungen in der gesellschaftlichen Praxis. (Behutsam, nicht unkritisch oder unaufrichtig, das darf ich sagen.)" Christa Wolf, Zum 80. Geburtstag von Hans Mayer. In: Ansprachen. Darmstadt 1988, S. 48.

[7] Sonja Hilzinger, Christa Wolf. Stuttgart 1986, S, 93.

auf einem moralischen Selbstverständnis beruht. Man muss Wolf umso mehr dafür bewundern, dass sie diese Richtung aus ihrer moralischen Sensibilität heraus einschlug und daraufhin die Richtlinie der SED in Bezug auf die Schuld an der nationalsozialistischen Vergangenheit außer Acht ließ. Die Erzählerin in *Kindheitsmuster* berichtet von einem Alptraum während der Periode ihrer Arbeit am Text, in dem ihr eine „Gruppe grau gekleideter, ganz gleichförmig auftretender Männer" erscheint, die sie dazu zu überreden versuchen, statt *Kindheitsmuster* einen Text zu schreiben, der die „»allgemeine Meinung«" jener Männer von den „»Dingen des Lebens«" in den Worten der Erzählerin wiedergeben sollte (K, 387). Die Gruppe von Männern kommt ungebeten, sie „verschaffte sich Zutritt" zum Haus der Erzählerin, und kommt im Auftrag einer höheren Instanz. Man kann unschwer die Männer als Vertreter der Staatsmacht identifizieren, denen es zusteht, der (fiktiven) Autorin Vorschriften zu machen. Die Relevanz dieses Alptraums liegt auf der Hand: man erkennt die Verzweiflung der Erzählerin, wenn ihr von Außen nahegelegt wird, was sie zu schreiben hat. Die Arbeit an *Kindheitsmuster* hat für die Erzählerin existentiellen Wert, insofern sie einem existentiellen Bedarf nach Moralität entspricht.

In Ansätzen kommt die Bemühung um eine moralische Ästhetik auch im Text vor, der im vorigen Kapitel besprochen wurde. Die Erzählung *Nachdenken über Christa T.* thematisiert ein Ästhetikideal, das Fiktionalbewusstsein und Wirklichkeitsbewusstsein miteinander verbindet. Das Resultat dieser Verbindung soll eine Verschmelzung von interesselosem Wohlgefallen und von Verantwortungsbewusstsein und moralischer Sensibilität sein. Doch bleibt diese Ästhetik im Projekt erstarrt. Es scheint, Christa T. bemühe sich, Unmögliches zu erreichen, denn ihre Mühe bleibt unproduktiv. Die Protagonistin erlaubt sich keine Distanz zur Wirklichkeit und versäumt letztendlich, ihr schriftstellerisches Talent an den Tag zu bringen. Erst im Blick auf den Preis, den Christa T. für den Ehrgeiz bezahlt, ästhetisch innovative Prosa schreiben zu wollen, kann man das Ausmaß des Risikos ins Auge fassen, das die Erzählerin in *Kindheitsmuster* eingeht. Denn in *Kindheitsmuster* artikuliert die Erzählerin einen neuen Versuch, Christa T.s Ästhetik auf den Punkt zu bringen. In *Nachdenken über Christa T.* ist diese Ästhetik lediglich als Thema präsent, sie wird als Lösung für die moralisch erschütterte Sensibilität des Autors der Nachkriegszeit nahegelegt. Doch ist sie zugleich verschieden von der Ästhetik, die vom Standort der Erzählerin aus die Erzählung beherrscht. Die Erzählerin in *Nachdenken über Christa T.* arbeitet mit Fiktionalität, um sich in die Gegenwart der verstorbenen Freundin einzufühlen, sie sich und dem Leser zugänglich zu machen. Das Fiktionalbewusstsein hat da positive Bedeutung, insofern es Erfahrungen ermöglicht, die in Wirklichkeit unabänderlich oder unwiederbringlich verloren sind. Der Kontrast zwischen der Ästhetik, die Christa T. interessiert und der Ästhetik der Erzählerin könnte nicht schärfer ausfallen: während Christa T. sich in ihrem Projekt festfährt, bringt die Erzählerin mit augenfälliger Vorliebe für den Gebrauch von Fiktionalität die Ästhetik Christa T.s zur Sprache und stellt einen ausgeglichenen Dialog zwischen den beiden Ästhetiken her. Dieses Ausgleichselement - die Ästhetik der Erzählerin in *Nachdenken über Christa T.* - gibt es in *Kindheitsmuster* nicht.

Während *Nachdenken über Christa T.* die Schaffenskrise einer fiktiven Autorin der Nachkriegszeit behandelt, greift *Kindheitsmuster* auf die Kindheit und Adoleszenz einer

Erzählerin aus derselben Generation zurück. Die Erzählerin ermittelt in der Mitschuld am Kriegsverbrechen und Zivilisationsbruch des Naziregimes im Fall des Kindes Nelly Jordan, dem alter ego der Erzählerin. In dieser Erzählung sieht sich der Leser mit einer Erzählinstanz konfrontiert, die ihm Fiktionalität und alle damit verbundenen Erfahrungen, wie interesseloses Wohlgefallen und folgen- und verantwortungslose Beteiligung, kurzerhand verbietet. Man merkt, dass es die Ernsthaftigkeit dieses Themas ist, die das auktoriale Spiel mit der Fiktionalität verdrängt. Die Fiktionalität selbst wird da als das kleinere Übel toleriert, als ein Effekt, dem sich die Erzählung nicht entziehen kann, wenn sie überhaupt zur Sprache kommen soll.[8] Die Erzählerin geht davon aus, dass alle Realitäten, in literarischer Form eingebunden, einen Grad an Erträglichkeit gewinnen, der besonders im Fall ihres Themas im Realbewusstsein weder möglich noch wünschenswert ist. Sie kommt auch häufig darauf zu sprechen, dass sie Fiktionalität im Fall dieser Erzählung unpassend findet. Am deutlichsten wehrt sie sich dagegen, als sie über ein Telefongespräch berichtet, aus dem Nellys Vater erfährt, wie seine Einheit in seiner Abwesenheit fünf polnische Geiseln exekutiert hat. Die Erzählerin unterbricht den Lauf der Erzählung mit der Begründung: „Von hier ab verschlägt es die Sprache. Es wird nicht erinnert und soll nicht erinnert werden, in welchen Worten, auf Grund welcher Fragen Bruno Jordan seiner Frau den Inhalt des Gesprächs mit Leo Siegmann mitteilte." (K, 229) Die Prozedur, wobei die Erzählung aufgegeben wird und die Erzählerin sich metafiktional dagegen sträubt, mit der Erzählung ungebrochen weiterzufahren, kommt immer wieder vor. Dadurch räumt die Erzählerin dem Realbewusstsein die höhere Priorität ein. Der Fiktionalität hingegen wird unterstellt, dass sie im Fall der fiktionalisierten Autobiographie moralisches Versagen auf der Seite der Protagonistin kaschieren würde. Kurzum, es wird unterstellt, dass Fiktionalität moralisches Versagen literarisiert. Die moralische Sensibilität der Erzählerin verbietet ihr jedoch grundsätzlich an der Realität von vergangenen Missetaten herumzurücken.

Dieselbe Sensibilität bewirkt, dass die Erzählerin mit sich selbst, als Ressource einer autobiographischen Erzählung, mit äußerster Umsicht umgeht und sich sogar mit Misstrauen und Selbstverdacht belastet. Die Erzählerin befürchtet, dass ihre nationalsozialistisch geprägte Kindheit und Jugend Spuren im Charakter der Erwachsenen hinterlassen hat. Damit meint sie eine Schwäche, sich auf die Seite der Machthaber zu schlagen, um an ihrer Macht teilzuhaben und/oder ihrer Politik anzuhängen, ohne sie in Frage zu stellen. Während die Erzählerin noch einmal durchspielt, wie die Interaktion zwischen Nelly und den Autoritäten in ihrer Erziehung - Schule und Elternhaus - verlaufen ist, stellt sie sich jener Zeit gegenüber und will genau beobachten, wie die Ideologie die Bildung ihrer Identität beeinflusst hat. Der Konflikt, in dem die Erzählerin verstrickt ist, sieht folgendermaßen aus: sie muss den Realitäten, die ihr Selbstverständnis geformt haben, auf den Grund gehen; doch wenn sie dieselben Realitäten zur Sprache bringt, werden sie in ihrem Wesen verwandelt: sie werden einem Fiktionalisierungsprozess unterzogen.[9] Wie die Erzählerin es ausdrückt: „Selbstbezichtigungen und

---

[8] „[...] sprachlos bleiben oder in der dritten Person leben, das scheint zur Wahl zu stehen. Das eine unmöglich, unheimlich das andere." (K, 9)

[9] Colin Smith findet, dass die Erzählerin sich in eine „impossible situation" manövriert: „It is his (the writer's, n.n.) duty and aim to examine moral stimuli, and reveal the continuing operation of me-

Entschuldigungsversuche halten einander die Waage" (K, 256) oder, anders formuliert, „[...] die Notwendigkeit, sich auszuliefern, und die Unmöglichkeit, es zu tun, [halten] einander die Waage." (K, 476) Das ist in diesem Fall besonders schwerwiegend, da sich die Erzählerin auf die dunklere Hälfte des Gemüts konzentrieren will, auf menschliche Niederträchtigkeit und auf jene Art von Indolenz und Fahrlässigkeit, die katastrophale Folgen nach sich zieht. Es ist offensichtlich, dass da der Effekt der Fiktionalisierung dem Instinkt sich zu schonen gelegen kommen könnte.

Das Interesse der Erzählerin ist darauf gerichtet, die Fallhöhe vom Menschenbild der Aufklärung zu ihrem zeitgenössischen Menschenbild im Kontext der deutschen Täterschaft auszukundschaften. Die Erzählung läuft darauf hinaus, dass am Menschenbild des Humanismus eine Korrektur anhand der Selbstprüfung und der sich daraus ergebenden Selbstverurteilung der Erzählerin stattzufinden hat. Der Glaube an eine fundamental gute Neigung des menschlichen Charakters stellt sich in der Nachkriegszeit als falsch heraus[10] und die Erzählerin möchte das Ausmaß ihrer Schuld und besonders ihres Potentials, schuldig zu werden, aufdecken. Die Erzählerin ist aber auch extrem gefährdet, ein einseitiges Bild von sich selbst zu erzeugen. Zwar wird die Wahrheit gesucht, was wirklich in Nellys Kindheit geschah. Doch dann nimmt die Erzählerin von Vornherein an, dass ihr Bewusstsein einerseits und andererseits der Fiktionalitätseffekt die am wenigsten erträglichen und quälenden Erinnerungen verdrängen würde. Diese Annahme führt zu einer Gleichsetzung von Wahrheit und dem Allerübelsten, zu dem Menschen fähig sind. Diese Gleichsetzung ist etwas prekär, da bestimmte vom Bewusstsein verdrängte Tatsachen auch nicht die ganze Wahrheit sind. Sie sind jedoch für die Selbstkenntnis unerlässlich, wie die Erzählerin zu Recht annimmt. Die Überzeugung der Erzählerin, dass sich die Wahrheit im Verdrängten verbirgt und unzugänglich macht, lässt das Erzählen zu einer Sisyphusarbeit geraten. Erzähltechnisch geraten die Erzählebenen in einem Maß ineinander, das dem Leser neuartig vorkommen muss. Aus der Reflexionsebene, der Ebene, die das Entstehen der Erzählung kommentiert, greift die Erzählerin mit nie da gewesener Häufigkeit in die Handlungsebene ein. Das Fortschreiten der Narration auf der Handlungsebene wird immer wieder unterbrochen, damit die Erzählerin die Wahrheit des Erzählten in Frage stellen kann und den Verdacht nähren kann, dass Entsetzlicheres darauf wartet, ans Licht gebracht zu werden. Aus dem ästhetischen Zustand, in den das Fiktionalbewusstsein den Leser versetzt, sieht sich der Leser auf den Boden der Wirklichkeit geholt. Dieses Erzählverhalten besagt, dass die fiktionalisierte Vergangenheit - die Handlungs- oder Nellyebene - nicht auf konventionelle Weise genossen werden darf. Der Grund, aus dem der konventionelle

---

mory as a determining factor in human behaviour. Yet the tools of the artist, formal technique and even language itself, appear intrinsically to obstruct and even to rule out the possibility of achieving this."

Colin Smith, Tradition, Art and Society: Christa Wolf's Prose. Essen 1987, S. 164.

[10] Diese Idee wird von der Erzählerin deutlich ausformuliert: „Die Alliierten, als ihnen die ersten Nachrichten aus den Vernichtungslagern zugeleitet wurden, haben sie nicht veröffentlicht. Grund: Sie konnten nicht an sie glauben. Sie wollten sich nicht der Greuelpropaganda schuldig machen. Wir Heutigen trauen Menschen alles zu. Wir halten alles für möglich. Wir wissen Bescheid. Vielleicht ist dies das Wichtigste, was unser Zeitalter von den vorangegangenen trennt." (K, 309)

Genuss von fiktionaler Prosa als solcher untersagt wird, liegt beim gewählten Thema. Das Angebot dieser Erzählung für den Leser besteht in der Selbstverdächtigung der Erzählerin als Mensch, welche die Nellyebene als Unterton, als *basso continuo*, begleitet und auf den Leser übergeht. Der Schwerpunkt, um den sich die Erzählung sammelt, ist die erhöhte moralische Wachsamkeit, die man sich ab 1945 anerziehen muss.

Bald wird die Selbstschutztendenz im Bewusstsein der Erzählerin, bald wird die Fiktionalität schuldig befunden:

> Da, wo die Empfindungen sich bilden, in jener Zone wo sie noch ganz sie selbst, nicht mit Worten verquickt sind, dort herrscht in Zukunft nicht Unmittelbarkeit, sondern - man scheue das Wort nicht - Berechnung. Und nun, wenn die Worte dazutreten, harmlos, unbefangen, ist schon alles vorbei, die Unschuld verloren. Der Schmerz - vielleicht vergißt man ihn jetzt - ist noch zu benennen, zu fühlen nicht mehr. Dafür, in Nächten wie diesen, der Schmerz über den verlorenen Schmerz... Zwischen Echos leben, zwischen Echos von Echos... (K, 350)

Die Erzählerin versetzt sich in ihre Kindheit zurück, um sich selbst zur Rede zu stellen, mit dem Resultat, dass sie anschließend die fiktionalisierte Kindheit »Pseudo« (K, 476) nennt. Außer der Unzufriedenheit über den Fiktionalitätseffekt ist stets auch der Verdacht der Erzählerin präsent, dass ihre Feigheit es verhindere, die Wahrheit über sich selbst zu erfahren (K, 476). Die Erzählerin problematisiert, ob es strafbar sei, die Grenzen zwischen wirklichem und fiktionalisiertem Geschehen zu verwischen (K, 94), und hält sich konsequent daran, diese Grenzen dem Leser deutlich zu machen. Mit sich selbst als erzählender Instanz auf der Reflexionsebene geht sie auch streng ins Gericht: „Verfestigung der Personen; das Schrumpfen ihrer Möglichkeiten, [...] die sie niemals besessen hatten. Und ausgerechnet eine einzige, ausgerechnet Seine Majestät das Ich soll davon unbetroffen bleiben? Verräterisches Gefühl von Unverletzlichkeit; Romangefühl." (K, 111) Und in Bezug auf den Blick in die Vergangenheit: „Objekte, hilflos unter Glas gefangen, ohne Kontakt zu uns [...]. Und wenn du dich fragst, ob du es aushieltest, diesen selben Blick ungemildert gegen dich selbst zu richten..." (K, 237) In dieser Erzählung gerät die Fiktionalität in unerhörten Misskredit: von Verfälschung (K, 94) ist da die Rede, vom Betrugssystem der Erinnerung, die zu Literatur verarbeitet wird, von der beschämenden Leichtigkeit, Vergangenheit zu erfinden, statt sich zu erinnern (K, 197). Fiktionalisieren wird mit romanhaftem Lügen gleichgesetzt (K, 16); an anderer Stelle erwähnt die Erzählerin ihre Bedrückung über die Unmoral ihres Berufes (K, 388).

Es gibt noch ein zusätzliches moralisches Bedenken, das das Schreiben an dieser Erzählung fragwürdig erscheinen lässt. Zu den Schonungsmechanismen des Bewusstseins, zur unerwünschten Erträglichkeit der Erfahrung in fiktionaler Form, kommt noch hinzu, dass die Erzählerin sich selbst gelegentlich durch das Schreiben moralisch geschädigt fühlt. Der Grund dafür ist, dass der Umgang mit Fiktion ihre Fähigkeit, sich dem Leben zu widmen, limitiert. „Daß man nicht leben kann, während man Leben beschreibt. Daß man nicht beschreiben kann, ohne zu leben." (K, 388), heißt es im Text. Die Außenseiterposition der Beobachterin legt sie auf eine passive Rolle fest, deren Bedingung ist, dass sie sich aus den beobachteten Ereignissen heraushält. Diese Distanz erfüllt die Erzählerin mit Zweifel in Bezug auf die moralische Rechtfertigung ihrer schriftstellerischen Tätigkeit. Der Preis für Distanz (K, 485) ist eine Beeinträchtigung der Fähigkeit zu leiden (K, 451) und die Erzählerin weiß nicht, wie sie aus diesem Dilemma herauskommen soll. Die Prozedur, den fiktionalen Erzählstrang, die Nellyebene, metafiktional, auf der Reflexionsebene zu relativieren, bringt jedenfalls die Erzählerin in den Vordergrund. Die Aufmerksamkeit des Lesers wird so auf die Gewissensprozesse der Erzählerin gelenkt. Dabei verweigert die Erzählerin nicht nur sich selbst jede Befriedigung über die ästhetische Qualität des Erzählten - auch der Leser muss sich das gefallen lassen. Von der Erzählerin erfahren wir, dass jeder Ansatz zu Befriedigung in der „Säure der Selbsterkenntnis" (K, 485) zersetzt wird. Die Erzählerin macht viel Aufhebens aus dem Abtreten ihres Rechts auf dichterische Lizenz. Sie stellt ihre Abstinenz von dichterischer Freiheit geradezu zur Schau. Diese Enthaltsamkeit wird zusammen mit der Selbstverurteilung der Erzählerin, die sich als schuldig überführt, ins Zentrum der Erzählung gerückt. Die Übernahme der Autorität durch das auktoriale Erzählverhalten mit dem Resultat, dass personales Erzählverhalten - die Nellyebene - in den Schatten gestellt wird, ist eine ästhetische Innovation. Die Ästhetik, die in diesem Text verfolgt wird, soll zu einem späteren Zeitpunkt ausführlich besprochen werden.

An dieser Stelle ist es wichtig, darauf hinzuweisen, dass die Erzählerin in kleinerem Maß ab und zu Zugeständnisse an die Fiktionalität ihres Textes macht. Ähnlich wie die Erzählerin in *Nachdenken über Christa T.*, deutet die Erzählerin hier an, dass der Freiraum, in dem der Fiktionalisierungsprozess zustande kommt, brauchbar sein kann, wenn auch nur in erzählpraktischer Sicht.[11] Die Erzählerin erlaubt sich gelegentlich, Spaß an ihrer Arbeit am Text zu haben. Über die Wahrscheinlichkeit eines bestimmten Ablaufs wird metafiktional reflektiert und die plausibelste - der Erzählerin gelegenste - Variante wird als Wirklichkeit präsentiert: „Du beschließt also: Sie durfte als einziges Kind an der Kaffeetafel in Tante Liesbeths engem Wohnzimmer Platz nehmen [...]." (K, 98) Ein Bekannter Nellys, der Hausarzt ihrer Tante Liesbeth, fährt am 1. April 1933

[11] Die Erzählerin räumt ein, dass Dokumente den Erzähler nicht überflüssig machen, sondern sogar vom Erzähler zu übertreffen sind (K, 93). Sie erkennt auch die Macht des „Unwirklichen, Vorgestellten, Gewünschten über die tatsächlichen Dinge des Lebens" (K, 81) an. Ein Zugeständnis, das auffälliger als andere die Rolle der Fiktionalität affirmiert, ist folgendes: „[...] denn du bist gehalten, die Fakten zu verwirren, um den Tatsachen näherzukommen" (K, 76). Mit dieser Aussage identifiziert sich die Erzählerin aus „Kindheitsmuster" mit der Erzählerin in „Nachdenken über Christa T.", die für das Gelingen der Erzählung auf die Macht des Fiktionalen setzt. Von der Fiktionalität erhofft sich diese einen symbolischen Freiraum, in dem sie die Freundschaft mit Christa T. fortsetzen kann.
Judith Ryan legt die Schlusspassage der Erzählung (der antizipierte Traum) als Geste der rückhaltlosen Anerkennung der Möglichkeiten des Fiktionalen aus. „The fluid transitions; the constantly changing, insubstantial being; and the beautiful image represent an ideal of freedom from the constraints of patterns, from the bounds of the self, from the limitations of language. Here is a positive counterpart to Dali's ‚Persistence of Memory', a transposed reality that is no longer cold and threatening. The narrator knows that she must accept the firm contours of waking reality; she is even grateful for their existence. But, at the same time, she welcomes the vision of another level of being."
Judith Ryan, The Discontinuous Self: Christa Wolf's „A Model Childhood". In: The Uncompleted Past. Postwar German Novels and the Third Reich. Detroit 1983, S. 148.
In dieser Hinsicht ist Vorsicht geboten. Da dieser antizipierte Taum im Text eigentlich noch aussteht, ist er ein Bild des Wunschdenkens der Erzählerin. Im Sinne der inhaltlichen Konsistenz, kann man argumentieren, dass die Erzählerin es zwar vorzöge, sich dem Bereich des Fiktionalen widmen zu können, das aber tatsächlich zum Zeitpunkt des Schreibens unmöglich findet.

mit dem Zug in die Reichshauptstadt, während zwei SA-Männer vor seiner Tür in L. Wache halten, um seine Arbeitspraxis zu boykottieren. Die Erzählerin zieht es vor, ihre Informationslücke mit Daten zu füllen, die dem verfolgten Juden in ihrem Text die Menschenwürde zurückgeben: sie gleicht diese unfreiwillige Reise einem der häufigen Theaterbesuche Dr. Leitners in der Reichshauptstadt an und dichtet ihm einen Seelenzustand an, der ihn als Herrn seiner Lage zeigt:

> Wie du diesen Mann, den du bewußt niemals gesehen hast, inzwischen zu kennen glaubst, hat er, im Zug sitzend, etwas wie ein vertracktes Lächeln aufgebracht bei der Vorstellung, daß nun zwei stramme SA-Männer den ganzen Tag lang seine leere Wohnung bewachen mußten. (K, 105)

Die Erzählerin hat auch keine Erinnerungen über das Verhältnis zwischen Liesbeth Radde und Dr. Leitner. Wiederum gibt sie zu, Bilder, die dieses Verhältnis illustrieren, zu erfinden. Im Stadtpark ihrer Heimatstadt sitzend, mutmaßt sie über einige altmodisch arglose Rendezvous der beiden: „Sitzend auf den immer noch gleichen Planken derselben Bank, auf der - das stellst du dir vor - Liesbeth Radde und Dr. Leitner mittags manchmal für kurze Zeit gesessen haben." (K, 107) Die Erzählerin ziert sich offensichtlich nicht, gelegentlich von ihrer Erfindungsgabe Gebrauch zu machen. Ähnliche Beispiele kommen vor, wenn sich die Erzählerin einen bestimmten Ausdruck in den Gesichtern der Mitglieder des Rotfrontkämpferbundes vorstellen will: „(Du siehst ihn [den Ausdruck n.n.], bildest du dir ein.)" (K, 72) oder wenn sie ein Gespräch rekonstruiert, das wahrscheinlich stattgefunden hat: „Vermuteter Dialog zwischen Bruno und Charlotte Jordan am Abend dieses Tages." (K, 212) Mit auktorialem Augenzwinkern teilt die Erzählerin dem Leser auch mit, dass es kein Leichtes sei, die Begegnung zwischen Charlotte und Bruno zustande kommen zu lassen. Im Gegenteil geben die „eiserne[n] Grundsätze" und die vorzeitige Bitterkeit Charlottes der Erzählerin „[E]ein schönes Stück Arbeit" (K, 115) auf. Dadurch tritt die Erzählerin einen Schritt zurück von ihrer Reflexionsebene, stellt sich neben den Leser und betrachtet aus dieser metafiktionalen Distanz, wie die Erzählung vor den Augen der Erzählerin und den Augen des Lesers zugleich entsteht.

Die Erzählerin erachtet es auch für nötig, dem Leser vorzuzeigen, wie sich die Nellyebene mit der Reflexionsebene in ihrem ‚wirklichen' Dasein überschneidet. Aus diesem Grund sind die Reflexionen, die während der Polenreise der Erzählerin entstehen, interessant. Die Mehrheit der Kritiker behandeln die Polenreise als dritte Erzählebene, neben der Reflexions- und der Nellyebene.[12] Dagegen kann argumentiert werden, dass die Reflexionen der Erzählerin, die von der Polenreise stammen, nicht von denen der Reflexionsebene zu unterscheiden sind und dass die Erinnerungen, die während der Polenreise wach werden, wiederum zur Nellyebene gehören. Allerdings entsteht durch die Polenreise teilweise auch etwas wie eine dritte Zeitebene. Es geht um

[12] Marcel Reich-Ranicki, Ein trauiger Zettelkasten (1977). In: Entgegnungen. Zur deutschen Literatur der 70er Jahre. Stuttgart 1981, S. 253; Peter J. Graves, Reckoning with the Past. In: Times Literary Supplement 07. 04. 1978, S. 396; Karin McPherson, Christa Wolf's „Kindheitsmuster". In: Ian Wallace (Hg.), The Writer and Society in the GDR. Tayport 1984, S. 109; Christel Zahlmann, „Kindheitsmuster": Schreiben an der Grenze des Bewußtseins. In: Wolfram Mauser (Hg.), a.a.O., S. 143; Hilzinger 1986, S. 96.

Fragmente, die zwischen der erzählten Zeit und der Erzählzeit situiert sind. Diese Fragmente sind metafiktionale Kommentare, die das Entstehen der Erzählung auf der Reise beschreiben. Zum Beispiel rekonstruiert die Erzählerin in Gedanken die Inneneinrichtung ihres Elternhauses, während sie das Gebäude von Außen beobachtet und zeigt somit, wie die mentale Herstellung des Textes die Wahrnehmung der Wirklichkeit doppelt: „Insgeheim arbeitest du, während du scheinbar unbeweglich dastehst, an der Zimmereinrichtung der Wohnung im Hochparterre links, von der sich trotz angestrengter Konzentration nur eine lückenhafte Vorstellung herstellen will." (K, 20-21) Es ist besonders wichtig, darauf hinzuweisen, dass diese Erzählung, die, wie wir sahen, Fiktionalität permanent konterkariert, vom ursprünglichen Impuls her, sich wie eine konventionelle Erzählung verhält. Fiktionalität erscheint als ein ‚anderes' Bewusstsein, das Besitz über die Erzählerin ergreift. Es wird im Text als Halbtraum (K, 110), Halbschlummer (K, 111), als ein Zwischenstadium, das weder Wachen noch Träumen ist (K, 275), benannt. In diesem speziellen Bewusstseinsstadium entstehen die ersten Elemente der Erzählung: „Überzahl der Bilder, die teils von außen hereinstürzen, teils von innen aufsteigen, im Halbtraum." (K, 110)

An einer Stelle in *Kindheitsmuster* lässt die Erzählerin durchblicken, dass es womöglich doch eine moralische Rechtfertigung der Fiktionalität in ihrem Text geben könnte. Die Erzählerin befindet sich in einem Bus und beobachtet die Mitfahrer, eine zufällig gebildete Gemeinschaft. Da regt sich der Wunsch, als Erzählerin diese Menschen der Macht des Zufalls auszuspannen, und in ein sinnvolles Gebilde, einen Text, einzubauen:[13] „Als wäre es deine Pflicht, sie, diese drei wenigstens, zusammenzuführen, daß sie einander begegnen, die zufällig und vielleicht nur dieses eine Mal in einem Bus sitzen, hintereinander, so daß sie sich nicht sehen können." (K, 64) Schließlich erhält die Existenz der Erzählerin als Schriftstellerin ihren Sinn aus dem Umgang mit Fiktionalität, auch wenn das Verhältnis zwischen Real- und Fiktionalbewusstsein im Fall dieser Erzählung herausgefordert wird. Das Schreiben an dieser Erzählung bildet im Alltag der Erzählerin „vom wirklichen Leben das Wirklichste" (K, 362). Die Aussagen, die Fiktionalität bejahen, sind aber in der Minderheit. Ihre Funktion ist es, die prononciert negative Wertung des Fiktionalen stellenweise differenziert darzustellen.[14] Der Konvergenzpunkt der Erzählebenen bleibt der Ort, an dem ein moralisch sensibilisiertes Gewissen sich selbst schuldbewusst prüft.

Es stellt sich nun die Frage nach den Vorfällen, die das Gewissen der Erzählerin belasten und auch danach, wie sich die Figuren auf der Nellyebene schuldig gemacht

---

[13] Brigitta Schuler bemerkt, dass Anonymität in Wolfs Text als entmenschlichende Kraft verstanden wird. Demnach soll Schreiben als Akt der Humanität wirken: „Der Autor deutet nicht nur das Verhalten der Menschen, er verleiht ihnen damit auch Bedeutung und bewahrt sie auf diese Weise vor dem Schicksal der Anonymität [...]"
Brigitta Schuler, Phantastische Authentizität: Wirklichkeit im Werk Christa Wolfs. Frankfurt am Main & Bern & New York 1988, S. 170.

[14] Annette Firsching weist darauf hin, dass der Standpunkt der Erzählerin gegenüber der Fiktionalität im Grunde ambivalent bleibt: „Einerseits verurteilt sie ihr Schreiben, das in einer Beobachterrolle verharrt, andererseits glaubt sie an die Wirkung von Literatur und empfindet das Schreiben als Pflicht."
Annette Firsching, Kontinuität und Wandel im Werk von Christa Wolf. Würzburg 1996, S. 99.

haben. Für Lenka, die Tochter der Erzählerin, ist die Erklärung von Fehlern das Gleiche wie Entschuldigung dafür zu verlangen (K, 56). Der Ausführlichkeit halber, erklärt die Erzählerin den Kontext und bringt gelegentlich sogar eine Analyse der Umstände an, die moralischen Versagen den Weg ebneten. Das trifft für das Eintreten Bruno Jordans in die NSDAP oder für den Enthusiasmus Nellys für den »Dienst« in der Hitler-Jugend zu. Bruno Jordans Eintritt geschieht aus Gründen der Sicherheit, er will sich und seine Familie in Schutz bringen, indem er sich zur Mehrheit gesellt. Der Vater versteht, dass die Ablehnung der Mitgliedschaft Folgen gehabt hätte und sieht keinen Ausweg (K, 60). Nellys Verbindung zur Hitler-Jugend hat weniger mit Herdentrieb zu tun. Die Mutter verhält sich gegenüber dieser Organisation misstrauisch und missbilligend, wie gegenüber allen Bereichen, die ihrer Kontrolle entgehen. Das trägt dazu bei, dass die heranwachsende Tochter die Hitler-Jugend als Lebensbereich entdeckt, der von den Eltern unabhängig ist: „Dort, wo Micky mit ihnen sang und spielte und marschierte und Geländespiele machte - da gab es etwas, was die Mutter ihr nicht geben konnte und was sie nun mal nicht missen mochte [...]“ (K, 243). Das unkritische Annehmen einer Lebenssphäre, die andere Werte als das Elternhaus propagiert, ist ein typischer Akt der Selbstbehauptung durch Rebellion im Teenageralter. Das Erklären von mildernden Umständen kommt in dieser Erzählung jedoch eher ausnahmsweise vor.

In überwiegendem Maß sind die Figuren der Erzählung von schwerer moralischer Schuld belastet. Im Fall Nellys, zum Beispiel, lässt die Erzählerin eine imaginäre Konfrontation zwischen Nelly und einem „Judenjungen“ durchspielen. Nelly stellt sich in erlebter Rede vor, wie sie vergeblich versucht, patriotisch zu handeln - den Jungen zu hassen und am Mobbing teilzunehmen (K, 174). Nelly kann sich nicht einmal in Gedanken dazu bringen, das „Richtige“ zu tun, doch rehabilitiert sie das nicht. Was Nelly rehabilitiert hätte, wäre ein Zweifel an der Moral gewesen, die das Quälen eines anderen Menschen gutheißt. Nelly empfindet die Nazigesinnung - hier gegenüber den Juden - nicht als unannehmbar und hat keine großen Bedenken, in gewaltverherrlichende antisemitische Gesänge einzustimmen (K, 177). In diesem Sinn wäre noch die Episode zu nennen, in der Nelly und ihre Mitschülerinnen beim Kartoffellesen zusammen mit ukrainischen Fremdarbeiterinnen Mittagspause machen. Auch da drängen sich Nelly keine Gedanken - in diesem konkreten Fall über den Unterschied zwischen der Suppe, die ihr zusteht, und der Suppe der Ukrainerinnen - auf. (K, 317-318) Nachdem die zwölfjährige Nelly Führerinnenanwärterin wird, wächst mit vergrößerter Beteiligung auch die Wirkung des Systems auf das Kind: „Gewiß gab es Aufnahmezeremonien, gewiß strengere Regeln, die man einzuhalten hatte, um sich in den Pflichten eines künftigen Vorbildes zu üben. Ganz sicher ist Nelly alles andere als unberührt davon geblieben.“ (K, 278) Dass Nelly das Wertsystem der Erwachsenen nicht hinterfragt, ist im Text ebenso wenig entschuldbar, wie die Schuld der Erwachsenen. Im Verhältnis zu der Kapazität der Erwachsenen schuldig zu werden, sind die von ihnen begangenen Vergehen auch größer. Da wäre Nellys Onkel Emil Dunst, der eine Bonbonfabrik von einem Juden namens Geminder zum Spottpreis kauft (K, 125). Wenn eine ukrainische Fremdarbeiterin in ihrer Baracke ein Kind gebärt, wird Charlotte um Hilfe gebeten, und sie spendiert „ein paar Fetzen Weißzeug und Windeln und alte Flanelltücher“ (K, 91). Dabei sorgt sie, dass ihre Hilfe anonym bleibt, damit sich keine Konsequenzen für sie ergeben. Der

Text impliziert, dass das Selbstverständnis Charlottes als Deutsche hätte erschüttert werden sollen. Sie befindet sich unter der Autorität von Behörden, die einer gebärenden Frau nicht nur jede Hilfe verweigern, sondern auch eventuelle Helfer bedrohen, so dass die Ukrainerin heimlich das Mindestnötige von einer wildfremden Deutschen erbetteln muss. Auch Gerüchte, dass Russen im Männerlager „wie die Fliegen“ (K, 91) sterben, gelangen in den Jordanschen Haushalt. Die Schuld der Erwachsenen liegt in ihrer Leichtfertigkeit, sich mit dem Stand der Dinge abzufinden. Das bedeutet, sich gegen innere Proteste taub zu stellen und weiterzuleben, als wäre nichts Einschneidendes geschehen.

Die Skepsis der Erzählerin geht bis zur Herausforderung der Unschuld, die gewöhnlich dem Kindheitsalter gutgeschrieben wird. Nellys Kindheitssünden werden aufgerollt und gemustert: ihre Hartherzigkeit gegenüber Christel Jugow, einem Nachbarskind, das sich irritierend an Nelly klammert, von Nelly aber nicht gemocht wird (K, 79); ihre Grausamkeit gegenüber dem Bruder, dem sie böswillig den Arm ausrenkt (K, 29); kindliches Experimentieren mit Macht beim Puppenspiel „Die Verstellten“, bei dem die Puppen fantasievoll gefoltert werden; Nellys kaltblütige Lügen in der Schule (K, 150) die rückwirkend ihr Gewissen vor ihr selbst verfremden, so dass Nelly am 10. November 1938, nach der »Kristallnacht«, die abgebrannte Synagoge mit Gefühlen zur Kenntnis nimmt, die sie nicht registriert, da sie verboten sind. Das Kind ist über die sinnlose Zerstörung traurig, jedoch: „Sie wußte [...] nicht, daß es Trauer war, was sie empfand, weil sie es nicht wissen sollte. Sie hatte längst angefangen, ihre wahren Gefühle vor sich selbst zu leugnen.“ (K, 205) Das Insistieren der Erzählerin, dass es für diese Erzählung relevant sei, die Missetaten der kleinen Nelly in aller Ausführlichkeit auszulegen, kann rätselhaft wirken. Was haben Nellys Machtexperimente mit dem Pakt der Erwachsenen, Hitlers Regime mehr oder weniger zu unterstützen, zu tun? Offenbar führt die Erzählerin die Entmythisierung des Glaubens an das Gute im Menschen mit einer Entmythisierung des Glaubens an die Unschuld des Menschen im Kindesalter fort. Die Erklärung für diese Bemühung um absolute Gründlichkeit hängt mit dem Wunsch nach Unschuld zusammen, der den Mechanismus der Erzählung in Gang setzt.

Man könnte jedoch auch argumentieren, dass der Text häufig Begebenheiten wiedergibt, in denen Nelly und ihre Familie sich in ihrer politischen Umwelt frappierend ‚normal‘ verhalten. Da wäre Charlottes Augenblick von Klarsicht in Bezug auf Hitlers Machtergreifung zu erwähnen. Wenn am 17. März 1933 die Fahnen der Kommunistischen Partei zeremoniell verbrannt werden sollen, erklärt Charlotte: „Alles ist verkehrt!“ (K, 71). In Bezug auf den Wortschatz der Propaganda der Nazis erfahren wir, dass Charlotte ein Wort wie „artfremd“ selbst „nie und nimmer“ verwendet hätte (K, 80). Herr Warsinski, Nellys Lehrer, lehrt im Religionsunterricht, dass das Hassen von Juden eine christliche Tugend sei, worauf Charlotte ihrer Entrüstung Luft macht: „Ist es nicht hanebüchen, was der den Kindern in Religion erzählt?“ (K, 166). Den Tod der geistig behinderten Tante Jette durch das Euthanasieprogramm nimmt Charlotte mit Gefühlen von Bestürzung, Unglauben und Furcht wahr. (K, 253) Auch in uneigennütziger Sache kann Charlotte vernünftig urteilen. Wenn Nelly vom Lazarettsingen bei den Kriegsverwundeten heimkehrt, begrüßt Charlotte sie mit der stocknüchternen Frage: „Wer gibt den armen Ludern ihre heilen Knochen zurück?“ (K, 310). Aber im Allgemeinen versteht man Charlottes halsbrecherische Stellungnahmen als privaten Ingrimm: „Den Krieg haben wir verloren, das sieht doch ein Blinder mit dem Krückstock“ (K, 212) im Jahr 1944 und vorher „Ich scheiß auf euren Führer“ (K, 213), wenn zu Beginn des Kriegs, 1939, Bruno Jordan an die Front eingezogen wird. Charlotte erscheint im Lauf des Textes als eine zunehmend aggressive Person. Sie ist wütend, weil ihre Chance für gesellschaftlichen Aufstieg sinkt. Sie muss wahrscheinlich den Verlust ihres florierenden Geschäfts in Kauf nehmen, vielleicht sogar persönliche Verluste. Charlotte hat einen ausgeprägten Beschützerinstinkt und fühlt sich daher darin völlig überfordert, ihre Kinder zu beschützen und ihre Familie zusammenzuhalten. Sie sieht ihre Pläne von Mächten durchkreuzt, gegen die sie sich nicht wehren kann: „Da rackert man sich ab und macht und tut, und dann kommt wieder Krieg und schlägt alles in Klump.“ (K, 145)

Auch Bruno Jordan bekommt mehrere humane Momente im Text zugeteilt. Seine Reaktion auf das schon erwähnte Telefongespräch mit Leo Siegmann, bei dem er von der Exekution der polnischen Geiseln erfährt, bezeugt seine Bestürzung: der Vater verfärbt sich aschgrau im Gesicht, er wankt und sagt schließlich: „So etwas ist nichts für mich.“ (K, 230) Wir erfahren auch, dass er, wenn er für die Bewachung von französischen Gefangenen verantwortlich gemacht wird, seinen Posten diskret freigiebig verwaltet.

> Da haben sie den Bock zum Gärtner gemacht, sagt er. Einer, der selbst mal Gefangener war, kann ja Gefangene nicht schikanieren, sagt er. Er kann doch den Franzosen die kleinen Öfchen nicht verbieten, auf denen sie sich abends heimlich etwas brutzeln. Er kann auch keine strenge Leibeskontrolle durchführen [...]. Obwohl er jedes Versteck eines Gefangenen aus dem Effeff kenne. Aber er wisse eben auch, was einem Gefangenen eine Scheibe Brot ist oder gar ein Stückchen Fleisch. (K, 354)

Es ist einem der französischen Gefangenen zu verdanken, dass Bruno Jordan seine Gefangennahme durch die sowjetische Armee überlebt. Als die Russen unerwartet in das Dorf mit Brunos Einheit vorstoßen, reißt ihm der Gefangene geistesgegenwärtig die Unteroffizierabzeichen ab und lässt es später auch nicht zu, dass Bruno erschossen wird; er stellt sich vor Bruno und sagt: „Nicht! [...] Guter Mann!“ (K, 391). Jedoch lässt die Erzählerin Bruno Jordan nicht als Held aus dem Text hervorgehen. Was den eigentlich sympathischen Vater als schuldig überführt, ist seine Einstellung zu seinem eigenen Leiden in sowjetischer Gefangenschaft. Dazu haben wir seine Äußerung: „Was haben die mit uns gemacht.“ (K, 56). Diese rhetorische Frage, welche die Vergehen der Sowjets an ihm als Deutschen ins Unermessliche projiziert, zeugt von mangelhaftem Feingefühl. Denn Bruno Jordan hätte zu dem Zeitpunkt dieser Aussage bedenken müssen, dass das Lager, in dem er gefangen gehalten wurde, etwas grundsätzlich Anderes war, als die Vernichtungslager im Hitlerdeutschland. Sein Schicksal war ein vergleichsweise mildes; niemand hatte darauf hinaus geplant, sein ganzes Volk einschließlich ihn persönlich zu töten. Der Text arbeitet subtil diesen Gedanken heraus.

Wir sehen zu Beginn der Erzählung, dass die Jordans sich nicht dagegen auflehnen, wenn Bekannte verfolgt werden, weil sie Juden sind. Sie werden es wahrscheinlich ungerecht gefunden haben, aber sie tun, als würde es sie nicht weiter angehen. Der

Grund für diese Zurückhaltung ist Angst, den Platz in der Gesellschaft zu verlieren. Wenn die Erzählerin dafür Verständnis aufbringen kann, so will sie doch nicht einsehen, wieso die Eltern nicht auch zugleich befürchten, dass sie sich den Verfolgten gegenüber schuldig machen. Denn wenn sie akzeptieren, dass für diese Leute andere Gesetze als für sie selbst als Deutsche gelten, führen sie dadurch die Diskriminierungspolitik gegen die Juden weiter. Die Erzählerin geht nicht so weit, zu verlangen, dass die Jordans den Preis für Unschuld hätten bezahlen sollen. Sie unterstellt nicht, dass sie Heimatlosigkeit, Mittellosigkeit, vielleicht auch politische Verfolgung oder gar die Todesstrafe auf sich hätten nehmen sollen, um unschuldig zu bleiben. Die Anklage der Erzählerin betrifft das Gewissen der Eltern. Sie begreifen nicht, dass sie sich schuldig machen und kommen nicht auf die Idee, dass es vorzuziehen wäre, die Verbindung zu Deutschland abzubrechen. Die Erzählerin ist nicht darüber bitter, dass der Preis für Unschuld den Eltern zu hoch war, sondern dass er vorher noch gar nicht erwägt wurde.

Der Mangel an innerem Widerstand wird auch bei Nelly beanstandet. Zu Beginn der Erzählung zweifelt man noch über die gewählte Erzählperspektive: eine Erzählung über Mitschuld an der deutschen Täterschaft soll aus der Perspektive einer Protagonistin entstehen, die zu jung war, um schuldig oder unschuldig zu handeln. Die Erzählerin hätte zum Thema Schuld nach dem Kindheitsmuster und der Persönlichkeitsstruktur eines der allbekannten Verbrecher, eines Heydrich oder Eichmann zum Beispiel, forschen können. Man erkennt jedoch, dass die durchhaltend ernüchternde, unterschwellig zivilisationskritische Erzählhaltung allen Gestalten gegenüber, es plausibel macht, ein Kind aus der Täterperspektive erzählen zu lassen. Zur Feststellung der Eltern über die Ausweglosigkeit ihrer Lage nach dem Wahlerfolg der NSDAP am 13. November 1933, „Die hatten jetzt alles in der Hand.“, setzt die Erzählerin hinzu: „(Wer sind wir, in solche Sätze, wenn wir sie zitieren, Ironie zu legen, Abneigung, Hohn?)“ (K, 54). Obwohl Nelly zu dem Zeitpunkt erst sechs Jahre alt war, lehnt die Erzählerin es ab, sie für unschuldig auszugeben. Sie sieht keine Berechtigung dafür, zwischen Nellys innerer Verfassung und dem moralischen Versagen ihrer Eltern zu unterscheiden. Der Grund für diese Strenge ist, dass Nelly nach Maß ihres Weltverständnisses und Anstands, die Welt der Erwachsenen nicht in Frage gestellt hat. Nelly hat die Moralität ihrer Lebensführung nicht bezweifelt. Und doch gibt es eine Ambivalenz der Erzählerin in Bezug auf Nelly, die stellenweise durchscheint. Man könnte von einer zwiespältigen Perspektive sprechen, denn einerseits wird Nellys Unbekümmertheit permanent verübelt, andererseits ist da unverkennbar auch Emotionalität, wenn nicht gleich Rührung, vorhanden.

Die Sympathie der Erzählerin bewirkt, dass sie sorgfältig jede Distanzierung des Kindes von der Gehirnwäsche, die ihr in der Schule verabreicht wird, aufwertet. Bei einer Flaggenehrungszeremonie begegnen wir einer Nelly, die sich langweilt, statt ergriffen zu sein: sie lässt sich von einem Loch in ihrem Handschuh ablenken, von dem Unterrock des Jungmädels, das zur Fahne tritt und schließlich vom Muskelkrampf in ihrem rechten Arm, der zum Hitlergruss gestreckt sein muss (K, 129). Ihrem Lehrer ist Nelly verdächtig. Er beanstandet an ihr eine gewisse Selbständigkeit, die sie davon abhält, rückhaltlos in ihren Pflichten als „deutsches Mädel“ aufzugehen. „Manchmal denkt Nelly, er merkt, daß sie etwas von ihm weiß.“ (K, 131) Darunter können wir verstehen, dass Nelly ihrem Lehrer nicht alles abkauft. Er wiederum traut ihr nicht über den Weg.

Bei einer Sonnenwendfeier der Hitler-Jugend bietet Nelly kein erfreuliches Bild: sie, die sonst nie weint, weint vor Müdigkeit, „weil »das alles zu viel für sie war«" (K, 169). Das Kind friert, und wird in die warme Jacke ihrer Mutter „gewickelt". Sie fühlt sich offensichtlich Kräften ausgesetzt, die ihr weh tun und sie dem Schutz der Mutter zutreiben. Dieser primitive Schutz ist freilich eine Scheinlösung, denn das Kind kann nicht ins Alter des Kleinkinds regredieren, als eventuelle bedrohende Kräfte an der schützenden Präsenz der Mutter abprallten. Nelly fühlt sich auch bedroht, wenn sie den Jubel im Radio hört, nachdem Goebbels den Anschluss Österreichs bekannt gemacht hat. Nelly kann den Jubel von einem „Geheul" nicht mehr unterscheiden, „als stieße eine Naturgewalt ihn hervor". Darauf gerät Nelly in Panik, zittert und bricht in Schweiß aus. „[D]as Mädel dreht mir ja durch", meint Charlotte (K, 210). Außer dem Gefühl der Bedrohung, gibt es auch eine bestimmte Art von Verlegenheit, die Nelly nicht loswerden kann:

> Weil immer wieder diese Verlegenheit in ihr aufkam, bei allen möglichen Gelegenheiten, die die anderen gar nicht als Prüfung erkannten, und weil diese Verlegenheit und die Selbstüberwindung, die sie immer wieder aufzubringen hatte, ihre Schwäche aufdeckte und die ungeheure Strecke anzeigte, die sie noch zurückzulegen hatte, ehe sie der Mensch war, den Micky aus ihr machen wollte. (K, 243)

Julia Strauch, eine spätere Lehrerin Nellys, um deren Freundschaft Nelly sich bemüht, äußert sich in typisch faschistischer Manier verächtlich gegen alles vermeintlich Schwächliche, das Weibliche mitgerechnet. Nelly jedoch hält sich heraus: „Julia haßte es, eine Frau zu sein. Nelly, das mußte sie sich schließlich zugeben, war auch davon weit entfernt." (K, 285) Durch eben diese Entfernung vom verlangten Betragen hat sich die Humanität des Kindes bewährt. Es ist ihr Versagen gegenüber nationalsozialistischen Werten, das sich rückwirkend als bescheidener Erfolg herausstellt. Der innere Abstand Nellys und ihre Abweichungen von der politischen Richtlinie werden oft erwähnt. Was die Abweichungen betrifft, wären da Nellys Unfähigkeit, Juden zu hassen, zu erwähnen (K, 167), ihr Mitleid mit den Rabbinern, die Schriften aus der abgebrannten Synagoge zu retten versuchen (K, 206-207), und ihr ausdrücklicher Mangel an Abneigung gegenüber dem vermutlich jüdischen Studienrat Lehmann, der Nelly Nachhilfeunterricht gibt (K, 305).

Insgesamt gelingt es der Erzählerin, die Argumentationsschwere der Episoden, welche die Humanität Nellys dokumentieren, als völlig nichtig darzustellen. Obwohl Nelly sich in bestimmten Situationen anständig verhält, geht die Erzählerin darüber hinweg, als müssten diese Episoden zwar der Fairness halber erzählt werden, vom Ansatz her aber als wirkungslos zu verstehen sind. Die Erzählerin kommt immer wieder darauf zurück, dass ausschließlich das Erleben von Schuld auf der Reflektionsebene von Wert ist. Schuld wird da sowohl auf die Vergangenheit, als auch in zivilisationskritischer Färbung auf die Gegenwart bezogen. Die Erzählerin fügt sich wiederholt den Schock der Realisierung der Mitschuld an ‚Auschwitz' zu. Der Gedanke ist ihr unerträglich, doch bringt sie ihn freiwillig immer wieder ins Bewusstsein, geradezu so, als könnte der anhaltende Schockzustand sie in moralische Rekonvaleszenz befördern. „Weil es nämlich unerträglich ist, bei dem Wort »Auschwitz« das kleine Wort »ich« mitdenken zu müssen: »Ich« im Konjunktiv Imperfekt: Ich hätte. Ich könnte. Ich würde. Getan haben. Gehorcht haben." (K, 295) Ihre Beschäftigung mit dem Massenverbrechen der Nazis, genauer ihre Lektüre der Aufzeichnungen von Rudolf Höß, dem ersten Kommandanten von Auschwitz, stürzt die Erzählerin in Verzweiflung. An dieser Belegstelle kann man erkennen, dass die Erzählerin eine Art psychologische Selbstmutilation betreibt. Sie liest dieses Buch heimlich, während eines Kuraufenthalts, bei dem sie sich allem Anschein nach von einem Nervenzusammenbruch erholen soll.[15] Man kann erschließen, dass die nervliche Fragilität der Erzählerin durch die Beschäftigung mit traumatischen Inhalten während der Arbeit an dieser Erzählung verursacht wurde. Die Erzählerin zieht es jedoch vor, bei einem konventionellen Kuraufenthalt, der ihre Nerven heilen soll, ihr Gewissen zu kurieren, indem sie sich mit Hilfe der gewählten Lektüre weitere Schmerzen zufügt:

> [...] gewisse Träume, nach denen an Schlaf nicht mehr zu denken ist; plötzliche, unvorhersehbare Verwandlungen harmloser Szenen ins Grauenhafte (wenn, ein Beispiel zu nennen, in der Schlange der vor der Küchenklappe Wartenden die Redewendung »bis zur Vergasung« fiel); der erneut aufkommende Zwang, Personal und Belegschaft des Krankenhauses nach dem Gesichtspunkt ihrer Verwendbarkeit als Komplicen bei Massenverbrechen einzuteilen: ein Begriff, der ja nicht nur das Verbrechen an Massen, sondern auch das massenhafte Auftreten von Tätern und Mit-Tätern bezeichnet. (K, 306-307)

Der zuvor erwähnte Wunsch der Erzählerin nach Unschuld wird nie deutlich artikuliert, doch wird er indirekt mitgeteilt. Die Erzählung wäre ohne ihn unverständlich. Wir erfahren, wenn Nelly von Gewissensbissen geplagt wird, weil sie ihrem Bruder den Arm ausgerenkt hat, wie unerträglich Nelly die Erfahrung ihrer Schuld ist. Die Äußerung des Kindes Nelly, dass „es nicht ertragen könnte, sein Lebtag lang schuldig zu sein" (K, 29), ist unmissverständlich als metafiktionaler Wink der Erzählerin zu verstehen. Denn ebensowenig wie Nelly kann die Erzählerin sich mit der Last ihrer Schuld abfinden. Was die Erzählerin in Bezug auf die Vergangenheit erreichen will, scheint eine Art von Erlösung zu sein: „Wenn nicht ungeschoren, wenn nicht mit heiler Haut, so doch überhaupt, irgendwie aus dieser Sache herauskommen." (K, 492) Wenn im Text über die Vergeltung von Unrecht die Rede ist, wird der Leser darin eingeweiht, wie viel die Erzählerin bereit ist, sich ihre Unschuld kosten zu lassen. Das geschieht am deutlichsten in der folgenden Situation: die Erzählerin beschließt, Charlotte Jordan, die Muttergestalt, ohne verwandtschaftliche Rücksichtsnahme in der Erzählung darzustellen und zieht sich einen Alptraum zu, in dem ihr die „Schreibhand" unter örtlicher Betäubung „kunstvoll wegoperiert wird" (K, 42). Von Interesse ist, dass die Erzählerin in diese Amputation einwilligt und sich bereit gibt, mit dem Instrument der Misshandlung, der eigenen Hand, zu bezahlen und eine bleibende Behinderung davonzutragen. Der Wunsch nach Vergeltung, also nach der Wiedererlangung von Unschuld, ist größer, als der Wunsch nach physischer Gesundheit und Wohlbefinden. Eine Parallelstelle zur Traumepisode, in der die Erzählerin sich die Schreibhand abnehmen lässt, rückt die

[15] „ein[...] Kuraufenthalt[...] mit Diätvorschriften, langen Spaziergängen, sportlichen Übungen, Saunabädern [...] und Massagen." (K, 306).

Traumepisode eindeutig in die Nähe des Themas der Täterschaft der Deutschen. Die Erzählerin verbindet die Erinnerung an den Synagogenbrand in der „Kristallnacht", vom 9. zum 10. November 1938, mit der Erinnerung an den Brand, den Nellys kleiner Bruder unter dem Rohrsessel in der Kinderstube anfacht. Der Junge bewältigt die Schuld an der Brandstiftung, indem er am nächsten Tag die Hand auf die heiße Kochplatte des Herds legt: „An allen vier Fingerkuppen kann er Blasen vorweisen. An der Hand, die den Brand legte." (K, 208) Der Gedanke, dass Verletzungen in Kauf genommen werden müssen, um Schuld zu vergelten, klingt schon in der Überleitung zu den beiden Bränden auf. Die Erzählerin reflektiert über das Aufdecken der Schuld und zugleich über die Wirkung dieses Prozesses auf ihre Ästhetik, und bringt da das Bild der Hand ein:

> Mit »kundiger Hand«, dachtest du ironisch, die sich nicht fürchten dürfte, Schmerz zuzufügen, wohl aber, es überflüssigerweise zu tun. Und daß nicht nur diese Hand, daß auch die Person, der sie angehört, aus der Schutzfarbe werde heraustreten müssen und sichtbar sein. (K, 203)

Analog kann das Problem des „chronischen Hangs zum schlechten Gewissen" (K, 407) der Erzählerin gedeutet werden. Die Erzählerin ist überzeugt, dass ihr Gewissen in der faschistischen Lebenswelt ihrer Kindheit versagt hat. Damit ein Ausgleich erzielt werden kann, neigt die Erzählerin nun unermüdlich zum Vergegenwärtigen ihrer Schuld als Mitglied der Tätergesellschaft. Gutes Gewissen wird freiwillig für schlechtes Gewissen eingetauscht. Nelly hatte ein gutes Gewissen, wenn sie ein schlechtes hätte haben sollen - die Erzählerin wiederum weigert sich in Zeiten, da es keinen Grund mehr für schlechtes Gewissen gibt, die Entlastung von Schuld anzunehmen. Sie lässt ihr Gewissen in Zeiten des Friedens die Qualen nachholen,[16] die es im Krieg hätte durchmachen sollen.

---

[16] Die Erzählerin unterlässt es nicht, alte Wunden zu öffnen, indem sie Vergangenes von einem Standpunkt durchdenkt, von dem es fälschlicherweise noch veränderbar erscheint. Wie Abraham mit Gott über das Schicksal von Sodom und Gomorrha verhandelt, so überlegt die Erzählerin, was es gebraucht hätte, um, in diesem Fall, die zeremonielle Verbrennung der Fahnen der Kommunistischen Partei wieder gutzumachen: „Wieviel Prozent der Bevölkerung von L. (48 000 Einwohner) haben an jenem Abend [...] geweint? Müßige Frage, da es niemals eine Meßlatte geben wird, an der sich ablesen ließe, wie viele aus einer Bevölkerungsgruppe weinen müssen, um das Gelächter der übrigen - der überwältigenden Mehrheit - ungültig zu machen. Fünf Prozent? Drei Komma acht? Oder reicht eine einzige Familie aus, eine ganze Stadt zu retten? Fünf Gerechte auf Fünfzigtausend?" (K, 73-74). Eine andere aussichtlose Situation ergibt sich, wenn die Erzählerin in ihrer Vorstellung annimmt, dass sie Kenntnis von den Verbrechen der Nazis hatte: „Auf einmal wirst du wissen, dass man wußte. Auf einmal wird die Wand zu einem der gut versiegelten Hohlräume des Gedächtnisses einbrechen." (K, 92) Im Text gibt es eine in metaphorischer Ausdrucksweise gehaltene Einschätzung des Schadens, den die Erzählerin an ihrer Vergangenheit genommen hat: „Dein flüchtiges Bedauern über zu früh erzwungene und nun fortschreitende Versteifungen, Schlackeablagerungen in den Muskelpartien, Abfälle heißer und kalter Kriege, an denen man nicht ungestraft teilnimmt, aus denen man nicht ungezeichnet hervorgeht [...]" (K, 226)
Kritiker haben die Intensität der Selbstbezichtigung der Erzählerin unterschiedlich aufgenommen. Wolfgang Emmerich identifiziert „das Preiswürdige" des Buches in der Rücksichtslosigkeit des „vor Verletzungen ihrer (der Erzählerin, n.n.) selbst nicht zurückschreckende[n] Versuch[s]", den Faschismus aus der Perspektive ihrer Kindheit präsent zu machen. Peter J. Graves befindet in einem zehn Jahre später erschienenen Artikel, dass „Christa Wolf's work is marked more and more by what can seem

Metaphorisch gesprochen, macht sie sich seelisch zur Invaliden. Man sollte auch in Betracht ziehen, dass es im Traum ihre Schreibhand ist, um deren Preis die Schuld gegenüber der Mutter eingelöst wird. Man kann demzufolge Beeinträchtigungen ihrer beruflichen Fähigkeit von ihrer Belastung mit schlechtem Gewissen erwarten. Der bekümmerte, wenn nicht sogar gestörte, Umgang mit Fiktionalität gehört dazu. Das Bild, das die Beziehung der Erzählerin zu ihrer Erzählung zusammenfasst, ist eine Metapher von metafiktionaler Ausdruckskraft: „Mit angezogener Bremse fahren. Schädigt den Motor." (K, 442). Sie erscheint im Bericht von einem Traum, in dem die Erzählerin eine Lesung halten will. Das Publikum ist eine „wohlgesinnte Menge" (K, 441) und die Erzählerin würde gerne aus ihrem Text vorlesen können, was jedoch unmöglich ist, da er in Polnisch geschrieben ist. Die Frustrierung im Traum entsteht aus der Erkenntnis der Erzählerin, dass sie ihr Buch nicht in der Sprache der unschuldigen Nation verfassen kann, sondern in der Sprache der Täternation schreiben muss: „Das dicke Buch, [...] [d]as du willst und zugleich nicht wollen kannst." (K, 442) Die lapidar formulierte Metapher „Mit angezogener Bremse fahren. Schädigt den Motor." (K, 442) lässt mehrere Interpretationen zu. Die Belastung mit Schuld kann schädigend auf die Psyche der Erzählerin wirken. Ebenso kann das aus dieser Belastung resultierende permanente Unterminieren der Fiktionalität die Erzählung beschädigen.

Damit wird dem Leser gezeigt, wie die Erzählerin es versteht, mit der Vergangenheit fertigzuwerden. Die Erzählerin zwingt den Leser, der auf konventionelle Weise in die entgegengesetzte Richtung strebt, also mit dem Fiktionalbewusstsein in der erzählten Zeit aufgehen will, immer wieder ins Präsens der Erzählzeit und somit ins Realbewusstsein zurück. Der Leser muss sich anstrengen, gleichzeitig mit dem Fiktional- und mit dem Realbewusstsein zu rezipieren. In einem geringeren Maß ist jede Rezeption in diesem Sinn doppelt, da man jederzeit das Bewusstsein vom Realen im Hinterkopf hat, wenn man liest. Im Text Wolfs wird das Realbewusstsein verschärft präsent gemacht: es drängt sich auf und gewinnt Oberhand über das fiktionale Geschehen. Die Geschehnisse in der erzählten Zeit kommen eher als Daten vor, mit deren Verarbeitung die Erzählerin sich besseren Zugang zu sich selbst verschaffen will. Dadurch nimmt die Untersuchung, die von der Erzählerin gegen sich selbst geführt wird, den Mittelpunkt ein. Unter dem Vorwand dieser Vorliebe für das Wechseln ins Realbewusstsein steckt ein indirekter Appell an das Verantwortungsbewusstsein des Lesers, zu den Gewissensprozessen der Erzählerin Stellung zu nehmen. Was sich dem Leser folglich durch die Vorführung der Gewissensprozesse der Erzählerin mitteilt, ist erstens ein Gefühl, dass er sich selbst mit dem Thema Mitschuld an der deutschen Täterschaft befassen muss und zweitens die Einsicht, dass er sich auf eine Art und Weise damit befassen muss, die

---

on occasions an almost intimidating moral earnestness. She certainly asks nothing of others that she is not prepared to undertake herself, but how far the ordinary reader is capable of following her in such a ruthless dissection of personal subjectivity must remain uncertain."

Wolfgang Emmerich, Der Kampf um die Erinnerung. Laudatio auf Christa Wolf anläßlich der Verleihung des Bremer Literaturpreises 1977. In: Klaus Sauer (Hg.), Christa Wolf. Materialienbuch. Darmstadt und Neuwied 1979, S. 113.

Peter J. Graves, Christa Wolf and the Concept of Morality. In: I.K.J. Williams (Hg.), GDR: Individual and Society. London 1987, S. 119.

möglicherweise die Umstellung seines Weltbilds abverlangen wird.[17] Zu diesem Schluss bringt die Erzählerin ihre Leserschaft allem voran durch ihr Verhältnis zur Fiktionalität. Und dieses Verhältnis drückt sich darin aus, dass der Leser systematisch davon abgehalten wird, sich mit dem Fiktionalbewusstsein in die Erzählung zu vertiefen.

2.2. Die Fiktionalisierung traumatischer Inhalte in Jurek Beckers *Jakob der Lügner* und Virginia Woolfs *Mrs Dalloway*

Mit der Privilegierung des Realbewusstseins über dem Fiktionalbewusstsein dringt die Erzählung in ästhetisches Neuland vor. Wenn der Gegenstand der Erzählung an sich schmerzhafte Erfahrungen in Aussicht stellt, erwartet man von der Literatur, dass die Erzählweise sich kunstfertig über den Gegenstand erhebt und ihn phasenweise vergessen macht. Jürgen Petersen argumentiert, dass, selbst wenn in Literatur von Themen gesprochen wird, die hoffnungsloses Leiden behandeln, deren Literarisierung sie jedoch wiederum lesbar, und daher im intellektuellen Bereich des Fiktionalbewusstseins erträglich macht. Petersen zufolge gelingt es der ästhetischen Form, in der deprimierende Inhalte ausgedrückt werden, sich gegen jene Inhalte zu behaupten, so dass der Leser Wohlgefallen erfährt, obwohl die gleichen Themen in seinem Realbewusstsein Betrübtheit verursachen würden. Petersen kommt zu einem Resultat, dem meiner Meinung nach zuzustimmen ist:

> Tritt denn [...] der ästhetische Zustand, tritt das interesselose Wohlgefallen, tritt der mit dem Erlebnis des Schönen verbundene Glückszustand auch dann ein, wenn von Greueln, von Verbrechen, von Mord und Totschlag, Betrug und Verrat, von Elend und Hunger im poetischen Text geredet wird, wenn die Niederungen der Welt, die Aussichtslosigkeit des Daseins, die Nichtigkeit des Lebens zur poetischen Darstellung kommen? - Die Antwort muß lauten: Wenn die poetische Darstellung solcher Schrecklichkeiten das interesselose Wohlgefallen weckt, dann löst sie auch die geschilderten Glücksgefühle aus, und in diesem Fall gehören auch zu diesem Text die Utopie und der Perspektivismus in Hinsicht auf den Gewinn eines harmonischen Zustands im realen Leben. Denn für den, dessen ästhetisches Urteil über Paul Celans ‚Todesfuge' mit ihrer streng strukturierten Darstellung des KZ-Grauens positiv ist, der George Orwells ‚Nineteen Eighty-Four' für ein gelungenes Kunstwerk hält und Samuel Becketts ‚En attendant Godot' nicht nur trotz, sondern gerade auch wegen der symmetrisch dargestellten Sinn- und Aussichtslosigkeit des Daseins ‚schön' findet, stellt sich die Harmonie der Einzelheiten, die funktionale Vielheit der Elemente in einer einheitlichen Ganzheit sprachsinnlich dar und mithin jene Stimmigkeit, die alles Gesagte mit jenem unvergleichlichen Nachdruck versieht, der in dem der Kunst sich öff-

[17] Neil Jackson und Barbara Saunders beurteilen in diesem Sinn, dass „the breakdown of Wolf's own authorial personality into three parts (Nelly, narrator and author) is the most far-reaching demonstration that until her contemporaries confront their own past experiences they will continue to live with damaged psyches in a state of self-alienation."
Neil Jackson und Barbara Saunders, Christa Wolf's „Kindheitsmuster". An East German Experiment In Political Autobiography. In: German Life and Letters 4 (1980), S. 321.

> nenden Rezipienten eine kaum überbietbare Ergriffenheit auslöst. Freilich ist die Harmonie keineswegs ein Mittel der Verharmlosung des Dargestellten, keine ästhetische Verschleierung des Schreckens und der Grausamkeiten. Denn die Stimmigkeit [...] löst nicht nur die Utopie genannte Hoffnung auf den harmonischen Zustand menschlicher Existenz aus, sondern löst ihn auf der Grundlage des Kunstwerks, damit auch als Gegensatz zu dem im Text dargestellten Entsetzen aus. [...] Celans ‚Todesfuge' kann eine solche utopische Hoffnung natürlich ebenfalls nur auf der Grundlage der ästhetisch inszenierten Einheitlichkeit und Harmonie wecken; aber hier handelt es sich um eine Hoffnung, die in striktem Gegensatz zu dem Dargestellten steht. Die Utopie des Kunstwerks verdankt sich dessen ästhetischer Eigenschaft, vorausgesetzt sie wird als schön empfunden; sie verdankt sich hingegen nicht dem Inhalt. Das zeigt zugleich, daß nicht etwa die Bearbeitung des Häßlichen, die Präsentation des Schrecklichen oder die Darstellung des Abgründigen die Kunst häßlich macht und ihres utopischen Charakters entkleidet, sondern allein die ästhetische Qualität, die Auslösung eines interesselosen Mißfallens oder einer ästhetischen Gleichgültigkeit.[18]

Im Fall von *Kindheitsmuster* fürchtet die Erzählerin nicht etwa, dass die Inhalte, die sie behandeln will, von noch grauenhafterer Natur als alles bis dahin Gedruckte seien. Es geht um den gleichen Inhalt, mit dem Celans *Todesfuge* arbeitet. Doch anders als Celans lyrisches Medium kann die Erzählerin sich nicht in die Perspektive der Opfer einfühlen. Da sie sich an der Täterschaft der deutschen Gesellschaft mitschuldig fühlt, verzichtet sie auf das Berufsprivileg, sich im Rahmen der Fiktionalität frei zu bewegen, und lehnt es ab, von der Perspektive eines Unschuldigen zu erzählen. Aus der Täterperspektive wiederum wird es für sie unmöglich, die Geschehnisse auf eine Art darzustellen, die sie im Nachhinein erträglich, das heißt fiktional durchgeformt und zum Lesergenuss aufbereitet, erscheinen lassen. Dieser Effekt brächte die Erzählerin um die Glaubwürdigkeit ihres moralischen Standpunkts, denn entweder will sie ihre Mitschuld aufdecken oder sie will sie in der Symbolwelt eines fiktionalen Konstrukts relativieren und also verschleiern. In dieser Hinsicht unterscheidet sich *Kindheitsmuster* von den meisten Erzählsystemen. Es empfiehlt sich, im folgenden den Unterschied zwischen einer aus der Perspektive des Täters erzählten Prosa und anderen Erzählungen, die aus einer schuldfreien Perspektive erzählt werden, zu untersuchen. Wir werden sehen, dass der außergewöhnliche Umgang mit Fiktionalität in der Prosa Wolfs auf der neuartigen Täterperspektive der Mitschuldigen an der Kriegsschuld Deutschlands beruht. Zum Vergleich möchte ich Texte heranziehen, anhand derer ein Kontrast zwischen der Rolle der Fiktionalität bei Wolf und bei anderen Autoren entstehen soll: die Prosa, *Jakob der Lügner*, von Jurek Becker und die Erzählung Virginia Woolfs, *Mrs Dalloway*.

Vorher noch einige Worte zu einem anderen Autor, der, wie Becker auch, einer der Überlebenden der Konzentrationslager, in Primo Levis Fall Auschwitz, ist. Levis *If This Is A Man* dokumentiert die Erfahrung des KZs, indem diese Prosa noch weniger Zugeständnisse als Wolfs *Kindheitsmuster* an die Fiktionalität macht. Wolf kann keinen Anspruch darauf erheben, mit ihrer Erzählung der Wahrheit nahegekommen zu sein;

[18] Jürgen Petersen, Fiktionalität und Ästhetik: eine Philosophie der Dichtung. Berlin 1996, S. 251.

obwohl sie die Täterperspektive freiwillig adoptiert, muss sie als Redeführerin befürchten, dass alle Effekte der Textgestaltung und der Gesamteffekt der Fiktionalität auf eine unverdient günstige Belichtung der Erzählinstanz zusammenlaufen. Sie muss befürchten, dass die Selbstanklage unfreiwillig in Richtung ihres Gegenteils, einer Verteidigungsrede, abschweift. Der Text Levis dagegen wird als Wahrheit verstanden. Die präzise Beschreibung des Lebens des KZ-Häftlings aus der Perspektive des Augenzeugen gibt die Gewissheit an den Leser weiter, dass alles an diesem Text wahr ist. Wie Levi selbst behauptet: „It seems to me unnecessary to add that none of the facts are invented."[19] Im Vergleich zu Levis nicht-fiktionalem Text, scheint Wolfs Gebrauch von Fiktionalität fast nachsichtig.

Es wurde auch behauptet, dass die Haltung der Erzählerin zur Wahrheit ihren moralischen Standpunkt fragwürdig erscheinen lässt.[20] Aufgrund der Dementis, „Alle Figuren in diesem Buch sind Erfindungen der Erzählerin. Keine ist identisch mit einer lebenden oder toten Person. Ebensowenig decken sich beschriebene Episoden mit tatsächlichen Vorgängen." und der Aussage im Text, der zufolge die Vergangenheit objektiv unmöglich zu beschreiben sei (K, 209), kommt Gail Gilliland in ihrer vergleichenden Studie zum Schluss:

> Thus Wolf may in spite of her worst fears be echoing in her denial of ‚facts' what is in fact a fundamentally Nietzschean idea, and an idea which would become a very ‚Third Reichean' one at that - the denial of the individual and the denial of the possibility that the individual can find ‚facts', or truth.[21]

Was hier übersehen wird, ist die Bedrückung und Verzweiflung der Erzählerin, die ihre Unfähigkeit, die Wahrheit zu schreiben, begleitet. Anders als Nietzsche hält Wolf die Unverfügbarkeit der Fakten für eine Schwäche. Der Verlust von Fakten und der Verdacht der Unzuverlässigkeit, der sich gegen die erinnerten Fakten richtet, sind Unfälle, verursacht durch die anhaltende Schockwirkung der Annahme einer unerhört gewaltigen Schuld. Die Erzählerin bezeichnet ihre Behinderung als „Wunde [d]es eigenen Unrechts" (K, 219). Diese Schwierigkeit kennt Levi nicht; er war auf der Seite der Häftlinge, während die Erzählerin in *Kindheitsmuster* sich zur Seite der Täter rechnet. Fiktionalität erscheint in diesem Kontext als Notlösung. Wenn die Vergangenheit der Erzählerin fiktionalisiert wird, kann sie Informationslücken und Vergessenes, verloren gegangene Bestandteile des Lebens, erfinden, so lange sie im Sinn der Erzählung wahrscheinlich und mit allen Daten vereinbar sind. Es ist ein vorhersehbares Ergebnis, wenn man eine Erzählerin, die sich selbst als Mitschuldige überführt, im Kontrast zu einem Überlebenden von Auschwitz schuldig befindet. Mit dieser Argumentationslinie kommt man nicht weit. Es gibt tatsächlich eine unüberbrückbare Differenz zwischen dem epischen Medium bei Levi und Wolfs Erzählerin. Trotzdem findet Wolf den richtigen Ton, indem sie die Empfindungen des KZ-Überlebenden ihre eigenen macht und gegen sich kehrt: „[...] die Vorstellungskraft, sonst nicht faul, schreckt vor dem Ansinnen zurück, die Rolle der Opfer zu übernehmen. Für immer sind die Betroffenen von den Nichtbe-

[19] Primo Levi, If This Is A Man, London 1994, S. 16.

[20] Gail Gilliland, Self and Other: Christa Wolf's „Patterns of Childhood" and Primo Levi's „Se Questo E Un Uomo" as Dialogic Texts. In: Comparative Literature Studies 29 (1992) 2, S. 183-209.

[21] Ebenda, S. 187-188.

troffenen durch eine unüberschreitbare Grenze getrennt." (K, 298) Sie bringt sich in Übereinstimmung mit dem Überlebenden, indem sie die Empfindungen des Überlebenden für die Täter verinnerlicht und dann auch die psychologischen Kosten für das Austragen dieser Empfindungen aufbringt.

Levis Sprache besteht darauf, dass bestimmte Teile der Erfahrung des Lagers unaussprechlich sind. Die Inhumanität der Deutschen ist bei Levi nicht mit Worten zu begreifen und soll auch gar nicht sprachlich zugänglich gemacht werden. Die Schranken, die Levi zwischen seinem epischen Medium und den Deutschen errichtet, bewirken, dass Deutsche in Levis Text nur aus der Perspektive des Berichters wahrgenommen werden:

> To destroy a man is difficult, almost as difficult as to create one: it has not been easy, nor quick, but you Germans have succeeded.[22] [...]
> If I spoke German better I could try to explain all this to Frau Meyer; but she would certainly not understand, or if she was so good and intelligent as to understand, she would be unable to bear my proximity, and would flee from me, as one flees from contact with an incurable invalid, or from a man condemned to death.[23]

Solange es unzugänglich ist, scheint das epische Medium das Inhumane von sich abhalten zu können. Der Autor lässt sich nicht darauf ein, mittels der Fiktionalität den Deutschen den Status von Gestalten mit eigenen Stimmen in seinem Text zu geben. Fiktionalität kommt für den Zeugenbericht Levis nicht in Betracht. Und doch schreibt Levi Prosa über Auschwitz, obwohl er die Sichtweise der Deutschen von Vornherein ausschließt oder jedenfalls vor deren Verbalisierung zurückscheut. Jurek Beckers Prosa *Jakob der Lügner* führt einen sehr unterschiedlichen Umgang mit Fiktionalität vor. Becker, wie Levi, ist auch ein Überlebender von KZs, in seinem Fall von Ravensbrück und Sachsenhausen. Und Becker schreibt auch, wie Levi, aus der Sichtweise des Überlebenden. Doch zum Unterschied zu Levi lässt Beckers Erzähler auch deutsche Bewacher zur Sprache kommen.[24] Dabei kommen sie nicht als das Inhumane schlechthin weg, sondern als mehr oder weniger gemeine Übeltäter. Der Erzähler mimt sogar vorübergehend die Ausdrucksweise der Deutschen. Im folgenden Beispiel versucht der Erzähler zu begreifen, wieso den Juden im Ghetto außer Wertgegenständen und Rundfunkgeräten, dem Halten von Tieren, von Zier- und Nutzpflanzen, schließlich auch Bäume verboten werden:

> Für alles habe ich Verständnis, ich meine, theoretisch kann ich es begreifen, ihr seid Juden, ihr seid weniger als ein Dreck, was braucht ihr Ringe, und wozu müßt ihr euch nach acht auf der Straße rumtreiben? Wir haben das und das mit euch vor und wollen es so und so machen. Dafür habe ich Verständnis. Ich weine

---

[22] Levi 1994, S. 156.

[23] Ebenda, S. 150.

[24] Dazu muss hervorgehoben werden, dass Becker das Leben der Juden aus einem fiktiven Ghetto beschreibt und nicht auf seine persönliche Erfahrung in Ravensbrück und Sachsenhausen zurückgreift.

darüber, ich würde Hardtloff den Hals umdrehen, wenn ich könnte, [...] doch es geht in meinen Kopf. Aber warum verbieten sie uns die Bäume?[25]

Und doch kann man aus dieser Passage, die für Levi undenkbar wäre, herauslesen, wie der Erzähler, ähnlich Levis epischem Medium, vor der Benennung seiner Erfahrung stockt und die Rede davor abbricht. Diese Aposiopese kommt mehrmals vor: in einer wörtlichen Formulierung, zum Beispiel wenn Jakob das Revier der Wachhabenden betritt und die Redeweise der Beamten vom Revier persifliert: „Was willst du, eine Auskunft? Habt ihr das gehört, er will eine Auskunft! Wir haben das und das mit ihm vor, und da kommt er hier einfach rein und will eine Auskunft!" (J, 15); oder als Subjektsatz umschrieben: „Wir können nicht tun, was wir wollen, denn sie machen mit uns, was sie wollen." (J, 55) oder noch weniger direkt, als Adaptation eines geflügelten Wortes: „Bleibt eigentlich nur Verhaftung von der Straße weg, warum ist schleierhaft, denn Fajngold ist immer ein anstelliger und gesetzesfürchtiger Mensch gewesen, aber man kennt ja den Spruch, wo ein Wille ist, da ist auch ein Weg." (J, 179) Dem Gebrauch der Aposiopese kann man entnehmen, dass Beckers Erfahrung mit der Inhumanität der Deutschen ebenso intensiv wie die Erfahrung Levis ist. Zum Unterschied zu Levi, schreibt Becker jedoch keinen Tatsachenbericht über das Lager, sondern verlagert den Fokus ins Innenleben der Gefangenen des Ghettos. Becker interessiert sich in *Jakob der Lügner* für die Gedankenfreiheit und insbesondere für die dürftigen ästhetischen Erfahrungen, die im Ghetto gemacht werden konnten.

Jakob, die Titelgestalt, hört zufällig auf dem Revier der Lagerleitung eine Nachricht im Radio, der zufolge die Truppen der Roten Armee nur fünfhundert Kilometer von dem Ghetto entfernt an dem Tag gekämpft hätten. Er kann jedoch niemandem anvertrauen, dass er auf dem Revier war und mit dem Leben davongekommen ist, ohne fortan als Verräter zu gelten. Andererseits sieht er sich unfähig, die Nachricht von der nun möglich scheinenden Rettung für sich zu behalten. Jakob lügt, er habe ein Radio, und er lügt weiter, wenn er von allen Bekannten nach Neuigkeiten bedrängt wird. Es ist Jakobs Lügen zu verdanken, dass die Ghettobewohner Hoffnung schöpfen und ihr Leben im Ghetto besser verkraften. Die Aussicht auf Befreiung, die besonders von Jakobs erfundenen Nachrichten herbeigebracht wird, ist zwar fiktiv, hat aber trotzdem die Macht, Menschen geistig in Schwung zu bringen, Lebensqualität in ihr Innenleben einzuschmuggeln. Der zweifelhafte Heroismus der Titelgestalt wurde mitunter als Provokation aufgefasst.[26] Ist es moralisch zu rechtfertigen, wenn jemand Fiktionen verbreitet, um die Gemeinde um ihn überlebensfähig zu machen?

Becker nimmt als Produzent von fiktionaler Prosa das Fiktionalbewusstsein unter die Lupe. Für Becker ist das Verweilen in diesem Sprachregister eine elementare geistige Fakultät, ein geistiger Freiraum, der anders als die Utensilien, von denen andere Künste abhängen, den Ghettobewohnern nicht vorenthalten werden kann. Der Text bringt nicht unbekannte Ideen auf den Plan; seine Originalität besteht hauptsächlich darin, hervorzuheben, wie eng das fiktionale Sprachregister mit dem sprachlichen Register des

---

[25] Jurek Becker, Jakob der Lügner. Frankfurt am Main 2000, S. 11. Weiterhin abgekürzt als J, Seitenangaben in Klammern.

[26] David Rock, Jurek Becker: A Jew Who Became A German? Oxford und New York 2000, S. 35-36.

Alltags verbunden ist. Darüber hinaus deutet Becker es als potentiell befreienden Akt aus, ins Fiktionalbewusstsein hinüberzuwechseln. In einem Ghetto, in dem der Besitz von Wertgegenständen jeder Art, von Gegenständen, die Zerstreuung und ästhetisches Wohlgefallen bereiten, verboten ist, bleibt das Fiktionale der letzte Ausweg. Da sie alleine dasteht, sieht man in aller Deutlichkeit, wie die Fähigkeit, im Fiktionalbewusstsein nach ästhetischen Spielregeln zu wirken und ästhetischem Wohlgefallen in den Genuss zu kommen, eine restorative Funktion hat. Der Sinn für Souveränität und Freiheit wird in den Ghettobewohnern durch die ästhetische Erfahrung wieder wach. Inwiefern trifft es aber zu, dass Jakobs Lügen ästhetische Erfahrungen auslösen, wenn doch die Ghettobewohner seine Erfindungen für bare Münze nehmen? Wenn man die Verbreitung der Gerüchte beobachtet, fällt auf, dass es den Ghettobewohnern um mehr als die Kommunikation von Nachrichten geht. Der Gedanke an eine bevorstehende Befreiung setzt intensive Emotionen frei. Die Ghettobewohner bringen folglich ihre Hoffnungen und Wünsche in die Weitergabe der Information mit ein und verfälschen die Gerüchte ihrerseits. In der Umwelt des Ghettos lässt sich die Nachricht von der Befreiung nicht exakt mitteilen; sie kommt mit der Lust, zu erzählen und Garn zu spinnen, in Berührung und wird in Anekdoten aufbereitet. Im Unterschied zur Mitteilung von Information handelt es sich da um ästhetische Erfahrungen. Beckers Verteidigung der Lügengeschichten schließt sich somit an seine Wut über das Vorenthalten von Bäumen an. Es geht in beiden Fällen um dasselbe Recht des Menschen, sich für die Dauer seines Lebens mit Schönheit zu umgeben.

Der Erzähler bringt den hohen Stellenwert der Fiktionalität im Alltag der Ghettobewohner in folgender Belegstelle zum Vorschein. Mischa, der erste Mensch, dem Jakob die Radionachricht mitteilt, will nun diese Nachricht an die Familie seiner Freundin, Rosa Frankfurter, weitererzählen. Er weiß, dass Rosas Vater, ein ehemaliger Schauspieler, gut erzählte Anekdoten mit überraschenden Wendungen und Pointen besonders gern hat. Mischa rätselt eine Weile lang, wie er die Nachricht vom Vormarsch der Russen am besten zur Geltung bringen kann und fasst einen gewitzten Plan. Die Konversation hatte mit Klagen über die Unzurechnungsfähigkeit eines bekannten Ehepaars begonnen, die ein Kind auf die Welt des Ghettos gebracht hatten. Auf diesem Hintergrund hält Mischa nun um Rosas Hand an, als „eine kleine Pointe extra für Frankfurter“ (J, 53). Wie erwartet, braust der Vater auf, der Wunsch ist zu diesem Zeitpunkt unerhört, währenddessen Mischa sich vor lauter Vorfreude über die Pointe, die er im Schilde führt, kaum beherrschen kann. Er lauert gespannt darauf, dass Frankfurter „eine Brücke bauen wird“ (J, 54), seine Bitte unter den Umständen abschlagen wird, so dass Mischa ihn eines Besseren über diese Umstände belehren kann. Die beiden geben einen theaterreifen Austausch ab, wenn Frankfurter in seiner Rede der angestauten Wut und Frustrierung über das Ghettodasein gewahr wird, und Mischa zuversichtlich provokant abwartet und dabei unterstellt, er wüsste etwas, was Frankfurter und die anderen noch nicht wissen. So hat Mischa die Konversation der Pointe zugesteuert, die nun ihre Wirkung tut.

Der Erzähler lässt Mischa eine Bemerkung machen, deren Tiefsinnigkeit fast schon zur metafiktionalen Ebene übergreift. Mischa erkennt die Macht der Sprache, die im fiktionalen Register formuliert wird, ins Zentrum der Aufmerksamkeit des Publikums zu gelangen:

> Endloses Schweigen also, die Nadel ist mitten im Stich stehengeblieben, Rosas heißer Atem, Frankfurters Augen, davor steht Mischa im Rampenlicht, und das Publikum hängt an seinen Lippen. [...]
> »[...] Sollen sie fragen, hab ich gedacht, wenn du etwas aus einem herausholst, dann geht es dir leichter in den Kopf, als wenn er es dir von alleine und in einem Stück erzählt.« (J, 56)

Diese Bemerkung fasst das Berufsgeheimnis der Geschichtenerzähler zusammen, der Neugierde des Publikums nachzuzügeln, um in ökonomisch organisierter Vortragsweise die Erwartungen erst recht zu erfüllen. In der Entfaltung dieser Anekdote ist Mischa, der Urheber, vorübergehend an der Macht. Während seines Aufenthalts in der ästhetisch geregelten Welt dieses Genres, scheint der Urheber den Status des Gefangenen zurückgelassen zu haben; er scheint frei zu sein.

Im folgenden soll über eine zweite Episode im Text die Rede sein, die sich auf die Prävalenz des Fiktionalen über dem Realen bezieht. Diese Episode hat im Vergleich mit anderen Geschehnissen außergewöhnliche Ausdruckskraft, so dass ich sie als metafiktional, mit Relevanz für den Gesamttext, interpretieren werde. Das Ghetto, das Becker darstellt, ist ein fiktives Ghetto,[27] bewohnt von Leuten, denen ihr künftiges Schicksal noch unklar ist, so dass Gerüchte von einer bevorstehenden Rettung durch die Rote Armee geglaubt werden. Andererseits ist der Terror unmissverständlich allgegenwärtig, was besonders am Schicksal von Isaak Fajngold zu sehen ist. Der Zimmergenosse Mischas verschwindet von einem Tag auf den anderen und ist nie mehr zu sehen. „Nie ist er angekommen, nie ist er heimgekehrt, vielleicht ist er geflohen oder gestorben oder verunglückt oder von der Straße weg verhaftet worden." (J, 179), heißt es. Nach dem Verschwinden Fajngolds macht Mischa sich auf dessen Tod gefasst, Rosa jedoch kann damit nicht umgehen. Sie kann die Wirklichkeit nicht erfassen, dass ein Bekannter plötzlich und spurlos abwesend werden kann. Unbemerkt gerät Rosa in eine Krise, wenn sie der Todesgefahr, die sie im Ghetto bedroht, gewärtig wird. Sie erkennt mit Grauen, dass man unmittelbar abwesend werden kann, ohne dass die Umstehenden sich im Kleinsten dagegen wehren könnten. Wenn Rosa gewöhnlich bei Mischa schläft, wird das Zimmer in zwei Hälften durch einen Schrank und einen Vorhang geteilt, eine improvisierte spanische Wand, die die Verlobten für den Zimmergenossen Fajngold unsichtbar macht. Dann ist Fajngold eines Tages verschwunden und Rosa beginnt sich unter den Zeichen seiner Abwesenheit wie am Tatort eines Mordes zu fühlen. Denn

> Fajngolds Bett ist jetzt nicht einfach leer, nein, Fajngold liegt nicht mehr darin, das macht einen erheblichen Unterschied. Jeder Blick hinter die spanische Wand, die überflüssig gewordene und darum abgebaute, erinnert an sein dunkles Schicksal, ungewiß zwar, aber je länger man sich den Kopf zerbricht, ungewiß eigentlich nur, was die Todesart betrifft. (J, 180)

---

[27] Rock macht darauf aufmerksam, dass dieses Ghetto „devoid of the horrific details of the real ghettoes in Poland" dargestellt wird, um Jakobs Geschichte plausibel erscheinen zu lassen. Rock 2000, S. 43.

Anders als Mischa schafft Rosa es nicht, ihre Angst zu verdrängen, und ihr graut vor dem Zimmer, aus dem Fajngold verschwunden ist. Wenn Rosas Blick für die umgebende Todesgefahr erst einmal geschärft ist, wird ihr beklommen zumute, was sich auch auf ihre erotische Ansprechbarkeit niederschlägt.

Rosa ist verstimmt, wenn sie das Zimmer ohne spanische Wand sieht, Fajngolds leeres Bett und die Schachtel mit seiner ganzen Habe. Es stellt sich heraus, dass Rosa in der Abwesenheit Fajngolds ihre freigesetzte Angst nicht abschalten kann, so dass sie beim Sex mit Mischa nur unlustig tut, als ob sie dabei wäre. Doch dann geschieht etwas, das das Lesen aus dem Gleichgewicht bringt. Der Wunsch, den Rosa äußern wird, erzeugt textontologische Instabilität, insofern er als Metapher mit dem Glauben des Erzählers des Gesamttextes deckungsgleich zu sein scheint. Rosas Bitte lautet: „Ich möchte, daß das Zimmer wieder wird wie vorher. [...] Der Schrank soll wieder in die Mitte. Und der Vorhang." (J, 183) Der Erzähler lässt Mischa das Nachspiel dieser Bitte erzählen und verwendet dafür doppelten Perspektivismus. Mischas Standpunkt ist unzumutbar einfältig, „Dann hat er sich erinnert, irgendwann etwas über die unergründlichen Launen von Frauen gehört oder gelesen zu haben und daß es sich empfiehlt, den Anfängen zu wehren." (J, 183), so dass der Leser sich augenblicklich auf die Seite der Frau schlägt. Der doppelte Perspektivismus bewirkt, dass wir das Geschehen zwar aus der Sichtweise Mischas mitbekommen, der Erzähler diese Perspektive jedoch absichtlich so konstruiert, dass sie für den Leser unannehmbar ist. Das tendenziöse Mitmischen des Erzählers ist spürbar am Werk, mit dem Resultat, dass der Leser in die gewünschte Richtung gesteuert wird. Diese Richtung führt zur Akzeptanz der Idee, dass es hilfreich ist, über grauenvolle Wirklichkeit hinwegzutäuschen. Es erscheint sinnvoll, einen Vorhang über das Nichts, in dem Fajngold sich aufgelöst hat, zu ziehen. Lüge, oder im Fall des Gesamttextes, die Scheinwelt der Fiktionalität, hilft den Betroffenen vom Tatort des Mordes wegzusehen und ihre Angst unter Kontrolle zu bekommen. Im Fall Rosas sollen wir verstehen, dass eine Lüge sie gegen Anzeichen vom verhängnisvollen Verschwinden Fajngolds abschirmen kann. Die Lüge hilft ihr, Ängste, die nicht zu bewältigen sind, mindestens zu betäuben, so dass sie sich nicht ihrer Verzweiflung überlässt.

Becker versucht nicht, das Fiktionalbewusstsein für mehr auszugeben, als es ist. Der Übergang ins Fiktionalbewusstsein führt zu keinen quantifizierbaren Resultaten und kann niemals den Stellenwert einer Alternative einnehmen. Doch weil die Benutzung dieses Übergangs gewöhnlich ignoriert oder unterschätzt wird, will Becker hervorheben, wie innig das wirklichkeitsbezogene Denken mit dem fiktionsbezogenen verbunden ist. Dass das Fiktionalbewusstsein intellektuellen Spielraum und Gestaltungsfreiheit anbietet, wird allzu selbstverständlich gehalten. Im Blick auf das Schicksal der Juden im Hitlerdeutschland, erscheint die Freiheit, die das Fiktionalbewusstsein bietet, auf ganz eigene Art relevant, und Beckers Erzählung handelt von dieser Freiheit. Es ist genaugenommen die Freiheit, die sich die Erzählweise in *Kindheitsmuster* nicht nehmen kann. Aus der Perspektive des gestehenden Täters gesehen, ist die tröstende Wirkung des Fiktionalen abgeschmackt und völlig unangebracht, so dass die Erzählerin sich bemüht, den Fiktionalitätseffekt nach Möglichkeit zu unterbinden. Es stellt sich nun die Frage, wie die moderne Literatur vor dem Zweiten Weltkrieg das Problem von Trauma und Fiktionalität behandelt. Zum Vergleich möchte ich im Folgenden Woolfs

Mrs Dalloway heranziehen, um besonders auf das Gleichgewicht einzugehen, das Woolf zwischen traumatischen Inhalten und der Macht der Fiktionalität, diese zu neutralisieren, erreicht.

Mrs Dalloway bildet ein konzentrisches Erzählrelief. Inhaltlich stellen die traumatischen Nachwirkungen des Ersten Weltkriegs und für Clarissa Dalloway zusätzlich noch ein privates Trauma die psychologische Belastung dar, mit der die Hauptgestalten der Personenkonstellation, Clarissa und Septimus Warren Smith, zurecht kommen sollen. Septimus ist Büroangestellter, hat literarische Neigungen und eine exaltierte Lebensführung voller Zuversicht in beruflichen Aufstieg und privates Glück. Als der Krieg ausbricht, hat Septimus gute Chancen eine ausgezeichnete Karriere zu machen, denn Mr Brewer, sein Chef, hält viel vom vielversprechenden jungen Angestellten. Doch dann kommt der einschneidende Moment, „when something happened which threw out many of Mr Brewer's calculations, took away his ablest young fellows, [...] so prying and insidious were the fingers of the European War [...].“[28] Septimus erträgt den Verlust seines Freundes Evans, der kurz vor dem Friedenschluss von einer Granate erschlagen wird, mit Stoizismus (M, 73). Doch die Unfähigkeit, das Massensterben und die Zerstörung mit der abendländischen Kultur, die ihn geprägt hat, sinnvoll miteinander zu verbinden, führt zu seinem Abstieg in eine von Wahnvorstellungen gezeichnete Kriegsneurose. In seiner Gestörtheit gibt Septimus alle Formen auf, mit denen die Kultur das Leben auskleidet, und verbeißt sich in das Gefühl eines primitiven Am-Leben-Seins. Er lehnt alle zivilisierten Förmlichkeiten, die von einem rationalen Sinn des Lebens ausgehen, ab. Septimus zufolge sind sie vom Grund aus verfehlt. Er glaubt einen prophetischen Durchblick erlangt zu haben, dadurch, dass er die Lebendigkeit des Menschen auf das Tierische, das Unzivilisierte und Unkultivierbare, reduziert sieht: „For the truth is wilderness.“ (M, 76); „Human nature, in short, was on him - the repulsive brute, with the blood-red nostrils.“ (M, 78) Septimus hat Augenblicke, in denen er sich - größenwahnsinnig aufgrund seiner Einsicht - als messianischer Neuerer, als ewiger Leidender und Sündenbock (M, 22) sieht, als Allwissender (M, 57) und daher als berufener „giant mourner“ (M, 60) der Menschheit. Durch seine innige Verbindung zum Leben, unvermittelt durch gesellschaftliche Konventionen, sieht er keinen anderen Ausweg außer Selbstmord, wenn ihm Zwangsbehandlung in einem Nervensanatorium bevorsteht. Er hält an seinem unverfälschten Leben fest und bewahrt es vor dem Eingriff der Agenten der Zivilisation, in diesem Fall vor der erniedrigenden Behandlung in einer Edwardianischen Anstalt.

Clarissa wird mit einem Kindheitstrauma, dem Tod ihrer Schwester Sylvia, „To see your own sister killed by a falling tree [...] before your own eyes, a girl too on the verge of life, the most gifted of them, Clarissa always said, was enough to turn one bitter.“ (M, 66) und wie sich zeigen wird, mit allen traumatischen Vorkommnissen, auf ganz andere Weise fertig. Wenn Septimus der Gesellschaft im Ganzen misstraut und den Kontrakt mit ihr auflöst, lässt Clarissa im Gegenteil die Gesellschaft, oder zumin-

---

[28] Virginia Woolf, Mrs Dalloway. Oxford 2000, S. 73. Weiterhin abgekürzt als M, Seitenangaben in Klammern.

dest den angesehenen Teil der Gesellschaft, an sie glauben. Clarissas Lebensphilosophie wird folgendermaßen zusammengefasst:

> As we are a doomed race chained to a sinking ship [...], as the whole thing is a bad joke, let us, at any rate, do our part; mitigate the sufferings of our fellow-prisoners [...]; decorate the dungeon with flowers and air-cushions; be as decent as we possibly can. Those ruffians, the Gods, shan't have it all their own way - her notion being that the Gods, who never lost a chance of hurting, thwarting and spoiling human lives, were seriously put out if, all the same, you behaved like a lady. That phase came directly after Sylvia's death - that horrible affair. (M, 66)

Es ist allerdings irreführend, anzunehmen, dass Clarissa aus Altruismus und Herzensgüte zu einer prominenten Persönlichkeit in Londons vornehmer Gesellschaft heranwächst. Clarissa ersinnt einen Plan, Macht in ihrem Gesellschaftszirkel zu gewinnen. Ausgestattet mit Attributen, die eine künstlerische Sensibilität voraussetzen, lenkt Clarissa ihre Energie auf die Erschaffung eines Renommees für sich selbst, das ihre Macht festigt. Was sie eigentlich erschafft, ist eine Identität für sich selbst, deren Einfluss in ihrer Gesellschaft große Tragweite hat. „And behind it all", heißt es im Text,

> was that network of visiting, leaving cards, being kind to people; running about with bunches of flowers, little presents; So-and-so was going to France - must have an air-cushion; a real drain on her strength; all that interminable traffic that women of her sort keep up; but she did it genuinely, from a natural instinct. (M, 66)

Clarissa hat ein rares Talent dafür, sich aus der Außensicht wahrzunehmen, und ist daher fähig, die Wahrnehmung ihrer Person durch Außenstehende so zu lenken, dass diese möglichst günstig ausfällt. Sie arbeitet bewusst an der Wahrnehmung ihrer Person durch die Außenwelt. Man könnte sagen, sie konstruiert diese Wahrnehmung selbst, mit Einfallsreichtum und Geschicktheit.

> How much she wanted it - that people should look pleased as she came in, Clarissa thought [...] annoyed, because it was silly to have other reasons for doing things. Much rather would she have been one of those people like Richard, who did things for themselves, whereas [...] half the time she did things not simply, not for themselves; but to make people think this or that; perfect idiocy she knew [...] for no one was ever for a second taken in. (M, 8-9)

Aber Clarissa führt sich selbst hinters Licht, indem sie über den Effekt ihres Unterfangens diskret hinweggeht. Sie ist nur zu fähig, Leute in ihren Bann zu ziehen. Ihre Fähigkeit besteht darin, die Aufmerksamkeit der Umstehenden auf sich zu lenken, an sich zu fesseln und die so ins Spiel Gebrachten in ihrer Einbildung zu bestärken, dass sie ihr mit Recht ihre Zuneigung daherbringen und dass sich das so und nicht anders gehört. Die Bewunderung, die Clarissa in ihrer Gesellschaft genießt, kann mit keinem eindeutigen Verdienst begründet werden. Alles dreht sich um eine Setzung, die Clarissa selbst hinstellt.

> Beneath, she was very shrewd [...]; with that extraordinary gift, that woman's gift, of making a world of her own wherever she happened to be. She came into a room; she stood, as he had often seen her, in a doorway with lots of people round her. But it was Clarissa one remembered. Not that she was striking; not

beautiful at all; there was nothing picturesque about her; she never said anything specially clever; there she was, however; there she was. (M 64-65)

Indem sie eine Rolle spielt, die ihr als Protagonistin Kaskaden von Sympathie und Verehrung aber zugleich auch Macht einbringt, erhöht sie ihr Selbstwertgefühl aufs Höchste und verfällt in eine Art von Narzissmus. Die Verliebtheit, mit der ihr Bekanntenkreis sie verwöhnt, die Selbstverliebtheit, die sie sich ihrerseits gönnt, reflektieren auf Clarissa zurück. Sie erlebt diese Erfahrung als Ermächtigung und fühlt sich den traumatischen Eingriffen der Wirklichkeit weniger ausgesetzt. Die Wonnen der sozialen Anerkennung funktionieren abdämpfend, lindernd, sie schützen das Selbst gegen unangenehme Realitäten. Wenn Septimus sich an das unverfälschte Leben klammerte, so tut Clarissa das Gegenteil, sie entwirft eine künstliche gesellschaftliche Identität, die ihr berauschende Erfolgserlebnisse zuteil werden lässt.[29] Doch ist Clarissa sich stets darüber im Klaren, dass diese Rolle ihre Überlebensstrategie ist und nicht die Ganzheit ihrer Person: „[...] yes, but after all it was what other people felt, that; for, though she loved it and felt it tingle and sting, still these semblances, these triumphs [...] had a hollowness; at arm's length they were, not in the heart;“ (M, 148). Diese Rolle ist ein Vorhang, der sie, wie der Vorhang zwischen den Anwesenden und dem Abwesenden in *Jakob der Lügner*, vor direkter Konfrontation mit der Hinfälligkeit der menschlichen Existenz bewahrt.[30] Die Rolle ist Clarissas ganz bewusste Lebenslüge. Gesellschaftliches Ansehen besitzt in Clarissas Weltbild demnach positive, beschützende Macht. In diesem Sinn

---

[29] Karen DeMeester weist darauf hin, dass die Verdrängung von Emotionen, die von einem Trauma verursacht wurden, keine Alternative ist: „Instead of presenting in Clarissa a positive alternative to Septimus's failure to recover from his trauma, Woolf presents another inappropriate method of dealing with trauma.“ Von einem medizinischen Standpunkt kann man keine Einwände dagegen vorbringen. Da es sich jedoch um einen fiktionalen Text handelt, kann man erkennen, dass in der Erzählung sowohl Geisteskrankheit und geistige Gesundheit zur Debatte stehen, als auch dass die Konfliktebenen sich rückwirkend auf Literatur beziehen. Es geht zugleich um den Konflikt zwischen Wirklichkeit und Fiktionalität.
Karen DeMeester, Trauma and Recovery in Virginia Woolf's „Mrs Dalloway“. In: Modern Fiction Studies 44 (Fall 1998) 3, S. 663 ff.

[30] Eine ähnliche Gegenüberstellung kommt in „To the Lighthouse“ vor, wenn das persönliche Charisma der Hauptgestalt, Mrs Ramsay, sie dazu ermächtigt, dem Tod symbolisch entgegenzutreten. Nach dem Abendessen, das den Höhepunkt des ersten Teils des Romans darstellt, geht Mrs Ramsay ins Kinderzimmer, um nach den jüngsten ihrer acht Kinder zu sehen. Obwohl diese längst hätten schlafen sollen, sind sie hellwach und verängstigt, da ein ausgestopfter Wildschweinsschädel an der Wand hängt und überall im Zimmer seine Schatten wirft. Man kann unschwer im gräßlichen Tierschädel ein Symbol des Todes erkennen. Darauf nimmt Mrs Ramsay rasch ihre grüne Stola ab und windet sie um den Tierschädel herum, bis er von der Stola völlig verdeckt ist. (S. 154) Diese bedeutungsvolle Szene zeigt, dass Mrs Ramsay den Tod durch ihre Gegenwart vorübergehend verschwunden machen kann. Der Glückszustand stellt sich zwar vorläufig wieder ein, aber ebensowenig wie die Fiktionalität, kann sich das häusliche Paradies Mrs Ramsays gegen die Eingriffe des Todes in Wirklichkeit wehren. Die Ramsays kehren mehrere Jahre nicht mehr zu ihrem Landhaus zurück; der Erste Weltkrieg bricht aus und eine Reihe von Todesfällen wird in der Familie ausgelöst, darunter auch Mrs Ramsays. Während dieser Zeit ist das Haus dem Verfall und dem Vermodern ausgeliefert und die grüne Stola, die immer noch um den modrig gewordenen Tierschädel hängt, schwingt ziellos hin und her (S. 187), wie um zu zeigen, dass gegen den Zahn der Zeit nichts auszurichten ist.
Virginia Woolf, To The Lighthouse. Oxford 1992.

kann man auch ihren Snobismus und ihre Unnachgiebigkeit gegenüber den Versagern in ihrem Bekanntenkreis, einschließlich dem ehemaligen Geliebten Peter Walsh, auslegen. Aus der Perspektive Peters stammt das folgende Fragment:

> The obvious thing to say of her was that she was worldly; cared too much for rank and society and getting on in the world [...] What she would say was that she hated frumps, fogies, failures, like himself presumably; thought people had no right to slouch about with their hand in their pockets; must do something, be something; and these great swells, these Duchesses, these hoary Countesses one met in her drawing-room, unspeakably remote as he felt them to be from anything that mattered a straw, stood for something real to her. [...] She said they had a kind of courage which the older she grew the more she respected. (M, 65)

Nachdem in Lauf der Erzählung die erlebte Rede von Clarissa, Peter und Septimus parallel montiert wurden, lässt die Erzählerin alle Perspektiven in einen engeren Kreis zusammenkommen. Das Zentrum des Kreises ist immer noch die künstliche Selbstschöpfung Clarissas, doch da es nun um eine Party geht, die von ihr gegeben wird, steigert sich die Künstlichkeit der Umgebung um ein weiteres Vielfaches. Die Gäste kommen aus ihrer Alltagsumgebung in ein festlich eingerichtetes Haus. Die Gastgeberin kreiert einen künstlich gehobenen Raum, dessen Elemente aus der Bildwelt des Kunstmärchens der Romantik oder des Ästhetizismus geborgt sind: die Vorhänge zeigen Schwärme von Paradiesvögeln und bauschen sich dramatisch im Wind auf (M, 143), Clarissa trägt ein silbergrünes Kleid, das ihr die Erscheinung einer Wassernixe gibt (M, 147), kleine farbige Lichter an den Bäumen verwandeln den Garten in ein verzaubertes Märchenland (M, 162), und schließlich ist Clarissas Gästewahl nichts Anderes als Casting; nur die gewichtigen, glanzvollen Prominenten werden eingeladen und erscheinen in Abendkleidung, was die Atmosphäre visuell ins Märchenhafte rückt: nackte Mädchenschultern werden erwähnt (M, 143) vor einem Hintergrund von Kerzenständern und Rosen, Zeichen der bleibenden und der vergänglichen Schönheit (M, 145). Die Kreativität, von der Clarissa für die Gestaltung des Abends Gebrauch macht, ist mit künstlerischer Kreativität vergleichbar. Andeutungen über Clarissas außergewöhnlichen Bedarf an Distanz von ihrer Umwelt und über ihre künstlerische Sensibilität findet man häufig und gleichmäßig im Text verstreut,[31] so dass der Leser diese Dimension der

---

[31] Sowohl in Clarissas Selbstdarstellung in erlebter Rede als auch aus der Sichtweise Peters oder Sallys kommen die Gestalten wiederholt auf die Kühle, auf eine gewisse Unnahbarkeit Clarissas zu sprechen. Aus der Perspektive Clarissas erfahren wir, dass „[s]he could see what she lacked. It was not beauty; it was not mind. It was something warm which broke up surfaces and rippled the cold contact of man and woman, or of women together.“ (M, 36); in der Sichtweise Peters ist Clarissa „cold, heartless, a prude [...]“ (M, 7), „cold as an icicle“ (M, 68) und er ist wütend vor Frustrierung: „That was the devilish part of her - this coldness, this woodenness, something very profound in her, [...] an impenetrability.“ (M, 51-52). Diese vornehme Kühle Clarissas bewirkt auch, dass ihre Freundin Sally, nachdem ihr ein Fauxpas in der Konversation unterlaufen ist, Angst vor der um zwei Jahre Jüngeren bekommt (M, 51). Ihr Bedarf nach Distanz bewegt Clarissa dazu, Richard Dalloway statt Peter zu heiraten, da „in marriage a little licence, a little independence there must be between people living day in day out in the same house; which Richard gave her, and she him. [...] But with Peter everything had to be shared, everything gone into.“ (M, 6-7 und vgl. 101) Die ausgesprochene Vorliebe für Distanz zusammen mit der instinktiven Sicherheit ihrer Menschenkenntnis („Her only gift was knowing people alm-

Person nicht aus den Augen verliert. Die Andeutungen werden nicht konkretisiert, aber der Text impliziert die Bedeutung, dass Clarissas Überlebensstrategie - „to behave like a lady" - eine Überlebenskunst darstellt, das Wort Kunst in seiner Bedeutung als Fiktionalität verstanden. Zwar geht es da nicht um literarische Fiktionalität, sondern eher um eine Art filmische Fiktionalität:[32] Clarissa gestaltet ihre Party wie einen Film, in dem glamouröse Bilder aufeinanderfolgen. Die Geltung in ihrer Gesellschaft hat Clarissa sich planvoll und mühsam erarbeitet. Aufgrund ihrer Geltung und ihres Charmes steht es Clarissa frei, sich mit Größen aus der Welt der Politik, der Aristokratie oder der Kunst nach Belieben zu umgeben. Wie Shakespeares Prospero präsidiert Clarissa über dem Beziehungsnetz, das auf ihrer Party geknüpft wird. Gleichzeitig bleibt Clarissas gesellschaftliche Erscheinung eine Simulierung und die Party ein Ritual der Wahrung dieses Scheins. „[A]n offering; to combine, to create; but to whom? An offering for the sake of offering [...]" (M, 103), wie Clarissa die Bedeutung der Party formuliert. Die Party ist ein kunstvolles Konstrukt, das dem wirklichen Leben eine unwirkliche Version gegenüberstellt. Aber trotz der Konstruiertheit des Unterfangens erweckt Clarissas Charme aufrichtige Herzlichkeit. In der Konversation auf der Party kommt menschlicher Kontakt zustande.

> Every time she gave a party she had this feeling of being something not herself, and that everyone was unreal in one way; much more real in another. It was, she thought, partly their clothes, partly being taken out of their ordinary ways, partly the background; it was possible to say things you couldn't say anyhow else, things that needed an effort; possible to go much deeper. (M, 144-145)

Im Erzählraum um Clarissas Party kommt es zu einer Konfrontation zwischen den beiden bis dahin parallel verlaufenden Erzählsträngen, die im Text als erlebte Rede Clarissas und Septimus' fungieren. Die Vorbereitungen für die Party, die Clarissa trifft, indem sie sich ihren Erinnerungen und Reflexionen überlässt, werden vom Redestrom der Gestalt begleitet. In dieser Weise lässt die Erzählerin die Ahnung von der Bedeutung der Party aufkommen. Noch bevor Clarissa den Selbstmord Septimus' zu verarbeiten hat, erkennen wir, dass Clarissa den Tod ihrer Schwester dadurch überwindet, indem sie sich einen Namen in der Gesellschaft macht und sich von der Bewunderung, die ihr von ihresgleichen zukommt, verhätscheln lässt. Da erfährt Clarissa im Laufe des Tages von ihrem Mann, einem Parlamentarier auf der Seite der Konservativen Partei,

---

ost by instinct, [...]. If you put her in a room with some one, up went her back like a cat's; or she purred." (M, 7)), und mit ihrer Beobachtungsgabe für Alltagskomik („If you walked with her in Hyde Park, now it was a bed of tulips, now a child in a perambulator, now some absurd little drama she made up on the spur of the moment. [...] She had a sense of comedy that was really exquisite, but she needed people, always people to bring it out, [...]." (M, 66-67)) sind eine Kombination von charakteristischen Eigenschaften für den Künstlertyp der Moderne. Auch eine Woolf-spezifische Eigenheit des Künstlers ist vertreten: Clarissa hat die Fähigkeit, die Erotik von Frauen wie ein Mann wahrzunehmen und zu durchschauen (M, 27), was an das künstlerische Attribut des „androgynous mid" erinnert; an das „woman-manly or man-womanly" Denken, das Künstler Woolf zufolge besitzen.
Vgl. Virginia Woolf, A Room Of One's Own. Three Guineas. Oxford 1992, S. 128 und S. 136.

[32] Anders als in „The Waves" oder in „Between the Acts", zum Beispiel, geht Woolf in „Mrs Dalloway" und in „To The Lighthouse" auf nicht-literarische Fiktionalität ein.
Vgl. Kapitel 1, Fußnote 58.

dass dieser später noch an einer Sitzung des British Armenia Committee teilnehmen muss. Clarissa ist nun gezwungen, das Schicksal der Armenier zu bedenken, an denen, Historikern zufolge, zwischen 1915 und 1920 das erste Genozid des 20. Jahrhunderts verübt wurde. Offenbar stammt die Reaktion Clarissas auf die Vergegenwärtigung eines derart schockierenden Inhalts, im Vergleich zu der Erzählhaltung der Erzählerin in *Kindheitsmuster*, aus einer anderen, weit entfernten Weltzeit. Wenn Wolfs Erzählerin mit Empathie versucht, nach Möglichkeit die Betroffenheit der Opfer der Nazizeit nachzuempfinden, so tut Woolfs Clarissa Dalloway in Bezug auf die Armenier das Gegenteil davon: sie wendet sich ab. Clarissa sieht sich überfordert, den Armeniern zu helfen, und besinnt sich darauf, was in ihrer Macht steht, um das Leben in der Welt erträglicher zu machen. Sie kann das Geschehene nicht ändern, aber sie kann der um sich greifenden Traurigkeit Einhalt gebieten. Clarissa versteht sich darauf, das Leid von sich abzuhalten. Sie glaubt, dass das lebensbedrohende Übel und die Garstigkeit des Niederträchtigen durch die Freude an Augenblicken flüchtiger Schönheit eingedämmt werden können. Ganz besonders, wenn man diese Freude auch an andere, an seinesgleichen, zu vermitteln weiß, was Clarissa mit ihrer Party beabsichtigt. In diesem Sinn überlegt Clarissa, ob die Freude an ihren vielgeliebten Rosen nicht vielleicht doch den Armeniern helfen könnte:

> She cared much more for her roses than for the Armenians. Hunted out of existence, maimed, frozen, the victims of cruelty and injustice (she had heard Richard say so over and over again) - no, she could feel nothing for the Albanians, or was it the Armenians? But she loved her roses (didn't that help the Armenians?) - the only flowers she could bear to see cut. (M, 102)

Bevor man versucht ist, diese Einstellung als oberflächlich und eskapistisch abzutun, sollte jedoch deren zugrundeliegende Lebensphilosophie verstanden werden. Die Mantra, die Clarissa im Laufe des Tages vor sich hin rezitiert, ist „Fear no more the heat o'th' sun [...]", ein ‚Lied', das in Shakespears *Cymbeline* zu einem Begräbnis gesungen wird.[33] Es wurde schon erwähnt, dass alle fragmentarischen Darstellungen und Anspielungen über Clarissas Lebenseinstellung, die während den Vorbereitungen für die Party zur Sprache kommen, auf den Punkt zusammenlaufen, in dem Clarissa explizit, als Kraftprobe vor den Augen den Lesers, den Konflikt zwischen der artifiziellen Welt ihrer Party und der Wirklichkeit abwickelt. Dr. Bradshaw, der Arzt, bei dem Septimus in Behandlung war, ist nämlich einer der Gäste auf Clarissas Party. So kommt es, dass die Nachricht vom gewaltsamen Tod Septimus' die genussvolle Atmosphäre außer

[33] „Fear no more the heat o'th' sun,/ Nor the furious winter's rages./ Thou thy worldly task hast done,/ Home art gone and ta'en thy wages./ Golden lads and girls all must/ As chimney-sweepers come to dust.// Fear no more the frown o'th' great,/ Thou art past the tyrant's stroke./ Care no more to clothe and eat,/ To thee the reed is as the oak./ The sceptre, learning, physic, must/ All follow this and come to dust.// Fear no more the lightning flash,/ Nor th'all-dreaded thunder-stone./ Fear not slander, censure rash./ Thou hast finished joy and moan./ All lovers young, all lovers must/ Consign to thee and come to dust.// No exorciser harm thee,/ Nor no witchcraft charm thee./ Ghost unlaid forbear thee./ Nothing ill come near thee.// [...]
The ground that gave them first has them again./ Their pleasures here are past, so is their pain."
William Shakespeare, Cymbeline, King of Britain. In: The Oxford Shakespeare. The Complete Works, hg. von Stanley Wells, Gary Taylor et al., Oxford 1999, S. 1154.

Kraft zu setzen droht. Es geht nicht einfach um eine beliebige Todesnachricht; im Laufe der Erzählung erkennt man in Septimus' Verzicht auf Schönfärberei, in seiner Fixierung auf Leben in seiner unverblümten Aussichtslosigkeit, das Pendant zu Clarissas künstlich kreierter Harmonie. Dementsprechend wirkt sich auch die Störung, die Septimus' Tod bedeutet, beinahe fatal für die Party aus. Clarissa ist fassungslos, da sie erkennt, wie dieser Selbstmord ihr Weltbild herausfordert.

> Oh! thought Clarissa, in the middle of my party, here's death, she thought. [...] What business had the Bradshaws to talk of death at her party? A young man had killed himself. And they talked of it at her party - the Bradshaws talked of death. [...] But why had he done it? And the Bradshaws talked of it at her party! (M, 156)

Clarissa zieht sich in einen Nebenraum zurück und überlegt in Ruhe, wie sie die Nachricht verarbeiten könnte. Da erst kommt die Tiefgründigkeit ihrer Einstellung zum Vorschein. Clarissas Wahl, die Nachteile des Lebens geschickt auszublenden, beruht auf einem exakten Verständnis dieses prekären Arrangements. Ihre Lebensführung ist von der unterschwelligen Angst motiviert, die vom Einblick in die Hinfälligkeit des Menschendaseins kommt: „Then (she had felt it only this morning) there was the terror; the overwhelming incapacity, one's parents giving it into one's hands, this life, to be lived to the end, to be walked with serenely; there was in the depths of her heart an awful fear." (M, 157) Was defätistisch erschien, ist im Grunde ein wissender Versuch, traumatische Wirklichkeiten, gegen die nichts auszurichten ist, mindestens von sich abzuhalten; wie es im Text Shakespeares heißt, „Nothing ill come near thee."[34] Durch die Ablehnung, am Leid anderer teilzunehmen, bekämpft Clarissa die Verbreitung vom Leid - insofern sie nicht selbst mit ihrer Betrübnis zur Traurigkeit des Daseins beitragen will. Ihre konstruktive Initiative ist, wie wir sahen, statt dessen ihrem Alltag Lebensfreude abzugewinnen. Der stoische Gleichmut, mit dem Clarissa ihr Innenleben in Ordnung bringt, hat ebensoviel mit ihrer Fähigkeit zu tun, Emotionen von sich abzukoppeln, wie auch mit Klarsicht und Lebensweisheit. Wie man bei Shakespeare nachlesen kann, bezieht sich Clarissas Mantra „Fear no more the heat o'th' sun" auf die Seelenruhe nach dem Tod, wenn man als Mensch nichts mehr zu verlieren hat. Sie hat ihre Verluste als Existierende genau gemustert und verhält sich wie jemand, der schon im Jenseits ist, alles verloren hat und demnach Rührung nicht mehr empfindet. Es ist ein intellektueller Trick, eine private Abmachung mit dem eigenen Schicksal, deren letztendlicher Zweck ein optimales (Über)leben unter den Umständen ist. In ihrer konkreten Lage ist das Resultat, zu dem Clarissas Rückzug in den Nebenraum verhilft, die Wiedererlangung ihres Gleichmuts. Clarissa erholt sich vom Schock der Nachricht und bleibt unbeeindruckt vom Tod Septimus'.

> The young man had killed himself; but she did not pity him; with the clock striking the hour, one, two, three, she did not pity him, with all this going on. [...] Fear no more the heat of the sun. She must go back to them. But what an extraordinary night! She felt somehow very like him - the young man who had killed himself. She felt glad he had done it; thrown it away while they went on living.

[34] Ebenda.

The clock was striking. The leaden circles dissolved in the air. But she must go back. She must assemble. (M, 158)

Der finale Triumph Clarissas findet statt, als sie zu ihrer Party zurückkehrt. Es ging bisher darum, dass der Konflikt, der im Anlauf zur Party, während den Vorbereitungen, skizziert wurde, im engen Kreis der Party in aller Deutlichkeit ausgetragen wird. In diesem Stadium hängt die Erzählung um den Topos der Party eng zusammen. Der Leser kennt überwiegend Clarissas Perspektive und ist mit ihrer Sichtweise am meisten vertraut. Nun entscheidet die Erzählerin, ihren Gewinn insgesamt aufs Spiel zu setzen, indem sie das Zusammenhalten der Erzählung durch die Perspektive Clarissas gefährdet. Dem Leser werden zu diesem späten Zeitpunkt Charakterfehler Clarissas entdeckt, die ihn dazu bewegen können, ihr sein Vertrauen zu entziehen. Geschähe das, würde es den Zusammenhang der Erzählung zersprengen. Wir erfahren, dass Clarissa die Einladungen ihrer Freundin Sally Seaton aus Snobismus nie annimmt. Sally hat einen Bergarbeitersohn geheiratet, der sich zwar zu Reichtum aufgearbeitet hat, für Clarissas Ansprüche jedoch unter Sallys Würde steht (M, 161). Wir erfahren, dass Clarissa ihre Cousine Ellie Henderson verachtet, da Ellie arm ist und überdies mittelmäßig und unansehlich. Da die Cousine den Anforderungen Clarissas nicht gewachsen ist, weigert sich diese, sich finanziell oder überhaupt um sie zu kümmern und empfindet es als Zumutung, Ellie auf ihrer Party dulden zu müssen. „Clarissa was really very hard on her. She was a cousin, very poor. Clarissa *was* hard on people. [...] Yet [...] how generous to her friends Clarissa was!" (M, 162)

Die Erzählerin spannt in dem, was folgen wird, einen metafiktionalen Bogen über die Erzählung, der Clarissas Lebenskunst endgültig bestärkt. Die späten Entdeckungen werden durch die Wahrnehmung Peters gefiltert, der Clarissa schon immer geliebt hat. Alle Entdeckungen über Clarissas Grausamkeit und den Kompromissen, die sie zur Wahrung ihres Renommees in Kauf nimmt, prallen an Peters Wahrnehmung von Clarissa ab - „All the time he was thinking only of Clarissa, and was fidgeting with his knife." (M, 163) Trotz aller Gegenbeweise bleibt auch der Leser auf Clarissas Seite, und sieht sich ebenso ungeduldig wie Peter nach ihrem Erscheinen um. Diese Tatsache bekräftigt auf metafiktionaler Ebene die Prävalenz der fiktiven Clarissa, die gesellschaftliche Präsenz, über der wirklichen Clarissa, die alle Fäden der fiktiven Clarissa in der Hand hält. So wie es Clarissa gelingt, die Erinnerung an das Genozid an den Armeniern oder die Nachricht von Septimus' Selbstmord durch das Feiern eines kleinen Fests ins Abseits zu verdrängen, gelingt es der Figur zusätzlich auch noch, den Leser dazu zu nötigen, dass er ihre Fehler übersieht. Clarissa behält die Sympathie der Leser, obwohl es keinen Grund dafür gibt. Somit erfährt der Leser auf eigener Haut, wie es sich verhält, wenn man einer Illusion zuliebe beide Augen vor der Realität zudrückt. Man kann nämlich entweder Clarissas Lebensphilosophie moralisch fragwürdig finden und sich über die Erzählung ärgern, oder aber man überlässt sich der Erzählstrategie der Erzählerin und teilt die Faszination Peters für Clarissas Vorstellung. Denn von allen Stimmen in der Erzählung ist es Peter, dem das letzte Wort gegeben wird:

[...] he sat on for a moment. What is this terror? what is this ecstasy? he thought to himself. What is it that fills me with extraordinary excitement?

It is Clarissa, he said. For there she was. (M, 165)

2.3. Die Eintracht von Ästhetik und Moral in *Kindheitsmuster*

Bekanntlich hat die Ästhetik, die wie bei Woolf und Becker aus der Verwertung des Fiktionalen entsteht, eine unverkennbar amoralische Grundlage. Woolfs Clarissa Dalloway geht mit unerbittlicher Härte gegen alle Realitäten vor, die mit ihrem Selbstentwurf nicht harmonieren. Ihr snobistisches Geltungsbedürfnis stellt Bedingungen auf, und wer diese Bedingungen nicht erfüllt, wird ausgeschlossen, gleichgültig ob es Freunde sind oder Leute, die ihre Hilfe nötig haben. Diese Unterordnung unter ein höheres Prinzip funktioniert ähnlich wie das Selektionsprinzip, nach dem ein Autor beim Zusammenstellen eines Buchs entscheidet, was in sein ästhetisches Konzept passt. Das Selektionsprinzip im Fall eines Prosatexts ist unbeugsam gegenüber den Sympathien oder Wünschen seines Autors; das Gelingen hängt allein davon ab, ob der Autor sein Material in die Ordnung bringen kann, die das Werk verlangt.[35] Das Gleiche trifft auch für Beckers Ästhetik zu. Für seine Prosa gilt die Ästhetik der traditionellen Erzählkunst, so dass der Autor das Fortschreiten der Handlung in eine Serie von abgerundeten Anekdoten gliedert. In diese Anekdoten sind geistreiche Pointen eingearbeitet, die die Darbietung regieren. So scheint es amoralisch, dass Mischa seinen Heiratsantrag - einer Frau gemacht, die er immerhin mag - als Intrige in eine an Ort und Stelle inszenierte Anekdote einbaut, um die höchstmögliche Wirkung aus der darauffolgenden Pointe zu holen. Auch die Vorliebe des Erzählers für die Todesart seiner Hauptgestalt verrät die Amoralität des Fiktionalen.[36] Es ist kein Euphemismus, wenn der Erzähler behauptet, er hätte ein besseres Ende für die Erzählung gefunden, „nicht eben glücklich, ein wenig auf Kosten Jakobs“ (J, 262), als das Ende, das den Ghettobewohnern von Lodz wirklich bevorstand. Damit ist ein ästhetisch gelungeneres Ende gemeint, ungeachtet dessen, dass Jakob darin stirbt, damit die Pointe richtig gebracht werden kann. Die ausgleichende Gerechtigkeit kommt in der Gestalt der sowjetischen Befreier daher und löst Jakobs Vorhersage vom Anfang der Erzählung ein. Aber die ausgleichende Gerechtigkeit ist zweischneidig; da Jakob unwissentlich und rein zufällig die Wahrheit verbreitet, treibt ihn das wachsende Misstrauen der Leidensgefährten vordem zu seinem selbstmörderischen Ausbruchsversuch. Die Pointe balanciert die folgerichtige Einlösung der Hoffnung auf Befreiung mit dem Lebenslauf Jakobs, der dem Gesetz des Zufalls unterworfen ist. Am Ende ‚opfert‘ der Erzähler seine Gestalt dem Zufall, und erreicht, dass sich die weitgehende ausgleichende Gerechtigkeit und Jakobs Tod in der Pointe treffen: Jakob hat zwar wie gedruckt gelogen, aber nun, da er tot ist, stellt es sich her-

---

[35] Woolf formuliert diese Idee in ihrem Essay „A Room Of One's Own“: „On the one hand, we feel You - John the hero - must live, or I shall be in the depths of despair. On the other, we feel, Alas, John, you must die, because the shape of the book requires it. Life conflicts with something that is not life.“ Jenes „something“, das Woolf meint, bezeichnet die heutige Literaturtheorie als Fiktionalität. Woolf 1992, S. 93.

[36] Die Klarstellung des Erzählers, der zufolge „sie alle ein besseres Ende verdient [haben], nicht nur Jakob“ (J, 262) widerspricht dem nicht. Dieser moralische Gedanke bezieht sich auf die Wirklichkeit des Holocausts, und setzt sich somit über das Fiktionalbewusstsein hinweg. Der Erzähler spricht hier über wirkliche Gerechtigkeit, wobei er der Gestalt Jakob durch den Tod kurz vor der Befreiung ‚Gerechtigkeit‘ im ästhetischen Sinn widerfahren lässt.

aus, dass er die ganze Zeit doch Recht hatte. Es ist die traditionelle Amoralität der Ästhetik, die Wolfs Erzählerin in *Kindheitsmuster* vermeiden will. Die Erzählerin geht diese Aufgabe an, indem sie das Verhältnis zwischen Wirklichkeits- und Fiktionalbewusstsein in ihrer Erzählung neu definiert.

Worin besteht die Originalität der Ästhetik, die dieser Text vorführt? Der Vergleich mit der Ästhetik, die sich aus einem traditionelleren Gebrauch von Fiktionalität entwickelt, hat im Fall von Becker und Woolf gezeigt, dass Ästhetik (im Fiktionalbewusstsein) gegenüber traumatischen Realitäten (im Realbewusstsein) eine Art geistiger Schadenbegrenzung leistet. Auf diese Schutzfunktion des Fiktionalbewusstseins verzichtet der Text Wolfs. Der Text wird von der metafiktionalen Ebene der Erzählerin, die als fiktive Autorin des Gesamttextes fungiert, systematisch unterbrochen, so dass das Fiktionalbewusstsein der traumatischen Einsicht in das Geschehene zuliebe beseitigt wird. Statt Schadenbegrenzung verüben diese Eingriffe ein Aufheben der Grenze zwischen Fiktion und Realität, mit dem Effekt, dass das Bewusstsein dem ‚Schaden' ausgesetzt wird. Unter dem einmaligen historischen Druck entsteht in *Kindheitsmuster* eine Ästhetik, die den Daten der Zeit gerecht zu werden versucht. Diese Ästhetik versteht sich ausdrücklich als Suche nach Strukturen, „in denen sich heute noch reden läßt" (K, 33). Die Nische, die einem Text aus der Täterperspektive offensteht, ist dann genau eingegrenzt. Im Grunde besteht für die fiktive Autorin die einzige Möglichkeit darin, die Schuld der Täterschaft auf sich zu nehmen und ihr Schuldbewusstsein gegenüber dem Rest der Menschheit sichtbar zu machen, ähnlich den alttestamentarischen Sündern, die sich in Sack kleideten und sich Asche aufs Haupt streuten. Es ist folglich in diesem Text Programm, dass die Erzählerin ihr Gewissen minutiös erforscht und ihre Schuld auffällig in Sicht stellt. Im Text wird das als Verlassen der „Schutzfarbe", der Amoralität, die für Erzähler üblich ist, formuliert, „[d]enn man erwirbt sich Rechte auf ein so beschaffenes Material, indem man sich mit ins Spiel bringt und den Einsatz nicht zu niedrig hält." (K, 203) Bevor ich erörtere, wie diese Ästhetik narratologisch realisiert wird, soll davon die Rede sein, wie die Erzählerin selbst sich metafiktional darum bemüht, die Spezifik ihrer Ästhetik zu umreißen.

Im Kontext eines Gesprächs über die Opfer der amerikanischen Kriegsführung gegen Vietnam, wird ein Gedanke Lenkas festgehalten, der die Motivation der Erzählerin für die Ästhetik ihres Texts nahelegt. Lenka befindet, dass es „[v]ielleicht überhaupt das allerschlimmste [sei], daß alle Leute sich an alles gewöhnen können." (K, 311) An anderer Stelle kommt der Erzählerin der Verdacht auf, dass sie darauf aus wäre, „verblaßende moralische Maßstäbe aufzufrischen" (K, 74). Die Erzählerin ist somit motiviert, die traditionelle vormoderne und moderne Ästhetik der „alleinseligmachenden Form" (K, 123) zu verschmähen. Die Form wird in diesem Text dem Ansturm durch einen bestimmten Inhalt überlassen, gegen den sie sich weder behaupten kann noch soll. Damit setzt die Erzählerin ein Ende dem olympischen Erzählverhalten, wie es beispielsweise bei Mann vorkommt, oder auch in Wolfs früherem Text *Nachdenken über Christa T.* Die Zeit der „raunenden Beschwörer des Imperfekts" sei vorbei, heißt es im Text. Das Damals versteht die Erzählerin als Zeit des auktorialen Erzählverhaltens, als Erzähler „sich und andere glauben machen konnten, sie seien es, die Gerechtigkeit verteilten" (K, 218). Die Autorität, ein fiktionales Geschehen zusammenzuhalten und darüber zu bestimmen, geht der Erzählerin in *Kindheitsmuster* verloren. Sie muss sich selbst vor Gericht bringen und sieht sich daher gezwungen, ihren Verlust an moralischer Autorität wieder und wieder in den Vordergrund zu rücken. Es sollte im Blick behalten werden, dass die Distanzierung von der konventionellen Behandlung von Fiktionalität und Ästhetik unter beispiellosem moralischem Druck geschieht. Was die Erzählerin befürchtet, ist mehr als professionelles Versagen; ihre neuartige Ästhetik muss sie zuallererst als Mensch zufriedenstellen. Wenn die Erzählerin einen Alptraum darüber hat, sie könnte wie jemand schreiben, der vor 1945 gelebt hat, kann man annehmen, dass ihre Verzweiflung existentiell ist. Die Erzählerin montiert die Wiedergabe dieses Alptraums nach einer Überlegung über die Wirkung der Literatur auf die Identitätsbildung des Menschen. Zuerst erfahren wir, dass die Erzählerin meint, am besten wäre auf die Frage: „Wie sind wir so geworden, wie wir heute sind?" (K, 466) mit einer Liste von Buchtiteln zu antworten. Darauf wird der Alptraum beschrieben, in dem die Erzählerin träumt, sie käme nach Hause und fände die Wohnung, die sie als die ihrige erkennen kann, von einem Fremden bewohnt, der sich als der Realist Felix Dahn zu erkennen gibt. Der Schock der Erzählerin kommt von der Einsicht im Traum, sie müsse wahrscheinlich „eine ganz gleiche Wohnung in einem womöglich ganz gleichen Nebenhaus" (K, 467) haben, so dass sie verwechselt werden konnten. Die Erzählerin deutet an, dass sie sich moralisch nicht damit abfinden könnte, wenn ihre Ästhetik nicht grundverschieden von den bis dahin entstandenen wäre. Da die Literatur, die in der westlichen Kultur seit der Neuzeit und dem Humanismus entstand, die Verbreitung des Faschismus nicht verhindern konnte, muss heutzutage anders geschrieben werden, damit zumindest der lesende Teil der Bevölkerung die Geschichte nicht wiederholt.

Kindheitsmuster bricht mit der Konvention der Fiktionalität sowohl im Hinblick auf die Konstruktion als auch auf die Gestalten. Die Perspektive der Erzählerin, die sich gewöhnlich anbietet, dem Textganzen Sinn zu geben, kann in dieser Erzählung nur unter großer Anstrengung angeeignet werden. Die Erzählerin ist darauf aus, die Wahrheit über das Wesen des Menschen zu erfahren, aber mit der Verbissenheit, mit der sie sich überhaupt nichts zugute halten will und mit der abgründigen Tiefe ihrer Skepsis kann man sich nicht leicht anfreunden. Nelly zu mögen ist auch verboten, außer vielleicht, wie die Erzählerin selbst es tut, auf distanzierte, fast verstohlene Art. Diese Erzählung bemüht sich darum, den Leser *nicht* in einen Handlungsverlauf hineinzulocken, ihn *nicht* auf mögliche Lösungen neugierig zu machen, ihm *nicht* Hoffnungen auf einen bestimmten Ausgang zu machen. Und sie tut das ostentativ; dem Leser soll möglichst klar sein, dass nichts an dieser Erzählung wie gewohnt zu genießen ist. Der einzige garantierte Leitfaden, an dem sich der Leser bei der Lektüre richten kann, ist das schlechte Gewissen der Erzählerin, das in allen Schattierungen aufgefächert wird. Nimmt man davon ausgehend an, dass die Schuld an der deutschen Täterschaft die ästhetische Gesamttendenz des Textes bestimmt, gilt es nachzuweisen, wie sich diese Tendenz in allen Erzählschichten des Textes konkretisiert. In ihrer spezifischen Art müssen dann alle Einzelschichten dieses Erzählsystems die Sack-und-Asche-Ästhetik widerspiegeln, die meiner Einsicht nach von der Erzählerin beabsichtigt wird. Mit dem Herausfinden von Korrespondenzen und Doppelbödigkeiten, durch welche die Einzelschichten des Textes mit dieser Ästhetik in Einklang stehen, wird sich meine Analyse weiter beschäftigen.

2.4. Der metafiktionale Diskurs der Erzählerin

Es ist besonders herausfordernd, angesichts eines Übergewichts von metafiktionalen Unterbrechungen und eines Montageprinzips, das Assoziationen freien Lauf lässt, die ästhetischen Stützen herauszuschälen, die den Textkörper zusammenhalten. Der Ästhetik des Modernismus nicht unähnlich, kreiert dieser Text ein Gefühl von Geborgenheit in einem kompakt bleibenden fiktionalen Bereich, nicht etwa durch überwiegendes Verweilen im Fiktionalbewusstsein, sondern paradoxerweise durch die Beständigkeit, mit der der traditionelle Erzählzusammenhang verhindert wird. Was den Text für den Leser zugänglich macht, ist die dauernde Wiederholung einander ähnlicher Unterbrechungen, die dem Leser nach fünfzig Seiten schon familiär sind. Wie verhält sich diese Kompositionstechnik, die auch im Modernismus Konjunktur hatte, jedoch zur spezifischen ästhetischen Absicht für *Kindheitsmuster*? Für die vorliegende Analyse ist es von Bedeutung zu zeigen, wie Eigenheiten des Textes, die von der Kritik zuvor schon aufgegriffen worden sind, miteinander in Beziehung gebracht werden können zum Zweck der Erschließung der Ästhetik des Gesamttextes. Im Fall der metafiktionalen Eingriffe und des Schuldbewusstseins der Erzählerin ist bereits im ersten Teil dieser Analyse festgestellt worden, dass das Schulbewusstsein der Erzählerin sie zu dem einmaligen Umgang mit Fiktionalität bewegt. Diese Besonderheit kommt vom Unwillen der Erzählerin, von dem schuldfreien, amoralischen Standort zu erzählen, der dem amoralischen Fiktionalbewusstsein geläufig ist. Man kann den funktional entsprechenden Ausdruck der Sack-und-Asche-Ästhetik in der Komposition des Textes darin ausmachen, dass die Erzählerin sich der ihr zustehenden und vom Leser erwarteten Fiktionalität enthält. Da der Verzicht auf Fiktionalität aus moralischen Gründen stattfindet, unterscheidet sich dieser Text von modernen Texten, in denen der narrative oder sogar der Sinnzusammenhang beim Lesen in disparate Elemente auseinanderstrebt. Die moralische Tendenz kommt ausdrücklich in den Selbstverhören und -bezichtigungen der Erzählerin zur Sprache. Narratologisch schlägt sich die Sack-und-Asche-Ästhetik in der Allgegenwart der Reflexionsebene im Text nieder. Die Reflektionsebene tritt nie ganz zurück, sondern bleibt in größerem oder kleinerem Maß immer in Sicht. Das verhindert, dass der Leser im Fiktionalbewusstsein Fuß fasst.[37] Es ist interessant zu sehen, welche Varianten

[37] Die Kritik hat Wolfs Gestaltung der Reflexionsebene sehr unterschiedlich bewertet. Alexander Stephan vermisst die „formalistic cat-and-mouse games that challenge the reader to stop and reflect", die aus der vorhergehenden Erzählung „Nachdenken über Christa T." dem Leser bekannt sind. (Alexander Stephan, Christa Wolf, „Kindheitsmuster". In: New German Critique 11 (1977), S. 180.) Peter J. Graves kritisiert das Missverhältnis, in dem die Reflexionsebene zum Gesamttext der Erzählung steht: „All very interesting, painstakingly honest even, but it becomes a little wearisome that the reader should constantly have his own judgement preempted and that Christa Wolf should seek so persistently to undermine her own achievement. Her writing is sufficiently powerful to be allowed to speak for itself, and although a certain amount of formal scaffolding can be illuminating, here it sometimes runs the risk of obscuring the edifice within." (Peter J. Graves, Reckoning with the Past, a.a.O.) Andere Kritiker enthalten sich einer ästhetischen Beurteilung des Phänomens der Reflexionsebene; sie stellen die Beobachtung hin, dass im Text ein „dialogisches Werkgespräch" stattfindet und dass ästhetische Erörterungen zum wesentlichen Bestandteil des Buches gehören (Manfred Jurgensen, »Die Suche nach dem verlorenen Ich«. Christa Wolf: „Kindheitsmuster". In: Erzählformen des fiktionalen Ich: Beiträge zum

von metafiktionalen Eingriffen sich die Erzählerin im Text einfallen lässt. Meiner Meinung nach kommen sechs erkennbare Varianten vor.

Sogar wenn die Gestalten der Nellyebene zur Rede kommen, ist die Reflexionsebene präsent. Die Darbietungsart der Erzählung auf der Nellyebene ist hauptsächlich erlebte Rede, die in inneren Monolog oder in direkte Rede übergehen kann. Erlebte Rede kommt zustande, indem die Gedanken der Gestalten ausformuliert werden, wobei deren innere Rede nicht in der ersten, sondern in der dritten Person mitgeteilt wird. Das impliziert, dass die Erzählerin als vermittelnde Instanz indirekt mitspricht und gelegentlich auktorial eingreift, um das Reden fortzuführen oder um die Aussagen vom Standort der Allwissenheit zu taxieren. Zu Beginn der Erzählung wird die Gestalt Nelly durch eine „Original-Erinnerung" der Erzählerin eingeführt, deren Rarität zugegebenermaßen den Zweifel aufkommen lässt, jemand hätte Nelly beobachtet und ihr den Zwischenfall zu einem späteren Zeitpunkt zur Kenntnis gebracht. Die Erinnerung wird zuerst aus der Perspektive der Erzählerin, von der Reflexionsebene aus, besprochen: „[...] wie es da vor seines Vaters Ladentür saß und in Gedanken das neue Wort ausprobierte, ICH ICH ICH ICH ICH," (K, 11-12) geht dann nahtlos in die erlebte Rede des Kindes über, „jedesmal mit einem lustvollen Schrecken, von dem es niemandem sprechen durfte. Das war ihm gleich gewiß." (K, 12), nur um dann wieder zur Reflexionsebene zurückzuschalten, wo der Sachverhalt von der Erzählerin zurechtgestellt wird: „Nein. Kein fremder Zeuge [...]. Die Szene ist legitimiert." (K, 12) Das Hin- und Herwechseln zwischen der Nellyebene und der Reflexionsebene wird im Text häufig vorgefunden. Im folgenden Beispiel reflektiert die Erzählerin erzähltechnisch, und also metafiktional, über die „verabredungsgemäß, in vorgeformter innerer Rede" (K, 12) sich äußernde Nelly und geht danach glatt in die erlebte Rede des Kindes über, das froh darüber ist, „daß es zum Glück als die echte Tochter seiner Eltern, des Kaufmanns Bruno Jordan und seiner Ehefrau Charlotte [...] auf die Welt gekommen ist." (K, 12-13) Darauf meldet sich die Erzählerin wieder, indem sie bestimmt, was zu diesem Zeitpunkt der Erzählung zu geschehen hat: „Aus dem Wohnzimmerfenster hätte die Mutter nun das Kind zum Abendbrot zu rufen," (K, 13) Die Unterbrechung der Erzählung auf der Nellyebene zieht sich jedoch in die Länge, wenn die Erzählerin weiterhin beschließt, dem Leser von ihrem auktorialen Standort aus Geständnisse über die Entstehung der Erzählung zu machen: „wobei sein Name, der hier gelten soll, zum erstenmal genannt wird: Nelly! (Und so, nebenbei, auch der Taufakt vollzogen wäre, ohne Hinweis auf die langwierigen Mühen bei der Suche nach passenden Namen.)" (K, 13) Die Erzählung

---

deutschen Gegenwartsroman. Bern und München 1980, S. 66.) und dass somit Literatur Eingang in die Literatur findet (Firsching 1996, S. 111). Es gibt schließlich auch Kritiker, die die Reflexionsebene als ästhetische Leistung hoch bewerten. Sigrid Bock findet, dass „[i]nnerhalb der Gesamtstruktur dieser Teil am schwersten [wiegt]: Er bestimmt das gesamte Erzählen." (Sigrid Bock, Christa Wolf: „Kindheitsmuster". In: Weimarer Beiträge 23 (1977) 9, S. 105.); Monika Melchert identifiziert im geistigen Spielraum der Reflexionsebene „das ideelle Zentrum" des Textes (Monika Melchert, Epischer Spielraum im Roman. Am Beispiel von Christa Wolfs „Kindheitsmuster". In: Weimarer Beiträge 28 (1982) 7, S. 102.); Smith äußert sich beifällig zu „the way Wolf thematizes the inevitable shortcomings of her project", indem der Kritiker darin „one of the greatest strengths of „Kindheitsmuster" ausmacht. (Smith 1987, S. 171.)

fährt mit Nellys erlebter Rede fort, bis sie wieder von der Erzählerin unterbrochen wird: „Das Kind geht am Eckschaufenster des väterlichen Ladens vorbei, [...] das heute (du weißt es, seit jenem Julisonnabend des Jahres 71) zu einer Garageneinfahrt erweitert ist [...]“ (K, 13) Der Gebrauch von erlebter Rede erleichtert dadurch, dass die Erzählerin im Bild bleibt, den fließenden Übergang in die Reflexionsebene, so dass man unbemerkt um den Halt im Fiktionalbewusstsein gebracht wird.

Wenn man die arrangierten Unterbrechungen näher betrachtet, fällt auf, dass sie sowohl aus klar ersichtlichen Gewissensgründen stattfinden,[38] als auch der Einheitlichkeit halber mit dem Prinzip der Unterminierung der Fiktionalität. Bezeichnend ist das folgende Beispiel. Die Erzählerin befindet sich im Park ihrer ehemaligen Heimatstadt und stellt sich bildlich eine Situation vor, die sich während ihrer Kindheit in aller Wahrscheinlichkeit zugetragen hat. Ihre damals junge Tante Liesbeth käme vorbei und nähme neben der Erzählerin Platz. Doch dann unterbricht die Erzählerin die Vision mit Vehemenz, so dass sie rückwirkend Schaden nimmt: „Tante Liesbeth würde neben dir Platz nehmen ... und weiter darfst du es selbst im Traum nicht treiben, denn niemals mehr wird Tante Liesbeth neben dir auf einer Bank sitzen, du wirst sie niemals mehr sehen [...]“ (K, 111) Es geht hier um eine imaginäre Begegnung, die in Wirklichkeit nicht stattfinden kann, dafür aber in Fiktion möglich erscheint. In *Nachdenken über Christa T.* hatte Wolf die gleiche Art von Begegnung befürwortet. In *Kindheitsmuster* gilt eben ein anderes ästhetisches Prinzip, das ein radikal verändertes Verhältnis zur Fiktionalität mit sich bringt. Die Eingriffe der Erzählerin in den Lauf der Narration, die aus dem Aufdrängen der auktorialen Stimme bestehen, beruhen im Ganzen entweder auf explizit oder implizit moralischen Gründen. Explizit sind sie im Fall der Unterbrechungen, die beim Erzählen die Schrauben fester anziehen, damit weder Erzählerin noch Leser die Realität des Erzählten ignorieren können. Dazu gehören die Unterbrechungen, die das Erinnern des Telefongesprächs zwischen Bruno Jordan und Leo Siegmann vorantreiben. Zwischen Erinnerungsfragmenten der Nellyebene stehen elliptische Ermahnungen von der Reflexionsebene, die das Erzählen in ein Verhör verwandeln: „Weiter. [...] Weiter.“ (K, 229) Oder das Konfrontieren Nellys, wenn sie schon unterwegs auf der Flucht vor der sowjetischen Armee ist und eine besonders schockierende Nachricht erhält. Ein gleichaltriger, sechzehnjähriger Hitlerjugendführer, der Nelly bekannt war, hatte in Landsberg seine Eltern und sich selbst erschossen. Darauf wird Nelly von der Reflexionsebene aus verhört: „Jetzt kommt es auf Genauigkeit an. Was empfand Nelly, als sie [...] die Nachricht [...] empfing?“ (K, 265) Implizit moralisch sind Unterbrechungen, die dem Leser vorenthalten, sich am Genuss von Fiktionalität gütlich zu tun. Dies geschieht auch auf der Reflexionsebene, etwa während die Erzählerin Episoden aus der Erzählzeit schildert, aber vor allem auf der Nellyebene, wenn die Stimme der Erzählerin sich in die Narration einmischt. Die Unterbrechungen kommen mitten in der Erzäh-

[38] Wenn zum Beispiel die Narration mitten in der Wiedergabe der Episode mit dem Telefongespräch zwischen Bruno Jordan und Leo Siegmann unterbrochen wird: „Von hier ab verschlägt es die Sprache. Es wird nicht erinnert und soll nicht erinnert werden, in welchen Worten, auf Grund welcher Fragen Bruno Jordan seiner Frau den Inhalt des Gesprächs mit Leo Siegmann mitteilte.“ (K, 229); oder die Unterbrechung nach Charlottes Äußerung, die Nazis hätten „jetzt alles in der Hand“: „(Wer sind wir, in solche Sätze, wenn wir sie zitieren, Ironie zu legen, Abneigung, Hohn?)“ (K, 54)

lung vor[39] oder schalten sich sogar unvermittelt in einen Satz ein.[40] Sie stellen einen von Schuldbewusstsein betroffenen Umgang mit Fiktionalität dar.

Die nächsten beiden Varianten von Unterbrechungen, die hier besprochen werden sollen, können auf den ersten Blick den Eindruck von Selbstsicherheit und Autorität geben. Betrachtet man sie näher, verraten sie jedoch eher eine gewisse Angreifbarkeit auf der Seite der Erzählerin. Es geht zuerst um die Eingriffe, die über den Schreibprozess und in erzählanalytischer Metasprache von der Erzählerin formuliert werden. Metafiktionale Aussagen der Erzähler, die sich nicht zieren, die pragmatischen Aspekte der Entstehung eines Textes hervorzuheben, kommen häufig in der modernen Literatur vor. Aussagen wie „dieser trübe, kaltnasse Sonntagvormittag, an dem du diese Seite schreibst“ (K, 109) oder „Dieser Herbst [...], in dem der Fluß dieser Erzählung zu seinem Ende kommen soll“ (K, 381), in denen die Atemporalität der Literatur und die Zeit der Wirklichkeit, zwei ontologisch unvereinbare Bereiche, zusammengeballt werden und ontologische Instabilität erzeugen, könnten von einer unbegrenzten Anzahl von Autoren stammen. Das konkrete Eingehen auf die Tätigkeit des Schreibens ist in der Nachkriegsliteratur Westeuropas und vor allem Amerikas häufig vertreten. Nur werden die Utensilien des Schreibens da mit einem imaginären Eigenleben versehen und als wesentliche Bestandteile in das Kontinuum Autor-Literatur integriert. Wenn die Erzählerin in *Kindheitsmuster* in Bezug auf ihr Schreiben zur Sache kommt, tut sie es ohne den zärtlichen Stolz, mit dem andere Autoren ihre Schreibutensilien als Markenzeichen ihrer beruflichen Identität erwähnen. In *Kindheitsmuster* findet man im Grunde auch keine Spur von der Faszination und Ergriffenheit, mit der andere Texte ein metafiktionales Augenmerk auf die Entstehung des Fiktionalen richten. Die Erzählerin bei Wolf behandelt das Schreiben, „[d]ie Gewohnheit, täglich ein Stück Text auf weiße Seiten“ (K, 217) mit der Schreibmaschine zu schreiben, eher als eine Aufgabe, deren Vollendung ihr schlechtes Gewissen in Auftrag gegeben hat. Daher ist es unmöglich, dass die metafiktionalen Eingriffe der Erzählerin aus demselben Geist des Spiels mit Fiktionalität geschaffen sind, der bei weniger bekümmerten Autoren herrscht. Metafiktion erfüllt in dieser Erzählung nicht die Funktion, das Identitätsgefühl der Erzählerin zu verzärteln. Im Gegenteil, die Tendenz des Textes läuft darauf hinaus, das Selbstwertgefühl der Erzählerin zu schwächen und sogar zu verletzen. Es nähme sich daher pervers aus, wenn die konkreten Instrumente des Schreibens mit Genuss erwähnt würden. Die metafiktionalen Angaben über das Vorankommen des Schreibens handeln eher von mehr oder weniger lästigen, allenfalls banalen Problemen, wie die Umstellung auf ein anderes Papierformat: „Ende der Seite. Das amerikanische Schreibmaschinenpapier, gedrungeneres Format als der gewohnte DIN-A4-Bogen bleibt dir zwei, drei Zeilen schuldig.“ (K, 321-322) Angaben zur Präsenz der Werkzeuge des Schreibens erscheinen auch im Kontext von ernsthaften Schaffenskrisen: „Das Blatt bleibt eingespannt, neun Tage lang hat keiner auf der Maschine geschrieben [...].“ (K, 387)

[39] Während der Beschreibung des Wegs, den Charlotte zurücklegen muss, um ihre Familie einzuholen, wird z. B. folgende Unterbrechung eingeschoben: „(Der Genuß, den es macht, endlich einmal die Sprache so einzusetzen wie ein Marschall seine Truppenverbände: logisch und zwingend, Schlag auf Schlag.)“ (K, 359)

[40] „(dies war das Stichwort für die Assoziation)“ (K, 306)

Wenn Fiktionalität als solche in einem Text wie *Kindheitsmuster* problematisch wird, kommt beim Antreffen auf erzählanalytische Überlegungen kaum noch Befremdung auf. Generell ist es meines Erachtens für den Leser schwieriger, ins Fiktionalbewusstsein zurückzufinden, nachdem die Erzählinstanz ihn mit Betrachtungen in der ernüchternden Metasprache der Literaturkritik konfrontiert. Im Fall dieses Textes setzt sich die Erzählerin von vornherein mit dem Textganzen metafiktional auseinander, so dass die Narration zu jedem Zeitpunkt ins Sprachregister des Essays übergehen kann. Es stört nicht weiter, wenn von der „Geschichte“ und ihrem „Ende“ (K, 442), von der Erzählerin und von Nelly als „Personen“ (K, 442-443), vom „Schauplatz“ des Erzählten, von „Szene“ und „Hauptfigur“ (K, 506-507), von „Genre“, „Gauner- und Bubenstücken“ (K, 467), von der „Kapiteleinteilung“ (K, 93) und der Tatsache, dass die Kapitel „auf Blättern vorbereitet“ sind und „Überschriften tragen“ (K, 210), die Rede ist. Es stellt sich jedoch die Frage, genau was für ein Eindruck vermittelt wird, wenn die Erzählerin so viele metasprachliche Diskussionen in ihren Text einlässt, die von Erzähleinheiten oder der Sprache der Darbietung[41] handeln. Jedes Mal, wenn die Erzählerin ihre „Erinnerungshilfen. Die Namenlisten, die Stadtskizzen, die Zettel [...] Fotos [...]“ (K, 15) und die „Notizbücher, Tagebücher [...]“, die zu „ein[em] wachsende[n] Papierstapel“ und zu „unbeirrbar weiterwuchernde[m] Material“ (K, 248) geraten, erwähnt, stellt sie sich auf eine bestimmte Art dar. Diese Selbstdarstellung ist die einer Erzählerin, die ihrer auferlegten Aufgabe nicht gewachsen ist,[42] oder die ihre Aufgabe gar nicht bewältigen will. Paradoxerweise kann die Erzählerin moralisch ausschließlich eine Ästhetik rechtfertigen, die vor dem Thema versagt. Die einzige Ästhetik, die Wolfs Erzählerin moralisch zufriedenstellt, ist eine Ästhetik, die das Thema nicht bewältigen kann und statt dessen demonstriert, wie die einzige Möglichkeit, mit der Vergangenheit fertig zu werden, der Verzicht ist, damit fertig zu werden. Marcel Reich-Ranicki behält somit Recht, wenn er *Kindheitsmuster* als „Rohstoff für einen Roman“[43] beschreibt. Der Verzicht der Erzählerin, die Vergangenheit zu fiktionalisieren, gibt dem Text die unvollendete Erscheinung eines Konglomerats von Fragmenten. Allerdings steckt hinter dieser Ästhetik des Verzichts auf fiktionale Formung und Abrundung des Geschehenen eine moralische Absicht, die Reich-Ranicki entgeht.

Es gibt eine zweite Variante metafiktionaler Unterbrechung, die nur oberflächlich den Eindruck von selbstsicherem Erzählen macht. Damit kommen wir zur Unterbrechung, die sich auf die Allwissenheit der Erzählerin über die Chronologie der Ereignisse bezieht. Der selbstsichere, unbefangene Ton, in dem die Erzählerin bestimmt, in welcher Reihenfolge erzählt wird, macht sich jedoch selten hörbar. Elliptische Sätze wie „Zuerst die Fakten.“ (K, 71) oder „Alles zu seiner Zeit“ (K, 76) sind in der Minderheit. Auch wenn die Erzählerin, auf ihre Allwissenheit anspielend, Ereignisse vorwegnimmt, die in die Zukunft gehören, trägt sie eher zur Verfremdung des Lesers als zu seiner Un-

[41] Dazu soll auf die etymologischen Überlegungen (K, 37, 51) oder auf das Nachdenken über Wörter (K, 235) und deren Lexikondefinitionen (K, 48 ff., 270, 321, 323, 329, 339) hingewiesen werden.

[42] Vgl. Peter J. Graves, Reckoning with the Past, a.a.O.

[43] Marcel Reich-Ranicki, a.a.O., S. 254.

terhaltung mit metafiktionalen Spielereien bei. Ob es um die Vorwegnahme der Flucht geht,

> Wer's erlebt, wird noch zu hören kriegen, was Charlotte Jordan über ihn [Alfons Radde, n.n.] denkt und vorläufig für sich behalten muß - aber da wird man sich nicht mehr auf dem Boden der sogenannten Neumark [...], sondern, für sie alle unvorhersehbar, im Flur eines mecklenburgischen Bauernhauses befinden. (K, 41)

um die Vorwegnahme des Todes der Großeltern Nellys (K, 42) oder der Wiederkehr des Vaters aus sowjetischer Gefangenschaft (K, 55), die Erzählerin verschenkt mögliche dramatische Spannungsbögen, indem sie zukünftige Ungewissheiten vorzeitig auflöst. Die Erklärung darüber, warum die Erzählerin sich und dem Leser solche Schwierigkeiten macht, lenkt die Aufmerksamkeit weiter auf ein implizites Bekenntnis zur gewählten Ästhetik. Die Erzählerin hat entschieden, eine autobiografische Erzählung möglichst ohne Fiktionalität zustandezubringen, und zieht die Konsequenzen für die Narratologie daraus. Man hört die Erzählerin fast um Nachsicht bitten, wenn sie den Leser in die alternativelose Narratologie einweiht, die ihre Ästhetik umfasst: „Und so weiter. Das ist es eben, wenn man im Bilde ist. Der Spielverderber, der schon immer weiß, wie es weitergeht oder endet [...]." (K, 41-42) Spiel, als dominante Stimmung im Fiktionalbewusstsein, hat die Erzählerin nicht zu bieten. Im Gegenteil, in dieser Variante von Unterbrechung kommt eher Zwang zum Vorschein. Für die Rekonstituierung der zeremoniellen Verbrennung der Fahnen und Abzeichen der Kommunistischen Partei in Landsberg beruft sich die Erzählerin sowohl auf ihr Gedächtnis als auch auf einen Bericht in der Lokalpresse, den sie während der Polenreise liest. Informationen, zu denen die Erzählerin also in Abständen gelangt ist, werden simultan geschnitten: „Für das Mädchen Elvira [Tochter kommunistischer Eltern, n.n.] ist der Augenblick gekommen, zu weinen. Für den Korrespondenten des ›General-Anzeigers‹ ist es der Moment, zu notieren [...]" (K, 73) Die Mühe, die sich die Erzählerin macht, diese Episode auf den Augenblick genau zu rekonstituieren, ist auffällig. Ähnlich entsteht der Eindruck von unter Druck Erzähltem in folgender Belegstelle, besonders durch die Wiederholung des Modalverbs ‚müssen': „Die Zeit läuft. Nelly muß jetzt krank werden. Sie muß endlich zusammenbrechen." (K, 499) Statt die Macht der Allwissenden Erzählerin zu reflektieren, vermittelt diese Variante von Unterbrechung vielmehr den Zwang, den sich die Erzählerin antut, um möglichst wahrheitsgetreu zu erzählen. Dieser Zwang führt uns zur fünften Variante von metafiktionalen Unterbrechungen.

Wenn die vier bisher besprochenen Varianten zumindest dem Anschein nach mit der Allwissenheit der auktorialen Erzählinstanz kompatibel sind, trifft das im Fall der fünften Variante nicht mehr zu. Da gibt sich die Erzählerin die Blöße, indem sie deutlich macht, dass ihr die Kontrolle über die Erzählung teilweise entgleitet. Wenn die Erzählerin unentschlossen erwägt, welches Erlebnis zuerst erzählt werden soll, „Dem blauen Buch folgen oder zuerst dem Messer?" und dann kurzerhand ihre Entscheidung fällt: „Dem Messer zuerst, mit dem Treck über die Dörfer." (K, 368); oder, wenn die Erzählerin ihre Unentschlossenheit in einer rhetorischen Frage preisgibt, „Aber ist es nicht zu früh, darüber zu reden?" (K, 189), darf man jedoch nicht vergessen, dass der Verlust der Kontrolle ein Kunstgriff ist. Denn selbst wenn die Erzählerin Korrekturen vor den Augen des Lesers durchführt, „Das aber gehört in ein anderes Kapitel, denn einstweilen bereiten wir uns noch nicht auf den richtigen Krieg vor [...]" (K, 163), geschieht das bewusst. Schließlich hätte sie die vorwegnehmenden Erzählansätze löschen können, um sie im entsprechenden Kapitel zu verwenden. Ebenso muss man sich angesichts der vielen Satzverbindungen, die mit „Ist schon erzählt worden, daß [...]?"[44] beginnen, fragen, warum die Erzählerin nicht einfach nachschlägt und ihre Antworten selber herausfindet. Die Berechnung dieser Unterbrechungen geht auch daraus hervor, dass tatsächlich keine der Einzelheiten - die Pappelrute, das Singen der Großmutter, die Augenfarbe Julia Strauchs - vorher erwähnt wurden. Wenn die Erzählerin die Kontrolle über der Erzählung zu verlieren scheint, deutet sie an, dass nicht die Erzählinstanz, sondern die Wahrheit des Geschehenen den Lauf der Erzählung regiere. Die Erzählinstanz beugt sich der Autorität eines bestimmten Handlungsablaufs, der mitgeteilt werden muss. Das Prinzip der meisterhaften Wiedergabe eines Inhalts wird da mit dem Prinzip der unbedingt vollständigen Wiedergabe des Inhalts ersetzt. Die Erzählerin verfällt somit in die Rhetorik des gestehenden Angeklagten. Diese Rhetorik umfasst Ungewissheitsbeteuerungen, darunter auch Selbstkorrekturen aus Mangel an vorheriger Planung oder auch die Unfähigkeit, alle Details im Auge zu behalten, da die Aufmerksamkeit auf den Kern der Aussage gerichtet ist. Ein Geständnis kommt gut an, wenn es ohne erkennbaren Vorsatz, ohne Distanz formuliert wird und allein vom intensiven Drang, das Bekenntnis loszuwerden, vorangetrieben ist. Wobei ein Geständnis, das die Pedanterien eines gepflegten Erzählens aufweist, den Geschworenen kaum imponieren würde. Die rhetorischen Einsprengsel der Erzählerin widerspiegeln die ästhetische Gesamttendenz des Textes, Schuldbewusstsein literarisch auszudrücken.

Die sechste und letzte Variante metafiktionaler Unterbrechungen, die hier besprochen werden soll, stellt die Reflexionen der Erzählerin über die gesamte Erzählung dar. Fast ohne Ausnahme fallen diese Reflexionen negativ aus. Sie bringen Licht in die verschlüsselte Behauptung der Erzählerin, sie fühle sich dazu „unsinnigerweise verpflichtet [...] ihre Konstruktionen im Fluge auseinanderzunehmen, um ihre Funktionsweise zu erläutern [...]" (K, 124). Wenn das Vehikel des Fluges in Einzelteile zerlegt wird, damit deren Funktionsweise ergründet werden kann, ist es schlecht um den Flug bestellt. Was bringt die Erzählerin dazu, ihr Unternehmen zu sabotieren? Das fundamentale Problem ist, dass die Erzählerin ihrer Kindheit gegenüber entzweit ist. Denn offenbar setzt sie an, sich Nelly anzunähern, die erinnerte Kindheit in Besitz zu nehmen, doch halten sie die im Erwachsenenalter entwickelten Berührungsängste davon ab. Nelly ist faschistisch erzogen worden, und die Abscheu der Erzählerin vor dem faschistischen Zivilisationsbruch überbietet das Verlangen danach, die Erfahrung des Kindes zu assimilieren. Jedoch repräsentiert Nelly sowohl für die (fiktive) Autorin als auch für die private Person der Erzählerin eine Datenbank von gespeichertem Material, das für Kunst oder für das Identitätsgefühl der Erwachsenen unschätzbar ist. Die Erzählerin wird also von konträren und unvereinbaren Wünschen gepeinigt. Im Text wird es eindeutig verhindert, dass Erzählerin und Hauptfigur identisch werden. Mit Blick auf den Gesamttext wird festzu-

[44] „Ist schon erzählt worden, daß Nelly selbst einst eine Pappelrute einpflanzen durfte?" (K, 156); „War schon die Rede davon, daß Schnäuzchen-Oma sang?" (K, 165); „War schon die Rede davon, daß Julia blaue Augen hatte?" (K, 290)

stellen sein, dass die Erzählerin sich den Wunsch, mit dem kindlichen alter ego vertraut zu werden, systematisch abschlägt und die Kindheit aus der schuldbeladenen Perspektive neu erfindet. Über die Länge des Handlungsablaufs ist die Erzählerin ihren Figuren immer einen Schritt voraus; sie befindet sich vor Ort vor und nach jeder Episode aus der Vergangenheit und gestaltet alle Begebenheiten aus der voreingenommenen Sichtweise der Gegenwart. An anderer Stelle wird ausführlich darüber die Rede sein, wie der Konflikt zwischen Erzählerin und Hauptfigur in der Erzählung gestaltet ist. Halten wir vorerst fest, was die Erzählerin metafiktional über das Geraten der Erzählung im Ganzen feststellt. Der Ton, in dem die Erzählerin feststellt, dass ihr die Realität der Kindheit verloren geht, ist elegisch:

> Dabei spürst du, wie durch die Erzählung nichts verständlicher, eher alles noch verworrener wird. Daß die Akzente sich unaufhaltsam verschieben, auf Schwerpunkten lasten, die erst jetzt, im Laufe des Erzählens, sich bilden ... [...] daß an diesen Schwerpunkten vorbei, sogar ohne sie zu beachten, in kräftigen Farben die Kindheit weiterlief? (K, 231-232),

und sogar defätistisch: „Die Linien - Lebenslinien, Arbeitslinien - werden sich nicht kreuzen in dem Punkt, der altmodisch »Wahrheit« heißt. [...] Das Buch würdest du nicht schreiben können, und du wußtest, warum.“ (K, 350)

2.5. Die Integration der Realität in das ästhetische Gestaltungsprinzip

Die Dominanz des Realbewusstseins der erwachsenen Erzählerin hat zur Folge, dass die Realität des Kindes Nelly auf der Inhaltsebene manipuliert wird. Zweitens wird der fiktionale Raum, in dem sich diese zensierte Realität entwickelt, nochmals manipuliert, indem die Erzählerin dem Fiktionalstatus der Nellyebene systematisch entgegenwirkt. Es wurde bereits festgestellt, dass die Erzählerin es im historischen Moment für unangebracht hält, Kunst auf die gleiche Weise zu treiben wie Autoren, die keine Mitschuld an der deutschen Täterschaft haben. Da sie in einer grundverschiedenen inneren Verfassung ist, erzählt die Erzählerin ihre Geschichte auf einmalige Art. Somit wäre das zweite Problem umrissen, das der Realisierung einer Erzählung über die Kindheit im Weg steht: die Erzählerin verhindert die Bildung einer kohärenten fiktionalen Welt. Obwohl die resultierende Ästhetik vom moralischen Standpunkt aus gesehen, um den es Wolf schließlich geht, gelingt, ist die Erzählerin unzufrieden. Es ist unverkennbar, dass die Erzählerin es darauf absieht, die Erzählung auf eine Weise zu schreiben, die den Maßstäben der moralischen und der amoralischen Ästhetik gleichzeitig entspricht. Wenn die moralische Ästhetik aus der Not des Gewissens der Erzählerin entsteht, soll sie jedoch an künstlerischem Wert gegenüber amoralischen Ästhetiken nichts einbüßen. Die Erzählerin will beides zugleich. Anders kann man nicht erklären, warum die Erzählerin die Strukturen, mit denen fiktionale Prosa operiert, nicht bedenkenlos aufgeben kann, wenn sie schon der Wahrnehmung mit dem Realbewusstsein Vorrang gibt. Im Grunde fällt der Erzählerin der Verzicht auf literarische Form besonders schwer. In der folgenden Belegstelle fällt auf, dass die Strukturen des Erlebens (das Realbewusstsein) komplexer als die Literatur erscheinen, wobei die Literatur eine vergleichsweise simple Angelegenheit darstellt. Die Wahrnehmung mit dem Realbewusstsein ist derart intensiv und herausfordernd, dass sie nicht ins Fiktionalbewusstsein übersetzt werden darf. Trotzdem trauert die Erzählerin dem Ideal einer Übereinstimmung der beiden Strukturen nach:

> Im Idealfall sollten die Strukturen des Erlebens sich mit den Strukturen des Erzählens decken. Dies wäre, was angestrebt wird: phantastische Genauigkeit. Aber es gibt die Technik nicht, die es gestatten würde, ein unglaublich verfilztes Geflecht, dessen Fäden nach den strengsten Gesetzen ineinandergeschlungen sind, in die lineare Sprache zu übertragen, ohne es ernstlich zu verletzen. (K, 345)

Auch die Sehnsucht nach der konventionellen Lösung in Erzählungen aus der Kindheit meldet sich beizeiten. Gewöhnlich wird da dem Erzähler ein verloren geglaubtes Wahrnehmungsvermögen erschlossen, so dass er sich um eine frühere Identität bereichert sieht. *Kindheitsmuster* dagegen geht in eine andere, fast entgegengesetzte Richtung. Und doch macht sich diese Konvention im Text fühlbar, wenn auch nur als vermeldete Abwesenheit des erwarteten Endes. Besonders relevant sind die Überlegungen der Erzählerin am Ende des Buches, nachdem sie die Identifizierung mit Nelly im Verlauf der Erzählung verhindert hat. Es ist, als ob die Erzählerin die Selbstbeherrschung verliert, und endlich, endlich ihren unterdrückten Wünschen Luft macht. Allerdings nur dann, wenn es keinen Unterschied mehr macht, da die Erzählung zu Ende geht.

> Wann wird sie näher heranrücken? Wann werden du und sie im Ich zusammenfallen? (K, 506); Unverkennbar: Dieses Mädchen, das immer noch Nelly heißt, entfernt sich, statt näher heranzukommen. Du fragst dich, was geschehen muß [...], sie zur Umkehr zu bewegen. (K, 516); Das Kind, das in mir verkrochen war - ist es hervorgekommen? Oder hat es sich, aufgescheucht, ein tieferes Versteck gesucht? (K, 519)

In dieser sechsten Variante von metafiktionalen Unterbrechungen kann man klar erkennen, dass die Erzählerin eine programmatische Distanz von den anderen Ästhetiken zu wahren gedenkt. Das Risiko dabei ist, dass diese Ästhetik artistisch nicht überzeugend ist. Wenn das auch alles andere als erfreulich wäre, die Erzählerin geht das Risiko mit Bedauern ein, solange die Ästhetik moralisch überzeugt.

Der innere Drang der Erzählerin nach einem ästhetischen Neuanfang kommt in seiner Gravität am besten in einer Metapher zur Sprache. Die Erzählerin erinnert an die Beschreibung der Gaskammern als „Zimmer normaler Größe und Art“ (K, 254) und zieht die moralische Konsequenz daraus, indem sie befindet, „jedermann in Deutschland hätte das zwingende Bedürfnis haben müssen, seine Wohnung - Zimmer normaler Größe und Art - auszuräumen, einzureißen, von Grund auf zu verändern, damit sie nicht einer Gaskammer gliche [...].“ (K, 254) Der Erfolg des Faschismus darin, sich bis ins Detail des Alltags hinein zu konkretisieren, führt zum Verlust des ehemals moralisch Neutralen in der Banalität des Alltags. Die banalsten Bestandteile in der Umgebung des Menschen sind im Nachhinein nicht mehr selbstverständlich neutral oder gutartig. Das Neutrale der Banalität befindet sich somit in einer Übergangszeit von der Aneignung durch den Faschismus zur Wiederkehr in den Besitz der moralisch erschütterten Nachkriegsgesellschaft. In diese Richtung entwickelt sich die Sack-und-Asche-Ästhetik der Erzählung weiter. Der unbedingte Wunsch der Erzählerin, an einer unschuldigen Lebensführung teilzuhaben, drückt sich, wie wir weiterhin sehen werden, zweifach aus.

Parallel zu den Selbstbeschuldigungen macht die Erzählerin in ihrem Text Platz für Begebenheiten, atmosphärische Beschreibungen oder angenehme Zwischenfälle, deren Mangel an literarischem Interesse absichtlich ist. Es ist einerseits im Sinn ihrer Sack-und-Asche-Ästhetik, sich auf die bescheidenen, von der traditionellen Ästhetik in unbedeutendem Maß verwerteten Effekte zu konzentrieren. Andererseits gelingt dadurch in ihrem Text eine Zurückeroberung der Banalität. Zusammenfassend kann über die Ästhetik dieser Erzählung gesagt werden, dass ein Gleichgewicht dadurch erzielt wird, da die Erzählerin dem schwer wiegenden Schuldbewusstsein eine neue Art, Realität zu genießen, entgegenbringt. Ihrer Lage entsprechend, ist dieses positive Verhältnis zur Realität an den blassen, unscheinbaren, faden Erscheinungen der Realität interessiert. Es ist ein äußerst zurückhaltender, da unter dem Druck des Schuldbewusstseins zugelassener, Genuss von Realitäten, die andere Autoren vor Wolf für allzu selbstverständlich halten. In der Nachkriegsperiode kommt das jedoch einer Bemühung gleich, Grund unter die Füße zu bekommen. Allerdings bleiben der Erzählerin Zweifel an ihrer Ästhetik nicht erspart. Sie beschreibt eine Reihe von Begebenheiten während eines Spaziergangs im Herbst, die nicht gewöhnlicher sein könnten: die Erzählerin erwähnt „Herbstlicht, durchsonnt" (K, 387), dann einen Mann, der einer Schwangeren beim Absteigen aus dem Bus hilft, und schließlich ein Mädchen, dessen Hose sich in ihrer Fahrradkette verfangen hat. Darauf stellt sich die Erzählerin die Frage, ob irgend eines dieser Bilder wert ist, erinnert zu werden und indirekt, ob sie wert sind, in ihren Text einzugehen. Die Antwort, die sich aus der rhetorischen Fragestellung erschließen lässt, ist, dass alle Bilder wertvoll sind, da sie eine schuldfreie Banalität umfassen: „Welches Bild von heute wird sich eingeprägt haben, unauslöschlich wie die Anordnung jener Wehrmachtsbaracken unter märkischen Kiefern, an der Nelly erfuhr, wie die Bedrohung durch das Allergewöhnlichste einem den Atem abschneiden kann?" (K, 388) Die Realität wird wiederverlangt. Da es damals geschah, dass die Landschaft mit märkischen Kiefern, Teil einer für Wolf familiären Landschaft, von der Wehrmacht besiedelt wurde,[45] will die Erzählerin nun ihren Lebensraum der Vergangenheit abgewinnen. Dabei wird im Text vor der ästhetischen - nicht moralischen! - Stilisierung der Vergangenheit nicht haltgemacht. Die Vergangenheit wird vielmehr aus der Perspektive der Erzählerin gestaltet, damit sie in ihr ästhetisches Konzept integriert werden kann.

Der Gusto der Erzählerin, Leben mit seinen banalsten Manifestationen gleichzusetzen, wurde von der Kritik oftmals missverstanden. Marcel Reich-Ranicki erklärt diese Ästhetik Wolfs unumwunden für verfehlt. Der Kritiker meint, das Buch sei „[...] so

---

[45] Es gibt mehrere Stellen, an denen die Erzählerin hervorhebt, wie der Faschismus in den braven Alltag der Familie Jordan einsickert. Ein solches Beispiel ist das Hissen der Hakenkreuzfahne zu Fest- und Feiertagen und alle Vorbereitungen, die damit verbunden sind. Die Erzählerin versucht es ihrer Tochter mitzuteilen und bricht ab, da es nicht leicht in Worten zu fassen ist, wie etwas scheinbar Harmloses mit dem äußersten Übel zusammenhängt: „Der Alltag, Lenka ... Aber du schweigst." (K, 177) Ein weiteres Beispiel ist die sogenannte „Normalszene", in der Nelly einer Konversation über Gerüchte von jüdischer Abstammung in Bezug auf eine Tante zuhört. Nelly versteht, dass „Jüdin" soviel wie unmoralisch und daher strafbar bedeutet, und verwendet in ihrer Aussage die Vokabel „Jüdin" ähnlich wie sie zum Beispiel die Vokabel „Diebin" verwendet hätte: „Ich will keine Jüdin sein!" (K, 181-182)

schlecht geschrieben, daß man es kaum fassen kann. [...] So erzählen diejenigen, die wenig zu sagen haben und daher alles sagen müssen, die unfähig sind, Charakteristisches von Belanglosem zu unterscheiden und daher auf jeden Fall alles beschreiben [...]"[46] Die Originalität dieser Ästhetik ist jedoch, wie sich gezeigt hat, nicht nach dem Belieben der Autorin entstanden, sondern wurde von unbeschreiblichem moralischem Druck erzwungen. So geschieht es, dass die Erzählerin sich aus der ästhetischen Krise mit einer Notlösung rettet. „Ein Notbehelf bleibt es." (K, 123), heißt es im Text. Auch die Erzählerin sieht ein, dass die Gegenwart weniger Chancen als die Vergangenheitszeit hat, sich für Literatur zu eignen. Da die Gegenwart als Zeit an sich problematisch geworden ist, steht sie nun nicht mehr als neutrales Material dem Autor zur Verfügung. Die logische Reihenfolge für die Erzählerin ist, die Gegenwart „auszufüllen" (K, 488), also erstmals von einem schuldfreien Standort neu zu definieren, um sie wieder in Besitz zu nehmen. Nur danach steht der Autor auf freiem Fuß in seiner Zeit. Die Entstehung der Erzählung *Kindheitsmuster* ist jedoch in der Übergangsphase zwischen diesen beiden Momenten angesiedelt.

> Dein Verdacht ist: wir leben in einer schneller verderblichen Zeit, in einer Zeit aus anderem Stoff als jene haltbaren früheren Zeiten. (Wegwerfzeit.) [...] Dagegen die Vergangenheitszeit, kompakt, heftig, konzentriert, wie zu Zeitbarren eingeschmolzen. Sie läßt sich beschreiben. Die nackte, bloße Alltagszeit der Gegenwart läßt sich nicht beschreiben, nur ausfüllen. (K, 487-488)

Colin Smith geht zwar in seiner Analyse auf die Ästhetik in *Kindheitsmuster* ein, doch stellt der Kritiker keine inhärente Verbindung zwischen den Ausschweifungen der Erzählerin in Alltagsszenen und der Ästhetik des Gesamttextes her. In Bezug auf folgende Belegstelle: „[...] das Essen, der Wein am Mittag, die paar Seiten eines Buches, die Katze, das Schlagen der Uhr aus dem Zimmer, in dem H. über seinen Bildern sitzt, die Sonnenreflexe auf dem Schreibtisch." (K, 362), meint Smith, dass „[s]uch experiences offer no resolution of the problems of creative practice, but in enabling temporary withdrawal from art, allow the author to return to her task with a fresh naivety. If not overcome, conflicts can be suspended, or shelved indefinitely, in the interests of productivity."[47] Meines Erachtens geht es der Erzählerin nicht nur um eine Erholungspause von der Handlungsebene. Bevor die Aufzählung der Elemente innerhalb der Wohnung der Erzählerin stattfindet, streift ihr Blick die Welt von draußen und behält „Geraschel der Pappelblätter, fernes Hundegebell und Motorengeräusch eines einzelnen Motorrades" (K, 362). Bemerkenswert an dieser Aufzählung ist die Bedeutung, die die Erzählerin diesen wenig eindrucksvollen Details zumisst: „auch das Unbedeutende [kann] nur das Gefühl steigern, zu leben [...]" (K, 362). Wenn man nach dem Kontext sucht, in den diese Bemerkung eingestreut ist, erkennt man, dass darin das erste traumatische Erlebnis in Nellys Kindheit vorkommt. Nelly ist im Begriff, mit ihrer Familie den zur Flucht angeschafften Lastwagen zu besteigen und ihre „Kindheitsstätte" (K, 361) dadurch zu verlieren. Offenbar dient dieses Gefühl, zu leben, als Gegengewicht des Traumas. Nachdem die Erzählerin sich auf die einfachsten Bestandteile der Realität be-

---

[46] Marcel Reich-Ranicki, a.a.O., S. 251.

[47] Smith 1987, S. 165.

sinnt, die bei einem beiläufigen Umsehen wahrgenommen werden können, gewinnt sie einen festen Standort in der Gegenwart, von dem aus sie Macht hat, die Vergangenheit ihren Wünschen entsprechend zu gestalten: „Heute macht es dir nichts aus, dir jenen bitterkalten Januartag zurückzurufen." (K, 362) Wie weit diese Ästhetik reicht, die hier als vitaler Teil der Sack-und-Asche-Ästhetik der Erzählung befunden wurde, stellt sie Erzählerin relativ früh im Entstehungsprozess fest:

> Beinah alles gehört hierher: Dahin ist es gekommen. Es verstärkt sich der Sog, der von dieser Arbeit ausgeht. Nun kannst du nichts mehr sagen, hören, denken, tun oder lassen, das nicht an dieses Geflecht rühren müßte. Der leiseste Anruf wird registriert, weitergeleitet, verstärkt, abgeschwächt, umgelenkt - auf Bahnen, die in seltsamer Weise miteinander verknüpft sind [...] (K, 122-123)

Die Strategie, in der Darstellung der Welt des Romans auf dem Niveau des Unscheinbaren, anspruchslos Alltäglichen zu bleiben, wird auch auf der Nellyebene angewendet. Manfred Jurgensens Bemerkung, Christa Wolf befände sich nicht nur auf der Suche nach der verlorenen Zeit, sondern zugleich auch auf der Suche nach dem verlorenen Ich,[48] trifft nur teilweise zu. Das Verhältnis zu Nelly ist gespalten. Dieser Zwiespalt wird an anderer Stelle ausführlich erörtert werden; vorerst soll gezeigt werden, wie die Ästhetik das Zerwürfnis der Erzählerin reflektiert. Den Aussagen der Erzählerin zufolge will der Text dem Kind „auf die Schliche kommen" (K, 71), es „»in den Griff«" kriegen (K, 155), gleichzeitig aber wirft die Ästhetik des Textes den Verdacht auf, das eigentliche Anliegen sei eher, das Kind loszuwerden. Man könnte behaupten, der Text versuche, die gegenwärtige Existenz der Erzählerin von der erinnerten Präsenz des Kindes zu läutern. Die Ästhetik entwickelt sich im Sinn der Umkehrung aller Neigungen, die das Kind kennt. Die Wahrnehmung der Erzählerin lässt sich mit Vorliebe auf das Gegenteil davon ein, was dem Kind selbstverständlich gewesen wäre.[49] Die Ästhetik der Aufwertung des banal Alltäglichen ist in einem Tauziehen mit dem Weltbild des faschistisch erzogenen Kindes begriffen. In erlebter Rede teilt Nelly dem Leser mit, sie wäre „insgeheim enttäuscht, [...] über die Fortdauer des schönen Herbstwetters, das den ganzen Polenfeldzug über anhalten sollte" (K, 220), denn die Siegessicherheit stimmt das Kind festlich. In dieser Stimmung bedauert Nelly die „Fortdauer alltäglicher Verrichtungen". Sie bedauert, dass sie den Rausch und Glanz des historischen Augenblicks banalisieren. Sie hätte es lieber, wenn der Alltag in einen Ausnahmezustand übergehen und ihr Leben „als Dauersondermeldung" in einen Thriller umschlagen würde. Die Erzählerin selbst nimmt Stellung zu der Spannung zwischen ihrer Ästhetik und dem Schönheitssinn ihrer kindlichen Vorläuferin, indem sie herablassend vom „nachlässigen Gedächtnis der Kinder" spricht, „das nur die bunten, strahlenden und die schrecklichen Ereignisse der Aufbewahrung für wert hält, nicht aber die alltäglichen Wiederholungen, die das ‚Leben' sind." (K, 93)[50] In der folgenden Besprechung der Konkretisierung die-

---

[48] Jurgensen 1980, S. 66.

[49] Eine ausgezeichnete Formulierung dieser Besonderheit gibt es bei Firsching: „Die Perspektive ist also nicht aus dem Jetzt auf Damals, sondern aus dem Damals zum Heute gerichtet." Firsching 1996, S. 82.

[50] Im Text kommen mehrere Formulierungen der Gleichsetzung von banalen Erlebnissen mit Leben vor: „Du bemerktest in den nächsten Tagen an dir einen Zuwachs an Aufmerksamkeit auch für

ser Ästhetik in den Themen und im Schreibstil der Nellyebene wird sich herausstellen, wie die Erzählerin dem Kind die Definitionsmacht abspricht. Dem Kind wird sozusagen die Kindheit unter der Nase weggeschnappt, da die Erzählerin Nellys Sichtweise umgestaltet.

Wenn Nelly selbst ihre Kindheit in „kräftigen Farben" (K, 232) sieht, muss man sich fragen, wo diese Intensität verloren gegangen ist. Denn gleich darauf nimmt die Erzählung Kurs auf eine völlig emotionslose Wiedergabe von Nellys „Sammelepidemien" (K, 232), während deren „Glanz- und Hauchbilder" gesammelt wurden, um dann auf die Poesiealben der Kinder in Nellys Klasse zu kommen. Der Effekt, auf den die Erzählung an diesem Punkt bedacht ist, will schockieren: beiläufig erwähnt die Erzählerin, dass in den Poesiealben der Mädchen zwischen den bekannten Verslein auch „Sprüche des Führers" erscheinen. Die Erzählung windet sich dann weiter durch Nebensächlichkeiten. Eine Aufzählung von einzelnen Gesten und Tischgesprächsfragmenten wird von der Aussage abgeschlossen: „Es ist nicht denkbar, daß irgendein Handgriff geändert oder unterlassen würde, bloß weil die Nachricht einging, der Vater wäre um ein Haar zum Mörder geworden." (K, 233) Somit hätten wir ein Muster herausgefunden: die Erzählung avanciert, indem sie durch eine Reihe von Banalitäten Schleifen zieht, um dann unversehens dem Leser durch Nebeneinanderstellung des Banalen mit Verfänglichem einen Schock zu versetzen. Die „Wonnen der Gewöhnlichkeit" (K, 232), die in der Erzählung weit und breit geschildert werden, werden regelmäßig mit einem Unterton gedoppelt, der andeutet, wie leicht sie mit Schuld belastet werden können. Zwei weitere Beispiele sollen das einheitliche Funktionieren des oben erwähnten Musters in der Erzählung illustrieren. Um das Motiv der „Sprach-Unmächtigkeit" (K, 196) im Fall Charlotte Jordans auszuarbeiten, führt die Erzählung über Redensarten Charlottes, über einer Episode, in der die Mutter Wasser zu ihrem Steingarten schleppt und Blutgerinnsel in den Armbeugen entwickelt, über der Angst der Kinder, da die Mutter zusätzliche Krankheitssymptome aufweist, wie eine geschwollene Schilddrüse und Anfälle von Tobsucht, und gelangt schließlich zu der Diskrepanz zwischen dem Anspruch, ein glückliches Familienleben zu führen, und den Symptomen geistiger und physischer Dysfunktionen. Die Idee, zu der die Aufzählungen führen sollen, ist, dass Charlotte sich keine Mühe gibt, ihre Sorgen und Ängste beim Namen zu nennen, mit dem Resultat, dass sich nichts zum Besseren wenden wird. Im zweiten Bespiel, das hier erwähnt werden soll, handelt es sich um die „Wortunmächtigkeit" Bruno Jordans. Ähnlich wie die Mutter kann sich der Vater nicht dazu bringen, der Tochter die Wahrheit über etwas Besorgniserregendes, nämlich die bevorstehende Schilddrüsenoperation Charlottes, zu sagen und lügt lieber, dass die Mutter eine Tante in Plau am See besuchen würde. Um dem Leser die Ausgangssituation darzulegen, wird detailreich über Bruno Jordans wortgewandtem Umgang mit „Vertretern großer Firmen" und den eigenen Kindern erzählt, ebenso ausladend über Charlottes Operation und dass sie Balladen aus dem Gedächtnis aufsagen kann, über die Szene am Geburtstagskaffeetisch, die Nel-

nebensächliche Erscheinungen, besonders aber für die Gesichter von Menschen und für die allerersten Anzeichen von Leben in der Natur [...]" (K, 142); oder „Auf der Rückfahrt der Genuß an den unendlich vielen verschiedenen Schattierungen von Grau am Himmel. Du bemerkst sie, weil du lebst." (K, 159)

ly macht, wenn die Lüge aufgedeckt wird und über die hilflose Zerknirschtheit des Vaters. Das Ziel dieses seitenlangen Rundgangs durch Alltägliches ist die Reflexion der Erzählerin: „Diese Art von Wortunmächtigkeit. Die einen Menschen in sich selbst einsperrt, ohne daß er über dieses Selbst etwas Näheres wissen kann." (K, 240), die sie auf das Thema der Selbstkenntnis zum Zweck der Vorbeugung, schuldig zu werden, zurückführt.

Dass diese Darstellung der Realität ins ästhetische Konzept der Erzählerin passt, ist offensichtlich. Weniger sichtbar ist der Grad, in dem diese Realität aufhört, die Welt des Kindes zu sein, um der Sichtweise der Erzählerin zu entsprechen. Auf diese Differenz möchte ich weiter eingehen. Wenn die Erzählerin vorzieht, in Nebensächlichkeiten zu schwelgen, sollte man bedenken, dass Nelly selbst ihre Welt auf dem Niveau des Alltäglichen wahrscheinlich nicht besonders erzählenswert gefunden hätte. Jedenfalls nicht als die Zelebrierung des Alltäglichen, die im Text stattfindet. Nelly hätte wahrscheinlich ihre Umgebung als Ausgangspunkt für eine Erzählung verwendet, in der diese Umgebung in den „kräftigen Farben" (K, 232) der kindlichen Perspektive, durchzogen von Dramatik und „Lust am Schauerlichen" (K, 44), erschienen wäre. Denn ihr Gedächtnis ist eines, „das nur die bunten, strahlenden und die schrecklichen Ereignisse der Aufbewahrung für wert hält, nicht aber die alltäglichen Wiederholungen, die das Leben sind." (K, 93) In *Kindheitsmuster* wird jedoch eine Kindheit beschrieben, die von der Erfahrung des (positiv) Außergewöhnlichen, Erstaunlichen, Faszinierenden und Wunderbaren sorgfältig gesäubert wurde. Es gibt zum Beispiel drei Episoden, in denen eine Hexe, eine Zigeunerin und ein Zauberer für die Unterhaltung des Familienkreises und der Gäste sorgen. Der Widerwille des Kindes, sich auf die Täuschung einzulassen, den Handel mit dem Trug einzugehen und ins Fiktionalbewusstsein überzuwechseln, ist außergewöhnlich. Gleichgültig ob das Kind in der Episode mit der Hexe vierjährig, in der Episode mit der Zigeunerin sechsjährig oder in der Episode mit dem Zauberer vierzehnjährig ist, seine Reaktionen sind zum Verwechseln ähnlich. Es ist nicht unerwartet, dass ein Kleinkind eine improvisierte Maskerade durchschaut; überraschend ist, dass dieses Durchschauen die Unterhaltung außer Kraft zu setzen droht. Nelly ist darauf erpicht, die Illusion zu zerstören. Sie klammert sich an Zeichen, die für die Zugehörigkeit der Hexe zur wirklichen Welt stehen: die Warze auf der Oberlippe (K, 86), die Stimme (K, 87) und der Ring am Finger der Hexe (K, 88) sind Kennzeichen der Tante Emmy. Für die meisten Kinder wäre diese Entdeckung eine Bagatelle, die im Lauf der Unterhaltung bald überwunden wäre. Für Nelly ist der Kern des Erlebnisses, dass sie sich aus der Unterhaltung heraushält. Dabei ist Tante Emmy als Gestalt eine faszinierende Erscheinung. Sie wird von Nelly jedoch sehr zurückhaltend, sogar unterkühlt registriert. Tatsächlich erfahren wir fast nichts von der Wirkung des zweiten Auftritts der Tante, als Zigeunerin, auf das Kind. Nachdem Nelly die Identität der Zigeunerin daran festmacht, dass sie „in Tante Emmys grünem Schultertuch und mit Tante Emmys Warze auf der Oberlippe auftrat" (K, 100), hören wir nichts mehr von ihr über die Zigeunerin. Während diese der Gesellschaft ihre Handlesekunst anbietet und außer der übersinnlichen Begabung, die Zukunft vorauszusagen, was sie in die Nähe der Erzählerin rückt, auch den Scharfsinn und die Kultur der Erzählerin[51] zu haben scheint, sind alle Anwesenden sichtlich beeindruckt. Nur Nelly enthält sich einer deutlichen Reaktion, was sehr verdächtig ist, wenn man ihr Alter bedenkt. Wenn Nelly vierzehn Jahre alt ist, reagiert sie mit noch heftigerer innerer Abwehr gegen die Künste des Zauberers Richard Andrack. In direktem Verhältnis zur altersbedingten Skepsis Nellys sind die Künste Andracks immerhin überzeugend. Nelly fühlt sich jedoch dazu berufen, Widerstand gegen die Zauberkräfte zu leisten:

> Nelly aber hatte allen fortgesetzten Versuchen des Herrn Andrack, sich ihrer zu bemächtigen, wacker und bewußt widerstanden. Es wäre ihr als ein Makel erschienen, so leicht verführbar zu sein. Trotzdem mußte sie sich fragen [...], ob es sich eigentlich lohne, [...]. Zugleich wußte sie: Das war ihre Sache nicht. Ihre Sache war, die eine zu beobachten [Nellys Kusine Astrid, das Medium, n.n.] und ein wenig zu beneiden und den anderen [Andrack n.n.] zu durchschauen. (K, 344-345)

Vergleicht man die Reserve Nellys beispielsweise mit der Begeisterung der Kinder in Thomas Manns *Mario und der Zauberer* für die Begegnung mit dem Übersinnlichen, ist man geneigt anzunehmen, dass die Wahrnehmung Nellys manipuliert wurde. Die Gier der Kinder bei Mann, sich vom Spektakel bezaubern zu lassen, ist plausibel, wobei Nellys Zurückhaltung auffällig gut ins Konzept der Sack-und-Asche-Ästhetik der Erzählerin passt. Die Erzählhaltung der Erzählerin ist mit Nellys Zurückhaltung deckungsgleich, insofern es in beiden Fällen letztendlich um die Untergrabung der Fiktionalität geht. Wichtiger noch ist die Einsicht in die zweite Manifestation der Sack-und-Asche-Ästhetik. Es ist offenbar, auf welche Weise die Wahrnehmung des Kindes manipuliert wird.[52] Es geht der Erzählerin um ein Abdämpfen des echten Farbenglühens, ein Abschwächen der Intensität der Affekte, die das Kind wirklich erlebte.

So kommt es, dass Nelly die „mittelmäßige Provinzstadt" (K, 182), in der sie aufwächst, liebt und sich für „heimatkundliche Gänge", Stadtgründungsgeschichte und Volksdichter (K, 183) interessiert, ungeachtet dessen, dass eine neue Mitschülerin Nellys die Stadt „langweilig" und sogar „sterbenslangweilig" findet. Nicht genug, dass die Erzählerin Nelly als Landpomeranze beschreibt, sie hält auch mit einer Reihe von undramatischen aber peinlichen ‚Niederlagen' Nellys nicht hinter dem Berg. Wie die meisten Kinder hat auch Nelly Gelegenheit, sich zur Kontrolle über kleine Welten für sich allein, sei es durch Spiel oder durch das Übertreten von Regeln, zu ermächtigen. In den folgenden Episoden bewirkt die Erzählerin jedoch, dass Nellys Erfahrung von Macht

---

[51] Die Zigeunerin sagt nicht nur wirklich Zutreffendes voraus, sie teilt auch die Sympathie Nellys und der Erzählerin für Walter Menzel oder Dr. Leitner und deren Antipathie für Alfons Radde. Im Austausch der Zigeunerin mit Dr. Leitner schärft sie ihm ein, zu fliehen, was auch Nelly/die Erzählerin gerne getan hätte, wenn sie erwachsen gewesen wäre, denn Nelly hatte zu Dr. Leitners „stillem, vornehmem Wesen Zutrauen gefaßt" (K, 102). Auch scheint die Zigeunerin gebildet zu sein, da sie den hebräischen Namen des Ewigen Juden, Ahasver, in die Konversation einbringt (K, 103).

[52] In der Tatsache, dass statt dem Kind dessen alternde Tanten die Unterhaltung mit Begeisterung genießen, würden Freudianer einen klaren Fall von Projektion ausmachen: „Schön! sagt Tante Lucie. Aber fast alle fühlen, es ist nicht nur schön, es ist ergreifend schön, und aufregend obendrein. Tante Trudchen sind direkt Schauer den Rücken rauf und runter gelaufen. Es fehlt ihr, seit sie geschieden ist, doch ein bißchen an ausgefallenen Erlebnissen." (K, 335)

und erhöhtem Selbstgefühl ins Gegenteil, in eine Erfahrung von Ohnmacht oder Schwäche, gekehrt wird. Wenn Nelly mit einer Freundin „Prinz und Prinzessin“ spielt, taucht ein Junge auf, den Lenka aufgrund der Erzählung ihrer Mutter als geistesgestört einschätzt. Der Junge brüllt auf die Mädchen ein, „Ich bin euer Führer Adolf Hitler [...]“ (K, 158) und verlangt als „Beweis ihrer Unterwerfung“, dass sie mit „Siegheil!“ in seine Deklamation einstimmen. In einer zweiten Episode organisiert Nelly ein Spiel mit den Nachbarskindern, in dem sie als Lehrerin den anderen Kindern Rechnen, Lesen, ein englisches Lied und Bibelgeschichten beibringt. Sogar Pausenspiele gibt es in Nellys alternativer Schule. Der Spaß ist jedoch kurzlebig, da Nellys Spiel den Hass eines juvenilen Schlägertyps aus der Nachbarschaft anstachelt. Dieser Junge verdirbt den Kindern das Spiel und schlägt zuletzt auch noch Nellys Nase ein (K, 163-164). Auch wenn Nelly zu einem späteren Zeitpunkt gegen das absurde Redeverbot, mit dem ein Lehrer die Klasse tyrannisiert, verstößt, drohen ihr Schläge. Um ein Haar wird sie vor allen Mitschülern gedemütigt. Dass Nelly dann doch nicht geschlagen wird, verdankt sich einer Laune des Lehrers. Dadurch wird die Erfahrung des Kindes von Ohnmacht und Ausgeliefertsein nur verstärkt; sie fühlt sich als „trotz allem Geschlagene“ (K, 198). Im letzten Beispiel, das hier genannt werden soll, bestraft Nelly sozusagen sich selbst. Gegen das ausdrückliche Verbot ihrer Mutter verbringt Nelly Zeit mit dem Jungzugführer Horst Binder, der sich effektiv bis in äußerliche Einzelheiten, wie Frisur und Gangart, mit Hitler identifiziert. Nellys kleine Eskapade in den Bereich der Jugendschwärmerei ist eine einzige Enttäuschung. Nellys gemischte Gefühle von Neugierde, Angst und Ekel resultieren in Beschämung, besonders da Horst Binder sich wenige Jahre später als kaltblütiger Mörder herausstellt. Wie Lenka es ausdrückt, muss man bedenken, „daß ein Jüngling wie dieser nicht das vorteilhafteste Licht auf das Mädchen wirft, das er mit seiner Anhänglichkeit belästigt.“ (K, 260)

Keiner der Gegenspieler Nellys aus den obengenannten Episoden ist ein respektabler Gegner im Sinn der literarischen Dramatik. Der scheinbar verrückte Junge, der brutale Raufbold, der böse Lehrer und der traurige Hitlerfanatiker werden bloß oberflächlich skizziert. Sie werden jedenfalls nicht wie die faszinierenden Monster entwickelt, die in der Weltliteratur etwa bei Charles Dickens oder Robert Louis Stevenson Kindern das Leben schwer machen. Die Erzählerin führt diese Episoden ein, nicht um einen dramatischen Konflikt zu erzeugen, sondern um dem Selbstwertgefühl Nellys einen Schlag zu versetzen. Denn generell werden Momente wie diese entweder zu fiktionalisierten dramatischen Konflikten ausgebaut oder sie geraten in Vergessenheit und werden nur ungern erinnert. Jene Momente sind in fast jeder Kindheit vertreten, wenn Kinder realisiern, dass sie die schwächsten Exemplare der Spezies sind und gegen Gewalt oder gegen die Macht der Erwachsenen recht wenig ausrichten können. Kindern wird dann die Schattenseite des Kindseins bewusst, ihre vielfältige Unterlegenheit. Was hat es für eine Bedeutung, wenn die Erzählerin eben diese Momente in den Text integriert? Meiner Einsicht nach kommt hier die betont anti-nostalgische Tendenz des Textes zum Zuge. Es entspricht der Ästhetik des Gesamttextes, dass die Erzählerin nicht lediglich darauf verzichtet, Nellys Kindheit zu romantisieren. Sie muss noch tiefer ansetzen. Die einzige legitime Form, in der die Kindheit der faschistisch erzogenen Nelly von der schuldbewussten Erzählerin dargestellt werden kann, ist unter dem Aspekt der

Anti-Nostalgie, als entmythisierte und banalisierte Inhalte. Es gehört zur Entdeckung jedes Lesers von *Kindheitsmuster*, dass Schuldbewusstsein die auktoriale Erzählperspektive prägt und dass eine Aufwertung von banalen Nebensächlichkeiten zur Hauptsache stattfindet. Man kann das ästhetische Konzept, auf dem diese Erscheinungen beruhen, jedoch erst in ihrer Interdependenz ausmachen. Die notwendige Zugehörigkeit der Einheiten zum Konzept muss sichtbar gemacht werden. Sofern konnte eine kausale Verbindung zwischen dem Schuldbewusstsein der Erzählerin und ihrer Würdigung alltäglicher Realitäten auf der Reflexionsebene, beziehungsweise der anti-nostalgischen, banalisierenden Sichtweise auf der Nellyebene festgestellt werden.

Man muss dem Text die Konsequenz hoch anrechnen, mit der die Tendenz der auktorialen Perspektive bis in die kleinsten Details konkretisiert wird. In diesem Abschnitt möchte ich auf die Modifizierungen eingehen, die die Darstellung von Genuss durch das Konzept der Sack-und-Asche-Ästhetik erfährt. Anthony Stephens stellt zu Recht fest, dass

> [D]dem Sog, der von Romankindheiten ausgeht, die stetige, sich häufiger wiederholende als variierende Metaerzählung entgegen[wirkt], die den Leser unablässig vor die Probleme der »Authentizität« und vor die Gefahren einer verklärten oder revanchistisch verfälschten Vergangenheit stellt, so daß der Rhythmus jener Jahre zu einem Stakkato wird, das dem ursprünglichen Gang des damals Erlebten schwerlich entsprechen kann. [...] [D]as erzählkritische Selbstverhör [hat] die unverkennbare Wirkung, dieser Kindheit alles Proustische, man möchte sagen: ›Kulinarische‹ zu nehmen.[53]

Die Tendenz, Genuss nur mäßig, in begrenzter Form zuzulassen, ist auch auf der Reflexionsebene präsent. Eine Episode, die scheinbar vom Erzählkurs abzweigt, wiederholt jedoch in metafiktionaler Konzentration das Gleichgewicht zwischen Trauer und gemäßigtem Genuss im Gesamttext. Die Erzählerin muss die Nachricht vom Tod einer Freundin verarbeiten und genießt in ihrer Bedrückung die bescheidenen Wonnen, die sich in ihren Trauerzustand schicken: „Dein Genuß, in einem durchschnittlichen Café zu sitzen. Auf der Rückfahrt der Genuß an den unendlich vielen verschiedenen Schattierungen von Grau am Himmel. Du bemerkst sie, weil du lebst." (K, 159) Auch der Trauerzustand, in dem die gesamte Sichtweise der Erzählerin vertieft ist, drückt sich in der Vorliebe der Erzählerin für mittelmäßige, bescheidene Genüsse aus. Wir hatten gesehen, dass die anti-nostalgische Tendenz sich in einer Reduzierung der Kindheit auf gewöhnliche Ereignisse manifestiert. Es geht um dieselbe anti-nostalgische Wirkung, wenn die Erzählerin auf der Nellyebene beim Motiv Genuss Extreme vermeidet und die Mitte hält, wenn sie nicht auch davon in Untertreibungen abweicht. Die Erörterung dieses Motivs ist für diesen Text angebracht, da die Erzählerin mithilfe von Objekten, Accessoires und jenen anderen Effekten, die in Thomas Manns Prosa als „freundliche[r] Überfluß[]"[54] bezeichnet werden, ihre Gestalten charakterisiert. Bei Wolf findet man eine asketischere Version von freundlichem Überfluss. Die einzige Gestalt, der die

[53] Anthony Stephens, ›Die Verführung der Worte‹ - von „Kindheitsmuster" zu „Kassandra". In: Manfred Jurgensen (Hg.), Wolf: Darstellung - Deutung - Diskussion. Bern 1984, S. 128.

[54] Thomas Mann, Bekenntnisse des Hochstaplers Felix Krull. In: Gesammelte Werke. Bd. 7, Oldenburg 1960, S. 320.

Erzählerin ihren Wohlstand gönnt, ist der sympathische Dr. Leitner. Die Zeichen des Wohlstands - sie erwähnt Dr. Leitners „feine Goldrandbrille“ (K, 101), sein „Batisttaschentuch“ und dass er „Weißbrotbrocken“ an die Schwäne im Park verfüttert (K, 106) - lässt die Erzählerin da unbeanstandet. Diese Ausnahme hat wahrscheinlich damit zu tun, dass diese Gestalt sich vom Ansatz an von den anderen als Unschuldiger, als verfolgter Jude, absondert. Ihre Werte von Rechtschaffenheit scheint die Erzählerin eher aus der ärmlichen Umwelt von Nellys Großeltern mütterlicherseits zu nehmen. Nellys Großmutter wischt sich die Augen im Kontrast zu Dr. Leitner mit dem Schürzenzipfel (K, 214), woraus ersehen werden kann, dass sie auch bei Familienfesten die Küchenschürze nicht abnimmt; der Großvater erzählt Nelly die Geschichte, in der ein Holzfällerbursche, der positive Held, als Zeichen seiner Redlichkeit „sein trocken Brot verzehrt [und] aus einer Flasche dazu klares Wasser trinkt“ (K, 43). Simplizität und Ehrlichkeit scheinen da ineinander überzugehen. Diese Werte sind jedoch weniger extrem als die der fanatischen Lehrerin Julia Strauch, die Nelly mit unappetitlichen „trockenen Haferflockenplätzchen“ und „dünne[m] Tee“ bedient (K, 281), „Schuhe[] mit schiefgetretenen Absätzen“ trägt und Strümpfe anzieht, „die bis hoch in die Wade hinauf gestopft waren“ (K, 286). Julia Strauchs extreme Sparsamkeit entartet in eine Art Selbsttortur, was Nelly nicht befürwortet.

Personen, die einen hohen Lebensstandard haben, werden um so schärfer kritisiert. Der Fabrikbesitzer Tietz (K, 169) oder der Grundsbesitzer Folk (K, 400) zum Beispiel haben ausschließlich unsympathische Merkmale. Die Erzählerin mokiert sich über Tietz, da sie Nelly beobachten lässt, wie er „einen Ring mit einem schwarzen Stein am kleinen Finger trägt, den er abspreizt, während er im Stehen aus einem winzigen Täßchen Kaffee trinkt [...]“ (K, 170). Die Erzählerin zeigt da eine Geste auf, die an den Dandyismus anknüpft. Der allerdings war in Westeuropa schon etliche Jahrzehnte vorher aus der Mode gekommen. Es ist bezeichnend, dass Nellys Begegnung mit Tietz auf der Geburtstagsfeier seiner Tochter Lori stattfindet, bei der Nelly von einer dauernden Befangenheit befallen ist. Es gibt zwar Kakao (K, 170) und Götterspeise mit Schlagsahne (K, 171), doch Nelly entschuldigt sich bei den Gastgebern und geht lieber nach Hause, wo ihre Mutter ihr ein gutes einfaches „Leberwurstbrot“ (K, 172) auftischt. Die Szene besiegelt durch das komplizenhafte Gelächter, in das Mutter und Tochter ausbrechen, die Differenz zwischen der negativen Sphäre der bürgerlichen Tietz und der positiven des bescheideneren kleinbürgerlichen Zuhause. Da schimmert das sozialistische Feindbild vom Wohlstand, der unter der Bedingung von sozialer Ungerechtigkeit erworben wurde, durch. Es gibt entsprechende Äußerungen der Erzählerin auf der Reflexionsebene. Im Kontext einer Beschreibung von DDR-Familien der gehobenen Mittelklasse, „die sich miteinander langweilen und eine mörderische Sterilität ausstrahlen“ (K, 158), erwähnt die Erzählerin, dass die Frauen „Westtextilien“ tragen. Wenn statt „Kleider“ das Wort „Textilien“ gebraucht wird, indiziert die Erzählerin, dass von ihrem Standpunkt aus westliche Waren nur mit der Zange anzufassen sind. Ernüchternd ist auch das Vorurteil des Teenagers Lenka, wenn sie ein fünfzehnjähriges Mädchen in einem „Opel aus Düsseldorf“ und ihre Familie als „Spießer“ abfertigt, bloß weil das Mädchen ein modisches Accessoire hat und Lippenstift aufträgt (K, 67).[55] Es ist interessant zu sehen, wie die merkwürdig komplexe Aversion der Erzählerin gegen Genuss und Wohlstand - das sozialistische Feindbild mit der Ästhetik von *Kindheitsmuster* kombinierend - in die Gestaltung der Nellyebene eindringt.

Eine Reihe von Äußerungen in einem leicht mokanten Sprachstil dokumentieren eine Erzählhaltung, die auf Distanz vom Objekt der Erzählung bedacht ist. Zur Zeit als sich Nellys Eltern kennen lernen, kleiden sie sich nach der Mode der 20er Jahre. Allgemein wird diese Dekade als eine der elegantesten des vergangenen Jahrhunderts gesehen; jedenfalls mit Bezug auf die Klassen, die über der Armutsgrenze lagen. Die Erzählerin erlaubt sich jedoch kein wenig Nostalgie nach oder Genuss am Schönheitssinn jener Zeiten. Sie beschreibt Nellys Eltern mit wohlmeinender Ironie: Bruno Jordans Hut wird mit dem kolloquialen Namen, als „Kreissäge" (K, 115) beschrieben, Charlottes Hut ist ein „Wagenrad von Hut" (K, 119), womit die Selbstinszenierung der jungen Frau nach der Eleganz der 20er Jahre herabgesetzt wird. Auch vom Wohlstand, den sich das Ehepaar Jordan und ihre Verwandten während der 30er Jahre erarbeiten, nimmt die Erzählerin Abstand. Inneneinrichtungen werden neutral-zurückhaltend (K, 29) oder auch etwas abschätzig (K, 99) beschrieben. Das geschieht zum Beispiel durch die Hervorhebung des französischen Adjektivs „bleu" bei der Beschreibung des neuen Couchtischs: „mit sechzehn Kacheln belegt (in »bleu«)" (K, 160): die Hervorhebung verrät, dass die Erzählerin die neue Anschaffung nicht als selbstverständlich akzeptiert, sondern unterschwellig möglicherweise missbilligt. Was die Schilderung von Gerüchen und Aromen aus der Kindheitszeit betrifft, macht sich auch da die anti-nostalgische Tendenz bemerkbar. Die Erzählhaltung der Erzählerin ist gleichgültig, wenn sie die bescheidenen Genussmittel, die ihre Familie sich leistet, erwähnt: selbstgemachter Johannisbeerwein (K, 116) und Eierlikör (K, 101), der immergleiche Streuselkuchen, den die Großmutter zu Festen bäckt (K, 99). Der Kontrast zwischen dem moralischen ästhetischen Konzept in *Kindheitsmuster* und der amoralischen Ästhetik in Günter Grass' *Blechtrommel* zum Beispiel wird offenkundig, wenn man die Darstellung der Kolonialwarenläden der Jordans und der Matzeraths miteinander vergleicht. Das Angebot der Läden sollte von ihrer geographischen Lage ausgehend das gleiche gewesen sein. Bei Wolf gibt es keine umfassende Beschreibung des Ladens, man kann jedoch den Inhalt aus eingestreuten Aussagen zusammentragen. Es ist auffällig wie sachlich und unpersönlich sich die Nennung der Waren vernimmt. Im Jordanschen Laden gibt es „Zucker", „Kathreiner Malzkaffee", „Knorr's Suppenwürste" (K, 13), „Butter" (K, 22), „Heringe" (K, 112), „Bananen" (K, 159), „Nudeln und Maggi's Suppenwürze" (K, 238), „Fischbüchsen, [...] Brote[ ], Essigfässer[ ], Würste[ ]" (K, 242), „Konfektstücke" (K, 270) und „Borkenschokolade" (K, 273). In der Beschreibung von Matzeraths Laden konzentriert der Erzähler sich auf Waren, die Düfte und Aromen verströmen, er fällt auch spielerisch in die eingängige Sprache der Werbung. Der Erzähler beschreibt einen Weg zum Geschäft als

---

[55] Zu den Ungerechtigkeiten, die Wolf in Bezug auf westliche Staaten unterlaufen sind, vgl. Peter J. Graves, Christa Wolf's „Kassandra": the Censoring of the GDR Edition. In: Modern Language Review 81 (1986), S. 946 Fußnote 10 und vgl. Gretchen Wiesenhahn, Christa Wolf Reconsidered: National Stereotypes in „Kindheitsmuster". In: The Germanic Review 68 (1993) 2, S. 79-87.

> [...] zu den Haferflocken, zum Petroleum neben dem Heringsfässchen, zu den Korinthen, Rosinen, Mandeln und Pfefferkuchengewürzen, zu Dr. Oetker's Backpulver, zu Persil bleibt Persil, zu Urbin, ich hab's, zu Maggi und Knorr, zu Kathreiner und Kaffee Hag, zu Vitello und Palmin, zu Essig-Kühne und Vierfruchtmarmelade [...][56]

Es dünkt schließlich fast genussfeindlich, wenn Nellys Erinnerung an die Herstellung von Bonbons in der Fabrik ihres Onkels auf einen distanzierten Eindruck reduziert wird. Die Bonbons erscheinen als industrielle Produkte, als „heiße, zähflüssige Masse" (K, 126), die in eine Maschine gegossen wird. Sie werden nur über den Seh- und Tastsinn wahrgenommen: „die roten und grünen Eisbonbons, frisch geschnitten, noch durchsichtig, warm und klebrig" (K, 125), nicht jedoch über den Geruchs- und Geschmackssinn. Der Grund, warum die Erzählerin nicht mit Proustscher Nostalgie dem Aroma der Bonbons nachsinnen kann, hängt mit dem unehrbaren Erwerb der Fabrik durch Emil Dunst vom Juden Geminder, und allgemein mit der Mitschuld an der deutschen Täterschaft zusammen.

Die Stoßrichtung der vorliegenden Analyse führt zum Überblick über die Ästhetik in *Kindheitsmuster*. In der Diskussion der Polenreise der Erzählerin war darauf hingewiesen worden, dass Fiktionalität als Begriff in konventioneller Form verstanden wird. Die Erzählerin sieht im Fiktionalbewusstsein einen von Realbewusstsein unterschiedlichen Bewusstseinsstatus. Wenn in *Kindheitsmuster* unentwegt gegen das Verbleiben im Fiktionalbewusstsein gearbeitet wird, geschieht das programmatisch. Man könnte sagen, der Leser wird mit einer Erzählinstanz konfrontiert, die streikt. Der einmalige Umgang mit Fiktionalität in dieser Prosa hängt mit der schuldbeladenen Perspektive der Erzählerin zusammen. Das Thema der Erfahrung von Leid ist allgegenwärtig in der modernen Literatur, so dass es für nötig erachtet wurde, zu vergleichen, wie Trauma als Thema aus einer schuldfreien Perspektive behandelt wird. Zu diesem Zweck wurde ein Text aus der Zwischenkriegszeit, Woolfs *Mrs Dalloway*, und ein Text aus der Nachkriegszeit, Beckers *Jakob der Lügner*, herangezogen. In beiden Texten wird Fiktionalität eingesetzt, um das Selbst der Protagonisten vor der Realisierung des traumatisch Wirklichen zu schützen. Fiktionalität fungiert als eine bewusst eingesetzte kreative Initiative, die das Bewusstsein des Betroffenen gegen Traumen abdichtet. In Texten, die aus einer schuldfreien Perspektive erzählt werden, erfüllt Fiktionalität die Funktion von Schadenbegrenzung. In Wolfs Prosa finden wir dagegen eine deutliche Weigerung, die Erzählerin zu schonen. Da wird die Trennwand zwischen Fiktional- und Realbewusstsein aufgehoben, damit die Erfahrung des Schuldbewusstseins sich ungehindert entfalten kann. In einer anderen Zeit hätte die Erzählerin wahrscheinlich ihren Neigungen zur Fiktionalität stattgegeben, doch nach 1945 kann sie im Blick auf ihre Mitschuld Fiktionalität nur noch widerstrebend in ihre Texte einlassen. Sie sieht sich moralisch verpflichtet, das Verweilen im Fiktionalbewusstsein in kurze Episoden zu organisieren, die ohnehin von der Reflektionsebene aus unterbrochen werden, um mit Kommentaren vervollständigt oder korrigiert zu werden. Statt eine Erzählung über die Kindheit der Erzählerin zu sein, drängt der Text Reflexionen, die während der Erzählzeit entstanden sind, nach

[56] Günter Grass, Die Blechtrommel. München 1998, S. 173.

vorne. Die metafiktionalen Eingriffe der Erzählerin kommen in klar unterscheidbaren Varianten vor, von denen sechs in dieser Analyse aufgegriffen wurden. Paradoxerweise bezeugt das allumfassende auktoriale Erzählverhalten keine Selbstsicherheit, sondern, im Gegenteil, ein Schwinden an Selbstvertrauen und -wertgefühl. Die Erzählerin übersetzt in ihre Ästhetik die Erfahrung des Verlusts der optimistischen Garantien, die das Selbstbild des Menschen im Humanismus bestimmten. Da sie Deutsche ist, kommt für die Erzählerin noch speziell die Mitschuld an der deutschen Täterschaft dazu. Unter dem Gewicht dieses Schuldbewusstseins geben die brüchig gewordenen humanistischen Fundamente nach. Die Erzählerin ist gezwungen, eine zeitgemäße Identität zu finden. Zu diesem Zweck unternimmt sie den Versuch, ihre Schwäche in eine Stärke umzuwerten. Die Erzählerin macht es zu ihrer Identität, sich selbst zu beschuldigen. Ihre Stimme wird als eine, die sich gegen sich selbst erhebt, laut. Dadurch dass die Erzählerin ihre Identität durch Hervorheben ihrer Schuld bezieht, hat sie die Geste der Büßer im Alten Testament nachgeahmt. Diese veränderten durch Sack und Asche ihre äußere Erscheinung drastisch, um zu signalisieren, dass sie eine geringere Identität angenommen hatten. Die Identität des Gefallenen anzunehmen, heißt dann aber auch, eine Identität zu haben, die von Gott und der Welt anerkannt wird. Bekanntlich kann man, wenn man sich freiwillig auf den Tiefpunkt des Selbstwerts begibt, nicht tiefer sinken; es kann eigentlich nur noch aufwärts gehen.

Die Erzählerin gewinnt an Boden, indem sie die Wirklichkeit aus der Perspektive der Bereuenden schätzen lernt. Die auffällig irrelevanten Daten, die sich in den Text der Reflexionsebene einfinden, und die eintönigen, ereignislosen Kindheitserinnerungen der Nellyebene stehen für die spezifische Aneignung der Wirklichkeit und implizit für die Stärkung der Identität der Erzählerin. Die Tatsache, dass die Wirklichkeit scheinbar ohne Distanz und vorsätzliche Selektion in den Seiten des Romans ‚zitiert' wird, verrät aber das unsicher bleibende Identitätsgefühl der Erzählerin. Die Erzählerin ist bemüht, die Wahrnehmung von Wirklichkeit sowohl in der Gegenwart als auch in der Vergangenheit durch ihr ästhetisches Konzept zu filtern.[57] Dabei bemächtigt sich die Erzählerin der Perspektive Nellys und lässt das Kind die Welt aus der Perspektive der Erwachsenen sehen. Das Geschehene kann zwar nicht ungeschehen gemacht werden, aber die Wahrnehmung des Alltags und der Genüsse der Vergangenheit können manipuliert werden, damit sie mit der Ästhetik der Erwachsenen im Einklang sind. Andererseits muss man bedenken, dass diese Manipulierung und die Veränderungen, die sie bewirkt, die einzige Form darstellen, in der die Kindheit der Erzählerin erhalten bleiben kann. Wenn die Erzählerin es nicht unternähme, ihre Vergangenheit aus der reformierten Perspektive neu zu definieren, müsste sie die Kindheit von sich abtrennen. Ich komme nun auf den grundlegenden Aspekt der Ästhetik von *Kindheitsmuster* zu sprechen: die komplexe Beziehung der Erzählerin zu Nelly. Die Ästhetik, die bisher als Sack-und-

---

[57] Sandra Frieden verwendet den Begriff des Filterns, um den Prozess, der auf der Reflexionsebene stattfindet, zu beschreiben: „[...] the remembering adult conjunctures the flood of memories and the awareness of implications, a filter of hindsight through which the former deeds and values must now pass."
Sandra Frieden, A Guarded Iconoclasm: The Self As Deconstructing Counterpoint To Documentation. In: Marilyn Sibley Fries (Hg.), Responses To Christa Wolf: Critical Essays. Detroit 1989, S. 270.

Asche-Ästhetik bezeichnet wurde, ist zwar beeindruckend in ihrer Flexibilität, sich in den Inhalten, Themen, Motiven und dem Stil der Reflexions- und der Nellyebene zu artikulieren. Doch dieser Zusammenhang braucht das Element der Intrige, das den Text erst zu einer spannenden Erzählung promoviert. Die Bereitwilligkeit der Erzählerin, sich dem Schreibprozess auszuliefern, durchzieht unangefochten den Text. Meiner Einsicht nach gibt es aber einen faszinierenden Konflikt, der den Anschein der ästhetischen Einheitlichkeit des Gesamttextes herausfordert.

2.6. Der Anschein einer Peripetie

Im Essay *Lesen und Schreiben*,[58] der mehrere Jahre vor *Kindheitsmuster* entstand, erläutert die Autorin ihre Strategie, die Kindheit aus der Perspektive der Erwachsenen umzubilden. Als Kind hatte sie sich ein kleines Refugium im Kartoffelfeld in Hörweite des Hauses eingerichtet: eine Furche im sandigen Boden, in die das Kind sich versteckt und für kurze Zeit ein Dasein außer Reichweite der Erwachsenen genießt. Dieses winzige Versteck wird mit Superlativen beschrieben, als „schönstes, erwünschtestes Lager".[59] Die Autorin will es aber so haben, dass der Genuss des Kindes vom Zugriff des schlechten Gewissens getrübt wird:

> Ich halte den Atem an. Nun bin ich glücklich, weiß, daß ich es nicht sein dürfte und daß ich mich für immer daran erinnern werde. Nachts wird Fliegeralarm sein. Ich zwinge mich, an die Menschen zu denken, die auch in dieser Minute getötet werden. Schlechten Gewissens gebe ich mir zu, daß ich kein schlechtes Gewissen haben kann über mein Glück [...][60]

Die Erzählerin erklärt weiterhin, was sie dazu bewegt, die Perspektive des Kindes zu manipulieren:

> Und der Erzähler? Er liegt ja selber in der Kartoffelfurche, ist geschrumpft auf die Maße der Vierzehnjährigen, [...] ist aber zugleich gewachsen und sieht auf die Vierzehnjährige hinab. Hält es nach fünfundzwanzig Jahren der Mühe wert, sich zu erinnern: Damals war ich glücklich und sollte es nicht sein. Versucht, schreibend, getreu zu sein, und findet: Die fünfundzwanzig Jahre haben nicht nur an ihm, sie haben auch an jener früheren Szene gearbeitet. Muß zugeben: Er hat sie nicht ‚objektiv' erzählt - das ist nicht möglich. Es entmutigt ihn nicht. Er entschließt sich, zu erzählen, das heißt: wahrheitsgetreu zu erfinden auf Grund eigener Erfahrung.[61]

Im Licht der vorangegangenen Interpretation kann man erkennen, dass „wahrheitsgetreu" sich auf die Wahrheit der Erwachsenen bezieht. Die Wahrheit des Kindes - die Erfahrung, die das Kind damals machte -, muss vor der revidierten Wahrheit der Erwachsenen weichen. Man kann davon ausgehen, dass das Kind in der Kartoffelfurche höchstwahrscheinlich kein schlechtes Gewissen gehabt hatte und dass es ihm gut ge-

[58] Christa Wolf, Lesen und Schreiben (1968). In: Die Dimension des Autors. Essays und Aufsätze, Reden und Gespräche 1959-1985. Darmstadt und Neuwied 1987, S. 463-503.

[59] Ebenda, S. 480.

[60] Ebenda, S. 480-481.

[61] Ebenda, S. 481.

lang, seine Sorgen und Unzufriedenheiten zu verdrängen, um die Augenblicke in der Kartoffelfurche rückhaltlos zu genießen. Tatsächlich gehören im Text der Erzählung *Kindheitsmuster* jene Glücksmomente in der Kartoffelfurche zur Ausnahmekategorie der Episoden, die sich auf Genuss beziehen. Zum Unterschied zu den besprochenen Beispielen, in denen Genuss nur in gemäßigter Form zugelassen wird, geht es da um rückhaltloseres Genießen. Alle Episoden in dieser Kategorie haben zugleich mit dem Genuss von Literatur zu tun. Wenn Nelly sich zu ihrem Zufluchtsort zurückzieht, tut sie es, um zu lesen (K, 89 und K, 168). Nelly stellt sich zugleich die Aufgabe, wie sie die berauschende Erfahrung ihrer jugendlichen Energie und der Natur um sich literarisch ausdrücken könnte (K, 168). Wenn Nelly ihre Umwelt aus der Geborgenheit ihres Verstecks einigermaßen proto-literarisch wahrnimmt, macht sie die glücklichsten Erfahrungen ihrer Kindheit. Die anderen Ausnahmesituationen, in denen die Erzählerin Nelly unvermindert genießen lässt, stellen sich ebenfalls ein, wenn Nelly liest. Die Verbindung von Literatur und Genuss, sei es der Konfektstücke „der teuersten Sorte" (K, 270), der Borkenschokolade (K, 273), die Nelly aus dem Laden der Eltern mitgehen lässt, oder der „süße[n] Büchsenmilch" (K, 390) in einer provisorischen Bleibe während der Flucht vor den sowjetischen Truppen, wird da hervorgehoben. Der Konsum von Genussmitteln hat bekanntlich die Wirkung, unangenehme Affekte zu betäuben. Dabei ebnet Genuss den Weg für das Hinüberwechseln ins Fiktionalbewusstsein. Diese Verbindung verdeutlicht die Konventionalität der Erfahrung Nellys mit Fiktionalität. Zur nochmaligen Fundierung des Gesagten will ich auf die Beschreibung der Leseerfahrung Nellys eingehen. Es soll darauf hingewiesen werden, dass diese Beschreibung die Konventionalität der Leseerfahrung unterstreicht. In ihrem Refugium in der Kartoffelfurche hat Nelly sich „eingenistet" (K, 168), ihr Körper passt in die Kuhle wie in einen „Sarg" (K, 92). Mehr noch wird der Ausdruck des „sich in [ein] Buch vergraben" (K, 89) für die Leseerfahrung gebraucht. Lesen wird als Übergang in einen ontologisch unterschiedlichen Seinsbereich ähnlich dem Übergang in den Tod beschrieben. Das Denken schaltet das Bewusstsein von der Realität aus und überlässt sich der Erfahrung des Fiktionalen. Die Erzählerin ertappt sich selbst als Nelly dabei, wie sie Fiktionalität wider das ästhetische Konzept in *Kindheitsmuster* erfährt. Die Frage stellt sich nun, warum die Erzählerin sich diese Episoden durchgehen lässt, statt sie wie die anderen Erinnerungen im Sinn ihrer Ästhetik zu retuschieren. Der Konflikt zwischen der Erzählerin und Nelly weist somit eine zusätzliche Schicht auf, die bisher nicht genannt wurde.

Es hat sich bereits herausgestellt, dass die Erzählerin voreingenommen ist, Nelly von sich abzuspalten und sich von der Kindheit insgesamt zu distanzieren. Die Erzählerin spricht sich selbst dazu aus, dass sie „nie wieder sein [des Kindes, n.n.] Verbündeter sein konnte[]" und äußert den Wunsch, „sich von ihm [dem Kind, n.n.] abzukehren und es zu verleugnen" (K, 155). Die Verleugnung konkretisiert sich in der Erzählung in der Neuformulierung der Erinnerungen aus der Perspektive der Erwachsenen. Die Gespaltenheit der Erzählerin hat jedoch mehr auf sich, als der verständliche aber auch gefühlige Schmerz über die verlorene Kindheit. Denn die Abtrennung Nellys von der ernüchterten Erwachsenen impliziert, dass auch die Begabung des Kindes und alle damit verbundenen Fertigkeiten, die Nelly sich in der ersten Hälfte des Lebens der Erzählerin angeeignet hat, unzugänglich werden. Wenn es nötig wird, dass die Erzählerin ihre

Kindheitserinnerungen manipuliert, indem sie Akzente setzt und die Inhalte entsprechend ummodelt, gehen die authentischen Erinnerungen dabei verloren. Es ist skandalös und verständlich zugleich, dass die Erzählerin diesen Verlust nicht leicht hinnimmt. Wenn sie ihre Vergangenheit leidenschaftlich gerne von faschistischen Elementen säubern würde, möchte sie doch im Idealfall Nellys literarische Erfahrung herüberretten. Doch ist die Wahrnehmung des Kindes untrennbar mit der faschistischen Prägung seiner Realität verhakt, so dass sie aufgegeben werden muss. Der springende Punkt der Erzählung ist dieser Konflikt zwischen der Erzählerin und Nelly. Genaugenommen ist es ein Konflikt zwischen zwei Parteien: der aus der Perspektive der erwachsenen Erzählerin und der manipulierten Perspektive Nellys gebildeten Einheit einerseits und der authentischen Perspektive Nellys, die wir aus wenigen Spuren erschließen können, andererseits. Die Kräfte sind ungleich verteilt. Zweifelsfrei dominiert die Einheit der beiden Perspektiven, der Erzählerin und Nellys, im Vergleich zu der in Rückständen vorhandenen Perspektive des wirklichen Kindes das Feld. Die moralische Ästhetik der Erzählerin überwiegt die amoralische Ästhetik, an der die wirkliche Nelly Gefallen hatte. Betrachtet man jedoch den einheitlichen Zusammenhang des Textes nach dem Prinzip einer Ästhetik, die hier als eine mit Sack und Asche ausgestattete Ästhetik beschrieben wurde, so erkennt man in der geisterhaften Präsenz des begabten Kindes das einzige ausreichend herausfordernde Element,[62] das in der Lage ist, eine Diversion in diesem Zusammenhang zu kreieren.

Die Herausforderung reduziert sich darauf, dass die Erzählerin manchmal einen elegischen Ton anstimmt, wenn sie auf das künstlerische Potential Nellys zu sprechen kommt. Die Elegie gilt dem Bereich des Möglichen, der ihr durch die Verwicklung Nellys in die Schuld Deutschlands abhanden gekommen ist. Doch selbst dieser elegische Ton ist schüchtern und verhalten. Es wird nicht deutlich gemacht, was die Erzählerin mit dem „innere[n], niemanden sonst betreffende[n] Geheimnis" (K, 155) Nellys meint. Man versteht jedoch, dass es um die Identität des Kindes geht, in dem gute Anlagen durch faschistische Einflüsse geschädigt wurden. Erst beim zweiten Mal, wenn von Nellys „Geheimnis" die Rede ist, wird die Bedeutung des Geheimnisses in den Kontext der literarischen Begabung Nellys situiert:

> Vielleicht sollte es dir um Verluste, die Nelly erlitt - unwiderruflich erlitt, wie du heute weißt -, doch Leid tun. Vielleicht sollte es dir Leid tun um das Kind, das sich damals verabschiedete: von niemandem gekannt und als derjenige geliebt, der es hätte sein können. Das sein Geheimnis mitnahm: das Geheimnis von den vier Wänden, in die es eingeschlossen war, die es abtastete, um jene Lücke zu finden, die ihm etwas weniger Angst machte als die anderen - aber doch auch noch Angst genug. Eine Angst, die sich damals in einem durchdringenden, an-

[62] In dieser Hinsicht macht Michael G. Levine eine treffende Beobachtung: „This child [Nelly, n.n.], I would suggest, is also a figure of writing otherwise, of writing that bestirs itself independent of certain promptings in the lapses and syncopes of authorial control. It is therefore telling that the narrator usually begins to worry at those points in the novel where she seems to have too much control over the story she is telling."
Michael G. Levine, Writing Anxiety: Christa Wolf's „Kindheitsmuster". In: Diacritics 27 (1997) 2, S. 109.

> dauernden Gefühl von Selbstfremdheit zu erkennen gab [...]. Der entsetzliche Wille zur Selbstaufgabe läßt das Selbst nicht aufkommen. (K, 296-297)

Wir können nicht wissen, ob das Kind tatsächlich von dem Gefühl der Selbstfremdheit geplagt wurde und ob die Ahnung von der Verkehrtheit der Welt, in der sie lebte, sich tatsächlich als permanente Angst manifestierte. Es ist möglich, dass Nelly diese Erfahrung macht. Ebenso ist es möglich, dass die Erzählerin im Nachhinein die Angst des Kindes in diese Richtung ausgelegt hat. Bezeichnend an dieser Belegstelle ist die Metapher, die das „Geheimnis" Nellys beschreiben soll. In einem eingeschlossenen Raum sucht Nelly nach einem Ausgang, und findet schließlich eine „Lücke", die ihr weniger Angst macht als andere. Könnte damit die Erfahrung des Wechselns ins Fiktionalbewusstsein gemeint sein? Es wurde in der Erörterung des Beckerschen Textes gesagt, dass Fiktionalität Angst zwar nicht vertreibt, jedoch davon ablenkt und sie sogar episodisch vergessen machen kann. Die Tatsache, dass Nelly lediglich in dieser „Lücke" einen Ausweg identifiziert, führt auch auf das Einmalige des Individuums Nelly, auf ihre Begabung, zurück. Doch die Erzählhaltung der Erzählerin in dieser Passage lässt keinen Zweifel daran, dass es ihr insgesamt ausschließlich auf die moralische Ästhetik ankommt. Die Unsicherheit, mit der sie sich selbst den Vorschlag unterbreitet, Nellys verlorenem „Geheimnis" nachzutrauern, ist vielsagend. Aber obwohl der Geltungsbereich der moralischen Ästhetik nicht überschritten wird, spürt man, wann er an die Grenze getrieben wird. Beim zweiten und dritten Lesen der Erzählung, wenn dem Leser die vereinheitlichende Ästhetik vertraut ist, fällt es auf, wenn der Ton plötzlich ins Elegische umschlägt. Der Leser registriert es als unerwarteten Umschwung der Verhältnisse des Textes. Die Diskrepanz zwischen den Selbstverurteilungen der Erzählerin und der verhaltenen Trauer, um nicht zu sagen: Nostalgie, nach der Identität des begabten Kindes von damals wird erst dann als eigentlicher Motor, der den dramatischen Spannungsbogen der Erzählung herstellt, erkannt. Aussagen wie „[d]as »Licht der Kindheit« - wie hattest du hoffen können, es wiederzufinden! - blieb unsichtbar." (K, 156), die von suspekten Ausrufen unterbrochen werden, oder Assoziationen, wie jene, die der englische Satz einer Bettlektüre, „But I was a nice girl", nach sich zieht: „Mitten in der Nacht erwachen. Das unstillbare Weinen. But I was ... Alle für immer verlorenen Möglichkeiten versammelten sich in jener Nacht um dich." (K, 242), dokumentieren den ursprünglichen Zwiespalt der Erzählerin. Die unterschwellige Elegie ist jedoch eine überwundene Erscheinung, die im Rückzug begriffen zu sein scheint. Es ist wichtig, ihr sporadisches Auftreten im Auge zu behalten, um das Ausmaß zu verstehen, in dem die Erzählerin sich eine neue Identität erschafft.[63] Erst gegen das Pendant der Elegie kann man ermessen, wie radikal der Wunsch der Erzählerin ist, eine Literatur zu schreiben, die ihrer reformierten Nachkriegsidentität entspricht. Die Elegie nach der Ästhetik, die Nelly entwickelt hätte, liegt folglich dem Erzählsystem *Kindheitsmuster* zugrunde. Alle anderen Schichten, die gegen das Selbst der Erzählerin verfahrende Reflexionsebene,

---

[63] Jurgensen suggeriert eine Parallele zwischen der Suche in „Kindheitsmuster" nach einer Identität und der Suche nach einer entsprechenden Romanform: „Christa Wolf fiktionalisiert Selbstentwürfe. Auch ‚Kindheitsmuster' ist insofern weniger ein Roman, als der Roman einer Entstehungsgeschichte des Romans. Er ist in diesem Sinne der Entwurf eines Romans."
Jurgensen 1980, S. 67.

die metafiktionalen Eingriffe in die Nellyebene und schließlich die Filterung der gesamten Nellyebene durch die Reflexionsebene, beruhen auf dem Entschluss der Erzählerin, ihrer Kindheit verlustig zu gehen.

Im folgenden Kapitel wird *Sommerstück* besprochen, jener Text Wolfs, in dem die Erzählinstanz die ästhetische Ausrichtung der Texte *Nachdenken über Christa T.* und *Kindheitsmuster* von einem distanzierten Blickpunkt ins Auge fasst. Mit diesem bewusst aufrechterhaltenen Abstand steht die Ästhetik von *Sommerstück* in einem engen Zusammenhang. Dadurch aber, dass die Erzählerin in *Sommerstück* die Wolfsche Ästhetik von einer Metaebene erwägt und dabei, wie sich zeigen wird, auf die elementaren Grundsätze der Erzählkunst zurückgeht, ist der ursprüngliche Antrieb dieser Erzählung vom Wesen her metafiktional. *Sommerstück* konstituiert eine Ausnahmeerscheinung, eine konzeptuelle Unregelmäßigkeit im Œuvre Wolfs. Um der Ästhetik dieses Textes auf den Grund zu gehen, wird in den ersten beiden Untereinheiten des folgenden Kapitels (3.1. und 3.2.) die Positionsänderung der Erzählinstanz im Hinblick auf die ehemalige Einstellung beschrieben. Wie der neuartige Standort zu einzelnen metafiktionalen Gestaltungsmitteln in Bezug steht, wird hauptsächlich ab 3.2.1. erörtert werden. Zwar sind Interventionen der Erzählerin von der Erzählzeit in die erzählte Zeit auch in diesem Text vorhanden, sie werden jedoch von den metafiktionalen Prozeduren, denen meine Analyse Vorzug gibt, in den Schatten gestellt. An sich sind die besagten Eingriffe weniger bedeutungstragend als in den beiden bisher besprochenen Texten, da die Perspektive Ellens sich mit der Perspektive der Erzählerin problemlos vereinbaren lässt. In Anbetracht des Spannungsverhältnisses zwischen der Sichtweise der Erzählerinnen und der von Christa T. oder Nelly trifft für diese Texte das genaue Gegenteil von einer Vereinheitlichung der Perspektiven zu, was zugleich bedeutet, dass in beiden Fällen in den metafiktionalen Aussagen der Erzählinstanzen Informationen über die Ästhetik des Gesamttextes zu finden sind. In *Sommerstück* dagegen können Daten über die Ästhetik des Textes einer anderen Art von Metafiktion entnommen werden. Die metafiktionalen Textelemente, die in *Sommerstück* die ästhetische Gesamttendenz widerspiegeln, lassen sich in den Episoden identifizieren, in denen die Erzählerin entweder die Fiktion unvermittelt aufhebt, indem sie aus der Erzählung hinaustritt und ihre Welt von Außen betrachtet oder in denen sie durch den bewährten Topos des Spiels im Spiel und schließlich durch einer Reihe von meisterhaft eingefädelten textontologischen Inkohärenzen die Wahrnehmungsarten verwirrt.

3. Christa Wolfs *Sommerstück*

3.1. Der Zerfall politischer Weltvorstellungen

Nachdem Christa Wolf am 17. November 1976 den Protestbrief gegen die Ausbürgerung Wolf Biermanns aus der DDR mitunterschrieben hatte, kam die Autorin in Konflikt mit dem Staat. Anders als bei ihrer Intervention auf dem 11. Plenum des Zentralkomitees 1965 zugunsten der in Ungnade gefallenen Autoren Werner Bräuning und Peter Weiss geht es bei dieser Auseinandersetzung bedeutend ernster zu. Der strittige Punkt ist nun auch nicht mehr poetische Lizenz im Sozialismus, sondern die Fähigkeit des Staates, zutreffende Kritik zu vertragen. Insbesondere verübelte die SED-Führung den zwölf Erstunterzeichnern des Protests, dass sie den Brief von einer westdeutschen Nachrichtenagentur veröffentlichen ließen. Der Parteivorstand erachtete das als Verrat und ging gegen die Unterzeichner vor. Christa Wolfs Wohnung wurde darauf ostentativ von der Stasi observiert. Die Observation hatte es auf die Einschüchterung der Autorin abgesehen; sie sollte verstehen, dass sie in der Gewalt des Staates stand.[1] In „tribunalartige[n]“ Parteiversammlungen[2] im Berliner Bezirksverband der Schriftsteller vom 23. 11. 1976 und vom 20. 01. 1977 wurde auf Wolf Druck ausgeübt, um die Autorin zur Rücknahme ihrer Unterschrift zu bewegen. Wolf ließ sich jedoch nicht beeinflussen und provozierte in ihrer Verteidigungsrede mit nachdrücklicher Bitterkeit: „[...] dann muß eben auch ich mit dem höchsten Strafmaß rechnen und darauf bestehen.“[3] Das Urteil der SED-Führung in Bezug auf Christa und Gerhard Wolf lautete auf eine „strenge Rüge“ im Fall der Autorin und auf Ausschluss aus der Partei für Gerhard Wolf.[4] Der Zusammenstoß mit der SED öffnete der Autorin die Augen über ihre Machtlosigkeit in der DDR. Der „wüste Winter“[5] 1976/1977, den die Erzählerin in *Was bleibt* in ihrer Berliner Wohnung unter dem wachen Auge ihrer Stasi-Beobachter verbringt, treibt die Erzählerin in *Sommerstück* zur Flucht aufs Land. Das Stadtbild ist ihr zum Synonym für die erfahrene Kränkung und Enttäuschung geworden.

Die politischen Machthaber des Staates, dem Wolf die Treue zu halten glaubte, behandelten sie, als hätte sie einen Treuebruch begangen. Dieser Konflikt, in den Wolf durch ihr Engagement für die DDR und gegen die SED geriet, spiegelt sich in *Was bleibt* und in *Sommerstück*. Die beiden Texte, teilweise in der Periode unmittelbar nach 1976 entstanden, geben Aufschluss über eine Zeit der Selbstbefragung und Bilanz. Die politischen Überzeugungen der Erzählerin in *Was bleibt* geraten erwartungsgemäß ins Wanken, wenn der Staat in Gestalt der Stasi ihr friedliches Künstlerdasein beeinträch-

---

[1] In der Erzählung „Was bleibt“ erkennt die Erzählerin an eindeutigen Zeichen, dass ihre Post geöffnet wurde. Darüber hinaus machen sich die Stasimänner keine Mühe, die Spuren ihres wiederholten Einbrechens in die Wohnung der Erzählerin zu verwischen.
Christa Wolf, Was bleibt. München 1997.

[2] Wolfgang Emmerich, Kleine Literaturgeschichte der DDR. Leipzig 1996, S. 255.

[3] Ebenda, S. 256.

[4] Ebenda.

[5] Christa Wolf, Sommerstück. München 1997, S. 41. Weiterhin abgekürzt als S, Seitenangaben in Klammern.

tigt. Die Verunsicherung bleibt jedoch nicht bei Fragen des Festhaltens an einer Politik stehen. Das Weltbild der Hauptgestalten der Prosa Wolfs, wie es von *Nachdenken über Christa T.* oder von *Kindheitsmuster* bekannt ist, wird von der Erzählerin in *Sommerstück* geprüft, gewogen und nach dem Wert befragt. Die gewaltsame Unterdrückung der Kritik im SED-Staat hatte die Erzählerin in *Was bleibt* um die Hoffnungen und Erwartungen gebracht, die sie auf die Politik der DDR projiziert hatte. Die verzwickte Lage der Erzählerin in diesem Text ist das Resultat unversöhnlicher Widersprüche, die ihren politischen Standpunkt in der DDR ausmachen. Sie betrachtet sich als selbstverständliches, wenn auch meistens kritisches, Mitglied der Kaste der Planer und Leiter, der intellektuellen Linienrichter der demokratischen Republik, ohne einzusehen, dass auch diese sich dem Diktat der SED beugen müssen. Jürgen M., der Agent der Stasi in der Erzählung, wirft der Erzählerin gekünstelte Naivität vor, insofern sie die Privilegien der intellektuellen Elite genießt, ohne sich für den Missbrauch von Macht durch die Partei verantwortlich zu fühlen:

> Deine ganze Traumtänzerei, sagte Jürgen M., dieses Gehabe auf dem Seil, ohne abzustürzen. [...] Wir sind im Mittelalter. [...] Es hat sich nichts geändert, abgesehen von Äußerlichkeiten. Und es wird sich nichts ändern, und wenn man sich als Wissender über die Masse der Unwissenden erheben wolle, dann müsse man seine Seele verkaufen, wie eh und je.[6]

Obwohl die Erzählerin in *Was bleibt* immer noch glaubt, dass der Sozialismus der modernen Gesellschaft die optimale politische Lösung zu bieten hat, entzieht sie nicht bloß dem Honecker-Regime ihr Vertrauen. Auch die theoretischen Gemeinplätze des Sozialismus werden vom inzwischen kritisch distanzierten Standpunkt der Erzählerin nach dem Wahrheitswert befragt. Sozialistische Ansichten, die Wolfschen Gestalten wie zum Beispiel der Christa T. zugrunde liegen,[7] stellen sich in *Was bleibt* als falsch heraus.

Nachklänge der chronologisch vorhergehenden Periode, in der sich die Ereignisse von *Was bleibt* abspielen, dringen in die Zeit der Erzählung *Sommerstück* ein. Der Entschluss, aufs Land zu ziehen, war beliebig; Ellen wäre „beinahe alles recht gewesen [...], was sie aus der Stadt herausgebracht hätte, wo ihr beinahe nichts mehr recht war." (S, 13) Die ländliche Umgebung wirkt beruhigend, so dass Ellen „die angespannte, durch Zermürbung entstandene Stadtmüdigkeit" (S, 23) allmählich überwindet. Ellen entwickelt jedoch kein idyllisches Verhältnis zum Ländlichen. Zufällig gelangt die Erzählerin

---

[6] Christa Wolf, Was bleibt, a.a.O., S. 47.

[7] Wie bereits im ersten Kapitel erörtert, hält Christa T.s naive Ehrfurcht vor der Masse der Gesellschaft sie davon ab, ihre Energie in eine künstlerische Laufbahn zu investieren. Christa T. will sich nicht auf Literatur festlegen, da dieses Unternehmen keinen quantifizierbaren Beitrag zum Wohl der Gesellschaft leistet. Die Erzählerin in „Was bleibt" urteilt da wesentlich anders: „So hatte ich nicht gedacht, aber die Zeit schien gekommen, so und noch ganz anders zu denken. Anders und anders. Die Menge nicht immer als unfehlbar, als Richter, als übergeordnet; als die Vielen, die es besser wissen, die ich nicht mißachten, kränken, ignorieren durfte, als die große Masse, die im Zweifelsfalle immer Recht hatte. Da ging sie an meinem Fenster vorbei, wußte nichts und hatte nicht Recht noch Unrecht, denn sie war eine Konstruktion. Und war es nicht denkbar, daß es nicht auf sie ankam, sondern auf die einzelnen Menschen die ja und nein sagen konnten, den Arm automatisch heben oder die Zustimmung verweigern, auf Weisung den ersten Stein werfen oder das Urteil nicht anerkennen."
Christa Wolf, Was bleibt, a.a.O., S. 72.

in die mecklenburgische Gegend zurück, die sie bei Kriegsende auf der Flucht vor sowjetischen Truppen durchquert hatte. Wir können annehmen, dass Ellen und Nelly die biographischen Daten der Autorin Wolf haben. Somit schließt sich ein Kreis für die (fiktive) Schriftstellerin Ellen. Nach zweiunddreißig Jahren kehrt Ellen in den Teil Norddeutschlands zurück, in dem sie sich als Achtzehnjährige kurzweilig befand. Aus diesem Anlass bricht für Ellen eine Zeit der Selbstbefragung und des Bilanzierens an.[8] Die ungewohnte Umgebung, die Natur und das Dorf, bietet den geeigneten Hintergrund dafür, insofern eingefahrene alltägliche Verhaltensmuster hier entfallen. Ellen begrüßt die Abwechslung an sich, wobei sie den Umzug aufs Land als Mittel zum Zweck betrachtet. Für Ellen besteht der Zweck der Episode im mecklenburgischen Dorf darin, die Veränderungen ihres Weltbilds zu erforschen und dingfest zu machen. So kommt es, dass Ellen *nach* dem Umzug ins Landhaus eines Tages ihren Mann mit der Aussage überrascht: „Ich glaube, wir müßten anders leben. Ganz anders." (S, 24) Das ‚Leben' Ellens, ihre familiären Bezüge zur Realität, stimmen mit ihrem neuen Identitätsgefühl nicht mehr überein.

Wenn in anderen nach 1976 entstandenen Texten Wolfs, zum Beispiel in *Kein Ort. Nirgends* oder *Kassandra*, die Kritik an der Partei in Allegorien und Parabeln aus Geschichte und Mythologie verschlüsselt ist, bezieht sich die Kritik in *Was bleibt* und in *Sommerstück* direkt auf die Verhältnisse in der DDR. Es ist offenbar, dass Ellens Beschreibung eines Winters als „der wüste Winter" (S, 41) auf den Winter 1976/1977 zutrifft, als die scheinbare Liberalisierung zu Beginn der Honecker-Ära rückgängig gemacht wurde und der Staat die Schriftsteller auf den Status von Untertanen herabsetzen wollte. In einem Brief ihrer Freundin Steffi, spielt diese auf die Metapher „gesellschaftlicher Krebs" (S, 41) an, mit der Ellen wahrscheinlich in ihrem Brief den damaligen Zustand der Gesellschaft bezeichnet hatte. An einer andere Belegstelle für Ellens Unzufriedenheit mit der politischen Realität heißt es, sie halte wegen den unablässig „unfruchtbaren Zeiten" (S, 35) nicht viel davon, ein hohes Alter zu erreichen. Allgemein gilt, dass auch die Bemängelungen und Kritiken über konkrete Vorfälle in der Politik von Ellen indirekt, in Anspielungen, dargebracht werden. Die anderen Gestalten bemühen sich nicht um Metaphern. Bella zum Beispiel drückt ihre Unzufriedenheit - hier im Einschub in erlebter Rede - umgangssprachlich aus: „[...] alles, was geschah - es geschah ja immer irgendwas! -, unbewußt darauf hin betrachten, ob es den geeigneten Grund abgeben konnte, zu gehen." (S, 162) Auch der Mediziner und Maler Clemens formuliert seine Vorwürfe präzise. Clemens ärgert sich darüber, dass er historische Zentren der schönen Künste wie Rom und Paris, die für ihn als Maler von besonderem Interesse sein dürfen, als DDR-Bürger nicht bereisen darf. Darauf lässt er seine Frustrierung in einer unmissverständlichen Anklage an die Partei laut werden: „[...] falls die

[8] Der Aspekt der Lebensbilanz in „Sommerstück" wurde von mehreren KritikerInnen aufgegriffen und kommentiert.
Vgl. Anna Chiarloni, Christa Wolfs „Sommerstück". In: GDR Monitor 21 (1989), S. 40; Gunnar Müller-Waldeck, Christa Wolfs „Sommerstück" - jetzt gelesen. In: Weimarer Beiträge 37 (1991) 1, S.139; Therese Hörnigk, „Sommerstück" - Ein Theater der Frauen? In: Michel Vanhelleputte (Hg.), Christa Wolf in feministischer Sicht. Frankfurt am Main 1992, S. 166.

Mißgunst in ihm überhandnahm, sollten das die verantworten, die Privilegierte und Benachteiligte schufen." (S, 152-153)

Im Fall Ellens muss sich der Leser Mühe geben, um die Kritik aus den vagen Aussagen zu entziffern, die nicht in die Kategorie der allumfassenden Metaphern fallen. Ein Beispiel dafür wäre der Zusammenstoß Ellens mit einem „kleinen Mann" auf einem Parkplatz, der wegen einer geringen Ursache Ellen und ihre Gefährten entsetzlich beschimpft. Ellen begreift bei dieser Gelegenheit, dass „sie sich nicht eine einzige Gängelung oder Beschimpfung mehr gefallen lassen konnte, die rechthaberischen kleinen Männer nahmen historische Dimensionen an, sie mußte ihnen entgegentreten [...]." (S, 78) Der Übergang vom Singular der konkreten Person des „Mannes" zum Plural der „Männer" indiziert ein metonymisches Verhältnis zu einem bedeutenderen Sachverhalt. Man kann spekulieren, dass es um Konflikte zwischen Ellen und Parteifunktionären geht, bei denen Ellen Gängelungen und Beschimpfungen widerfuhren.[9] Eine weitere renitent kritische Äußerung kommt im Kontext des Erhaltens eines Briefes vor, über den wir scheinbar nichts erfahren, außer dass er die Erzählerin traurig stimmt.

> Wieder einmal hatte ein Mensch, dem sie sich vertrauensvoll eröffnet hatte, sich vorsichtig zurückgezogen und distanziert, und jedesmal traf es sie wie beim erstenmal, und die Trauer, die sie hinunterwürgte, bezog sich nicht nur auf diesen Menschen, sie bezog sich auf sie selbst. (S, 143)

Leser, denen die Erzählung *Was bleibt* bekannt ist, erinnern sich an die Spannungen zwischen der Erzählerin und ihrem Bekannten Jürgen M., der inzwischen für die Stasi arbeitet. Da reagiert die Erzählerin bei einer Begegnung mit Jürgen M. ähnlich wie Ellen in *Sommerstück* beim Erhalten des Briefs.[10] Erst in diesem Kontext wird ersichtlich, dass der Mensch, dem Ellen sich „vertrauensvoll eröffnet" hatte, wahrscheinlich einer der vielen ist, die es in *Was bleibt* vorziehen, mir einer *persona non grata* wie die Erzählerin keinen Umgang zu haben.

Der Abstand, den die Erzählinstanzen in den beiden Texten von der SED-Diktatur und von der Stasi als deren Vollstrecker nehmen, erfüllt sie jedoch mit Trauer. Von der vielleicht eher angebrachten Sicherheit, die Gerechtigkeit auf ihrer Seite zu wissen, gibt es bei Ellen oder bei der Erzählerin in *Was bleibt* keine Spur. Vom Ausgangspunkt der Erzählung geht es um eine Gruppe Intellektueller, die sich aus innerem Protest gegen die politischen Entwicklungen in der DDR um die Zeit der Ausbürgerung Biermanns aufs Land zurückziehen. Man könnte erwarten, dass sich das Selbstverständnis der Künstlerenklave auf dem Bewusstsein der eigenen Rechtschaffenheit gründen wird, wie bei einer Sekte, die sich abschottet, um eine makel- und kompro-

---

[9] Man könnte einen Bezug zur Wirklichkeit herstellen und dahinter eine Allusion Wolfs zu den Parteiversammlungen im Berliner Bezirksverband der Schriftsteller vom 23. 11. 1976 und vom 20. 01. 1977 vermuten. Ebenso könnte man die Aussage Ellens über ihre Unlust, sich für die Befreiung einer im Tschad gefangegehaltenen französischen Soziologin einzusetzen, mit der Biermann-Affäre in Verbindung bringen:
„Ist mir die Frau im Tschad wirklich kaum etwas anderes als der Mann im Mond, fragte Ellen sich. Und seit wann habe ich alle die Frauen und Männer aufgegeben, die nach meinem Engagement verlangen? Seit mir klar ist, daß ich den Allernächsten um mich herum nicht helfen kann?" (S, 137)

[10] Christa Wolf, Was bleibt, a.a.O., S. 38-40.

misslose Existenz zu führen. Obwohl im Text tatsächlich eingeklagt wird, dass der Reformelan dieser Gruppe, ihre „Pläne, Entwürfe", ihnen „plump abgeschmettert" wurde (S, 95) und dass ihr Beitrag zur Gesellschaft als solcher unerwünscht ist,[11] sucht Ellen die Schuld an den Missständen in der DDR bei sich selbst. Dabei gibt sich die Erzählung den trügerischen Anschein eines Idylls.[12] Nach Außen hin wird eine kleine heile Welt im Abseits dargeboten. Gleichzeitig wird gegen den Strich gebürstet, wenn die Ursachen für das politische Fiasko in der anfänglichen Einstellung der mittlerweile machtlosen Intellektuellen ausgemacht werden. Im Grunde hatte die Generation, die die Welt verändern wollte, es bis zu den Konferenzen gebracht, auf denen man sich gegenseitig beschimpfte (S, 175). Der Verdacht, aus mangelnder Eignung versagt zu haben, macht sich bemerkbar. Der Kontrast zwischen den womöglich zu hoch geschraubten Ansprüchen und der eigenen Unzulänglichkeit lässt das gesamte Weltbild Ellens zeitweilig aus den Fugen geraten. Die Periode, die Ellen in den exzeptionellen Umständen einer idyllischen Landschaft verbringt, kennzeichnet sich allenfalls nicht durch Stabilität und Harmonie. Die Fundamente, die ihr Weltbild gefestigt hatten, bieten keinen Halt mehr.[13] Sie werden vom Selbst dieser Gestalt abgelöst und gegen das Licht gehalten. Anders als im Genre des Idylls, in dem die Protagonisten sich auf ihr wahres Selbst besinnen, findet man bei Ellen eine für Wolf neuartige Bereitschaft, Auffassungen, die ihr Selbstverständnis bestimmen, als relativ anzusehen. Das bedeutet auch, für unterschiedliche und sogar konträre Auffassungen aufgeschlossen zu sein.

---

[11] Vgl. „Ganz deutlich, bedrängend sogar, spürten sie doch bei aller Lebensfülle, einen Vorrat in sich, der niemals angefordert wurde, ein Zuviel an Fähigkeiten und Eigenschaften, die sie für nützlich und brauchbar hielten, die eine Vergangenheit und, so hofften sie immer noch, eine Zukunft hatten, aber keine Gegenwart." (S, 191)

[12] Den idyllisch-elegischen Zug von „Sommerstück" heben sowohl Die Zeit als auch Der Spiegel im Feuilleton hervor. Darüber besteht Einigkeit auch in der Neuen Deutschen Literatur und in Neue Deutsche Hefte. Kritische Studien über den idyllischen Aspekt finden sich bei Hans-Peter Ecker, wo eine Verbindung der Erzählung Wolfs zum antiken Genre des Idylls hergestellt wird, und besonders bei Peter J. Graves, dessen Interpretationen die Lebenshaltung der Erzählerin anhand des Kontrastes zwischen Idyll und Vergänglichkeit ausleuchten.
Club der einsamen Schmerzen. In: Der Spiegel 43 (10. 04. 1989), S. 229 (anonym); Fritz J. Raddatz, Ein Rückzug auf sich selbst: Christa Wolfs „Sommerstück". In: Die Zeit - Literaturbeilage 13 (24. 04. 1989), S. 2; Werner Liersch, Herbst- und Sommerstücke. In: Neue Deutsche Literatur 37 (1989) 5, S. 140-145; Jürgen P. Wallmann, Christa Wolf: „Sommerstück". In: Neue Deutsche Hefte Nr. 201, 36 (1989) 1, S. 152-153; Hans-Peter Ecker, Plädoyer für eine neue Rezeption von DDR-Literatur, demonstriert an Christa Wolfs „Sommerstück". In: Euphorion 88 (1994) 2; Peter J. Graves, An Idyll, and Afterwards. In: Times Literary Supplement (21.-27. 04. 1989), S. 435 und
East-West Memories of a Lost Summer: Christa Wolf and Sarah Kirsch. In: Arthur Williams, Stuart Parkes und Roland Smith (Hg.), German Literature at a Time of Change 1989-1990. Bern 1991, S. 129-138 und
Christa Wolf's „Sommerstück": an Intensified June Afternoon. In: Modern Language Review 87 (1992), S. 393-406.

[13] Frauke Meyer-Gosau weist darauf hin, dass seit dem Ende der 70er Jahre „der innere Friede und die ganz persönliche Entwicklung jedes einzelnen durch gerade diejenigen [in Gefahr sind], die in den Nachkriegsjahren die utopischen Losungen ausgegeben hatten."
Frauke Meyer-Gosau, Lebensform Prosa: eine Wegbeschreibung von der »Moskauer Novelle« zu »Was bleibt«. In: Heinz Ludwig Arnold (Hg.), Christa Wolf. Text und Kritik, Heft 46, München 1994, S. 25.

Die Erzählerin scheut nicht davor zurück, sich durch die Perspektive der illusionsresistenten und auch kaltschnäuzigen Irene zu betrachten. Indem sie die Ironie Irenes nachvollzieht, reflektiert die Erzählerin selbstironisch sich selbst in den: „[...] Hoffnungen und Enttäuschungen, an denen sie [Irene, n.n.] nicht teilgehabt hatte und die sie kindisch und unverständlich fand, besonders wenn sich die Gesichter der Älteren bei den gleichen Stichwörtern auf die gleiche Weise veränderten." (S, 55) Die Distanz zwischen dem Gesichtspunkt Irenes und den beobachteten Anderen ist extrem. Irene zufolge reagieren sie automatisch mit verklärten Gesichtszügen auf bestimmte reflexauslösende „Stichwörter". Die Irritierung Irenes über das Festhalten am nunmehr anachronistischen Lebensgefühl der ‚Aufbauphase' des Sozialismus wird in dieser Beobachtung prägnant ausgedrückt: die Intellektuellen erscheinen als Individuen mit konditioniertem, ferngesteuertem Innenleben, die ebenso unreflektiert wie pawlowsche Hunde reagieren. Ellens eigene Erfahrung bestätigt diese Beobachtung Irenes. An anderer Stelle knüpft sie an das ironische Kommentar Irenes mit einer selbstironisch intendierten Metapher: „Das Signal, etwas tun zu müssen, leuchtet schon noch auf. Täglich. Überhaupt bin ich wie ein Signalkasten, in dem andauernd verschiedenfarbige Lämpchen aufleuchten. Es muß ein schönes flirrendes Muster geben." (S, 136) Nachdem Ellen der Partei ihr Vertrauen entzieht, muss sie ihren politischen Standort neu definieren und stößt dabei auf unerwartete Schwierigkeiten. In metaphorischer Sprache teilt sie dem Leser mit, dass ihre Wahrnehmung mit ihren politischen Neigungen verwachsen ist oder sogar von diesen übernommen wurde. Ellen spricht von einer „fremde[n] Macht", in deren Gewalt sie stehe, so dass sie sich „wie ein von falschen Wörtern und Vorstellungen besetztes Land" vorkomme. (S, 137) Typisch für Ellens Perspektive ist es auch hier nicht möglich, zu identifizieren, worauf sich die „Macht" bezieht. Der Leser registriert nur, dass Ellen gegen ihre voreingenommene Wahrnehmung wie gegen einen verhassten „Fremdkörper" ankämpft, bleibt aber darüber im Unklaren, ob hiermit der Partei, dem Sozialismus oder dem politischen Engagement an sich abgesagt wird.

Differenzen bestehen aber auch zwischen Ellen und Gestalten, die ihr näher stehen als Irene. Ellen scheint oftmals bereit, ihre Meinungen zu revidieren. Da wären Bella oder Steffi, wobei Ellen sich allerdings konsequent weigert, Verständnis für Bellas Ausreise in die BRD aufzubringen. Im Fall Steffis jedoch ist Ellen empfänglicher. Steffi behauptet, sie habe Ellens Brief über ihre Identitätskrise im Winter 1976/1977 „nicht ganz verstanden", da sie ihre Erwartungen nicht teilt. Ellen gesteht ihr dann, dass auch sie sich seither verändert habe: „- Ganz, bis ins Letzte, versteh ich ihn heute auch nicht mehr." (S, 204) Sie scheint bereit einzusehen, dass der unterschiedliche Standpunkt der Freundin ebenso berechtigt sein könnte wie der eigene. Die Auflösung des Weltbilds Ellens wird auch durch die Differenzen zwischen ihr und ihren Familienangehörigen vorangetrieben. Optionen, die Ellen nicht zusagen, werden respektiert, mit dem Effekt, dass die Konturen der eigenen Überzeugungen immer diffuser werden. Wolfs Enthusiasmus für die Fähigkeit der sozialistischen Theorie, alle Aspekte der Realität in ihr System einleuchtend zu integrieren, ist bekannt. Der frühere Glaube, dass die vernünftige Option zugleich auch die lebenspraktische sein muss, ist Ellen inzwischen aber abhanden gekommen. Eine diskret eingestreute Bemerkung Ellens gibt Aufschluss darüber: der Wunsch der Enkeltochter Littelmary, an einem heißen Sommertag ihre

Gummistiefel anzubehalten, wird nicht angefochten, „wie ich es früher, bei unseren Kindern, vielleicht getan hätte, weil ich dachte, was vernünftig ist, muß doch auch richtig sein. So verändert sich der Mensch [...]" (S, 37) Ebenso überrascht es, zu lesen, dass Ellens Tochter Jenny beim Aufsatzschreiben in der Schule wie einst die Schüler der Christa T. den Weg des geringsten Widerstands geht. Die Tatsache, dass das sozialistische Erziehungsideal wohlmeinende junge Leute wie Jenny kalt lässt, ist einschneidend. Christa T. wäre darüber verzweifelt, dass Jenny sich für ihren Aufsatz „einfach eine Person und eine Heldentat ausgedacht [hatte], weder Zeit- noch Gefühlsaufwand damit getrieben [...]" (S, 69).

In *Sommerstück* geht Ellen kommentarlos darüber hinweg, um später die eigenen Veränderungen zu studieren, die sie von Christa T. oder einer eigenen glaubensvolleren Hyposthase unterscheiden. Eine „triumphale Trompetenmelodie" im Radio erfüllt Ellen mit Nostalgie nach früheren Lebensphasen, in denen die Intensität des Glaubens Veränderungen zum Guten möglich erscheinen ließ.[14] Die Gewöhnung an den Status quo hatte sich offenbar noch nicht vollzogen.[15] Ellen fühlt, dass ihre gegenwärtige Angepasstheit sie disqualifiziert; der Vergleich fällt für den damaligen „andere[n] Mensch[en]" günstig aus. Es scheint, als ob Ellen ihre früheren Überzeugungen nicht korrigieren oder zurücknehmen will, sondern sich selbst, beziehungsweise der eigenen Charakterschwäche, die Schuld für die „Kapitulation" gibt. (S, 99) An dieser Stelle weigert sich Ellen, zu sehen, dass ihr ehemaliger Idealismus vielleicht eher deplaziert war als die im Lauf der Jahre gewonnene Nüchternheit. Am Ende der Geschichte gelingt Ellen eine distanziertere Einschätzung. Da realisiert sie, dass sie die Schuld am Scheitern ihrer Zukunftsvision im Grunde als Ausflucht ausnutzt. Mit obskurem Schuldgefühl beschäftigt zu sein, ist eine triftige Ausrede, um sich nicht mit Korrekturen am eigenen Standpunkt befassen zu müssen.[16] Diese ausweichende Haltung ist jedoch für ih-

---

[14] In einem ähnlich elegischen Ton reflektiert die Erzählerin in „Störfall" über den Begriff „Wiedergeburt" und, davon ausgehend, über vergangene Zeiten, in denen sie noch zuversichtlich in die Zukunft sah: „Ja, ich habe mich noch ganz gut an die Zeit erinnern können, da ich selbst derartige Worte gebrauchte und mit ihnen einen Sinn verband. Ein kurzer, scharfer Sehnsuchtsschmerz hat diese ganze Zeit vor mir aufgerissen, zusammen mit dem Abgrund, in dem sie versunken ist." (Christa Wolf, Störfall. München 1997, S. 120.) Ein vergleichbares Geständnis der Erzählerin kommt in „Was bleibt" vor. Da erklärt die Erzählerin, dass sie „wenn im Fernsehen ein Film gezeigt wurde, in dem eine Hoffnung eingefangen war, der ich auch einst angehangen hatte, ohne weiteres in Tränen ausbrechen konnte [...]". (Christa Wolf, Was bleibt, a.a.O., S. 31.)

[15] Eine weitere Belegstelle für die Angepasstheit der Generationsgenossen Ellens ist folgende: „[...] eine Liste der Dinge und Zustände, mit denen wir uns abgefunden hatten - die wurde lang. Und dann der Versuch, eine Liste der Dinge aufzustellen, mit denen wir uns nie abfinden würden, unter keinen Umständen. Da hatten wir schon Mühe, einige Posten zu finden, die auf jeden von uns zutrafen [...]" (S, 190)

[16] Nachdem ein Moment der Entzauberung, metaphorisch durch die Präsenz eines neutralen Beobachters, des „Stummen Gastes", ausgedrückt, stattfindet, erfasst Ellen ihre Lage mit Nüchternheit: „Und der Stumme Gast [...] hatte sie alle verzaubert zu Puppen in einem Puppenhaus. Sie spürten es, fragten sich nach ihrer Schuld und gaben so zu erkennen, daß sie auf dem Grund der Zeit noch immer nicht angelangt waren, daß sie noch immer in ihrer Gondolfiere saßen. Daß sie nicht bereit waren, auszusteigen, obwohl die Gondel längst aufgesetzt hatte. Fürchteten sie, daß sie sich den Bodenverhältnis-

ren Standpunkt nicht ausschlaggebend. In der Personenkonstellation der Erzählung ist Luisa das Sensibelchen. Sie ist im gleichen Maß auf Schönheit versessen, wie sie gegenüber Manifestationen des Bösen oder gegenüber Verfallserscheinungen in der Natur äußerst wehrlos und verletzbar zu sein scheint. Von allen Figuren wird interessanterweise Luisa dazu auserkoren, die moralische Ästhetik in ihren Standpunkt zu integrieren, die Wolf durch Christa T. unterbreitet und durch die Erzählerin in *Kindheitsmuster* weiterentwickelt hatte.[17] Luisa stellt eine entschieden minderwertigere Version dieser Gestalten dar: ihr Glauben an das Gute und Schöne ist nicht frei von Naivität und ihre Begeisterung wirkt verstiegen. Obwohl Ellen Luisa mag, reagiert sie auf Luisas Exaltiertheit leicht befremdet. Wenn Luisa mit Ellen über ihr Mitgefühl für die zu jenem Zeitpunkt im Tschad gefangengehaltene französische Soziologin spricht, bemerkt Ellen die Distanz zwischen sich selbst und Luisa. Mit Staunen konstatiert Ellen, dass sie ihr Engagement im Gegensatz zu Luisa eingestellt hat.[18] Ihre Haltung gegenüber Luisa ist zwar nicht überheblich, signalisiert aber eine augenfällige Differenz: „Du Kind, dachte Ellen zärtlich und suchte in sich die Spuren jener Zeit, in der auch sie eine jede solche Meldung als persönlichen Schrecken erfahren hatte." (S, 63)[19] Trotz der Nostalgie Ellens nach der verlorenen Identität, nimmt sie zur Kenntnis, dass sich eine Zäsur in ihrem Leben ergeben hat. Es kommt jedoch nicht dazu, dass Ellen ihr Weltbild mit neuen Ideen umgestaltet. Die Erzählung konzentriert sich auf die Dissolution der Welt, wie Ellen sie gesehen hatte.

---

sen nicht anpassen könnten? Es war eine Augenblicksstimmung, in der grauen Stunde zwischen Nacht und Tag, sie waren übermüdet." (S, 191)

[17] Christa T.s und Luisas Einstellung zur Kunst stimmen größtenteils überein: „Daß die Erzählung ihr Material tötet, indem sie sich von ihm nährt. Luisa kannte nicht, sie ahnte das grausame Gesetz der Kunst: daß man sie mit Teilen von sich selbst füttert. Das konnte sie nicht wollen, nie würde sie es zulassen, daß eines ihrer Talente sich zu einem Werk verdichtet, aber die Anstrengung, es zu wollen, es zu tun, konnte sie ebensowenig lassen, in dem Widerspruch würde sie leben, also im andauernden Bewußtsein ihrer Unzulänglichkeit. Genügte es etwa, den Blick zu haben, die Gabe, zu sehen." (S, 85) Außerdem wird Luisa als eine Person beschrieben, „die niemals Abstand gewinnen konnte" (S, 67), was wiederum an Christa T.s Unfähigkeit erinnert, den nötigen Abstand von der Wirklichkeit zu nehmen, um schriftstellerisch produktiv zu werden. Eine andere Eigenheit, die beide Gestalten gemeinsam haben, ist der Gebrauch derselben Metapher, um das Bedrohliche ihrer historischen Gegenwart auszudrücken. Es geht um Christa T.s Klage über jene „Kälte in allen Sachen. Die kommt von weit her, durchdringt alles. Man muß ihr entweichen, ehe sie an den Kern kommt." (N, 72) Luisa ihrerseits fürchtet sich vor einer metaphysischen Kälte, die das Leben zu gefährden scheint: „Luisa dachte, das Himmelszelt werde eines Tages reißen und die Weltraumkälte könnte bei uns einströmen." (S, 9) Allerdings verwendet auch Ellen eine fast wörtliche Formulierung, wenn sie später feststellt, ihr Zusammensein mit Freunden könnte der „Weltraumkälte, die hereinströmt", keinen Widerstand bieten. (S, 202) Es ist plausibel, dass die Erzählerin den einen oder den anderen Ausdruck von ihren Figuren übernimmt.

[18] Ellen nimmt skeptisch Distanz vom Verhalten, das ihr früher selbstverständlich gewesen wäre und das die Freunde immer noch von ihr erwarten. Ihr Verhältnis zur Außenwelt ist insgesamt von Misstrauen beladen, da sie glaubt, „Drohungen und Täuschungen, Verwirrspiele und Hinterhältigkeiten" (S, 63) darin wahrzunehmen.

[19] An einer anderen Stelle heißt es über Luisa: „Luisa erhoffte sich doch immer noch etwas von der Einsicht einzelner Gruppen, vielleicht sogar der Herrschenden, Kind, das sie war." (S, 80)

Wenn das Dorf anfänglich als Zufluchtsort für Intellektuelle, die sich in der DDR in eine Art innere Emigration begeben, verstanden wird, merkt man früh genug, dass es für eine neutrale, konfrontationsfreie Zone nicht taugt. In der ländlichen Umgebung kommt die Verdrängung der Tradition durch die um sich greifende Industrialisierung verschärft zum Vorschein. Als Befürworter des Sozialismus sind Ellen und ihre intellektuellen Generationsgenossen mitverantwortlich für die Beseitigung der traditionellen Lebensform. Es ist daher umso ergreifender zu sehen, dass die Gestalten in *Sommerstück* einer Lebensform auf den Geschmack kommen, die mit ihrer indirekten Einwilligung für den Untergang bestimmt wurde. Beim Ankauf ihres Bauernhauses wird Ellen unerwartet vom Gefühl beherrscht, „nach Hause zu kommen". (S, 21) Jan, Ellens Mann, hängt die Familienfotos der ehemaligen Besitzer an die Wand über den eigenen Familienfotos, „als sei er gewillt, sich selbst in eine weit zurückreichende Geschlechterreihe einzuordnen, nur weil er dieses Haus bewohnte." (S, 22) Alte Möbel und Haushaltsgerät werden angeschafft, restauriert und avancieren zum dominierenden Gesprächsthema, was sie freilich von ihrer Funktion im Besitz von authentischen Bauern entfremdet. Trotzdem glauben die Künstlergestalten im Text, dass das Vorhandensein der alten Gegenstände in ihrem Lebensraum ihre Existenz „befestigen" könne. So, als würden die von ihnen ausgewählten, angekauften und meistens durch Restauration vom Verfall geretteten Dinge, ihnen ihrerseits ein Zugehörigkeitsgefühl zu einem vergangenen aber stabileren Lebensstil vermitteln können. Das Beunruhigende an dieser Erwartung ist, dass sie das Weltbild der ehemaligen überzeugten Sozialisten auf den Kopf stellt. Der Neuerungswunsch der Linienrichter der Aufbauzeit gründete sich logischerweise auf einer Geringschätzung sowohl der traditionellen präindustriellen als auch der modernen kapitalistischen Verhältnisse. Die stabile Lebensart der Vorfahren konnotierte für die Sozialisten der Aufbauzeit festgefahrene, ausbeuterische Verhältnisse, von denen sie die Massen befreien wollten. Es stellt sich unterschwellig die Frage, ob die eingeführten Reformen zu befriedigenden Resultaten geführt haben. Offensichtlich wurde die Auflösung der traditionellen Lebensart erreicht. Inzwischen existiert nicht einmal mehr die Grundlage für die Erschaffung einer sozialistischen Tradition, da die Verhältnisse auf dem Land den Großteil der Jugendlichen in die Städte verscheucht haben. Dass die Künstlergestalten in *Sommerstück* ihr Leben nun auf Nostalgie nach Vergangenem hin stilisieren, kommt dem Wunsch gleich, die Revolution mindestens teilweise rückgängig zu machen. Der Effekt der Destabilisierung infolge des Aufgebens grundlegender Ansichten durchzieht das Lebensexperiment auf dem Land.

Ellens Verlust ihres Standpunkts geht mit der Bereitschaft dieser Gestalt einher, Differenz wahrzunehmen. Die malerische, bekömmliche Seite des Dorflebens interessiert Ellen zwar, doch sind es die beunruhigenden, sogar kränkenden Aspekte, die ihre Aufmerksamkeit immer wieder in Bann ziehen. Von den auffälligen Verfallserscheinungen bis zu den leicht übersehbaren Symptomen der Zersetzung registriert Ellen das Dahinschwinden eines bestimmten Umgangs mit der Realität. Die Reformen des Sozialismus scheinen den Untergang dieser Welt fatal beschleunigt zu haben. Die Töchter und Söhne der Bauern wollen die elterlichen Höfe nicht erben, da sie das Leben in der Stadt vorziehen (S, 14), die Jugendlichen belächeln die „unbeholfenen Zeugnisse früherer Arbeit" in einer Ausstellung (S, 84) oder sie zerstören zum Spaß Schränke, Türen und was es sonst noch in einem unbewohnten Haus zu zerstören gibt (S, 104). Der Sohn einer Frau Kroll zieht die Empörung des ganzen Dorfes auf sich, als er „jedes einzelne Stück“ aus dem Haus seiner verstorbenen Mutter auf eine Müllhalde auskippt (S, 185-186). „Der unwiederbringliche Verlust dieser Dinge, die uns noch vor Jahresfrist nichts bedeutet hatten, ging uns auf einmal nahe bis zur Empörung.“ (S, 75), bemerkt Ellen. Den erwachsenen Dorfbewohnern steht eine triste Existenz bevor. Ab einem bestimmten Zeitpunkt ist man zu schwach, um die mühsame Arbeit auf den Höfen zu bewältigen, und so müssen die Dörfler zusehen, wie der eigene körperliche Verfall und die Verwahrlosung ihrer Wirtschaften synchron ablaufen. (S, 90) Was das Schicksal für diese Leute in Aussicht stellt, ist lediglich der Tod, der meistens in Einsamkeit und Verlassenheit stattfindet. Ellen reibt sich besonders am Alkoholkonsum auf dem Dorf auf, da er ihr den Defätismus der Leute vor Augen führt.[20] Das Bild des stattlichen Bauernhauses, das von den altersschwachen Eigentümern nicht mehr in Stand gehalten werden kann, so dass es allmählich zur Ruine verkommt (S, 90), nimmt die Erscheinung des Maulwurfkadavers, der bei lebendigem Leibe verwest (S, 194), vorweg. Das Motiv der lebendigen Leiche kommt aber auch in menschlicher Form daher: als trunksüchtige Förstersfrau, deren Haar einen unmissverständlichen „Moderhauch“ von sich gibt. (S, 107)

Bevor Ellen auf die Trinkfreudigkeit im Dorf zu sprechen kommt, geben noch in der Episode ihres Hauskaufs das eindrucksvolle Porträt der schwachsinnigen Olga und die erwähnte Zugehörigkeit der Bauernfamilie zu einer neugegründeten Religionsgemeinschaft, der Neuapostolischen Gemeinde, den Ton an für die darauffolgende Erfahrung. Ellen wird Zeugin der kontinuierlichen Fragmentierung eines einst überschaubar geordneten Lebens.[21] Jene alteingesessene rurale Ordnung ging mit einer Reihe von Werten und Kompetenzen einher, deren Verlust Ellen betrauert. Ellens Gespür für Welten, die im Verschwinden begriffen sind, hilft ihr, neben den offensichtlichen Zeichen des Verfalls auch scheinbar unbedeutende Ereignisse als verfänglich wahrzunehmen. Hintergründig, im Innenleben der Dörfler, lassen sich Störungen feststellen, die ihre Entwurzelung als Identitätskrise dokumentieren. Das Begräbnis einer Nachbarin namens Alma Käthlin (S, 45 ff.) veranlasst Ellen dazu, ihre Geschichte zu erzählen. Frau Käthlin hatte nach einem Ehrenkodex gelebt, dessen tiefsinniges Verständnis von Würde auf den mittelalterlichen Würdebegriff, etwa dem der Heldenlieder, zurückzugreifen scheint. Nachdem sie erfährt, dass ihr Verlobter, vom dem sie sich schwanger dünkt, im Krieg gefallen ist, heiratet sie ihn *post mortem*, wobei ein von Efeu umwickelter

---

[20] Den Alkoholkonsum der Künstlergestalten beschreibt Ellen stets im Sinn einer artistischen Berauschtheit, ohne den morbiden Unterton, der die Beschreibung der Trinkgewohnheiten der Dörfler begleitet. Aber nicht nur bei Leuten vom Land signalisiert Trunksucht Abtrünnigkeit von den Idealen der Aufbauzeit. Bei Intellektuellen in der Stadt scheint dieses Problem ebenso verbreitet zu sein: Sonjas Klassenlehrer Pankow muss eine Entziehungskur machen (S, 173) und Steffis Ärztin rechtfertigt ihre Gewohnheit mit der Aussage „Wir trinken hier doch alle [...].“ (S, 206) Der Fokus des Textes ist jedoch auf eine kleine Dorfgemeinschaft gerichtet, wo das Motiv des Aufgebens, des Sich-Gehenlassens, mit den anderen Motiven des Verfalls der alten ländlichen Ordnung eng zusammenhängt und ein dramatisches Muster bildet.

[21] Die Zugehörigkeit eines anderen Dorfbewohners, Herrn Bitterlichs, zu den Zeugen Jehovas wird auch erwähnt. (S, 179)

Stahlhelm den Platz des Bräutigams in der Kirche nimmt. Bis zu ihrem Tod bleibt Frau Käthlin allein. Mit anachronistischer Würde erträgt sie auch ihre Krankheit. Frau Käthlin leidet seit über drei Jahren an Krebs, wovon niemand im Dorf eine Ahnung hat. Auch die Beschreibung ihres Gartens als „Märchengarten" (S, 46) trägt zum Eindruck bei, Frau Käthlin gehöre in eine verflossene Zeit, die heute romantisiert wird. In Wirklichkeit lebte Frau Käthlin aber in beiden Zeiten, der ihrer Jugend und der ihres Alters, und die Diskrepanz der Epochen zerstört das Gleichgewicht der Erwachsenen. Unter dem Anschein der bewundernswerten Würde lauert eine Verunsicherung, die sich in unversehens absurden Handlungen manifestiert. Das Anlegen von Wintervorräten durch Einwecken ist eine an sich sinnvolle Tätigkeit. Doch Frau Käthlins manisches Einwecken, von ihrer Schwester spitzzüngig als „Einweckfimmel" bezeichnet, ist das unsinnige Gegenteil davon:

> Ob Ellen schon einmal in die Speisekammer von Frau Käthlin geguckt habe? Hunderte von Gläsern! Von Birnen über Kirschen, grüne Bohnen, Fleisch, bis hin zu einem guten Dutzend Gläsern Leberwurst - alles, was Sie sich denken können. Wer das je hat essen sollen. (S, 47)

Die Masse der Konserven steht in keinerlei Verhältnis zum Bedarf in Frau Käthlins Haushalt, was zur Folge hat, dass die Lebensmittel verderben und zu biologischen Zeitbomben ausreifen. Durch Infizierung mit dem septischen Inhalt eines Einweckglases verliert Frau Käthlins Schwager einen Daumen. Wenn eine nützliche Handlung mechanisch und unkontrolliert wiederholt wird, bis sie zu einer Kalamität anwächst, wirkt ihr Urheber unheimlich. Das Bild der guten Frau aus dem „Märchengarten" verkompliziert sich zusehends.

Eine ähnlich beunruhigende Panne im Urteilsvermögen kann man der Konversation einer anderen Nachbarin Ellens, Erna Schependonk, entnehmen. Frau Schependonk hatte einst einen größeren Viehbestand auf ihrem Hof, den sie vermutlich infolge der Verstaatlichung aufgeben musste. Inzwischen arbeitet sie als Putzfrau in einem Krankenhaus in der Bezirksstadt und versucht die Umstellung im positiven Sinn zu rationalisieren. Frau Schependonk hält viel auf den Respekt, mit dem sie von den anderen Angestellten des Krankenhauses behandelt wird. Ellen und anscheinend allen Besuchern zeigt sie die Geschenke, die sie „als Anerkennung für gute Arbeit" (S, 43-44) bekommen hat: eine banale Sammeltasse und eine Vase aus Rauchglas. Die Geschenke, die Frau Schependonk wie einen Schatz in ihrer Vitrine hütet, sind Hinweise darauf, wie sie von der Außenwelt gesehen werden will. Man kommt zur Einsicht, dass sie auf die kümmerlichsten Dinge angewiesen ist, um ihren Selbstwert neu zu definieren. Das ist zwar traurig, aber nicht außergewöhnlich. Eine Panne wird erst sichtbar, wenn sie mit dem Rationalisieren einen Schritt zu weit geht und einen groben Fehler macht: „Sie sagte, früher hab ich immer nur Kühe und Schweine um mich gehabt, jetzt arbeite ich mit Doktoren und Professoren zusammen. Erna fuhr jeden Tag mit dem Bus zu Bezirksstadt, sie war Reinemachfrau im Krankenhaus." (S, 44) Zwischen dem Verhältnis, das Frau Schependonk als Gutsbesitzerin zu ihrem Vieh hatte, und dem untergeordneten Verhältnis der Putzfrau zu den Ärzten besteht kein Vergleich. Die Störung, an der Erna Schependonks Wahrnehmung leidet, stellt die Frustrierung über ihr Putzfrauendasein bloß. Dass sie sich der Illusion hingibt, mit den Ärzten „zusammen" zu arbeiten, lässt

Zweifel an ihrer Zurechnungsfähigkeit aufkommen. Die sozialistische Umwälzung der Gesellschaft hat das Verständnis dieser Frau für Hierarchien aller Art durcheinander gebracht. Beeindruckend ist in *Sommerstück* die Beiläufigkeit, mit der im Text diese unauffälligen aber tiefgehenden Verfallserscheinungen vermerkt werden. Ellens Wiedergabe der beiden hier angeführten Situationen ist lakonisch; sie enthält sich, eine Interpretation nachzulegen. Diese subtilen Beobachtungen Ellens kontextualisieren die bekannten Daten über das Dorfleben in der DDR der 70er und 80er Jahre. Das Resultat ist ein eingehendes Bild, das den Leser von Anbeginn beschleicht und einen bedrückenden Effekt auf ihn hat.

Ellens Zurückhaltung in der Darstellung des Untergangs der Tradition könnte mit einem gewissen Schuldgefühl zusammenhängen, dafür mitverantwortlich zu sein. In Wolfs 1968er Essay *Lesen und Schreiben* ist die sozialistische „neue[] Art, in der Welt zu sein“[22], durchaus positiv besetzt, was die vorhergehenden Lebensarten insgesamt in ein negatives Abseits stellt. Bekanntlich beabsichtigte die Ära des Aufbaus, Fortschritt durch radikale Erneuerungen zu erreichen. Wolf ihrerseits hatte sich in ihrer schriftstellerischen Tätigkeit für eine neue Ästhetik engagiert. Auf dem Dorf wird Ellen nun aber mit dem Verdrängen der althergebrachten Designs durch das Design planwirtschaftlich produzierter Billigwaren konfrontiert. Sie stellt fest, dass der „neue“ sozialistische Schönheitsbegriff im ästhetischen Urteilsvermögen der Dörfler irreparable Verwüstungen angerichtet hat. Tatsache ist, dass sie wertvolle Antiquitäten häufig verkennen und vernichten, und für den Eigenbedarf serienmäßig hergestellte Gegenstände vorziehen. (S, 74-75) Immer deutlicher wird es, dass der neue Schönheitsbegriff als Euphemismus zu verstehen ist. Angesichts der Bäuerinnen, die im sozialistischen Handel gekaufte „mißfarbige Dederonblusen“ (S, 184) oder „knallgrüne“ Kopftücher tragen, fragt sich Ellen rhetorisch: „Welcher Art Frauen sollten diese Kopftücher stehen, die in den Dörfern sehr verbreitet waren.“ (S, 90) Die Hässlichkeit der modernen Produkte kontrastiert mit den Überbleibseln der Vergangenheit. In den Dörfern sind lediglich die Immobilien relativ unverändert zurückgeblieben. Im Hinblick auf das Verschwinden der traditionellen Lebensweise kann man sich schwer vorstellen, durch welche Mittel dieser wertvolle Restbestand vor dem Ruin bewahrt werden könnte. Der Staat kümmert sich jedenfalls nicht um das ästhetische Argument für die Bauernhäuser. Ellen ist irritiert, wenn sie neben dem Rathaus einen Springbrunnen entdeckt, der mit Sicherheit von der Partei genehmigt und subventioniert wurde. Es ist offenbar eine hässliche Konstruktion, die allein dem Zweck dient, dem Dorf den Stempel des SED-Staates aufzudrücken.

> Was aber hatte der nagelneue, leider auch noch blau gekachelte Springbrunnen vor dem schönen alten Rathaus zu suchen. Es fand sich ein redseliger Mann auf einer Bank, der ihnen auf Platt erzählte, genau an der Stelle des Springbrunnens habe ein mächtiger Baum gestanden, den hätten sie wegen des neuen Brunnens herausgerissen, angeblich, ohne die Einwohner zu fragen. (S, 76-77)

Das Personalpronomen „sie“ bezeichnet die Beauftragten der Partei. Angeklagt wird hier die Respektlosigkeit der SED-Genossen für Kulturgüter und vor allem auch für die

[22] Christa Wolf, Lesen und Schreiben (1968). In: Die Dimension des Autors. Essays und Aufsätze, Reden und Gespräche 1959-1985. Darmstadt und Neuwied 1987, S. 463.

Meinung der Leute. Es wird in diesem Punkt deutlich, dass die Reformen des Sozialismus in eine Sackgasse geführt haben. Ellen rechtfertigt mit keiner Leistung die Verluste, die der Übergang zum Sozialismus verursacht hat. Obwohl Ellen sich nicht explizit als mitschuldig darstellt, gewährt sie dem Leser Einblick in ihre Bedrückung, wodurch sie sich zögernd einer Schuldigsprechung nähert. Ellen nimmt ihr Gefühl von Trauer über die Beseitigung des Baums - „Was war das nur, daß sie einen Baum betrauerten, den sie nie gesehen hatten.“ (S, 77) - mit Unruhe wahr. Diese Unruhe wird kurz darauf zu einer „Art von schlechtem Gewissen“ anwachsen und wird weiterhin kunstvoll ins Motiv des Bekenntnisses zum Verrat verarbeitet:

> Aus den Trachtenbildern blickten die Benutzer dieser Gegenstände sie ernsthaft an, und etwas wie Verlegenheit, eine schwer benennbare Art von schlechtem Gewissen überkam sie, so als würden wir es uns zu leicht machen mit unseren schnell veraltenden Waren und Konsumgütern, mit unserem ganzen flüchtigen und oberflächlichen, keiner Verantwortung verpflichteten, daher wenig dauerhaften Leben. (S, 84)

Es hatte sich vorhin herausgestellt, dass Ellens Kritik am SED-Sozialismus metaphorisch verschlüsselt daherkommt, während andere Gestalten ihre Beschwerden auf den Punkt bringen. Anders als Bella oder Clemens spricht Ellen keinen Klartext. Das gilt auch für die Manier, in der die Idee von Verrat insinuiert wird. Ellen träumt, dass sie und Jan sich in einem Haus befinden, wenn „ein Mann mit einem Auftrag“ (S, 83) verlangt, eingelassen zu werden. Die Sprache, mit der dieser Mann dargestellt wird, typisiert ihn als Vertreter der Macht. Symbolisch kann das Eindringen des Mannes in Ellens Haus als deren Gewöhnung an den Machtapparat SED gedeutet werden. Wie Ellen den Agenten der Partei in ihrem Haus ohne Auflehnung gewähren lässt, kann sich auch im Lauf der Jahre ein Zustand der Anpassung in ihrem Gemüt breit gemacht haben. Der Gegenspieler des Agenten, der hier als der angepasste Teil Ellens gedeutet wird, ist eine Gestalt, die sich wie ein verfolgter Partisan der Gerechten oder ein Freiheitskämpfer verhält. Diese zweite Gestalt könnte den aufsässigen, idealistischen Geist Ellens symbolisieren. Er ist allerdings in der Minderheit und wird unterdrückt. Die Haltung Ellens gegenüber dem Verfolgten ist zwiespältig. Im Traum wünscht sie sich, dass sein Widerstand nicht nachlässt: „Inständig wünschte ihm Ellen unbegrenzte Kräfte.“ Als sie im wachen Zustand über den Traum nachdenkt, kommt Ellen aber zu einem Schluss, der einen Wendepunkt in der politischen Orientierung der Erzählinstanzen Wolfs markiert: „Unbegrenzte Kräfte bedeuten unendliches Leiden für die Verfolgten.“ Wenn Ellen ihren Idealismus und das Streben danach, diese Ideale zu verwirklichen, mit Leiden gleichsetzt, gibt sie zu verstehen, dass sie die Richtigkeit ihrer einstigen Annahmen bezweifelt. Wenn gute Absichten von ungünstigen oder feindlichen Umständen verschüttet werden, bleibt man wenigstens mit der Gewissheit, dass man sich nichts vorzuwerfen hat. Wenn man seiner Sache allerdings nicht mehr ganz sicher ist und seinen Standpunkt von Irrtümern unterminiert sieht, ist der Verlust tragisch. Dann würde man sich, ginge man den Irrweg mit unvermindertem Elan weiter, wie der Verfolgte im Traum „totwirtschaften“. Tatsächlich ist sich Ellen ihres Standpunkts nicht mehr gewiss.[23] Sie fragt sich, ob ihr Verrat es dem Verfolger im Traum ermöglichte, ihr Haus zu besetzen. Ihr Haus ist dadurch zur Todesfalle für den Verfolgten geworden. Jedoch kann Ellen nicht entscheiden, ob die Gestalt des Verfolgten ihre Loyalität überhaupt verdient. Wenn man den Verfolgten als Verfechter des Idealbilds des Sozialismus interpretiert, so ist ihr Zweifeln an ihrer Allianz mit ihm vergleichbar mit dem Zusammenbruch ihres gesamten politischen Weltbilds: „Was aber, wenn da nur noch die Treueforderung ist, und der Hang, ihr zu gehorchen, aber niemand mehr und nichts, den oder das man verraten kann? Wenn alles in der falschen Weise zusammenpaßt und in der richtigen Weise auseinanderfällt?" (S, 85) Den Verlust ihres politischen Selbstverständnisses erfährt Ellen als untergründig lauernde Gefahr. Metaphorische Konstruktionen, Träume, Allusionen lassen dem Leser viel Spielraum, in dem er diese Gestalt ebensogut erfassen wie auch verfehlen kann. Andererseits erreicht die Erzählerin durch diese Art der Darbietung, dass der Schock über den Abgrund, der sich unter Ellens Füßen auftut, dem Leser unter die Haut geht.

Auch wenn sich aus dem Text kein einschlägiges Zitat mit Bezug auf Ellens Standpunkt zum politischen Geschehen herauslösen lässt, profiliert sich eine einheitliche Haltung. Im aufreibenden Kampf zwischen Unangepasstheit und Inertie sieht Ellen einen Ausweg darin, nicht mehr mitzumachen, sich in ein „Eckchen" (S, 83) zurückzuziehen. Anpassung ist erst recht ausgeschlossen, nachdem die Erzählerin in *Was bleibt* erkennt, dass sie es mit einem menschenverachtenden und totalitären Machtapparat zu tun hat. Weit entfernt vom Herd der Korruption in Berlin, sieht Ellen zu, wie sozialistische Strukturen im übersichtlichen Umfang eines Dorfes funktionieren. Da beobachtet sie die Beseitigung der traditionellen Lebensform durch sozialistische Institutionen und kann sich nicht vormachen, dass die Umgestaltung für die Dorfbewohner vorteilhaft ist. Verrat als Begriff wird bezeichnenderweise im Rahmen von Ellens Besuch in einer ethnologischen Ausstellung erörtert. (S, 84) Unter den ernsthaften Blicken der Bauern auf den Trachtenbildern kommt Ellen das schlechte Gewissen hoch und da beginnt sie über Verrat zu reflektieren.[24] Vom SED-Staat fühlte Ellen sich schon lange verraten. Sie verrät aber nun ihrerseits ihren idealistischen Glauben an den Sozialismus, für den sie vermutlich mit der Partei in Konflikt geraten ist. Ellen zweifelt, ob ihre Vision, die bisher an der Realität gescheitert ist, im Grunde einwandfrei ist. Sie unterstellt, dass die von ihr herbeigewünschte Revolution die Leute in den Bauernportraits womöglich verraten hat, insofern die Revolution die Nachfolger der Bauern um das Erbe ihrer Tradition gebracht hat. Statt Ellens Identität zu konsolidieren, ist der Aufenthalt auf dem Dorf eine Zeit, in der sie eins nach dem anderen ihre Felle wegschwimmen sieht.

---

[23] Vgl. William H. Rey, Vor dem Durchbruch zur Freiheit: Christa Wolfs „Sommerstück" als prärevolutionärer Text. In: Colloquia Germanica 23 (1990) 1, S. 10.

[24] Es gibt eine weitere Stelle in „Sommerstück", an der Ellen eine betretene Art Schüchternheit vor den Vorfahren ausdrückt. In einem Bauernhaus, einem „wohlproportionierte[n], feste[n] Gebäude mit Ziegeldach" (S, 104) werden Ellen und ihre Gefährten Zeugen der willentlichen Zerstörung des verlassenen Baus, vermutlich durch die Jugendlichen im Dorf. Die Episode kulminiert mit der Entdeckung eines Käfigs, in dem man aus Tücke eine Katze verhungern ließ. Das Grauen, das Ellen in die Glieder fährt, vermittelt sie mit der Formulierung: „die Lemuren waren am Werk". Die Lemuren, die Ellen in die Enge treiben, sind die Geister der Vorfahren.

3.1.1. Der Brand als dramatische Lösung

Eine überraschende Wendung nimmt der Text, wenn Ellen ihren Gedankengang zum Thema Verrat zu einem auf den ersten Blick unfassbaren Schluss führt. Die Heilige Johanna sollte, Ellen zufolge, auch dann hingerichtet worden sein, wenn sie ihren Glauben widerrufen hätte, da sie in diesem Fall Verrat an sich selbst begangen hätte. (S, 85) Indirekt verurteilt sich Ellen selbst zum Tod, da sie von der sozialistischen Weltanschauung ihrer Jugend abtrünnig geworden ist. Aus diesem Blickwinkel nimmt sich die Erzählung *Sommerstück* als Versuch Ellens aus, dem Gedanken an den Tod in entgegenkommender Weise in ihrem Leben Platz zu machen. Todesvorbereitungen durchziehen den Text. Nicht nur die todkranke Steffi ist mit letzten Dingen befasst, sondern auch die gesunde Ellen scheint sich bewusst ihrem Abgang zu nähern. Während Ellen und Jan sich bei der Besichtigung eines Bauernhauses zum Kauf entscheiden und mit den Besitzern verhandeln, stiehlt sich eine Strophe aus Günthers *Trostaria* in Ellens Gedanken, die anscheinend die Ruhe und Erleichterung nach langwierigem Leiden beschreibt (S, 15-19):

> Endlich blüht die Aloe,/ Endlich trägt der Palmbaum Früchte,/ Endlich schwindet Furcht und Weh,/ Endlich wird der Schmerz zu nichte,/ Endlich sieht man Freudenthal,/ Endlich, Endlich kommt einmahl.[25]

Was Günther jedoch mit „Freudenthal" suggeriert, ist das Gegenteil von Jammertal, also von unserem irdischen Dasein. Tatsächlich bringt der Tod in diesem Gedicht das ersehnte Umschlagen des Schicksals zum Guten:

> Endlich hört man auf zu weinen,/ Endlich bricht der Tränenkrug,/ Endlich spricht der Tod: Genug![26]

Das Haus, symbolisch für die Zeit, die Ellen im Dorf verbringen wird, gestaltet sich somit als Vorraum zum Jenseits.[27] Ellen integriert den Todesgedanken in ihr Leben und behält im Lauf der Zeit die immer näher rückende Grenze zum Tod im Auge. Gelassen nimmt sie ihr Altern hin und kommt im Text immer wieder darauf zu sprechen. Sie scheut nicht davor zurück, ihren physischen Verfall ausgerechnet aus der Perspektive ihrer Töchter zu mustern.[28] Diesem gesuchten Kontrast kann man deutlich entnehmen, dass Ellens Apathie eigentlich auf der widerstandslosen Akzeptanz des Todes beruht.

---

[25] Johann Christian Günther, Trostaria. In: Sämtliche Werke. Bd. 2, Wissenschaftliche Buchgesellschaft Darmstadt 1964, S. 9.

[26] Ebenda.

[27] William H. Rey geht in seiner Interpretation von Wolfs „Sommerstück" auf den Todesgedanken aus Günthers „Trostaria" ein. Der Kritiker legt das Aufkommen des Todesgedankens jedoch positiv, als möglichen Ausweg aus.
William H. Rey, a.a.O., S. 6.

[28] „Das Alter rückte vor. Es machte ihr nichts aus, das käme später. Jenny, das sah sie ihrem Gesicht an, hatte eben erst die Veränderung ihrer Hände bemerkt." (S, 125-126); „Sie sahen der Mutter nach, wie sie Littelmary vor sich her aus der Küche schob. Wahrhaftig, sie alterte. Ihre Haltung hatte sich verändert, war erschlafft, ihr Gang wurde ungeschickter, sie schien ihre Hüften zu schonen." (S, 169); „Ellen dachte, schlank und jung wie ihre älteste Tochter sei sie nie gewesen. Sonja sah, daß nicht nur die Haltung, daß auch der Körper der Mutter alterte." (S, 176)

Im finalen Gespräch zwischen Ellen und Steffi gibt es zwei weiterführende Gedanken zur merkwürdigen Haltung Ellens gegenüber dem Sterben:

> - Manche sagen, einem jeden sei nur ein bestimmter Energievorrat mitgegeben, den kann er schnell verzehren, oder er kann haushälterisch damit umgehn und länger reichen. Und wenn der Vorrat zu Ende geht, erfindet der Körper einen Vorwand, um abzutreten. (S, 202)

und

> - Ich weiß natürlich, Schwester, wogegen meine geschundene Leber protestiert. Sie kämpft an meiner Statt gegen das Leben, das ihr aufgezwungen wurde. Das auch ich ihr aufgezwungen habe, in diesem Irrenhaus. (S, 208)

Beide Aussagen stammen zwar von Steffi, aber da es sich um ein imaginäres Gespräch handelt, können sie gleichzeitig auch auf Ellen zutreffen. Zumindest nachvollziehbar müssten sie für Ellen sein, um von ihr imaginiert zu werden. Wir hatten gesehen, dass Ellen sich den Rückzug aufs Land gewährt, da sie am Ende ihrer Kräfte ist. Auch ihr Energievorrat scheint also verbraucht zu sein. Zusätzlich erkennt Ellen, dass ihre einst felsenfesten Ansichten weniger stichhaltig sind, als sie geglaubt hatte und kommt, trotz der wohltätigen Wirkung des Aufenthalts auf dem Land, nicht mehr in Form. Dass sie aber ein Phantasiegebilde ersinnen sollte, in dem Körper ihre Besitzer mit Dysfunktionen beschädigen und um ihr Leben bringen, ist höchst seltsam. Auch wenn die Besitzer dieser Körper zu höheren Zwecken bestimmt gewesen wären und an ihrer Aufgabe gescheitert sind, ist es ungerecht, dass sie zum Sterben verurteilt werden. Warum existiert die Alternative, sich neu zu orientieren und die Kursrichtung zu ändern, nicht für Ellen? Erwartungsgemäß verliert man nicht gleich den Lebenswillen und macht Anstalten, sich auszulöschen, sollte es sich im Nachhinein herausstellen, dass man sich in der Wahl des Weltbilds geirrt hat. Es sei denn, man ist seinem Weltbild auf ungewöhnliche Weise verpflichtet.

Um Ellen zu verstehen, sollte man vielleicht die eigentümliche Situation der Autorin Wolf in der Zeit nach 1976 betrachten. Davon ausgehend, dass Wolfs wie auch Ellens politische Weltanschauung eine Erschütterung erlitt, lässt sich aus den bekannten Daten über die Autorin eine Erklärung ableiten. In der Prosa Wolfs ist zu dem Zeitpunkt die originelle Symbiose zwischen dem antifaschistischen Ethos der sozialistischen Theorie und ihrem persönlichen Sinn für Moral bereits in vollem Gange. Die außerordentliche Kreativität, mit der Wolf Moral und Antifaschismus zu ihrem Thema macht, begründet den Erfolg der Autorin. Es ist selbstverständlich, dass das hohe Ansehen, das Wolf genießt, nebenher auf die Idee des Sozialismus und leider auch auf den SED-Staat DDR abfärbt. Umgekehrt ist aber auch Wolf der sozialistischen Theorie verpflichtet. Die radikalen Umwälzungen der sozialistischen Revolution versprachen, der Gesellschaftsordnung ein Ende zu setzen, in der industrielle Menschenvernichtung möglich geworden war. Aus Wolfs eigenen Versuchen, eine radikal neue, der Nachkriegszeit angemessene Ästhetik zu erarbeiten, kann man erschließen, dass sie den offenen Bruch mit der Vergangenheit schätzt, wahrscheinlich da sie sich dadurch gegen eine mögliche Wiederholung der Verbrechen abgesichert glaubt. Die Texte *Nachdenken über Christa T.* und *Kindheitsmuster* hinterlassen einen klaren Eindruck von dem Schuldbewusstsein, das Wolf in Bezug auf die deutsche Täterschaft entwickelt hat. Man muss aber auch berücksichtigen, dass die Selbstbezichtigungen der Erzählerinnen und der Christa T. alle von der Grundlage einer bereits erreichten ‚Konversion' zum antifaschistischen Lager ausgehen. Wie weit die Gestalten dieser Prosastücke in der Erforschung ihrer Schuld auch zu gehen bereit sind, wirkt der Sozialismus immerzu als Sicherheitsnetz, das sie vom Absturz in Verzweiflung bewahrt. Es geht genaugenommen um einen bestimmten Aspekt der ideellen Version des Sozialismus, der untrennbar mit Wolfs Literatur verbunden ist. Ich beziehe mich auf den Aspekt, der sich beinahe von der Ideologie verselbständigt hat und als psychologische Größe in die sozialistische Mentalität eingesickert ist: jener moralische Vorsprung, den die sozialistisch-antifaschistische Welt vor dem Westblock haben will. Ebensowenig wie die Erzählerin in *Kindheitsmuster* die positiven, harmlosen Inhalte ihrer Kindheit von der Sichtweise der nazionalsozialistisch eingenommenen Nelly zu trennen vermag, könnte Wolf zu diesem Zeitpunkt etwas zurücknehmen, ohne ihre Prosa insgesamt zu diskreditieren. Das Unternehmen, ihre Prosa aus der neu gewonnenen Perspektive umzuschreiben, scheint aussichtslos. Wie die Erzählerin in *Kindheitsmuster* ihre Kindheit ihrem hohen moralischen Anspruch opfert, müsste Wolf nun ihr Lebenswerk widerrufen. Somit sind wir wieder bei der Heiligen Johanna. Wolf ist 1976 eine anerkannte DDR-Autorin, die sich zu einer moralischen Ästhetik berufen fühlt. Sie kann wohl kaum eine attraktive Alternative darin sehen, Irrtümer zuzugeben und sich auf die Talfahrt gefasst zu machen.

In der Fiktion *Sommerstück* bleibt das Thema der Reflexion Ellens über das Sterben im Hintergrund, während der Vordergrund abwechselnd von interessanten oder glücklichen Episoden und von ominösen Vorausdeutungen der dramatischen Katastrophe bestritten wird. Der Kunstgriff der Erzählerin ist, das Vergänglichkeits- und Todesthema auf die dramatisch inszenierte Geschichte vom Brand ihres Hauses zu übertragen. Die Überblendung zwischen dem Todesmotiv und dem Brand wird nachdrücklich von der Erzählerin kommentiert, wenn sie von vermeintlichen „schwachen Zeiten" von Häusern und von Menschen spricht, die schlimmstenfalls wie in ihrer Geschichte zusammenfallen. (S, 193) Am Ende der Erzählung laufen die beiden Bedeutungsfelder, die Vergänglichkeit der Menschen und der Dinge, ineinander. Im Dialog zwischen Ellen und Steffi überlagert die Erzählerin meisterhaft das Bild der Freundin, die im Sterben liegt, mit dem Haus, das demnächst niederbrennen wird. Die impressionistisch zusammengetragenen Komponenten der Darstellung Steffis und des Hauses schlagen einen aufwühlend lyrischen Akkord an. Gelungen ist an dieser Textstelle besonders das Gleichgewicht zwischen Emotion und beherrschter Formulierung. Die gewählte Wortstellung wandelt die ganze Konstruktion einer Anapher an:

> - Ich seh einen grünen Schimmer, der kommt vom Apfelbaum vor dem Bodenfenster, er filtert das Licht. [...]
>
> - Ich seh das honigfarbene Holz, mit dem der ganze Bodenraum ausgeschlagen ist.
>
> - Was mir so gefiel.
>
> - Was so gut brennt. Ich seh das hölzerne Geländer der Treppe, die in knappem, schönem Bogen hinaufführt. [...] Jetzt seh ich dich. Du sitzt auf der obersten Treppenstufe. Dein Gesicht ist verschattet. (S, 203)

Das Auseinanderhalten der Bedeutungsfelder und die vordergründige Behandlung des Brandes erlauben der Erzählerin, eine noch so apokalyptische Atmosphäre heraufzubeschwören, ohne die Erzählung emotional zu überfrachten. Nachdem die Erzählerin von vornherein bekannt macht, dass ihr Landaufenthalt kein märchenhaft glückliches Ende nimmt, sondern dass ein Unglück die Episode abbricht, geht sie eine ganze Skala von unterschiedlich furchteinflößenden Warnzeichen durch. Sie deuten alle den Brand voraus. Luisa warnt Ellen gleich bei ihrer ersten Ankunft im Dorf, dass sie jeden Augenblick bewusst wahrnehmen sollte, da „bald etwas Schlimmes passiert". (S, 9) Das schwache Licht der Dorflaternen scheint für Sonja beim Besuch im Dorf auch „Schlimmes anzukündigen". (S, 167) Luisa ist es auch, die beim Malvenfest, dem Scheitelpunkt der Erzählung, die Stimmung der Gäste trübt, wenn sie sich besorgt fragt, ob ihnen nicht zuviel des Guten zuteil wird.[29] Und zum Schluss der gelungenen Party kündet Luisa noch das Ende der glücklichen Zeiten an: „Ab heute [...] rollt die Kugel den Berg wieder runter." (S, 165) Es muss aber gesagt werden, dass alle Gestalten sich auf der gleichen Wellenlänge befinden, denn alle teilen Luisas dumpfes Vorgefühl. Beim Auffinden des Käfigs, in dem Jugendliche vom Dorf zur Unterhaltung eine Katze hatten verhungern lassen, erleiden alle Anwesenden einen heftigen Schock und deuten den Zwischenfall als Verheißung von Unheil: „Ein Ungeist, dem wir nicht zu begegnen wußten, war uns entgegengetreten [...]" (S, 106). Grauenhaftes Verhalten von Tieren gibt schließlich das Signal für die unmittelbar bevorstehende Einlösung der Vorausdeutungen. Beim Brand eines Bullenstalls im Nachbardorf lassen sich die Tiere nicht aus dem Stall treiben und die geretteten Tiere laufen ins Feuer zurück. Bald darauf findet die Episode mit dem Maulwurfkadaver statt. Nun wird die Erzählerin vom Schicksal, das sich von Anbeginn anbahnt, endlich ereilt. Das Feld neben Ellens Haus brennt.

Das Motiv der Hitze, die den Sommer über herrscht, ist im Kontext der Erzählung bedeutend. Soweit das Auge reicht, liegt alles trocken wie Zunder und Feuersirenen erinnern täglich an die allgegenwärtige Feuergefahr. (S, 138) Es gibt nichts, womit man dem zufälligen Entstehen einer Flamme vorbeugen könnte: „Tante Wilma sagte, da genügt doch eine Flasche im Feld, ein Glasscherben auf einem Rohrdach. Das fängt doch an zu brennen, wenn man bloß scharf hinsieht [...]" (S, 138). Die Künstlergestalten und die einheimischen Dorfbewohner fühlen sich gleichmäßig bedroht, denn sowohl Luisa als auch Tante Wilma beschreiben die Trockenheit mit dem gleichen Adjektiv, „knastertrocken". (S, 117 und 138) Im Fall der Künstlergestalten existiert jedoch eine zusätzliche Konnotation, die die Bedeutung der Hitze und des Brandes symbolisch vertieft. Es gibt eine Reihe von Allegorien im Text, in denen die Künstler von der Erde abheben und entweder in der Luft oder, noch öfter, auf dem Wasser verweilen. Luisas Haus wird somit zur Barke „in Fahrt, endlich wieder in Fahrt" (S, 117) oder zur Arche (S, 118), während Bella zum Fenster hinaus sieht, wie die Felder „Welle um Welle" heranfließen. Einmal nennt Clemens die versammelte Gruppe „[d]ie Freischaffenden auf ihrem Floß". (S, 187) Ellen selbst findet, dass die Geschichte sie auf „Inseln" verwiesen habe, so dass sie nun als „Inselmenschen" weiterleben müssten. (S, 188) Das Gefühl von Befreiung beim Einholen des Ankers, das Luisa einleitet, wird von der Enge und

[29] „Findet ihr nicht, sagte Luisa, daß es jetzt fast zuviel werden kann." (S, 143)

Isolierung in Ellens und Clemens' Erfahrung gedämpft. Nichtsdestoweniger ist das Umgebensein von Wasser das poetische Bild, das sich zur Beschreibung ihrer augenblicklichen Befindlichkeit am besten eignet. Daher ist es spannend eingerichtet, dass Feuer, das antithetische Element, sie aus ihrem Zufluchtsort vertreibt. Die Umschlagstelle in *Sommerstück*, die in einem klassischen Drama das erregende Moment darstellen würde, ist der Augenblick, in dem die Hitze eine unheilverkündende, basslastige Dimension annimmt: „War es die Hitze, die heute noch wilder schien als sonst? Lag Zersetzung in der Luft? Etwas hatte sich verändert." (S, 124) In der zweiten Hälfte des Textes verdichten sich die Warnsignale bis zu dem finalen Bezug auf die „unheilschwangere[] Hitze" (S, 194) am Tag des Brandes.

Es ist verwunderlich, dass die Gestalten in *Sommerstück* sich innerlich sofort geschlagen geben, während sie äußerlich gemeinsam gegen das Feuer ankämpfen. Luisa befindet, dass der Brand „logisch" im Sinn von „fällig" ist (S, 195), und zwar nicht was die Logik des Erzählens nach so zahlreichen Andeutungen betrifft, sondern als Strafe für eine unausgesprochene private Schuld. Ähnlich schuldbewusst nimmt auch Ellen den Brand wahr: „Jetzt schon? dachte Ellen. Wieso jetzt schon. Da wollte irgend etwas sich bestätigen. Für irgend etwas war das die Quittung. Wofür, wußte jeder bei sich." (S, 195-196) Bedeutsamerweise hatte niemand sich beim Malvenfest versucht gefühlt, durch den Triumphbogen am Empfang durchzugehen; allein die kleine Enkelstochter Littelmary will das damit verbundene Hochgefühl des Feierns glorreicher Errungenschaften immer wieder auskosten. (S, 180) Das Verlierergefühl der Erwachsenen bewirkt, dass sie nicht in der Lage sind, auch nur der Theatralik der Gelegenheit halber als Sieger zu posieren. Für die Erwachsenen bedeutet der Brand eine verdiente Bestrafung, eine Art Fegefeuer, das sie betreten über sich ergehen lassen. Nach der Fülle von unheilverkündenden Zeichen hat sich die dramatische Spannung auf einen Grad zugespitzt, dem eine noch so brutale Beschreibung des eigentlichen Niederbrennens des Hauses nicht mehr gewachsen wäre. Zudem entsteht die Atmosphäre vor allem aus unschlüssigen, unterschwellig aufscheinenden Zeichen. Es ist daher ein erzähltechnischer Clou, dass die Erzählerin die angestaute Spannung nicht einlöst. Der Brand wird von Ellen vorweggenommen, wobei vordergründig das Feuer auf dem Feld neben dem Haus aufgehalten werden kann. Der vorläufige Erfolg gegen das Feuer ist eine überraschende Wendung, da der Leser mit wachsender Bangigkeit das Ereignen der Katastrophe erwartet hatte. Das bleibt ihm erspart und die Spannung löst sich nun in Erleichterung auf. Aber die Erzählerin nützt diese Wendung, um den Erzählstrang von Schuld und Sühne bis zur letzten Konsequenz zu führen. Der Zufall hat es zwar mit dem Haus von Ellen und Jan gut gemeint, aber nun ist es für den Zusammenhang des Textes erst recht zwingend, dass die ausgleichende Gerechtigkeit ihren Lauf nimmt. Statt dass Ellen sich auch geistig gegen den Verlust des Hauses zur Wehr stellt, während sie mit dem Auto Helfer holt, gibt sie sich mit Gedanken ab, wie: „Es ist uns zu gut gegangen. Es sollte nicht sein." (S, 197) Im Text wird es als Leitmotiv wiederholt, dass Ellen den Brand des Hauses innerlich vorwegnimmt und sich somit vorsätzlich das Trauma des

Verlustes zufügt.[30] Trotz des guten Ausgangs mit dem Feuer verurteilt und bestraft sich Ellen selbst, im Einverständnis mit ihren Gefährten. Später, heißt es im Text, haben sich alle den fatalistischen Gedanken, „Es sollte nicht sein.“, gegenseitig zugegeben.

3.2. Der Verlust der ästhetischen Vision

Während die ausgelegten Warnzeichen die Erzählung dramatisch in Fahrt bringen, genießen die Künstlergestalten zwischendurch das Leben auf dem Land. Der Duktus richtet sich scheinbar darauf, dass den Intellektuellen ihr politisches Versagen heimgezahlt wird. Doch ehe die Erzählung sich zur Katastrophe durchringt, nimmt die Erzählerin die Gelegenheit wahr, auch mit ihrem ästhetischen Standpunkt abzurechnen. Angeblich will sie gerade dieses Bilanzieren am liebsten vermeiden. Ellen hält sich vom Schreiben fern. Sie erklärt weitschweifig, dass sie das nötige Selbstvertrauen zum Schreiben eingebüßt hat (S, 69 und 72) und dass sie wahrscheinlich vor der Schreibpflicht in eine Alltagsroutine ausgerissen ist, die sie von Literatur ablenkt (S, 94). Anscheinend gewährt sich Ellen eine Auszeit, in der sie entmutigt und lustlos die Umständlichkeit des Einbeziehens neuer Daten in ihre Ästhetik ins Auge fasst. Zugleich weiß sie, dass ihr Aufenthalt auf dem Dorf ein zeitlich begrenztes Experiment ist. Metaphorisch ausgedrückt, ist diese Zeit eine „Zone des Verstummens [...], des Schweigens“, die die Götter den Menschen vor der fälligen Selbstbezichtigung einräumen (S, 37) oder auch die Zeit, „wenn die Zange sich öffnet“ (S, 210). Zeitweilig geht Ellen im Wirtschaften in Haus und Garten auf. Man kann sich beim Lesen jedoch nicht entscheiden, wie ernst sie es mit ihrem rückwärtsgewandten Konservatismus meint. Die agrarische Lebensart, die Ellen mit Begeisterung für sich entdeckt, wird künstlich aus jedem politischen Kontext gehoben. Von der Unterdrückung der Bauern oder von dem geplagten Leben der Unterprivilegierten dieser Gesellschaft wird nicht gesprochen. Statt dessen berichtet Ellen vom direkten Erleben der Naturerscheinungen in allen Jahreszeiten, vom Wachstum der Pflanzen (S, 73) und der Freude an der Gartenarbeit. Was Ellen herbeisehnt, ist eine neutrale Zone, in der man von der Verantwortung des modernen Intellektuellen in der Gesellschaft befreit ist:

> Das ungläubige Staunen, wenn sich Blüten öffnen, deren Samen wir selbst in die Erde gelegt hatten. Gab es das also doch, wonach wir instinktiv gesucht hatten, als die falschen Wahlmöglichkeiten uns in die Zwickmühle trieben: eine dritte Sache? Zwischen Schwarz und Weiß. Recht und Unrecht. Freund und Feind - einfach leben? (S, 73)

Leben bedeutet in diesem Sinn ohne Verantwortungen oder die Verpflichtung, Partei ergreifen zu müssen, also wie ein arkadischer Schäferdichter unschuldig und natürlich in den Tag hinein zu leben.[31]

---

[30] „Ellen war fühllos. In ihr brannte mit unbeschreiblicher Glut das Haus. Es war die Vor-Glut, die sich, als das Haus wirklich brannte, nicht mehr mit gleicher Stärke einstellte.“ (S, 196); „In ihr brannte das Haus.“ (S, 197); „Ellen und Irene schwiegen. Was sie nicht erzählten: Wie Ellen das Haus betreten hatte, das in ihr abgebrannt war. Wie sie das Steinmuster im Flur wahrgenommen hatte, und wie sie nicht gewußt hatte, wo sie war und ob sie einen sehr deutlichen Traum gehabt hatte oder jetzt eine sehr schwache Wirklichkeit erfuhr.“ (S, 199)

Zweifelsohne genießt Ellen die Abwechslung, die ihr die neu erlernten Fertigkeiten und die neuen Gesprächsthemen bieten.[32] Man ist auch bereit, ihr zu folgen, wenn sie, das gut gediehene Weidengebüsch betrachtend, ihre Gartenarbeit als eine „Art Schöpfung" (S, 178) hinstellt. Wo die Erzählerin sich zu viel herausnimmt, sind die Stellen, an denen sie ihre Schriftstellerarbeit mit der Hausarbeit gleichsetzt:

> War es nicht falsch, sogar lächerlich, ihre Zeit derartig zu verschwenden. Sollte man nicht, anstatt den Ofen abzuwischen, die Sätze notieren, die einem im Kopf herumgingen. Andererseits: Wieso sollten die Sätze wichtiger sein als ein sauberer Ofen. Und hatte sie nicht, dachte Ellen, in den letzten ein, zwei Jahrzehnten einen großen Teil ihrer Zeit falsch angewendet. (S, 21)

Belegstellen wie diese, an denen Ellen ihr Faible für Nostalgie übertreibt, lassen den Leser einen Vorwand dahinter vermuten. Die ländliche Welt, in der Ellen Fuß zu fassen versucht, ist offensichtlich zum Untergang bestimmt. Wenn auch die „Umrisse" der Generation der Großeltern dauerhafter, haltbarer scheinen als die der eigenen Generation (S, 202-203), kann Ellen doch nicht im Ernst annehmen, dass deren Lebensart in die Gegenwart verlängert werden kann. Auch kann die romantisierte Zeitschleife, in der das Dorf vom Vordringen der industriellen Revolution bewahrt blieb, für die Nachkriegsautorin von nur geringem praktischen Wert sein. Die Gegebenheiten der Zeit der Großeltern können an die Daten, denen die Generation Wolfs ausgesetzt wurde, nicht angeglichen werden. Die nostalgische Neigung Ellens kulminiert schließlich in der Wertschätzung eines Briefs, der von Steffis Großmutter stammt. Es ist ein herzzerreißendes Dokument der jahrhundertelangen Kolonialisierung der Frau in der zivilisierten Welt, und, was allerdings nur vermutet werden kann, zugleich auch ein Dokument ethnischer Diskriminierung. Es wirkt jedoch affektiert, wenn Ellen dieses Dokument als ästhetisches Modell für ihre Literatur hochhält. Die Rührung, die den Leser des Brieffragments tatsächlich ergreift, kommt von der Echtheit des Gefühls seiner Verfasserin. Nichtsdestoweniger ist der Brief ein Gelegenheitsschreiben, redigiert von einer ungeübten Verfasserin, deren Priorität nicht im Erzählen, sondern in der Kommunikation einer klaren Botschaft an ihre Tochter liegt. Bekanntlich kann im Verlauf einer ausgedehnteren Fiktion die Intensität solcher Ergüsse unmöglich beibehalten werden. Daher ist es erzähltechnisch undurchführbar, dass die Erzählerin wie eben Steffis Großmutter in ihrem Brief keinen Abstand vom Gesagten nimmt und sich undifferenziert den ganzen Inhalt von der Seele schreibt. Allerdings kann man die Einschätzung des Briefes wegen ihres Kontexts nicht für bare Münze nehmen. Ellens Gedanken über den Brief sind in den Kontext des betont lyrischen letzten Kapitels eingebettet. Die alle Logik

---

[31] Anna Chiarloni nimmt einen Anflug von Ungeduld bei der Rezeption vorweg: „Der Leser wird sich an diesem Punkt die Frage stellen, ob der Rückzug von einem System [...] eigentlich nur zum *birdwatching* und zum Festefeiern auf dem Lande führt." Die Kritikerin hebt hervor, dass die gewählte Nische ein geschichtlicher Leerraum ist, der die existentielle Krise Ellens vertieft.
Anna Chiarloni, a.a.O., S. 44 und 46.

[32] „Daß es uns Lust genug war, früh im Jahr Weidenstöcke zu schneiden und sie in Eimer zu stellen, bis sie unter Wasser punktgroße helle Augen zeigten, aus denen sie bleiche fadendünne Wurzeln trieben, die wir nun in den gut gewässerten Boden einsenken konnten. [...] Und wie wir über all das ernsthaft und unspöttisch stundenlang reden konnten." (S, 178)

überbietende Macht der Lyrik bewirkt, dass da ästhetische Bearbeitung gleichzeitig abgewiesen und befürwortet wird:

> - [...] Jedes Wort ein Diamant. Wenn sie schreibt »verstoßen«, wenn sie schreibt »machtlos«, da könntest du auch mit einem Vorschlaghammer nicht eine Stecknadelspitze zwischen ein solches Wort und die Wirklichkeit zwingen. Bei uns, da kannst du den Finger dazwischenlegen. Die ganze Hand. Ach, manchmal den ganzen Menschen, dich selbst.
> - He, Schwester. Nun halt mal die Luft an. Nun gönn dir mal diesen Zwischenraum. Oder sollen dich deine Sätze mit Haut und Haar verschlingen.
> - [...] Ja, sie sollen. Sollen sie doch. Zurückhaltend, wie du mich kennst, gebe ich mich auf. Rückhaltlos, wie du mich wünschst, bleibe ich bei mir. Und nun lege ich meine Hand zwischen diese beiden Sätze, und, solange du es noch kannst, leg deine dazu. (S, 214)

Diese paradoxe, in Kontrastfarben schillernde Aussage kann nicht unmittelbar als Belegstelle für Ellens unrefelektierte Bewunderung für die Zeit der Großeltern zugelassen werden. Trotzdem hat sie ihren Platz in dieser Diskussion. Denn auf die Frage nach dem ästhetisch Bleibenden fällt Ellen bis zuletzt nichts ein als eine Eloge der Vergangenheit.

Der nostalgische Affekt Ellens ist als Ansatzpunkt für eine alternative Ästhetik unüberzeugend. Dieser Affekt ist aber interessant, da er als Vernebelung waghalsiger Abweichungen vom ehemaligen ästhetischen Standpunkt fungiert. In *Sommerstück* rumoren eine Menge Ideen, die der moralischen Ästhetik von *Nachdenken über Christa T.* oder *Kindheitsmuster* die Gefolgschaft verweigern. Unter dem Vorwand eines friedfertigen Aufenthalts im Idyll setzt sich die Erzählerin dieses Textes weiter von der ästhetischen Linienführung der Prosa Wolfs ab, als es deren Erzählinstanzen je unternahmen und unternehmen werden. Die Auseinandersetzung Ellens mit ihrer Ästhetik verläuft sogar noch versteckter als das Überdenken ihres politischen Weltbilds. Das Brisante an dieser verschleierten Darstellungsweise ist die Einsicht, dass die Erzählerin nicht strategisch versucht, den Leser mit verschlüsselten Informationen aufzuziehen. Die Erzählerin scheint vielmehr sich ihre Gedanken abzulauschen, wie wenn sie die Beichte Fremder abhören würde, wobei Teile des Gehörten sie als weißes Rauschen erreichen und den Zusammenhang des Gesagten relativieren. Oberflächlich betrachtet, findet man auch in diesem Text die Bezugspunkte, die für die moralische Ästhetik Wolfs spezifisch sind. Ellen schätzt an den vergangenen Sommertagen das „schöne Unbedeutende, das man leicht vergißt" (S, 19) und spricht von ihrer Sucht nach belanglosen Einzelheiten, „in die das Leben sich verkriecht" (S, 201). Das Backen einer Pita erhält eine wesentliche Stellung im dramatischen Aufbau des Theaterstücks zum Malvenfest. Dabei unterlässt Luisa es nicht, hervorzuheben, dass dieses Gebäck von den armen Leuten in Griechenland gebacken wird, die sich nicht zieren würden, Löwenzahn und anderes Wildgemüse, „[w]as man eben habe", in die Teigblätter zu packen. (S, 157) Die „Schönheit der alten Gegenstände", die Ellen begeistert, hat das individualisierende Epitheton „karg[]" (S, 75) und hängt wiederum mit Armut zusammen. Diese Ästhetisierung eines bescheidenen, beinahe asketischen Lebens ist aus *Kindheitsmuster* und ansatzweise aus

Nachdenken über Christa T. bekannt. In *Sommerstück* kommt es nun dazu, dass die Erzählerin an dieser Einstellung rüttelt.

Ellen ist zwar anspruchsvoller als Luisa, die fast alles, was ihr auffällt, „schön“ nennt. Es ist jedoch bemerkenswert, wie oft der Begriff „Schönheit“ in den Gedanken Ellens aufkreuzt. Man könnte sagen, dass Ellen die Strenge der Erzählinstanzen Wolfs auflockert und ihrer Phantasie erlaubt, sich an Schönheit zu entzünden.[33] Zu Beginn hält Ellen die hinreißende Schönheit der Natur noch auf Distanz. Sie erwähnt die „Unzahl“ von Sternen am Himmel und einen Kirschbaum, dessen Blüten „unvernünftig[]“ niederfallen (S, 8), wobei das Präfix „un-“ in beiden Fällen ihr Widerstreben signalisiert. Aber Ellen verstarrt sich nicht in diese Richtung, sondern geht auf die Neuheit ein, „ein Wort wie »lustvoll« in den Tag hinein zu denken“. (S, 25) Dadurch nimmt Ellen Anstoß an der Ästhetik ihrer Vorgängerinnen in Wolfs Prosa. Als wäre ihr das gestörte Verhältnis zwischen Literatur und Fiktionalität aus *Kindheitsmuster* unbekannt, stellt Ellen mit überraschender Unbefangenheit fest: „Es scheint, [...] als seien wir die erste Generation, die eine Art von schlechtem Gewissen empfindet angesichts der Schönheit der Natur.“ (S, 57) In den meisten Prosastücken Wolfs, in denen der Partner der Erzählerin erwähnt wird, hält er sich im Hintergrund. In dieser Erzählung jedoch findet Jan bei Ellen ein offenes Ohr für Ansichten, die ihre eigenen herausfordern. Jan behauptet, er lasse sich seine Freude an der Natur durch schlechtes Gewissen nicht trüben (S, 57). Auch verheimlicht Jan seine Entrüstung über die Gewohnheit der Freunde nicht, sich bei jeder Gelegenheit mit Skrupeln zu quälen, um ihrem eigenen moralischen Anspruch gerecht zu werden. (S, 94) Am weitesten wagt sich die fiktive Schriftstellerin Ellen vor, wenn sie rhetorisch fragt, ob Schönheit beschreibenswert sei. Die Frage vermeldet, dass Ellen einen erheblichen Abstand von ihrem früheren Standpunkt nimmt:

> Doch wohin soll das führen? Ist Schönheit beschreibenswert? Eine vernichtende Frage. Was bleibt zu hoffen für eine Zeit, die vom Hohn auf Schönheit gezeichnet ist? In der eine vertrackte Art von Mut dazu gehört, von einer gewissen Baumgruppe [...] zu behaupten und zu wiederholen, sie seien schön. (S, 10)

Die Verschlechterung der politischen Lage in der DDR bewirkt Orientierungslosigkeit bei der Erzählerin und bei ihren Gefährten in *Sommerstück*. Auf dieser Voraussetzung baut die Erzählerin eine Fiktion aus, deren dramatischer Spannungsbogen im Überlagern von Verlusten gipfelt. Das Neue an der Ästhetik, die in *Sommerstück* entwickelt wird, ist ihre Offenheit im modernen Sinn: offen als Verzicht, die ins Rutschen geratene

---

[33] Diese Umstellung ist umso interessanter, da sie ausschließlich für die Episode im mecklenburgischen Dorf gilt. Wenn Wolf zu Beginn der 80er Jahre nach Griechenland reist, lässt sie ihre Erzählerin eine Haltung gegenüber dem kunstvoll Schönen einnehmen, die mit der Haltung der Erzählerin in „Kindheitsmuster“ deckungsgleich sein dürfte. Nur um anderen einen Gefallen zu tun und nur um kein „Monstrum“ zu sein, lässt sie sich auf die Verwendung der Vokabel „schön“ ein: „[...] warum sollte man nicht sagen, was von einem erwartet wurde: schön. Wer wollte das Monstrum sein, das die Akropolis von Athen kaltließ.“
Christa Wolf, Voraussetzungen einer Erzählung: Kassandra. Frankfurter Poetik-Vorlesungen. München, 1998, S. 27.

Weltanschauung in einer abschließenden Konklusion einzufangen.[34] Denn anders als in den vorhergehenden Erzählungen findet die Erzählerin zu keiner neuen Grundlage für ihre Existenz, mit Ausnahme vielleicht des Wunsches, ihre Erfahrungen zu beschreiben. Doch dieser positive Ansatz ist nur ein vorübergehendes Nachlassen der Fallgeschwindigkeit im Verlauf der Erzählung ins Bodenlose. Schließlich ist das Resultat dieses Vorsatzes der vorliegende Text. Und dieser handelt nicht von einer Ermächtigung des Literarischen, sondern von der lethargischen und zugleich unerschrockenen Wahrnehmung eines privaten Weltuntergangs. Dabei kann die Literatur in den Lauf der Dinge nicht eingreifen; ihr Kommentar wird an den Rand gedrückt.

Es wurde nachgewiesen, dass Ellen von der Sack-und-Asche-Ästhetik der Erzählerin in *Kindheitsmuster* Abstand nimmt, indem sie deren besorgt umsichtige Enthaltsamkeit im Alltagsleben der Gegenwart in Frage stellt. Weiterhin wird sich herausstellen, dass *Sommerstück* noch tiefgehender die Fundamente des literarischen Selbstverständnisses der Autorin erschüttert. Schon in einem weit zurückliegenden Artikel[35] hatte Wolf den Glauben bekanntgemacht, der ihrer Prosa zugrunde liegen wird. Die Auffassung, die Wolf in diesem Artikel zur Sprache bringt, taucht in so vereinfachter Form später nicht mehr auf. Jedoch kann sie in der Grundhaltung aller Texte außer *Sommerstück* identifiziert werden. Im Artikel *Achtung, Rauschgifthandel!* berichtet die Autorin von einem Krankenhausaufenthalt, während dem sie mit einer Arbeiterin über Literatur diskutiert. Die Leserin ist sympathisch und auch politisch engagiert, lässt allerdings, was ihren literarischen Geschmack betrifft, zu wünschen übrig. Diese Leserin liest westdeutsche Schundromane und die Autorin kann ihr nicht weismachen, warum sie in ihrer Freizeit statt dessen die Literatur der Autorenelite der DDR lesen sollte. Es ist an dieser Stelle wichtig, Wolfs Vorstellung von der moralischen Neubelebung des sozialistischen Bürgers hervorzuheben. Es genügt nämlich nicht, dass er politisch auf der richtigen Seite steht und sich für den Aufbau in Tätigkeit setzt.[36] Das Ausschlaggebende wäre erst eine verinnerlichte Heilung, die man durch die Lektüre guter DDR-Literatur zu finden hat. Die Auffassung von der moralischen Bedürftigkeit des Menschen der Nachkriegszeit ist einer der faszinierendsten Aspekte der Ästhetik Wolfs. Er besagt mehr über die moralische Sensibilität Wolfs als über die Durchführbarkeit dieses Anliegens im Lesepublikum der DDR. Davon abgesehen, liefert dieser Artikel einige bedeutende, eben weil naiv-offenherzig formulierte, Hinweise über den ästhetischen Standpunkt dieser Autorin. Wolf betrachtet Literatur als geistige Nahrung, so dass der Konsum kitschiger Literatur beim Leser unvermeidlich zu „geistige[r] Unterernährung" führen muss:

> Empört würde Frau Weber eine Aufforderung zurückweisen, sich und ihre Familie mit minderwertigen oder gar vergifteten Nahrungsmitteln zu ernähren [...]. Aber einer dauernden geistigen Unterernährung selbst Vorschub zu leisten, trägt

---

[34] Fritz J. Raddatz bemerkt zum Ausnahmestatus der Ästhetik in „Sommerstück": „Was das Buch so bis zum Entsetzen eindringlich macht, ist, daß es auf jede Predigt, auf jeden Appell verzichtet; es ist ein Monolog: ‚Comment c'est.'"
Fritz J. Raddatz, a.a.O.

[35] Christa Wolf, Achtung, Rauschgifthandel! In: Neue Deutsche Literatur 2 (1955), S. 136-140.

[36] Vgl. Manfred Jäger, Rauschgift-Lektüre: zu Christa Wolfs Literatur-Vorstellungen, nach dem Wiederlesen eines sehr alten Aufsatzes. In: Heinz Ludwig Arnold (Hg.), Christa Wolf, a.a.O., S. 38.

> sie keine Bedenken. [...] Mancher raucht mit einem schweren Herzfehler Zigaretten, und mancher, mancher liest mit Wohlbehagen Bücher, von denen er dümmer wird.[37]

Zu Recht fragt sich Manfred Jäger, welcher Defekt dem Herzfehler des Rauchers denn beim Leser entsprechen sollte.[38] Das Privileg der Autorin, ihre Leser gönnerhaft zu bevormunden, ist ein wesentlicher Bestandteil der Ästhetik Wolfs. Dieses Verhalten ist derart innig mit ihrer auktorialen Selbstverständlichkeit verbunden, dass es erst in einschlägigen Aussagen wie den eben zitierten auffällt. Was heutzutage unerhört wäre, scheint im historischen Kontext der Nachkriegszeit allerdings sinnvoll. Wolf geht es dabei gar nicht um geistiges Gefälle zwischen AutorIn und Leserschaft, sondern um ihr tief empfundenes Bedürfnis nach moralischer Wiederherstellung. Der Defekt, der beim Leser metaphorisch als Herzfehler umschrieben wurde, ist die beschädigte Denkweise der neulich faschistisch indoktrinierten Deutschen. Immerhin erachtet Wolf die Bürger der Republik im geistigen Sinn als reparatur- oder heilungsbedürftig und sie ist überzeugt, dass Literatur für diese Heilung zuständig ist.

Anklänge dieses ästhetischen Stützpunktes Wolfs kommen zwar in *Sommerstück* vor. Der Akzent fällt in diesem Text jedoch auf den Verlust der Gewissheit, dass Literatur beim Leser überhaupt Aufnahme findet, geschweige denn seine moralische Orientierung gestaltet. Eine Stelle, die partiell und verzerrt an die im Artikel von 1955 umrissene Ästhetik erinnert, ist das Gespräch über ein kontroverses sozialwissenschaftliches Experiment aus dem Westen. Es geht um „weißbekittelte Sozialwissenschaftler“, die mit freiwilligen Passanten ein Experiment durchführen. Die Freiwilligen glauben, den Wissenschaftlern behilflich zu sein, wenn sie sich an „technisch überzeugende“ Vorschriften halten und dabei je einen unsichtbar bleibenden ‚Anderen‘ mit Stromstößen foltern. (S, 188) Das Experiment betrifft jedoch die Freiwilligen, denn es misst ihre Bereitschaft, Unbekannte gemäß einer Reihe von arbiträren Setzungen zu foltern. Das Resultat des Experiments zeigt, dass Teilnehmer in hohem Prozentsatz sich an die Vorschriften halten und mit voller Absicht Menschen misshandeln, die ihnen nichts angetan haben. Vorausgesetzt, es gibt Autoritäten, die Gewalttätigkeit sanktionieren, lassen sich Leute also immer noch leichtgläubig dazu verleiten, einander Gewalt anzutun. In Ellens Urteilsvermögen tritt eine Panne ein, während ihre Stimme sich vor Panik zu überschlagen scheint: „Wenn es Leute gibt, denen solche Experimente einfallen, und wenn es ihnen erlaubt ist, sie durchzuführen, und wenn das unter der Bezeichnung Wissenschaft läuft - das wäre der Anfang vom Ende.“ (S, 188) Das Problem liegt jedoch nicht darin, dass jemand sich dieses Experiment einfallen ließ, oder, politisch zugespitzt, dass es im Westen Europas zugelassen wurde. Ellen weigert sich geradewegs, das Resultat des Experiments zu begreifen, nämlich dass die Masse der Bevölkerung anscheinend nichts vom Holocaust gelernt hat. Die Unfähigkeit der Masse, sich im gleichen Maß wie - in dieser Erzählung - Ellen für Moral zu engagieren, muss die Aussicht der Autorin auf die moralische Sensibilisierung ihrer Leser verbaut haben.

---

[37] Christa Wolf, Achtung, Rauschgifthandel!, a.a.O., S. 138 und S. 139.

[38] Manfred Jäger, a.a.O., S. 37.

Ellen reagiert auf das Thema der Diskrepanz zwischen ihren moralischen Ansprüchen und denen der breiten Bevölkerung mit Scham: „Eine Art Scham hinderte uns, lange darüber zu reden.“ (S, 188) Die Frage stellt sich, ob Ellen sich für die moralisch unterlegenen Leute schämt, oder für die eigenen Erwartungen von ihrer Prosa. Eine weitere Belegstelle deutet auf die zweite Möglichkeit hin. In einem Streitgespräch mit Nicos, dem Bruder von Antonis, erwähnt die Erzählerin folgende Denkwürdigkeit: „Ellen, die es immer vermied, mit Nichtliteraten über Literatur zu streiten, aus einer Art von schwer erklärbarem Schamgefühl [...].“ (S, 65) Diese Einstellung verwundert, wenn man die ausführlichen Auseinandersetzungen zwischen der Autorin und ihrer Mitpatientin im Artikel *Achtung, Rauschgifthandel!* bedenkt. Die Streitgespräche waren da von der Autorin initiiert und vorangetrieben worden. Der Kontrast, der sich zwischen der Autorin des Artikels von 1955 und Ellen ergibt, veranschaulicht die Abweichung vom ehemaligen Standpunkt. Ellen ist ihrer Ästhetik nicht mehr sicher. Der Anflug von Scham legt die Instabilität des Terrains nahe, auf dem sich Ellen bewegt. Im Text wird Ellen in regelmäßigen Abständen mit Menschen konfrontiert, die Welten von ihrer Ästhetik entfernt sind.[39] Ein Verlierergefühl macht sich breit, da Ellen zusehends ihren Grenzposten zwischen Ästhetik und Moral aufgibt. Die fiktive Schriftstellerin versucht nun resigniert, sich auf Ästhetik zu beschränken, statt weiter Pionierarbeit durch die Verbindung der beiden zu leisten.

Im Grunde genommen weicht Ellen äußerst ungern von der Richtung der moralischen Ästhetik ab. Sie macht zwar Zugeständnisse an die Fiktionalität, die mit dem Programm von *Kindheitsmuster* stark kontrastieren. Aber der Ton, in dem Ellen ihre neuen Stellungnahmen verarbeitet, ist gewissermaßen halbherzig, als würde sie sich selbst Mut zusprechen: „Es muß doch möglich sein, dachte Ellen, zu schreiben, ohne etwas oder jemanden dabei zu verletzen.“ (S, 30) Obwohl die für Wolf spezifischen Konnotationen von Wirklichkeit zu Leben und von Fiktionalität zu Leblosigkeit auch in *Sommerstück* zu Stande kommen, führt die Erzählerin eine Gratwanderung durch. Es ist zwar immer noch „Sünde“ (S, 213), Elemente aus der Wirklichkeit in den anderen ontologischen Bereich, den der Fiktionalität, hinüberzuschleusen. Der Übergang bedeutet wie im Zitat obenan Verletzungen, und, noch bildlicher, den Akt, jemanden bei lebendigem Leib in eine rigide Form einzufassen: „die Sünde, dich oder irgendeinen in eine Geschichte zu pressen“ (S, 213). Jedoch nimmt es die Erzählerin, wenn auch zerknirscht, auf sich, die „Sünde“ der Fiktionalisierung zu praktizieren. Auch in diesem Fall klingt es, als versuche die Erzählerin, sich selbst zu überreden. Der Kontrast zwischen dem „warmen Alltag“ und dem Fiktionalen, das alles und jeden mit Todeskälte anzuhauchen vermag, ist dabei viel zu einprägsam, um mit der halbherzigen Initiative der Erzählerin

---

[39] „War es den anderen auch so gegangen? Hatten auch sie gedacht, an diesen beiden alten Leuten prallt aber nun wirklich alles, was wir Literatur nennen, das geschriebene Wort, ein Leben lang ab.“ (S, 92); im Gespräch mit Sonja stellt Ellen die Frage, ob es Leute gäbe, die man unmöglich vom Selbstmord abhalten könne, worauf Sonja antwortet, „Ja, [...] sie halte das für möglich. Sie halte es für möglich, daß es Menschen gibt, denen nicht zu helfen sei. Das sei ja überhaupt das Problem. Aber davon dürfe sie in ihrer Arbeit nicht ausgehen.“ (S, 177); und schließlich im Gespräch mit Steffi: „- Steffi, hast du mal nachgedacht über die vielen Menschen, denen nicht zu helfen ist? Wenn man erst mal den Blick für sie hat, sieht man sie überall.“ (S, 212)

behoben werden zu können: „Und doch sündigte ich, indem ich uns beide in unserem warmen Alltag sah und zugleich als Skelette. Dieser Vorgang macht mich nicht mehr fassungslos wie in der ersten Zeit." (S, 213) Dann wiederum schlägt die Erzählerin einen anderen Ton an, wenn sie im Streitgespräch mit Nicos das Poetische gegen den „Alltag" in Schutz nimmt. Das Poetische wird hier gegen das alltägliche, normale Leben ausgespielt, denn die Erzählerin behauptet geradeheraus die Überlegenheit der „Art Leben, von der die unzähligen normalen Leben abgedrängt worden waren und auf die die Gedichte weiter Kurs halten mussten" (S, 66-67). In *Sommerstück* kommt schließlich eine einmalig wohlwollende Formulierung des Fiktionalen vor, die die Erzählerin im Namen Bellas äußert. In erlebter Rede empfindet sie Bellas „süßen Hang zum Wort, das alles mildert" nach. (S, 118) Obzwar diese liebäugelnde Formulierung mit der Haltung Ellens gegenüber dem Fiktionalen nicht zusammenpasst und ihr daher nicht zugeschrieben werden kann,[40] ist es doch bedeutend, dass sie diese Metapher für ihre eigenen Zwecke verwerten wird.

Die Zugeständnisse, die Ellen an das Fiktionale macht, hängen mit der ‚mildernden' Wirkung der Fiktionalität zusammen. Sie beziehen sich nachdrücklich auf das von Bella hervorgehobene Vermögen der Literatur, ablenkend den Druck der wirklichen Bezüge um uns abzuschwächen. Dabei stilisiert Ellen das Fiktionale als potentiell rettenden Ausweg. Man merkt, dass die Erzählerin auch dann, wenn sie Konzessionen an den traditionellen Umgang mit Fiktionalität macht, offenbar den Berührungspunkt mit Moral sucht. Aus der Perspektive Sonjas erfahren wir beispielsweise, dass Ellen Übung darin habe, sich über gefährliche Verwicklungen zu erheben: „Die hatte doch immer [...] Praktiken gefunden, die es ihr erlaubten, die Nase über der Flut zu halten, und sei es um Millimeter." (S, 172) Bloß weil Ellen Schriftstellerin ist, müssen die „Praktiken" nicht gleich ihren professionellen Umgang mit Fiktionalität bedeuten. Während desselben Gesprächs wurde jedoch dieser Gedanke bereits eingeleitet, als Jenny erzählt, wie ein Märchen ihrer Mutter ihr einmal als Kind „das Leben gerettet habe" (S, 170). Jenny, inzwischen erwachsen, weiß natürlich, dass sie wegen der Bauchschmerzen und auch wegen der Angst damals nicht wirklich in Lebensgefahr gewesen ist. Aber weil sie es als Kind mit Genugtuung erfahren hat, wie Fiktionalität Schmerzen beseitigen kann, bleibt sie beim Szenario der Lebensrettung. Dieser Sachverhalt nimmt eine tragische Wendung, wenn von Steffis Agonie die Rede ist. Ihr Arzt argumentiert, es wäre zu Steffis Vorteil, wenn man sie mit Scheindiagnosen über ihren kurz bevorstehenden Tod täuschen würde. Denn so könnte man ihr zumindest „den einen oder anderen halbwegs glücklichen Nachmittag verschaffen" (S, 205). Und Steffi selbst verlangt von ihren Freunden, „gut" belügt zu werden, falls es für sie keine Hoffnung mehr geben sollte. (S, 208) Wir befinden uns im überwiegend lyrischen letzten Kapitel, so dass Ellen ihren Standpunkt dazu nicht deutlich machen wird. Steffis Aussage, „Um mich besser über meinen Befund täuschen zu können, hast du mir ersatzweise dein Inneres geöffnet." (S, 204), kann bedeuten, dass Ellen zu gewissenhaft ist, um Steffi zu belügen, und es vor-

---

[40] Über den ‚mildernden' Effekt der literarischen Ausdrucksweise hat Wolf sich schon 1973 geäußert: „Form mildert aber immer, das ist ja eine ihrer Funktionen [...]".
Christa Wolf, Subjektive Authentizität (Gespräch mit Hans Kaufmann, 1973). In: Die Dimension des Autors. Essays und Aufsätze, Reden und Gespräche 1959-1985. A.a.O., S. 778.

zieht, rückhaltlos ehrlich mit ihr zu sprechen. Der Trick dabei ist, dass das ganze Gespräch in der Phantasie der Erzählerin stattfindet, so dass sie ehrlich innerhalb einer Lüge ist. Bis zuletzt erfahren wir nicht, ob Ellen Fiktionalität als Bereich, in dem man sich von der Wirklichkeit erholen kann, schätzt oder ächtet. Steffis Behauptung, dass Ellens Prosa deren eigene „Art Fälschungen" (S, 210) sei, stellt die Erzählerin unkommentiert hin. Die Erzählerin bewegt sich weder in Richtung der moralischen Ästhetik von *Nachdenken über Christa T.* oder *Kindheitsmuster* noch in Richtung einer offenen amoralischen Ästhetik. Sie versucht, der Fiktionalität Vorzüge abzugewinnen, die mit der ästhetisch-moralischen Heilungsidee kompatibel sind. Das Resultat ist eine weichgespülte Version der vormaligen Ästhetik, die sich in schwankenden, unschlüssigen Bezugnahmen niederschlägt.

3.2.1. Der selbstkritische Blick als dramatische Lösung

Der Unwille der Erzählerin, sich auf einen ästhetischen Standpunkt festzulegen, bedeutet aber auch, dass *Sommerstück* in diverse Richtungen ausgelegt werden kann. Der Zwischenraum, in dem sich diese Ästhetik bewegt, ist andererseits eine originelle Lösung, besonders da es ihm gelingt, trotz der diffusen Verfassung die Erzählung zusammenzuhalten. Über die einzigartig zeitgenössische Ästhetik dieses Textes kann man sich am besten Aufschluss verschaffen, wenn man sie mit der eines klassisch modernen Texts vergleicht.[41] Zu diesem Zweck wird an anderer Stelle vergleichsweise Virginia Woolfs

[41] Kritiker haben die Aktualität der Ästhetik von „Sommerstück" jedoch in Frage gestellt und das soll hier näher betrachtet werden. Ricarda Schmidt interpretiert die Ästhetik der Erzählerin im Sinn der klassischen Gegenüberstellung von Innen und Außen, von einem transzendentalen, idealisierten Selbst unter dem Einfluss vom Fremden außerhalb jenes Selbst.
(Ricarda Schmidt, Die Dialektik zwischen Wort und Wirklichkeit, dem Selbst und dem Fremden in Christa Wolfs „Sommerstück". In: German Life and Letters 44 (1991) 5, S. 469-476.)
Die Textstellen, die Schmidt heranzieht, belegen jedoch keinen eindeutigen Konflikt zwischen einem Selbst humanistischen Ursprungs und dem Anderen. Die Erwähnung von Metaphern, die Gefangenschaft suggerieren, kann sich einfach auf den Unwillen der Erzählerin beziehen, Entscheidungen zu treffen und Verantwortung dafür zu tragen. („Wortketten" (S, 41); „Netze[]" und „Falle" (S, 70); „Netze" und „Stricke" (S, 124)) Sie zieht sich schließlich aufs Land zurück und knüpft an eine Lebensart an, die am Ende ist, so dass sie gegen Abhängigkeiten oder Verpflichtungen gefeit ist. Da man aber praktisch durch jede Anregung zu Stellungnahmen getrieben wird, wird Ellen bald in ihre alten Denkmuster verfallen, wenn auch nur halbwegs. Ellen verspürt beide Tendenzen in sich, die zur Kontemplation der Welt aus dem Abseits und die, ihre Energie in die Mitgestaltung der Gegenwart zu investieren. Die gegensätzlichen Bestrebungen halten Ellen in der Schwebe (S, 79-80). Es geht um eine ausgesprochen zeitgenössische Unentschiedenheit der Erzählerin, die mit der beherzten Entschlusskraft der Heldengestalten im Klassizismus nichts gemeinsam hat. Eigentlich legt Schmidt dieses ästhetische Konzept als klassizistisch aus aufgrund seiner Unvereinbarkeit mit der Ästhetik der Romantik..
(„Daß jedoch ein ‚authentisches Selbst' [...] und das Ineinanderfallen von Wort und Wirklichkeit in ‚Sommerstück' überhaupt als Ideale erscheinen, macht m. E. die Problematik des Textes aus, weil sich diese Ideale auf humanistische Subjekt- und Wirklichkeitskonzepte beziehen, deren Brüchigkeit bereits von Teilen der Romantik sichtbar gemacht wurde [...]"
Ricarda Schmidt, Die Dialektik zwischen Wort und Wirklichkeit, dem Selbst und dem Fremden in Christa Wolfs „Sommerstück", a.a.O., S. 474.

Between the Acts besprochen werden. Vorerst will ich untersuchen, wie sich der Verlust

---

Vgl. „The process by which a writer gains self-knowledge and historical insight is portrayed in Ellen's identity crisis. This process is described in the Romantic terminology of ‚fremde Macht' and ‚Selbst', but projects a neat separation of ‚Selbst' and ‚fremde Macht' that reconstitutes the Classical ideal of human harmony and nobility."
Ricarda Schmidt, History Reflected in the Imaginary: Pre-Revolutionary Attitudes towards the Process of History in Works by Christa Wolf, Helga Königsdorf, Angela Krauss and Irina Liebmann. In: Arthur Williams und Stuart Parkes (Hg.), The Individual, Identity, and Innovation: Signals from Contemporary Literature and the New Germany. Bern 1994, S. 168.)
Dabei sind beide Ästhetiken, die klassizistische und die romantische, vom Standpunkt Wolfs obsolet. Das ideale Menschenbild der Klassik setzt die Neigung zum Guten im Menschen voraus. Die Gewissheit des unerschütterlich Guten im Menschen hat sich jedoch spätestens seit dem Zweiten Weltkrieg als schwerer Irrtum herausgestellt. Die Geschichte hat das Humanitätsdenken der Klassizisten in diesem Punkt drastisch korrigiert. Wolf empfindet es als Bedürfnis und Aufgabe ihrer Zeit, den Menschlichkeitsbegriff neu zu verarbeiten. Man könnte sagen, dass Wolfs Sinn für Moral mit dem Verlust des Glaubens an die klassizistische Humanitätsgarantie zusammenhängt. Die moralische Wachsamkeit, die Wolfs Erzählinstanzen auf ihr Selbst richten, markiert somit einen Unterschied zur Weimarer Klassik. Wolf bemüht sich um eine welthaltigere Version von Menschlichkeit als die der Dichterfürsten. Dabei ist die romantische Ästhetik für den zeitgenössischen Gebrauch auch wertlos. Die Romantik ergibt Sinn als Reaktion auf den Klassizismus und den Aufklärungsoptimismus, aus deren Einseitigkeit sie Kapital schlägt. Dass an der Psyche viel mehr ist, als die hochgestochenen Ansichten der Klassiker gelten lassen, leuchtet ein. Doch sind das Irrationale und das Unheimliche nach 1945 weniger verheißungsvoll und wundersam als zur Zeit, als sie den kulturellen Trend subvertierten. Da Wolf die Prämissen der Humanisten von der jüngsten Geschichte widerlegt sieht, lässt sich ihre Ästhetik folglich nicht mit der klassischen über einen Kamm scheren. Was das politische Engagement der Autorin betrifft, kann es auch nicht überzeugend als Anachronismus diskreditiert werden. Sybille Cramer befindet, dass Wolfs
„[...] Untergangsgeschichten [...] sich aber auf Rollenvorstellungen des künstlerischen Individuums in der Geniezeit [beziehen], auf den thronenden, lorbeergekrönten Souverän des geistigen Lebens, der als Künstler Repräsentant der Gesellschaft ist, eine Autorität des öffentlichen Lebens und ein Gesprächspartner der politischen Macht."
(Sybille Cramer, Kein Ort. Nirgends. Ein Ort. Irgendwo. Wolfgang Hilbig versus Christa Wolf: Klassizistische und moderne Positionen in der Literatur des Sozialismus. In: Heinz Ludwig Arnold (Hg.), Wolfgang Hilbig. Text und Kritik Heft 123, München 1994, S. 83.)
Es ist jedoch weit hergeholt, dass Wolf sich als Neo-Klassizistin verstünde. Ihre Ästhetik geht programmatisch auf die Gegebenheiten der Nachkriegszeit ein. Es scheint plausibler, dass Wolf aus moralischem Antrieb das Verhältnis zwischen Künstlern und der Gesellschaft in der Moderne verwirft. Zwischen Spätromantik und Moderne sahen sich Künstler durch die Kunst-Ignoranz der arrivierten Bürger marginalisiert und boten darauf ihre Kunst häufig als Affront dar, nach dem Motto: Kunst gibt sich nicht dazu her, um Bürgern das Leben angenehm zu machen. Ohne ein Publikum versinkt die Kunst jedoch in Bedeutungslosigkeit und mit ihr der Künstler. Der sozialistische Überbau will zumindest theoretisch diese Marginalisierung vermeiden, indem er Autoren als Mitglieder der Partei anwirbt. Diese Chance, sich an der Umgestaltung der Gesellschaft zu beteiligen, bot ‚der Westen' den Künstlern nicht. Anders als Cramers Interpretation unterstellt, geht es bei Wolf nicht um gekränkte Eitelkeit, wenn ihre Gestalten deren Machtlosigkeit in der Gesellschaft betrauern. Es gehört zu Wolfs Selbstverständnis, dass sie in ihrer Prosa eine originelle, moralische Ästhetik entwickelt und sich dazu auch politisch engagiert, damit der Staat moralisch richtige Entscheidungen trifft. Dadurch sollen keineswegs anachronistische Zustände rehabilitiert werden. Wolf will lediglich die Außenseiterposition des Künstlers diesseits der Epoche der Dichterfürsten berichtigen.

des ästhetischen Standpunkts der Erzählerin im Erzählsystem manifestiert. Parallel zum Erzählstrang, in dem politisches Versagen mit dem Niederbrennen des Zufluchtsorts vergolten wird, verläuft ein anderer, diesem Verlust entsprechender, Erzählstrang. Die Sorge der Erzählerin, dass sie sich falsche Vorstellungen von ihrer Ästhetik gemacht hat, wird wie auch der Brand als dramatische Steigerung inszeniert. Der Brand setzt der Episode auf dem Land ein Ende, doch die Zweifel der Gestalten an ihrem Künstlertum sorgen vorher noch dafür, dass die Stimmung sinkt. Die versammelten Künstler fühlen sich eines Abends aus der heimeligen Stube auf eine imaginäre Bühne hinauskatapultiert, und sie nehmen sich mit Missbehagen von Außen wahr. Doch bis zu dieser schmerzhaften Einsicht werden im Verlauf der Erzählung Spuren ausgelegt, die diesem Moment als Lösung eines Spannungsbogens zuführen.

Im Unterschied zu Christa T., deren Künstlerimage bewusst und liebevoll kultiviert wird, gefallen sich die Künstler in *Sommerstück* weniger gut in ihrer Rolle. Da sind die Künstler, zum Beispiel, von einem Vermittler abhängig, der in Geldangelegenheiten für sie verhandelt. Weil seine Künstlerfreunde eine Veranlagung zur Weltfremdheit haben, führt Antonis die Vorverhandlungen für den Hauskauf und überwacht das entscheidende Treffen mit dem Hausbesitzer. (S, 13-16) In einer ähnlichen Rolle fungiert die Gestalt N. in *Voraussetzungen einer Erzählung*. N. basiert wie auch Antonis auf dem Schriftsteller Thomas Nicolau, doch kehrt die Erzählerin wiederholt seine praktische, weltgewandte Fähigkeit hervor. So muss N. auf der Griechenlandreise für die Künstlerfreunde einspringen, um zu verhindern, dass ihnen im Hotel zuviel abgenommen wird. Statt die Betreuung zu genießen, fühlen sich die Erzählerin und ihr Mann jedoch minderwertig: „Ein wenig irritiert ihn aber auch unsere Unfähigkeit, sich gegen Betrügerei zur Wehr zu setzen. Als hätten sich bestimmte Abwehrkräfte, die nie gebraucht wurden, aber doch zum Menschen gehören, nicht entwickelt.“[42] Es ist bedeutend, dass die Vorlage dieser Gestalt selbst Schriftsteller ist, Wolf jedoch Fähigkeiten hervorstreicht, die den Künstlergestalten fehlen. Dieser Kontrast entsteht auch, wenn Antonis seine zart besaitete Frau brüskiert,[43] und vor allem, wenn er von Poesie nichts zu verstehen scheint. Im Streitgespräch Ellens und Jans mit Nicos und Antonis geben diese vor, das Gedicht *Tilia cordata* von Sarah Kirsch nicht zu verstehen. Das ist im Fall von Antonis ziemlich suspekt, aber noch mehr verwundert, dass sich keiner der Künstlerfreunde erbarmt, den beiden mit einem hermeneutischen Tipp auszuhelfen. Der Streit wird statt dessen ausgetragen. Die Erzählerin lässt dieses Gespräch zielsicher auf Nicos' Anklage zusteuern: „Eure verdammte Überheblichkeit! [...] Ihr habt ja keine Ahnung vom Leben.“ (S, 66) In eine ähnliche Attacke lanciert sich auch Clemens, der immerhin durch sein Malen und Flötenspiel bei den Künstlern mit von der Partie sein dürfte. Da er aber zusätzlich als Mediziner beschäftigt ist, steht es ihm zu, seine Künstlerfreunde für ihre

---

[42] Christa Wolf, Voraussetzungen einer Erzählung: Kassandra. Frankfurter Poetik-Vorlesungen, a.a.O., S, 86.

[43] Luisa warnt ihre Freunde, dass die „schwachsinnige“ Tochter des Hausbesitzers „merkwürdig“ sei, worauf Antonis meint: „Was heißt merkwürdig [...], sag doch, wie es ist, schwachsinnig ist sie, was ist dabei!“ (S, 13). Eine ähnliche Bemerkung fällt, wenn Luisa den Freunden einen Korb mit kleinen Katzen vorführt. Während die Frauen ihre Freude an den Tieren haben, verkündet Antonis, er werde drei davon umbringen, „und Luisa fuhr zusammen, als könnte er seine Drohung ernst meinen.“ (S, 70)

Privilegien zu belangen: „Ihr könnt überhaupt nicht mitreden, ihr Freischaffenden." (S, 154) Die Kritik, die von den Freunden kommt, trifft Ellen an ihrer empfindlichsten Stelle, denn sie setzt das Identitätsgefühl herab, das Ellen aufs innigste definiert. Ebenso destruktiv nimmt sich eine weitere Bemerkung Clemens' aus: „Ja, ja. Dieser Anspruch der Künstler, geliebt zu werden. Mein Gott. Wofür denn bloß." (S, 187)

Womöglich trifft die Kritik von Seiten Jennys und Antons Ellen noch tiefer. Annette Firsching interpretiert das Auftreten der „Mexikaner" im Schauspiel auf dem Malvenfest als Parodie des Verhältnisses der Künstlerenklave zum ländlichen Milieu:

> Der Blick des Fremden auf die vertrauten Verhältnisse ermöglicht es, Kritik an diesen Verhältnissen zu formulieren; Kritik, die den anderen aus Gründen der Rücksicht oder aus Gründen der fehlenden Distanz unmöglich ist. Das Spiel wird stark überzogen dargestellt, so daß sich niemand verletzt fühlen kann. Dennoch ist die Parallele zur eigenen Situation unübersehbar. Schließlich sind sie allesamt Fremde, Leute aus der Stadt, die aufs Land ziehen, um dort ein Haus, eine Unterkunft zu finden. Sie gehen in die Häuser, dringen damit aber auch in die Familien mit all ihren Problemen und Peinlichkeiten ein. Auch sie „polken" - wie das mexikanische Paar - das Unvollkommene und Peinliche der Leute aus dem Dorf heraus. Und ebenso wie Jenny und Anton mit allem abziehen, „was nicht niet- und nagelfest war" [...], versuchen die FreundInnen sich bei ihrer ständigen Suche nach Antiquitäten oder alten Bildern mit den fremden alten Gegenständen Heimat zu schaffen.[44]

Zur Verteidigung der Künstlergestalten hebt Firsching hervor, dass sie anders als die Mexikaner für den Erwerb von Häusern und altem Hausrat ehrlich bezahlt haben. Wenn man aber die Ursache für den florierenden Immobilien- und Antiquitätenmarkt bedenkt, ist die schwarz-weiß Optik, die scharf zwischen unehrlichen Mexikanern und ehrlichen Privilegierten unterscheidet, weniger zutreffend. Ein Anspruch auf Ehrlichkeit wäre aber auch widersinnig in Bezug auf die Ästhetik des Textes. In *Sommerstück* unternimmt die Erzählerin eine einmalige Bestandsaufnahme der Grauzonen, in die sie geraten ist. Auf die Ausleuchtung politischer Irrungen folgt unvermittelt die kritische Selbstbespiegelung der künstlerischen Identität Ellens, wofür die Mexikaner-Szene eine dramatische Steigerungsstufe darstellt.

Das Thema der Szene, Plünderung aus Respektlosigkeit, erhebt einen Vorwurf gegen die Künstlerenklave. Dadurch, dass Jenny und Anton ihre Kritik als Teil eines Theaterstücks gestalten, sprechen sie die Zuschauer auch als ästhetische Autoritäten an. Die Mexikaner nehmen also Anstoß sowohl am Erwerb der wenigen Wertsachen, die den Bodenständigen übrig geblieben sind, als auch an der symbolischen Plünderung der Landschaft durch ihre Nutzbarmachung für Kunst. Davon ausgehend, dass die Intervention der Mexikaner ein zweischneidiges Schwert ist, das politische und ästhetische Vorwürfe gegen Ellen erhebt, will ich mich nun mit dem ästhetischen Vorwurf näher befassen. Wir begeben uns hiermit auf ein metafiktionales Bedeutungsfeld. In diesem Sinn stellt die Erzählerin die gesamte Erzählung in Frage, denn tatsächlich entfremdet

---

[44] Annette Firsching, Kontinuität und Wandel im Werk von Christa Wolf. Würzburg 1996, S. 172.

die artistische Sichtweise Ellens das Wahrgenommene von seinem eigentlichen Kontext. So wie die angekauften Antiquitäten als Dekore für die nostalgische Schwärmerei von Städtern ihrem eigentlichen Zweck entfremdet werden, wird auch die dörfliche Welt im Text durch eine Art ästhetische Piraterie angeeignet. Die fundamentale Angst der Erzählinstanzen Wolfs davor, die Realität durch Fiktionalisierung zum Objekt zu machen, wird von den Mexikanern indirekt bestätigt. Das Verhältnis von Subjekt und Objekt ist in den Stilfiguren sichtbar, die in der Erzählung verwendet werden. Die Erzählerin und die Künstlergestalten selbst bestehen stets auf Distanz von der Umgebung. Sie sind „[f]remdes Gewächs“ (S, 29), Exoten im einheimischen Leben. Ihre Selbstdarstellungen durch Vergleiche und Allegorien hätten sie ebenso gut in der Stadt ersinnen können.[45] Die Darstellung des Dorfes lässt sich als Übernahme der Landschaft durch Fremde umsetzen. Von Anbeginn wird mit dem Dorf willkürlich als mit dem Schauplatz einer Fiktion hantiert: „Noch einmal diesen Grund auslegen. Diesen Himmel aufspannen.“ (S, 10) Mitten in der Erzählung stellt die Erzählerin wiederum fest, dass ihre artistische Wahrnehmung die Realität des Dorfes zur Seite drängt: „Noch einmal schien, das hatte man nicht erhoffen können, eine Landschaft sich um sie herum aufzubauen.“ (S, 89) Die Landschaft des Dorfes war schon immer anwesend; was die Erzählerin meint, ist die Entstehung einer Landschaft im fiktionalen Seinsbereich, die sich gegebenenfalls für Literatur brauchbar erweisen kann.

Überhaupt drückt die Erzählerin die Wahrnehmung der Umgebung oft metaphorisch aus,[46] und die Vergleiche und Personifikationen häufen sich im Text. Dabei ist das Tertium comparationis meistens ein Lebewesen aus dem Tierreich. Olga, die Tochter der Rahmers, hält ihren Kopf eingezogen „wie eine Schildkröte“ (S, 15) oder sie eilt zu den Dorffesten „wie ein Pferd zur Futterkrippe“ (S, 29). Auch wenn Objekte beseelt werden, sind es meist tierische Attribute, die ihnen angedichtet werden: die westdeutschen Straßenkreuzer fahren durch die Dorfstraßen „[w]ie fremde, verirrte und zu groß geratene Fische“ (S, 75); das Haus von Ellen und Jan hat ein Rohrdach „wie ein gut sitzendes, sorgsam gestutztes Igelfell“ (S, 20) und Luisas Haus atmet mit seinen schlafenden Bewohnern wie „ein dunkles altes Tier mit seinem struppigen Rohrdachfell“ (S, 117); die Erde schließlich stößt an einem „unheilschwangeren Tag“ ein halbtotes Tier aus ihrem Schoß hervor (S, 194). Ellens Welt ist eine magische Welt, voller Bedeutungen und Offenbarungen. Die Magie entsteht auch durch die Überdimensionierung der Tiergestalten, die imaginiert werden. Es ist ein Hinweis auf die Fragilität, auf die schiere Schutzbedürftigkeit der Künstler, dass sie sich mit überdimensionalen intelligenten Gebilden umgeben. So ist der Sommer ein Riesengeschöpf, das die Künstlerenklave in seiner Hand zu halten vermag: „Die Wahrheit ist, er hatte uns in der Hand und verfuhr mit uns nach Belieben.“ (S, 7) Luisa kommt der Abendstern so groß vor, dass sie meint, er könnte sie der Schwerkraft entreißen. (S, 8) Die beiden Eichen mit ineinanderge-

[45] Die Selbstdarstellungen der Künstler kommen durch urbane Bilder zustande: „Überhaupt bin ich wie ein Signalkasten, in dem andauernd verschiedenfarbige Lämpchen aufleuchten. Es muß ein schönes flirrendes Muster geben.“ (S, 136); andere Beispiele sind das Bild eines Ballons, dem die Luft abgelassen wird (S, 95 und S, 207) oder das Bild des Kochens auf kleiner Flamme (S, 95), des Auf-Sparflamme-Setzens (S, 153).

[46] „Die brennend gelben Fackeln des Ginsters am Weg.“ (S, 38)

schlungenen Ästen nimmt Ellen sinnbildlich als Liebespaar wahr (S, 8) und ebenso zeichenhaft ist der „unentzifferbare Code“, den die Schwalben im Flug gegen den Himmel zeichnen (S, 8). Es ist zugleich eine andere Welt als die der Dörfler, denn man kann annehmen, dass sie Autos nicht sofort als Fische oder zwei zu nahe gewachsene Eichen nicht gleich als Liebespaar wahrnehmen. Diese Welt entspricht dem Sinn für das Märchenhafte von künstlerisch veranlagten Städtern, die mit den Objekten, denen sie Seelen angedichtet haben, Gespräche führen, um die Einbildung zu bestärken. Luisas Haus ist von Holzwürmern befallen und wird von ihr ‚getröstet‘: „Dabei sprach sie mit dem Haus. Begütigte. Redete ihm zu. Laß man, laß, [...].“ (S, 118) Ellen selbst redet ihr Haus an, als es in Gefahr ist, Feuer vom Feld zu fangen: „Ob wir dir noch helfen können, Haus. Wir tun unser Möglichstes.“ (S, 197) In die Eigenart dieser Märchenwelt werden auch Gespräche mit Dörflern übertragen. Dem angemessenen Respekt der Dorfleute vor dem Wetter setzt Ellens Sichtweise einen anderen Akzent: „Jetzt sprach sie [Tante Wilma, n.n.] von der Hitze wie von einer gleichgestellten Persönlichkeit, deren unvorhersehbare Beschlüsse man zu respektieren hat, ja sogar, das verwunderte Ellen, herbeiwünscht.“ (S, 26) Ellen fügt der Respekthaltung der Tante Wilma eine fantastische Dimension hinzu. Es ist wahrscheinlich, dass Ellen mehr dazu neigt, die Hitze wie beispielsweise in Storms *Regentrude* zu personifizieren. Der Hinweis der Erzählerin, dass der „Stumme Gast“ ein „Faun“ oder „Oberon“ gewesen sein könnte (S, 191), rundet schließlich den Begriff des Lesers ab. Die Erzählerin erschließt traumwandlerisch intuitiv die europäische vorchristliche Vorstellungswelt, aus der sich mitunter auch Shakespeare, Goethe oder die Romantiker für die Darbietung des Fantastischen inspiriert haben. Die Welt, die Ellen künstlich um sich entstehen lässt, ist bezaubernd, wird aber, wie die Szene der Mexikaner nahelegt, von der Erzählerin selbst nicht als gültig zugelassen. Die Anklage der Plünderung nimmt der Fiktion jede Existenzberechtigung, was sich als wachsende Verunsicherung Ellens in ihrer ländlichen Umwelt manifestiert.

Auf dem darauffolgenden Dorffest nach dem Zwischenspiel mit den Mexikanern erscheint Ellen eingeschüchtert, fast kleinlaut, wenn sie und ihre Freunde nicht mehr in der Lage sind, wie sonst unter Leute zu gehen. Sie versuchen, sich wie früher zu verhalten, bleiben aber mit dem „Gefühl, eigentlich nicht dazu berechtigt zu sein“ (S, 183). Beim Erfahren von den Umständen, unter denen der Briefträger starb - ein tragisches Missverständnis -, sehen sie ein, dass sie die Dörfler und die ungeschriebenen Gesetze, nach denen sie sich richten, nicht verstehen: „Wenn es darauf ankam, verschloß es [das Dorf, n.n.] sich vor uns und lebte sein eigenes rätselhaftes Leben. Kein Urteil stand uns zu [...].“ (S, 184) Die Kritik der Mexikaner hat Ellens Zweifel an ihrer ästhetisierten Version von der Wirklichkeit geweckt. Der Abstand von der Welt, die die Künstlergestalten um sich errichtet haben, vergrößert sich. Sie avancieren allmählich zu unbeteiligten Beobachtern ihrer selbst und mustern sich aus der gleichen Entfernung wie vorher die mexikanischen Gäste. Diese Ablösung von der Fiktion und das unmittelbare Hinaustreten aus dem Fiktionalbewusstsein markiert den Übergang ins Metafiktionale. Der „unbestechliche[] Zuschauer“ (S, 189), der als „Stumme[r] Gast“ (S, 190) auf Distanz bleibt und die Anwesenden zwingt, sich aus der Außensicht wahrzunehmen, ist niemand anders als eine Personifizierung des auktorialen Point de vue. Die Konstruktion der Episode mit dem „Stummen Gast“ verläuft dabei in zwei Etappen. Zuerst befinden sich Ellen und Jan draußen vor dem Fenster zur Stube und betrachten ihre Gäste. (S, 187-188) Sie bemängeln, dass die Bauernstube „nachgemacht" sei, dass sie alle bäuerliche Kleider tragen, die ihnen nicht zustehen, und dass sie sich in Sachen geschäftig geben, an denen sie nur oberflächlich interessiert sind. Später, wenn alle in der Stube sind, kommt es zum generalisierten Riss der Illusion. (S, 190) Dabei wird der „Stumme Gast" das Urteil nachvollziehen, das Ellen und Jan vorher schon gefällt hatten; er durchschaut nämlich ihre „Verkleidungs- und Verstellungskünste".

Anspielungen auf den artistisch distanzierten Blickpunkt Ellens finden sich an mehreren vorhergehenden Textstellen, so dass die Beseitigung der Fiktion aus metafiktionaler Sicht folgerichtig erscheint. Es gibt zwar keine direkten Hinweise, wie sie die Erzählerin in *Voraussetzungen einer Erzählung* unterbreitet, wenn sie vom Moment spricht, „in dem mein Geist oder jedenfalls ein Teil von ihm sich von meinem Körper löste und »über uns« [...] zu schweben begann, um sich zu distanzieren und sich auch ein wenig zu belustigen [...]".[47] Man muss sich in *Sommerstück* mit symbolischen Bezügen begnügen, zum Beispiel wenn die Erzählerin eine Personifikation über die „Unverwandtheit" und „ironische Distanz" des Mondes einstreut. (S, 62) Wir erfahren immerhin einiges über Ellens artistische Distanz, wenn sie sich von der Schönheit der Natur nicht überwältigen lässt: „Ellen blieb fest, wahrte ihre Konturen." (S, 9). Ebenfalls erfahren wir, dass der „Aufpasser" in Ellen immer wach bleibt, wenn er auch auf die Größe einer „Nuß" schrumpft (S, 63), so dass Ellen aus seliger Betrunkenheit - sie sieht den Mond doppelt - urplötzlich nüchtern werden kann (S, 192). Der Text legt hinreißende metafiktionale Ironie darin nahe, dass gerade der auktoriale Blickwinkel, der hier Festigkeit und Härte suggeriert, den Untergang des Lebensraums auf dem Dorf herbeiführt. Ellens auktorialer Abstand von ihrer Konstruktion wendet sich gegen sie und bringt ihre Welt zum Fall. Was bedeutet jedoch dieser Blick von Außen, der den Anwesenden das Gefühl gibt, „auf einer Bühne" und „Puppen in einem Puppenhaus" zu sein? Man kann argumentieren, dass die Welt Oberons eine literarisch vielfach verwertete Ressource ist, so dass Künstler, die in den 70er Jahren auf diese Welt eingehen, sich bald wie Touristen zwischen bereitliegenden Fertigteilen vorkommen müssen. In diesem Sinn mangelt es der entworfenen Fiktion an Originalität und das Spiel mit Oberons Welt ist nicht ihr Spiel. Dadurch jedoch, dass die Erzählerin das fingierte Landleben verwirft, erhebt sie sich metafiktional über ihre Fiktion und gewinnt deren Originalität zurück. In diesem Licht erscheint die Wirkung des „Stummen Gastes" als Moment der (Er)Lösung im Drama Ellens bezüglich der Ästhetik des Gesamttexts. Ellen entgleitet die ästhetische Repräsentierung der dörflichen Landschaft, wie auch der Rest ihrer ästhetischen Stützpunkte. Als Parallelerscheinung zum Brand werden die Künstler da von ihrer eigenen Fähigkeit, vom Gegebenen auf Distanz zu gehen, aus ihrem Zufluchtsort vertrieben. Bezüglich der Ästhetik des Gesamttextes bilden sowohl der Verlust der politischen als auch das Einbüßen der ästhetischen Sicherheiten einen Strudel, der alle Elemente des Textes bindet und den Zusammenhang garantiert.

[47] Christa Wolf, Voraussetzungen einer Erzählung: Kassandra. Frankfurter Poetik-Vorlesungen, a.a.O., S, 55.

3.3. Das metafiktionale Spiel im Spiel in Christa Wolfs *Sommerstück* und Virginia Woolfs *Between the Acts*

Es gibt einige Gemeinsamkeiten zwischen *Sommerstück* und dem Roman Virginia Woolfs *Between the Acts*, so dass ich im Folgenden eine vergleichende Betrachtung vorschlagen will, die letztendlich Wolfs Ästhetik näher bestimmen soll. Woolf schrieb den Roman 1940, während der Evakuierung der englischen Truppen aus Dünkirchen, der Kapitulation Frankreichs und Hitlers verschärften Luftkriegs gegen Großbritannien. Ein schlechtes Ende des Kriegs stand in Aussicht. Die Zeit der Erzählung ist jedoch im Jahr vorher angesetzt, als die Kriegsgefahr sich anbahnte. Die Atmosphäre wird aus der Perspektive des späteren Zeitpunkts geformt. Es geht um einen sonnigen Tag im Juni 1939, an dem die Gestalten in ihren Bewusstseinsströmen den Abgrund ins Auge fassen, dem sich die Geschichte zu nähern scheint. Zugleich läuft das Leben wie gewohnt weiter. Da findet alljährlich ein Schauspiel im Garten der Pointz Hall, der Residenz der Familie Oliver, statt. Unter der Regie einer Miss La Trobe, die Stücke schreibt, kommt auch in diesem Jahr eine Aufführung zu Stande, die von den einfachen Leuten aus dem Dorf und von den Haushaltsgehilfen der wohlhabenden Familien gespielt wird. Die Gastgeber sind Mr Bartholomew Oliver zusammen mit Lucy Swithin, seiner Schwester, Giles Oliver, seinem Sohn, und Isabella, dessen Frau. Giles leidet am stärksten unter dem Druck der politischen Lage; das Abwarten von Ereignissen mit absehbar schlimmem Ausgang fällt dem jungen Mann sichtlich schwer. Häufig überträgt sich die bestürzende Ungewissheit auf Tropen, die im Fluss der Konversation aufblinken. Von Anbeginn ist Giles über die Ruhe der Älteren irritiert, die sich an der Landschaft delektieren, während der Krieg sich auf dem Kontinent immer weiter ausbreitet: „Only the ineffective word ‚hedgehog' illustrated his vision of Europe, bristling with guns, poised with planes. At any moment guns would rake that land into furrows; planes splinter Bolney Minster into smithereens and blast the Folly."[48] Kurz darauf wird eine Allusion zu dem sprichwörtlichen Esel aus einer Geschichte eingeworfen, „who couldn't choose between hay and turnips and so starved" (B, 54-55). Das kann als weiterführender Gedanke von Giles' Sorge über die gegenwärtige Tatenlosigkeit ausgelegt werden, insofern diese Aussage die Notwendigkeit der Entscheidung verdeutlicht.

Die Frauen in der Erzählung ringen symbolisch mit der Ungewissheit, indem sie sich immer wieder fragen, ob das Wetter schön oder regnerisch sein wird. Wenn Mrs Swithin einem Gast die kunstreich ausgestatteten Räume in Pointz Hall vorführt, beschwört sie die Atmosphäre vergangener Jahrhunderte mit wenigen Worten auf und streut wiederholt die Frage, „And now what comes next?" (B, 63, 65), dazwischen. Die voraussehbare Zerstörung der Schätze und der schätzenswerten Institutionen der Gesellschaft ist ein Thema, das die ganze Erzählung durchzieht. Niemand wolle Krieg außer eben den Deutschen, heißt es in einem Gesprächsfragment im Text, und gleich darauf erwähnt jemand, dass „[t]hey say there's been a garden here for five hundred years ..." (B, 136). Am interessantesten reflektiert über dieses Thema Mrs Swithin, die *Outline*

---

[48] Virginia Woolf, Between the Acts, Oxford 1992, S. 49. Weiterhin abgekürzt als B, Seitenangaben in Klammern.

of History von H. G. Wells liest - ein Buch über die prähistorische Zeit, in der Piccadilly von Rhododendronwäldern überwachsen und von Mammuten und Mastodonten bevölkert war. (B, 8) Mrs Swithin bringt einen chronologischen Bezugspunkt in die Erzählung, vor dem die Errungenschaften der zivilisierten Welt als flüchtiger Augenblick erscheinen, als Tropfen im Ozean der verflossenen Zeit. So denkt Mrs Swithin, während sie in ihrem Windsor Stuhl sitzt und Tee trinkt, an die Zeit zurück, „when the earth, upon which the Windsor chair was planted, was a riot of rhododendrons, and humming birds quivered at the mouths of scarlet trumpets, as she had read that morning in her Outline of History [...]" (B, 98) So wie das Zeitalter jener mächtigen Tiere sich einmal zu Ende neigte und ihr Aussterben begann, scheint die Erzählung zu sagen, ist auch der Untergang der westlichen Zivilisation zu erwarten. Eine Nachkömmin eines uralten ortsansässigen Adelsgeschlechts, selbst eine Greisin, wird als Symbol der untergehenden Welt dargestellt. Ihre Ahnen scheinen aus prähistorischen Zeiten zu stammen, denn die Zeit, auf die ihr Name zurückgeht, wird ähnlich wie die Zeit der Mammute und Mastodonten beschrieben: „when there were brambles and briars where the Church now stood [...]" (B, 84). An anderer Stelle wird die Frau wörtlich mit dem Adjektiv „prehistoric" beschrieben. (B, 183) Ihre physische Erscheinung bestätigt den Symbolcharakter: „[...] her body, crippled by arthritis, resembled an uncouth, nocturnal animal, now nearly extinct [...]" (B, 84) In diese gefährdete Lebenswelt projiziert die Erzählung ein Kunstwerk, das Schauspiel der Miss La Trobe. Anders als das improvisierte „Sommerstück" auf dem Malvenfest in Wolfs Erzählung handelt es sich hier um eine durchgeformte und geprobte Leistung. In beiden Erzählungen ist das Spiel im Spiel zentral, wenn es auch in *Sommerstück* bedeutend kleiner im Umfang ist. Nichtsdestoweniger hat die Kritik das Spiel im Spiel zu Recht als drehenden Punkt, als Höhepunkt und Peripetie der Erzählung eingeschätzt.[49] Es ist zugleich das retardierende Moment im Drama Ellens, das von ihrer ästhetischen Desorientierung handelt. Um die einmalige Ästhetik von *Sommerstück* genau einzuschätzen, werde ich nun die Gestaltung des modernen Schauspiels bei Woolf in Betracht ziehen.

Die Konfliktebenen in *Between the Acts* teilen sich in die des überwiegend bürgerlichen Publikums und die des teilweise irritierend unzugänglichen Schauspiels auf. Miss La Trobe ist eine Meisterin in der modernen Praktik der Herabwürdigung von Nichtkünstlern. Die übergeordnete Erzählinstanz des Textes balanciert jedoch die grimmige Modernität des Schauspiels aus. Die Erzählinstanz wirft einen freundlichen Blick auf das Publikum und scheint zu realisieren, inwiefern die Sphäre der modernen Kunst von der traditionellen bürgerlichen Gesellschaft abhängt. Wenn diese relativ freie Welt in Gefahr ist, durch eine totalitäre ersetzt zu werden, beginnt die moderne Erzählinstanz, um sie zu zittern. Diese Anerkennung kommt in *Between the Acts* eindeutig herüber. Moderne Kunst provoziert zwar auch hier den Kunstverstand der Bürger, doch schätzt die Erzählinstanz das Publikum in diesem Text auffällig hoch. Es repräsentiert eine Gesellschaft, die vom guten Ton regiert ist. Präzise geregelte Kommunikationsformen zirkulieren, deren Grenzen alle Anwesenden in den Nerven haben. Der „ghost of convention" (B, 42) muss nicht eine lästige Pflicht bedeuten, wie es von Isabella in erlebter Rede

---

[49] Firsching 1996, S. 169-173.

heißt: „the leaden duty she owed to others“ (B, 62). In einer charmant-rührenden Form kommt Verpflichtung daher, wenn zwei angesehene Damen das Buffet eröffnen, und dabei für die angebrachte Stimmung sorgen: „They led; the rest followed. ‚What delicious tea!‘ each exclaimed, disgusting though it was, like rust boiled in water, and the cake fly-blown. But they had a duty to society.“ (B, 92-93) Die Eleganz des Umgangs scheint immer wieder durch; wenn eifersüchtige Ehefrauen ihren Aufruhr ruhig abgleiten lassen (B, 5) oder wenn die temperamentvolle Mrs Manresa, die als „wild child of nature“ (B, 41) sich im Gras gewälzt haben will, genau errechnen kann, dass eine anrüchige Anekdote nichts für die Ohren der Gastgeberin Mrs Swithin wäre. (B, 92) Der Gebrauch des Präzisionsinstruments Konvention hat das Wahrnehmungsvermögen der Anwesenden dermaßen geschärft, dass man sich auch wortlos verständigen kann. Ein subtiler Austausch vollzieht sich zwischen Eheleuten[50] und unter Fremden.[51] Die Kommunikationsbahnen werden metaphorisch als die spinnwebendünnen Fäden umschrieben, die sich im Herbst vor Sonnenaufgang zwischen den Gräsern ziehen (B, 51). Offenbar hält ein Filigran von Geist diesen Lebensraum zusammen und Woolf entdeckt dem Leser ihr Zugehörigkeitsgefühl. Die Erzählinstanz steigert sich etwas in die Gestaltung der intuitiven Fähigkeit des Publikums hinein, und man will es kaum wahr haben, dass Miss La Trobes Schauspiel nicht verstanden wird.

Es gibt gleich nach dem ersten Teil des Schauspiels Fragen, die dann bis zum Ende in Abständen immer wieder laut werden. Sie artikulieren ein gravierendes Unverständnis auf der Seite des Publikums, das sich anscheinend auf die Unterhaltung gefreut hat und nun gewissermaßen leer ausgeht. „‚What was in her [Miss La Trobe's, n.n.] mind, eh? [...]‘“ (B, 87), „‚What message‘ [...] ‚was our pageant meant to convey?‘“ (B, 171-172), sind Fragen, mit denen die Zuschauer geblieben sind. Zwischen dem Schauspiel und dem Publikum tut sich von Anbeginn ein Abgrund auf.[52] Er bezeichnet die Unfähigkeit des Publikums das Gesagte wahrzunehmen, sei es, da der Wind die Schauspieler übertönt oder da die Diktion der Schauspieler zu schwach ist. Episodisch fällt der Ton aus und es bleibt den Zuschauern überlassen, ‚stumme‘ Fragmente oder disparate Wortfetzen sinnvoll mit dem Rest zu verbinden. An anderer Stelle brüllen die Schauspieler gleichzeitig aufeinander ein, was wiederum die Rezeption beeinträchtigt. (B, 81-82) Es verstärkt sich der Eindruck, dass Miss La Trobe sich durch gezielte Ag-

[50] Giles findet ein Ventil für seine Frustrierung darin, dass er William Dodge, der zu Gast ist, anfeindet. Unter Anderem stößt er sich an der vermeintlichen Homosexualität des jungen Mannes (B, 55), was Isabella punktgenau erkennt, obwohl keinerlei wahrnehmbare Andeutungen gemacht werden. „Isabella guessed the word that Giles had not spoken. Well, was it wrong if he was that word? Why judge each other?“ (B, 56)

[51] Isabella hat gerade unter den Gästen einen Mann entdeckt, der sie interessiert, wenn ein romantischer Vers von Byron über entgangene Liebesmöglichkeiten zitiert wird. Zwischen ihr und Mr Haines existiert ein Austausch, den auch Mrs Haines durchschaut: „Isa raised her head. The words made two rings, perfect rings, that floated them, herself and Haines, like two swans down stream. [...] Mrs Haines was aware of the emotion circling them, excluding her.“ (B, 5) Auch Mrs Manresa und Giles pflegen eine versteckte Kommunikation, „in conspiracy“, die Isabella nicht entgeht. (B, 51-52)

[52] „There was a vast vacancy between her [Mrs Manresa, n.n.], the singing villagers and the piping child.“ (B, 71-72)

gression mit dem Publikum anlegen will.[53] Tatsächlich läuft das Schauspiel in Etappen auf eine veritable Publikumsbeschimpfung hinaus. An dieser Stelle sollen vorerst die Angriffe detailliert werden, die Miss La Trobe in moderner Manier gegen ihr Publikum einleitet. In erster Linie nimmt sie sich zu viel vor, denn sie will die gesamte englische Literatur im Schauspiel mit einem Fragment oder einer Szene repräsentiert haben. Dass ein solches Panorama undurchführbar ist, merken die Zuschauer sofort: „Ambitious, ain't it?" (B, 75), fragt Mrs Manresa den Gastgeber, Mr Oliver. Dieser bestätigt am Ende, dass Miss La Trobe ihre Ansprüche unter Umständen zu hoch geschraubt hat. (B, 192) Man darf fragen, auf welche Instanz sich ihr Schauspiel sonst ausrichtet, wenn Miss La Trobe ihr Publikum verflucht und dämonisiert, und darüber hinaus vom Idealfall schwärmt, in dem ein Stück „without an audience - *the* play" (B, 161) zu Stande kommt. Das ist jedoch eine Aussage mit metafiktionalem Wert, die für den Leser bestimmt ist.

Ihr Publikum provoziert Miss La Trobe weiterhin mit den Inhalten des Schauspiels, wobei sie selbst zu jeder Zeit im Hintergrund bleibt, wie ein neutraler, anonymer Erzähler. Die Sketche, die Miss La Trobe der Reihe nach darbietet, könnten nicht selbstgefälliger gestaltet sein. Es sind Parodien von literarischen Traditionen, auf die das englische Publikum zu Recht stolz ist. Im Fall des elisabethanischen Theaters oder des Theaters in der Zeit der Restauration bietet Miss La Trobes Stück Zusammenballungen von Klischees aus den schwächsten und abgeschmacktesten Varianten jener Genres. In der Parodie des viktorianischen Theaters verspritzt Miss La Trobe ihr Gift auch in Richtung der sozialen Institutionen, die Woolf am viktorianischen Zeitalter besonders gehasst hat. Die kritische Tendenz verzerrt nicht bloß die Inhalte, sie schafft auch den Plot ab. Miss La Trobe verzichtet auf den Plot aufgrund ihres Glaubens, dass er den puren Emotionen im Weg stehe. Liebe und Hass seien die essentiellen Bestandteile aller Literatur, und wenn das bekannt ist, kann man Literatur als Destillat dieser Bestandteile gestalten. Diese moderne Doktrin verlautbart Isabella, die eine Ausnahme im Publikum ist, insofern sie Gedichte schreibt und dann auch ihren Bewusstseinsstrom in lyrischer Prosa abfasst. (B, 82) Aber auch Mrs Manresa und Mrs Swithin, die eine genusssüchtige beziehungsweise eine stark vergeistigte Sensibilität haben, verstehen und rechtfertigen den Anspruch, dass jeder Zuschauer die gelieferten Bruchstücke in seiner Phantasie

[53] Auch der Leser wird durch die Herausforderung, die Miss La Trobe repräsentiert, eingeschüchtert. Die Tonausfälle und Störgeräusche beeinflussen den Leser anders als die Leute aus dem Publikum, denn sie sind durch die Sprache der Erzählung vermittelt. Der Leser wird wiederum durch eine Reihe von gezielt eingesetzten Verfremdungseffekten in die gleiche Atmosphäre wie das Publikum getaucht. Vor jedem Sketch erscheint eine Gestalt, die eine symbolische Bedeutung für die Zeit des Sketches hat, und bietet einen Prolog dar. Diese Gestalten werden klein geredet, um die Verfremdung des Lesers zu erreichen. Die Königin Elisabeth I wird somit als „Eliza Clark, licensed to sell tobacco" vorgestellt und ihre Aufmachung besteht aus „sixpenny brooches" und einem Cape aus „cloth of silver - in fact swabs used to scour saucepans". (B, 76) Ähnliches geschieht mit der Verkörperung der Vernunft für den Prolog zum zweiten Sketch: „She was beautiful - very. [...] Her grey satin robe (a bedspread), pinned in stone-like folds, gave her the majesty of a statue." (B, 110); und schließlich auch mit dem viktorianischen Polizisten, der den dritten Prolog vorträgt: „And once more a huge symbolical figure emerged from the bushes. It was Budge the publican; but so disguised that even cronies who drank with him nightly failed to recognize him [...]." (B, 143-144)

sinnvoll zusammenzufügen hat: „How right! Actors show us too much. The Chinese, you know, put a dagger on the table and that's a battle." (B, 127) Heutzutage ist der brutale Angriff auf die literarische Tradition - zumindest aus literaturwissenschaftlicher Sicht - interessant, denn mittlerweile bemüht sich die Literatur darum, das Verhältnis zum Publikum wiederherzustellen. Für das Publikum von 1939 gilt das nicht. Es widerstrebt der Vorstellung von literarischem Genuss, zu hören, dass „[t]here was no need to puzzle out the plot." (B, 82) Eine blümerante Inhaltsangabe im Programm des Schauspiels nimmt den Plot vorweg, der an sich ein Witz ist:

> About a false Duke; and a Princess disguised as a boy; then the long lost heir turns out to be the beggar, because of a mole on his cheek; and Carinthia - that's the Duke's daughter, only she's been lost in a cave - falls in love with Ferdinando who had been put into a basket as a baby by an aged crone. And they marry. (B, 80)

Nachklänge von Shakespeares *Twelfth Night* verhaspeln sich mit einem der langlebigsten Klischees, dem des Findelkinds von hoher Abkunft. Im zweiten Fragment, das in der Restaurationszeit spielt, wird die Parodie noch dicker aufgetragen. (B, 113) Lady Harpy Harraden ist abstoßend und Sir Spaniel Lilyliver kein Galanthomme, sondern eher Pantalone, der geizige und verliebte ältere Kaufmann aus der Commedia dell'arte. Beide haben ihre besten Jahre schon hinter sich, beide machen sich Illusionen über ihren Liebreiz, nur scheitern sie auf verschiedenen Ebenen, die der unterschiedlichen Machtposition der Männer und Frauen entsprechen: Lady Harpy wird von Sir Spaniel abgewiesen, der seinerseits von der jungen, begehrenswerten Flavinda einen Korb bekommt. Auch diese Darstellung hat eine betont abwertende Tendenz, Flavinda ist unmöglich sentimental und die beiden Intriganten, Lady Harpy und Sir Spaniel, werden gnadenlos zum Gespött gemacht. In der Parodie auf das viktorianische Zeitalter lässt Miss La Trobe die Schattenseiten dieser Gesellschaft Revue passieren. Da ist die koloniale Überheblichkeit der Jugend vertreten, deren Vertreter als Missionare nach Afrika ziehen wollen, um die Heiden zu bekehren. (B, 148ff.) Es wird weiterhin ein erwartungsgemäß kritischer Blick ins patriarchale Familienleben geworfen. Die vorherbestimmten Bahnen, in denen das Leben der Frauen läuft, beuten sie aus und infantilisieren sie zugleich. Diese perfide Eigentümlichkeit der Viktorianer wird in den Liedern reflektiert, die beim Picknick gesungen werden: „I'd be a Butterfly" die Frauen und „Rule Britannia" die Männer. (B, 153) Das hängt mit der Institutionalisierung des anheimelnden Orts zusammen, der als das Zuhause ins kollektive Unterbewusstsein eindringt, und auch mit der Religiosität der Viktorianer, die Frauen auf sentimentalem Weg zur Unterwürfigkeit erzieht. Sowohl das patriarchale Zuhause als auch die Religiosität werden tüchtig durch den Kakao gezogen.

Nachdem Miss La Trobe in drei Sketchen der englischen Literaturtradition übel mitgespielt hat, wendet sie sich der Gegenwart zu. Die Darbietungsart des Schauspiels war dem Publikum auf Anhieb als anfeindend vorgekommen, wenn es im Text heißt: „Her [the actress', n.n.] words peppered the audience as with a shower of hard little stones." (B, 71) Ähnlich aggressiv behandelt Miss La Trobe ihr Publikum auch mit dem letzten Sketch. Da es um die Zeit geht, für deren Kunst auch Miss La Trobe zuständig ist, kann man eine Verlautbarung moderner Ästhetik erwarten. Der Sketch besteht darin, dass alle Schauspieler auftreten und Spiegel oder andere Gegenstände mit reflektierenden Oberflächen dem Publikum entgegenhalten. In diesem Spiegelbild wird das Publikum wider Willen und zerstückelt eingefangen, was als Beleidigung empfunden wird. „Ourselves? But that's cruel. To snap us as we are, before we've had time to assume ... And only too in parts ... That's what's so distorting and upsetting and utterly unfair.“ (B, 165) Es ist auch böse gemeint, denn Miss La Trobe beabsichtigt eine Bloßstellung,[54] was sie auch in ihrer Ansprache - über ein Megaphon - deutlich macht. Es kommt zur nun klassischen Gegenüberstellung von bürgerlichem Publikum und moderner Künstlerin, die alle Leitgedanken der bürgerlichen Lebenskonstruktion - Moral, Kultur, Geschmack, Wohlstand - relativiert oder verächtlich abtut. (B, 168-169) Der Unterhaltungswert dieses Sketches liegt noch tiefer als der des Vorhergehenden. Das Publikum jedoch zeigt sich dem Angriff gewachsen, insofern es mit erstaunlicher Redegewandtheit begabt ist. In der Ökonomie der Erzählung kommt es den Leuten aus dem Publikum zu, den Geist der Moderne auf das Genaueste und dazu noch in rhythmischer, mit schwungvollen Reimen durchsetzter Prosa zu erfassen. Die folgende Aussage wird der ‚Stimme' des Publikums abgelauscht:

> The tune changed; snapped; broke; jagged. [...] What a jangle and a jingle! [...] What a cackle, in a cacophony! Nothing ended. So abrupt. And corrupt. Such an outrage; such an insult; and not plain. Very up to date, all the same. What is her game? To disrupt? Jog and trot? Jerk and smirk? [...] O the irreverence of the generation which is only momentarily - thanks be - ‚the young'. The young, who can't make, but only break; shiver into splinters the old vision; smash to atoms what was whole. (B, 164)

Diese Leistung des Publikums lenkt die Aufmerksamkeit des Lesers darauf, dass die Erzählinstanz in der Erzählung selbst von der Ästhetik, die Miss La Trobe personifiziert, Distanz nehmen könnte. Im Moment bevor die beiden Konfliktebenen, die bürgerlichen Zuschauer und die Welt des Schauspiels, zusammenstoßen und ineinander übergehen, werden sie von der Erzählinstanz gleich berechtigt. Daraus, dass Miss La Trobe das Publikum in ihre Konstruktion überhaupt aufnimmt, lässt sich schon Woolfs Anhänglichkeit gegenüber ihrer bedrohten Gesellschaft ersehen. Der letzte Sketch ist eigentlich ein Schnappschuss, der die Gegenwart vorsorglich im Hinblick auf eine ungewisse Zukunft festhält.

Was Miss La Trobe und ihr Schauspiel betrifft, repräsentiert die Künstlerin darin zweifellos die moderne Einstellung zur Kunst. Das ist nicht zuletzt in der Machtbefugnis der (fiktiven) Autorin sichtbar, die als Überkompensation der notorischen Machtlosigkeit der Künstler der Moderne auslegbar ist. Über Miss La Trobe erfahren wir, dass sie wie ein „commander pacing his deck“ (B, 57) erscheint, oder wie ein Admiral in die Ferne blickt und Entscheidungen trifft. Ihr Spitzname bei den Schauspielern ist „Bossy“, wegen der „abrupt manner“, mit der sie sie herumschubst. (B, 58) Ihre Anleitungen verteilt sie im Befehlston, sie bellt und brüllt die Schauspieler an. Der Grund dafür ist, dass sie Mittel zum Zweck sind. Die Rolle der Akteure besteht darin, das Publikum in

[54] „She wanted to expose them, as it were, to douche them, with present-time reality.“ (B, 161); „The mirror bearers squatted; malicious; observant; expectant; expository. [...] Each [member of the audience, n.n.] tried to shift an inch or two beyond the inquisitive insulting eye.“ (B, 167)

die Schlinge des Schauspiels einzufangen. Sie sind also nichts weiter als die Leitungen, über die Miss La Trobes Schauspiel seine Macht entfaltet. Miss La Trobes Machtposition kommt darin zum Vorschein, dass sie die fiktionale Wahrnehmung des Publikums strikt kontrolliert. (B, 109-110) Die Kehrseite der Macht über dem Publikum ist ebenso extrem. Miss La Trobe bezeichnet sich als Sklavin ihres Publikums (B, 190), und es heißt, dass sie, die Regie führt, zugleich am schwersten arbeitet: „Down among the bushes she worked like a nigger." (B, 135) Es ist weiterhin typisch, dass es für Miss La Trobe letztendlich ungewiss bleibt, ob das Schauspiel ein Erfolg oder eine Pleite war. Nach dem Spiel verzichtet sie darauf, sich beglückwünschen zu lassen und den Dank des Publikums entgegenzunehmen. Es scheint, als wäre das ganze Interesse, das diese Autorin aufzubringen vermag, auf die Kunst gerichtet, während das Publikum nur dazu da ist, die Wirkung zu bestätigen. Schauspieler und Publikum sind eigentlich nur Figuranten, die der Autorin zur Verfügung stehen. Auf die Frage, wer denn sonst in den Genuss des Schauspiels kommen sollte, antwortet Mrs Swithin. Da die modernen Künstler nicht für das bürgerliche Publikum schrieben, sondern für ihre literarische Unsterblichkeit, wendet sich auch diese Autorin nicht eigentlich an ihre Zuschauer. Mrs Swithin erkennt, dass die Elemente der Darbietung sich zwar zusammenfügen lassen, deren Harmonie jedoch nur von einer überlegenen Instanz - Gott oder dem Leser - realisiert werden kann: „Sheep, cows, grass, trees, ourselves - all are one. If discordant, producing harmony - if not to us, to a gigantic ear attached to a gigantic head. And [...] *all* is harmony, could we hear it." (B, 157) Darum bleibt Miss La Trobe auch lieber anonym. (B, 175) Zuletzt sehen wir die Autorin wie sie sich einsam und ungeliebt in ein Wirtshaus setzt und ihr Schicksal erwägt. Sie ist als Künstlerin, als Lesbierin und schließlich aus eigener Wahl eine Geächtete in ihrer Gesellschaft. Ihre eingefahrene Respektlosigkeit vor Tabus kann dazu beigetragen haben, dass sie den Leuten suspekt und unheimlich vorkommt: „One of these days she would break - which of the village laws? Sobriety? Chastity? Or take something that did not properly belong to her?" (B, 190) Das Schauspiel, das soeben vorgeführt wurde, hat Miss La Trobe schon vergessen und beschäftigt sich mit einer Idee für ein neues Schauspiel. Das Bild der Autorin, die unaufhörlich an der Kunst arbeitet und dabei das Leben zu kurz kommen lässt, ist ein moderner Gemeinplatz. Auch die abschließende Szene gerät zum Sinnbild: sie zeigt, wie Miss La Trobe sich im Wirtshaus betrinkt und darauf wartet, dass das fiktionale Gebilde, an dem ihre Gedanken ruhelos spinnen, Konturen gewinnt. Dabei wird die Gegenwart der Leute im Wirtshaus komplett ausgeblendet, was hervorheben soll, dass die Kunst, die Miss La Trobe vorschwebt, nur ihr zugänglich ist.

Beim Malvenfest in Wolfs *Sommerstück* inszenieren Ellen und ihre Freunde aus dem Stegreif ein Theaterstück, das sich zu Beginn an klassische Vorbilder, Tschechows *Möwe* und *Onkel Vanja*, lehnt. Doch der hoch gestapelte Anspruch wird aufgegeben, wenn diametral entgegengesetzte literarische Formen die Bühne erobern. Statt angesehene Traditionen aufs Korn zu nehmen, schweift das „Sommerstück" in die niedrigeren literarischen Formen ab. Es hat sich bereits herausgestellt, dass die Metaphern, Vergleiche und Personifikationen der Bildwelt heidnischer Naturgeister beipflichten. Wenngleich die Erzählerin, wie hier hervorgehoben wurde, die symbolische Einnahme der ruralen Welt selbstkritisch ins Auge fasst, stellt diese Fiktionalisierung eine Ebene der Erzählung dar. Das Nachempfinden des magischen Verhältnisses zur Natur ist ein wesentlicher Bestandteil des Erzählstrangs, in dem Ellen um ein ästhetisches Verständnis der Welt ringt. Auf der Metaebene des Malvenfests fasst Ellen die Ästhetik des Textes *Sommerstück* ins Auge und führt seine Entstehung dem Leser vor. Zu diesem Zweck lässt sie wie in einem Schmelztiegel mythische Ansätze aller Art zusammenkommen. Man befindet sich auf der richtigen Spur, wenn man Ellens bevorzugte literarische Formen in der Sphäre des Archaischen aber auch der des Popkulturellen ausmacht. Die Idee, dass das Himmelsgewölbe auf Anhieb einen Ton hervorbringen würde, erinnert an den Glauben an Sphärenmusik aus der Zeit des ptolemäischen Weltsystems. (S, 9) Ebenda findet sich ein Anklang an den orphischen Mythos, demzufolge der Künstler dazu berufen ist, die Harmonie des Kosmos mit seiner Poesie herzustellen: „Jetzt! Schrie alles uns an. Wie ein Hetzruf, der einem ins Blut geht: Jetzt! Jetzt! So schrien die Dinge uns um Erlösung an. Wir sollten so stark wir selbst sein, wie sie sie selbst sein mußten." (S, 8) Dionysische Untertöne durchziehen wiederum die gesamte Episode auf dem Land. Es scheint, als würden die Künstlergestalten keine Gelegenheit verpassen, ein Fest zu feiern. Ellen macht eine Lehre als Adeptin des Festefeierns und lernt mit ihren Gefährten, den Rausch zu lieben. (S, 59) Das dionysische Lebensgefühl und der Mythos des Orpheus, dessen Poesie in der gesamten Materie des Universums seelische Schwingungen zu erzeugen vermochte, sind mythologische Gemeinplätze, die den Weg ins Massenbewusstsein gefunden haben. Mit der Aussage, „Einmal im Leben konnten wir teilnehmen am Ursprung der Legenden." (S, 42), gibt die Erzählerin einen metafiktionalen Hinweis auf die Ästhetik der Erzählung. In der Ökonomie der Erzählung muss ein Ausgleichselement in Kraft treten, das den gleichzeitigen Verlust des politischen und des ästhetischen Selbstverständnisses der Erzählerin ausbalanciert. Während die Erzählerin registriert, wie ihr Weltbild ihr zwischen den Fingern zerrinnt, wirft sie einen neugierigen Blick auf die niedrigste Stufe des fiktionalen Vorstellungsvermögens. Die Erzählerin deutet den strategischen Anhaltspunkt der Erzählung an: als mögliche Inspirationsquelle für einen Ausweg fungiert der mythische Bodensatz des Massenbewusstseins. Es scheint zweckmäßig, dass sie sich angesichts der Auflösung aller Vorstellungen in Chaos auf das Wesentliche konzentrieren will. Interessant ist in diesem Fall die Zusammensetzung dessen, was die Erzählerin als Bodensatz des Literarischen erachtet.

Wenn die Erzählung ihren Höhepunkt erreicht, vor der beleidigenden Intervention des „Stummen Gastes" und vor der verheerenden Wirkung des Brandes, teilt die Erzählerin mit dem Leser diesen ekstatischen Moment. Sie gibt zu verstehen, dass sie auf ihrer Suche nach poetischem Ausdruck fündig geworden ist. Das Malvenfest hat schon als Spiel im Spiel metafiktionale Implikationen. Darüber hinaus bietet es metafiktionale Deutungen der Ästhetik der Erzählung und die einmalige metafiktionale Kostprobe, die Erzählerin beim Erfinden des vorliegenden Textes zu beobachten. Man kommt dem Kern der Ästhetik von *Sommerstück* nahe, wenn man diesen Abstieg von der hohen Kunst Tschechows zu den profansten Genres beobachtet. Die Märchenwelt ist vertreten, in der Littelmary Prinzessin spielt (S, 145), das Übel kommt in seiner Gestalt aus dem Kinderspiel „Schwarzer Mann" daher (S, 163-164) und die Eindringlinge von Außen schließlich sind unzivilisierte mexikanische Randalierer, die aus dem mythisierten Wilden Westen kommen. (S, 159-160) Das Spiel zeigt eine klare Tendenz, ästhetische Anhaltspunkte auf dem Niveau der Kinder auszumachen, denen gut und böse aus Märchen, Comics und Kinofilmen ein Begriff ist. Es geht um eine Version des Abstiegs zu den Müttern, denn die Erzählerin schöpft aus dem Bodensatz der elementarsten Literaturbegriffe, um ihre eigene poetische Welt um sich aufzubauen. Das Motiv des Gebärens im Krippenspiel, auf das die Jungvermählten aus dem Western angespielt hatten, verbindet sich mit den Spielregeln von „Wer hat Angst vorm schwarzen Mann?" zu einem vielversprechenden „Urchaos":

> Also kam doch wieder einmal alles zusammen. Ein Gebilde gab seinen Umriß zu erkennen, Gestalten bewegten sich schon. Vor allem war da wieder dieser unverwandt auf sie gerichtete Blick. Wabern und Wogen, dachte sie ironisch, das übliche Urchaos. Ein Lachen stieß sie. Wollten die sie schrecken? Abhalten? »Die«, das waren die Schöpfungsmächte. Die sollten nur machen. Gestalten vorführen und sie wieder zerstören. Herrgottnochmal. Jedesmal wieder die Entstehung der Welt. Darunter machen die es nicht. (S 164)

In diesem „Urchaos" sind die beiden tragenden Spannungsbögen verankert, die Auflösungserscheinungen dramatisch ausziselieren. Die Stallwärme des „Urchaos" gleicht die Erfahrung des Verlustes familiärer Denkmuster und des Vertriebenseins aus.

Das Verhältnis Ellens zum „Theaterstück" vom Malvenfest ist auktorial, jedoch auf sehr vertrackte Weise. Es gibt nämlich kein abgefasstes Drama und die Gestalten führen sich auf, wie es ihnen gefällt. Nebenbei bemerkt die Erzählerin, dass es Jenny zugefallen war, Regie zu führen. Dass die Erzählerin die Führung bedenkenlos an eine Andere abtritt, steht in scharfem Kontrast zur auktorialen Kontrolle der Miss La Trobe in *Between the Acts*. Die Erzählerin meint gelassen, dass es schwer sei, allgegenwärtig zu sein, so dass das Geschehen im Stück unvermeidlich aus der Form gerät und unübersichtlich wird (S, 155). Außer Jenny ist Clemens der einzige, der sich dazu äußert, dass er die Handlung nicht durchschaue (S, 150), alle anderen versuchen erst gar nicht, sich einen Überblick über das Geschehen zu verschaffen. Jenny erbittet ironisch, den Titel oder zumindest ein Motto von den anderen zu hören, damit sie wisse, was sie mit den Darstellern zu inszenieren habe (S, 148). Als Stellvertreterin Ellens führt Jenny Regie mit ausgesprochen leichter Hand. Sie muss ihr Privileg gegen Jonas, einen kleinen Jungen, verteidigen (S, 145) und sieht sich genötigt, Luisas Bitten nachzugeben, die eine Pita mitten im Stück backen möchte (S, 156). Die Regisseurin signalisiert, dass die Regieführung sie überfordert, wenn sie klagt, sie werde bei diesen Darstellern noch verrückt (S, 155), und ebenfalls, wenn sie die Darsteller im Befehlston aufrütteln muss: „Also Herrschaften! [...] Spielen wir nun ein Stück oder nicht!" (S, 155). Und schließlich kapituliert die Regisseurin mit der Aussage, die Produktion wachse ihr noch über den Kopf (S, 157). Der Autoritätsverlust der Erzählerin vollzieht sich auf mehrfache Weise. Die auktoriale Machtposition wird erstmals freiwillig an Jenny abgegeben. Danach beobachtet die Erzählerin zufrieden, wie das Stück sowohl inhaltlich als auch die Aufführung betreffend außer Kontrolle gerät. Die anarchische Prägung des Stücks stimmt mit dem großen Thema der Dissolution in *Sommerstück* überein. Im Vergleich zum Schauspiel in *Between the Acts* wird da ein grundsätzlich unterschiedliches Machtverhältnis zur Fiktion und zur Rezeption einstudiert. Die Anarchie wird zum Gestaltungsprinzip gemacht und es scheint, als würde das den Einfluss der Erzählerin vereiteln. Doch dann vereinnahmt sie mit einer einzigen Geste alles, was gerade verloren schien. Die Erzählerin erlaubt dem Leser einen Blick mitten ins Herz der Entstehungsgeschichte des vorliegenden Textes und etabliert sich somit mühelos als Autorin. Das Dünkelhafte und Esoterische im auktorialen Verhalten der Miss La Trobe weicht im Fall Ellens einem exoterischen, sogar einladenden Verhalten.

Außer der respektlosen Anfechtung der literarischen Traditionen und des auktorialen Verhaltens der Miss La Trobe kann auch die formelle Gestaltung des Schauspiels in *Between the Acts* auf die Moderne zurückgeführt werden. In das fiktionale Gefüge werden systematisch Elemente der Realität eingefasst, was die Rezeption durcheinanderbringt. Ähnlich der Beschreibung der Schmetterlinge, die auf die Farbenpracht der Theaterrequisiten hereinfallen und sich an Tücher und Silberpapier festsaugen (B, 58 und 88-89), kommen einige ontologisch instabile Zusammenhänge im Text vor. Der Wind nimmt am Schauspiel teil, wenn er die Schauspieler übertönt (B, 74), und ein Regenschauer erinnert an Tränen, wenn gerade von dem Wiederaufbau nach dem Ersten Weltkrieg die Rede ist. (B, 162) Jede rein zufällige Einmischung der Außenwelt wird Teil des Schauspiels. Es kann um das ärgerliche Durcheinander gehen, das der Dorftrottel verursacht, indem er nach Laune auf die Bühne unter die Schauspieler geht. (B, 84-85) Dem Vortrag der Königin Elisabeth I fügt die Außenwelt ihre Geräusche bei: „*For me Shakespeare sang* - / (a cow mooed. A bird twittered)" (B, 77) Es kann aber auch eine erwünschte Einmischung sein. Beispielsweise, wenn die Stimmen der Schauspieler versagen und unhörbar werden, übernimmt eine Herde von Kühen das Sagen von den Schauspielern und gibt ein Brüllkonzert, das zufällig die Emotion verlängert, die Miss La Trobe beibehalten will. (B, 125-126) Oder wenn es im Konzept vorgesehen ist, die Geräusche der Umgebung ins Schauspiel einzukapseln, um zeitgenössische Gegenwart zu suggerieren: „‚After Vic,' she had written, ‚try ten mins. of present time. Swallows, cows, etc.'" (B, 161) Das Verhältnis zwischen den Wirklichkeitspartikeln und dem fiktionalen Ganzen bleibt jedoch trotz der destabilisierenden Wirkung der Partikeln immer im Gleichgewicht. Es ist eine moderne Technik. Der Künstler umstellt Elemente der Wirklichkeit mit Fiktionalität und zwingt den Leser, das doppelbödige Gebilde mit dem Wirklichkeits- und mit dem Fiktionalbewusstsein zugleich aufzunehmen. Im Bereich der bildenden Künste zeichnen sich Kurt Schwitters Collagen in dieser Technik aus. Bei der Betrachtung der Collagen dieses Künstlers kann man es sich einerseits nicht verkneifen, die wirklichkeitsbezogenen Kontexte der Zeitungsausschnitte, Brieffragmente oder Bahnkarten nachzuvollziehen. Unvermittelt genießt man dann aber die Collage in ihrer Gesamtheit von ineinandergefügten Formen und Farben, wobei die wirklichen Bezüge der Zeichen verlorengehen.

Der Effekt der Destabilisierung in Woolfs Roman ist vorübergehend. Die Vorstellung Woolfs von den Grenzen, die zwischen Realität und Fiktion existieren, ist im großen Ganzen die der vormodernen Literatur.[55] Das wird im Text an mehreren Stellen er-

[55] Christopher Ames bemerkt, dass der Titel, „Between the Acts", ein parallel verlaufendes Schauspiel andeutet, das vom Publikum gegeben wird. Demnach hätten die Gestalten sich spontan Rollen ausgesucht, und würden sie unbewusst spielen. Mrs Manresa erscheint tatsächlich als die umschwärmte Königin des Fests und sie behandelt Giles tatsächlich spielerisch als ihren heimlichen Helden. Diese lockeren Verbindungen können sich jedoch mit der Konstruktion des Schauspiels der Miss

läutert. Mrs Manresa würde sich gerne an den Vorbereitungen für den Nachmittagstee beteiligen, der in der Pause genommen werden soll, bekommt aber zu hören: „‚We remain seated‘ - ‚We are the audience.‘“ (B, 55) Das Publikum muss in seinen Grenzen bleiben. Mrs Manresa will an anderer Stelle einige Worte mit Mr Oliver wechseln, und sieht sich wieder von der Fiktion eingeschränkt: „Could they talk? Could they move? No, for the play was going on.“ (B, 75) Miss La Trobe ihrerseits registriert jede Unterbrechung als direkte Bedrohung ihres Schauspiels, beispielsweise, wenn eine Zuschauerin mit Verspätung ankommt (B, 73), oder wenn sie Pausen für den Nachmittagstee und für Kostümwechsel berücksichtigen muss. Die Pausen sind fatal, da sie die zusammenhängende Rezeption vergeuden. Auf dem Weg in die Scheune, in der die Zuschauer sich zum Tee treffen sollen, werden sie von einer Melodie begleitet, deren Text die Worte „*Dispersed are we.*“ wiederholt. (B, 86) Offensichtlich ist Woolf auf eine saubere Trennung zwischen der Zeit der Wirklichkeit, in der gesprochen und gegessen wird, und der Zeit der Fiktion bedacht. Am deutlichsten wird das, wenn der Leser merkt, dass der Fiktion eine eigene, deutlich eingezeichnete Zeit zugesprochen wird. Die Zeitmaschine, die diese Zeit misst, ist der Plattenspieler. Wenn er nicht gerade Musik macht, gibt er ein Ticken von sich, das die Zeit der Fiktion darstellt. Dem Publikum leuchtet die Bedeutung des Tickens ein. Das Ticken fokussiert das Bewusstsein des Publikums und hält es in einer Art Trance,[56] die das Fiktionalbewusstsein symbolisieren kann. Die Macht der ‚anderen‘ Zeit über dem Publikum steigert sich in Graden bis zum Moment, in dem das Publikum der Fiktion erliegt.

> They were all caught and caged; prisoners; watching a spectacle. Nothing happened. The tick of the machine was maddening. [...] The machine ticked. There was no music. [...] They were neither one thing not the other; neither Victorians nor themselves. They were suspended, without being, in limbo. Tick, tick, tick went the machine. (B, 158-159)

Die Zeit der Fiktion bewirkt die Verwandlung des Publikums; die Zuschauer fühlen sich durch das Hinauszögern der folgenden Szene um ihr Sein gebracht - sie sind nichts, da auf der Bühne nichts dargestellt wird. Nachdem die Vorstellung aus ist, nimmt das Publikum die Realität wieder in Besitz und die verdichtete Vision des Schauspiels zerflattert und entrinnt. Die klare Unterscheidung zwischen Fiktionalität und Wirklichkeit bei Woolf deutet darauf hin, dass ihr Bild von der Wirklichkeit auf soliden Vorstellungen beruht. Bedrohung kommt von Außen in *Between the Acts*, wobei in *Sommerstück* die Lebenskonstruktionen unter dem Druck der Zweifel und des Bedauerns ihrer Urheber nachgeben und zusammenbrechen.

La Trobe nicht vergleichen. Meines Erachtens bezieht sich der Titel des Romans auf die Würdigung des Publikums, die Woolf darbieten will. Die Welt des englischen Bürgertums aus den frühen Jahrzehnten des vergangenen Jahrhunderts und die Welt der Kunst werden im Roman einander gegenübergestellt. Dabei zeigt die Erzählinstanz das Publikum in einem betont günstigen Licht und sie lässt - als schlüssiges Symbol - die Schauspieler eine Fotografie von ihm machen.
Christopher Ames, Carnivalesque Comedy in „Between the Acts“. In: Twentieth Century Literature 44 (1998) 4, S. 396.

[56] „The tick, tick, tick seemed to hold them together, tranced.“ (B, 75) Vgl. S. 135, S. 138.

3.4. Die Ästhetik von *Sommerstück* und die ontologisch instabilen Textstellen

In Wolfs *Sommerstück* sind die Grenzen zwischen dem Theaterstück und dem Alltagsleben der Darsteller so gut wie nicht vorhanden. Wenn in *Between the Acts* das Schauspiel wegen des Nachmittagstees unterbrochen werden muss, wird bei Wolf in nahtlosen Übergängen gekocht, gebacken, Theater gespielt und es werden Gespräche und Selbstgespräche geführt. Luisas Backkunst stiehlt dem Stück sogar vorübergehend die Schau, da sich ein kleines Publikum um Luisa schart und ihre Vorstellung verfolgt. Es gibt keine abgegrenzte Bühne für das Stück. Haus und Garten werden zur Bühne, so dass es keinen Raum gibt, der nicht auch Bühne wäre. Die Kapitel 14. und 15., die das Stück umfassen, bringen folglich jede Menge ontologisch undefinierbarem Geröll mit sich. Umgekehrt dehnt sich die fiktionale Ontologie des Theaterstücks auf die anderen Kapitel der Erzählung aus und durchzieht den gegenständlich dargestellten Alltag der Künstlerenklave mit doppelbödigen Stellen, die den ontologischen Status des Gesagten destabilisieren.[57] Das Theaterstück vom Malvenfest entwickelt ähnlich dem Schauspiel der Miss La Trobe seine eigene Zeitrechnung, die von der reellen Zeit abzweigt. Das fiktionale Zeitgefühl und die dazugehörigen Ortsbestimmungen bleiben jedoch nicht innerhalb der Grenzen des Malvenfests. Dieser Aspekt ist noch interessanter als der ontologische Mischmasch des Stücks in der Erzählung. Nicht nur das Haus und der Garten Ellens an dem einen Tag sind eine Bühne; die fiktionale Wahrnehmung von Zeit und Ort greift unversehens in den Rest der Erzählung aus. Gelegentlich wird den Gestalten bewusst, dass sie sich auf inkonstantem Terrain bewegen. Vor allem geschieht das im Moment, wenn die Gesellschaft sich in Gegenwart eines neutralen Beobachters zu befinden glaubt, und der Verdacht der Inauthentizität sich als Gefühl fiktiver Unwirklichkeit, dem von Puppen in einem Puppenhaus, konkretisiert. Meistens aber besteht die Funktion der metafiktionalen Stellen außerhalb der Grenzen des Malvenfests darin, dem Leser den Boden unter den Füßen wegzuziehen. Es gilt nun herauszustellen, welche Bedeutung die Verwendung metafiktionaler Erzähltechnik für die Ästhetik der Erzählung hat.

Im Erzählsystem sind zwei Erzählstränge miteinander verzahnt, die von den gleichzeitig erlittenen Verlusten des politischen und des ästhetischen Weltbilds Ellens handeln. Die Bezüge, die Ellen zur Außenwelt hergestellt hat, entgleiten ihr gleichzeitig. Die Erzählerin kommt nicht dazu, ihre Fassung zurückzugewinnen, da ihr Standpunkt unentwegt untergraben wird. Entsprechend unaufhaltsam stürzt ihr Weltbild ein, was allerdings traumhaft langsam vorgeht. Die Erzählung ist als eine Reihe von Glissandi komponiert, in denen das Thema des Verlusts einer Welt mitschwingt. Es nimmt sich wie ein im Zeitlupentempo synchronisiertes Nachgeben und Einstürzen von Ebenen aus, bei dem die Erzählerin nicht ohne Anmut den Halt verliert. Dieser einstudierte freie Fall mobilisiert eine Ästhetik, von der Wolf bisher noch keinen Gebrauch gemacht

[57] Peter J. Graves legt eine Bedeutungsebene der Schauspielkunst frei, die den Text innerhalb und außerhalb des Theaterstücks durchzieht. Der Kritiker bemerkt zu Recht, dass durch die zahlreichen Metaphern für Theater im Text ontologisch instabile Stellen entstehen, die sich im Theaterstück zum Malvenfest verdichten.
Peter J. Graves, Christa Wolf's „Sommerstück“: an Intensified June Afternoon, a.a.O., S. 402-403.

hat. Es ist weder die Ästhetik der vorhergehenden Texte, noch eine moderne Ästhetik, die sich bekanntlich außerhalb der Gesellschaft situiert und einen Konfrontationskurs verfolgt. *Sommerstück* ist in einem ästhetischen Zwischenreich situiert und die Eigenart der metafiktionalen Verdichtungen reflektiert diesen Umstand. Ich werde im Folgenden auf die zweifache Wirkung eingehen, die dadurch entsteht, dass die Gestalten auf der Erzählebene ihre Verluste verschmerzen und zugleich beobachten, wie ihr Wirklichkeitssinn affektiert wird. Die Gestalten in *Sommerstück* beobachten ein seltsames Schwinden ihrer Körperlichkeit, ihr Zeitgefühl gerät durcheinander und die Erzählerin legt zusätzlich für den Leser einige zeitliche und örtliche Ungereimtheiten in ihrer Wiedergabe der erzählten Zeit nach. Das Verlierergefühl der Gestalten geht mit einer Kenntnisnahme ihrer Körper-, Zeit- und Ortlosigkeit einher, was unterschwellig ihre Fiktionalität impliziert. Auf raffinierte Weise wird da das Thema der Erzählebene mit der Metaebene verquickt. Die Stärke der Ästhetik von *Sommerstück* liegt in diesem engen Zusammenhang; die Erzählerin spiegelt das Thema in der ontologischen Instabilität, die sie durch metafiktionale Effekte erzielt. In der gegenständlichen Darstellung des Lebens außerhalb des Malvenfests ergeben sich unvermittelt Leerstellen, die Wirklichkeit wird fadenscheinig und lässt die Fiktionalität der Erzählung sichtbar werden.

Jennys Bekanntgabe auf dem Malvenfest, „Wir sind nämlich mitten in einem Stück. Hier ist alles die reine Wirklichkeit." (S, 156), ist zwar eine auf den ersten Blick überraschende Formulierung, bezeichnet jedoch folgerichtig die Erfahrung des fiktionalen Seinsbereichs. Die Daten, die mit dem Fiktionalbewusstsein wahrgenommen werden, erfährt der jeweilige Rezipient als reell. Wenn man aber die Reaktion der Versammelten auf Jennys Bekanntgabe beobachtet, drängen sich eine Reihe von vergleichbaren Textstellen auf, die den fiktionalen Status des Beschriebenen problematisch erscheinen lassen: „Ein Satz wie dieser konnte das ganze Haus hochheben, mit uns allen darin, konnte uns sekundenlang in der Schwebe halten, und als wir langsam, langsam wieder heruntersanken, hatten wir alle in der Magengegend diesen Fahrstuhlkitzel." (S, 156) Das beschriebene Schwebegefühl, mit dem die Gestalten ihr Umgebensein von Fiktion feststellen, existiert nämlich auch außerhalb des Theaterstücks. Die Bewusstseinsströme der Künstler bringen immer wieder das Bild von Vehikeln auf, die, von der Erde losgelöst, frei schweben. Ob als Barke und Arche (S, 117-118) oder als Gondel (S, 94-95 und S 191) metaphorisch formuliert, immer wird mit dem Hochgefühl auch die bedenkliche Abgetrenntheit der Künstlergestalten zusammengefasst. Besonders im Fall der Bilder von Ballons deutet die gespannte dünne Wand des fliegenden Objekts ein Gefühl von großer Gefahr an. Diese Angst wird von der Erzählerin in einer Serie von Bildern eingelöst, die eine Wirklichkeit darstellen, aus der die Substanz wie Luft aus einem Ballon entweicht. Das Bild des Schwebens von Ballons bezieht sich ausdrücklich auf die ländliche Sommerzeit: „Dieser Abend eröffnete eine Reihe der ländlichen Feste, bunte Ballons, an denen das spinnwebleichte Netz des Sommers hing." (S, 59) Es ist in diesem Sinn für die gesamte Episode auf dem Land relevant, wenn wiederholt vom Zerstören eines Schwebezustands die Rede ist. Beispielsweise fühlt Ellen sich zu Beginn von der Fremdheit der Umgebung angegriffen, wie von „Pfeile[n] von Unwirklichkeit [...], die sie trafen und ihr unmerkliche Wunden ritzten, aus denen der Stoff ihr entströmte [...]" (S, 21-22) Irene macht es Spaß, das Gleichgewicht der Beziehungen in Streit umzukippen, und die Erzählerin vermerkt das ebenfalls als Substanzverlust: „Irene reizte es, dem Ballon die Luft abzulassen, ihm kleine Nadelstiche zu versetzen." (S, 95) Nach dem Besuch des „Stummen Gastes" zeigt sich bei den Gestalten erneut das Symptom des Verlustes an Realität, das mit dem Ausdruck „[...] es war nur die Bedeutung aus den Dingen und Vorgängen gewichen" (S, 190) an das Entweichen von Gas aus einem Ballon anknüpft. Dasselbe Bild kommt schließlich in Ellens Gedanken über das Altern als endgültigen Substanzverlust noch einmal auf: „Daß du an dir das Interesse verlieren könntest, hast du nicht erwartet, aber es entweicht unaufhaltsam; wie aus einem Ballon, der ein winziges Leck hat, das Gas entweicht." (S, 207) Die Künstlergestalten kommen sich in ihrer Materialität angegriffen vor. Die feinstoffliche Beschaffenheit der Materie rückt ihnen auf den Leib und lässt sie schwach und anfällig erscheinen. Seltsame Schwächezustände stellen sich ein; sie können die Künstlergestalten plötzlich, mitten in alltäglichen Verrichtungen, befallen: „Es mochte unvermeidlich sein, daß wir uns, angesichts der prallen Wirklichkeit von Vorfahrs Besitz, eine Spur unwirklicher vorkamen, ein wenig blasser, durchsichtiger, um eine Winzigkeit schwächer." (S, 103) Oder sie stellen sich infolge von unerschrockener Selbstmusterung ein, beispielsweise wenn Irene nach der Konfrontation mit dem „Stummen Gast" fragt, ob sie sich nicht alle wie Gespenster vorkämen. (S, 191) Das Bewusstsein der eigenen schwindenden Körperlichkeit unter zunehmendem Substanzverlust ist eine metaphorische Verlängerung des fiktionalen Seinsbereichs, der sich rechtmäßig über dem Malvenfest erstreckt, in die Wirklichkeit.

Ein weiterer Zwischenfall, der ontologische Instabilität aufbringt, visiert den Leser an. Innerhalb des 14. Kapitels, am Tag des Malvenfests, findet der Besuch Antons statt. Es ist schwierig, genau zu bestimmen, um den wievielten Sommer nach dem Umzug Ellens aufs Land es sich handelt. Man hat jedenfalls den Eindruck, dass Ellen und ihre Familie sich schon gut eingelebt hätten. Es heißt nun über Anton, dass er als Gastgeschenk „drei Schößlinge seiner roten japanischen Quitte" (S, 141) mitgebracht hat, die gleich darauf am Zaun eingepflanzt werden. Die Erzählerin erinnert sich mit offensichtlicher Freude an den Strauch: „[...] sie wuchsen an und legten aus, sie bildeten sich zum schönsten Strauch in der Zaunreihe, wurden geliebt, mit Bedeutung beladen und gehegt, blieben vom Feuer verschont und stehen immer noch da, am alten Fleck." (S, 141) Der Leser ist jedoch nicht minder erstaunt, wenn er bemerkt, dass die Erzählerin denselben roten japanischen Quittenstrauch im zeitlichen Kontext des Einzugs ins Rahmersche Haus erwähnt. In jenem ersten Frühling identifiziert die Erzählerin ihren Geisteszustand - der einer Neuankömmlingin auf unbekanntem Terrain - mit der exotischen Erscheinung des Strauchs. Der Strauch hat sich in der deutschen Landschaft naturalisiert, obwohl er fremd bleibt. Es heißt, er passe in die Gegend „wie der rotglühende Irrsinn in eine unauffällige Familie" (S, 29). Allerdings steht der Strauch in diesem Fall nicht am Zaun sondern „jenseits der Straße". (S, 21) Wenn dieser Blickfang von einem Strauch jenseits der Straße wächst, wie kommt es, dass Antons Geschenk sich zum schönsten Strauch der Zaunreihe entwickelt? Warum wird nicht gesagt, dass es ihn doppelt gibt? Offensichtlich kümmert sich die Erzählerin wenig um die Logik reeller Verhältnisse und weist den Leser von der Metaebene darauf hin, dass er seinem Wirklichkeitssinn auf den Leim gegangen ist. Obwohl die Wiedergabe des Landlebens der

Künstler überwiegend gegenständlich bleibt, erinnert die Erzählerin hier daran, dass alles eine Fiktion ist. Die einzige Erklärung, die über die Präsenz des Quittenstrauchs zu Beginn der Erzählung Aufschluss geben kann, liegt in der Willkür der Erzählerin, ontologische Grenzen zu ignorieren. Die Erzählerin hat sich nonchalant ein Element aus der Komposition des Höhepunkts der Erzählung ausgeliehen und es in eine Zeit eingebracht, in der es noch nicht stattgefunden hatte. Als Grund dürfte genügen, dass es ihr passend erscheint.

Nach den mit Immaterialität imprägnierten Wirklichkeitsverhältnissen und unzuverlässigen Ortsangaben soll nun die Zeit des Malvenfests und der Rest der erzählten Zeit betrachtet werden. Insbesonders was die Zeit des Malvenfests betrifft, entsteht da der Eindruck einer unwirklich dehnbaren Zeit. Mit der Perspektive Jennys punktiert die Erzählerin den Ausgangspunkt einer Art Zeitschleife, insofern ein Blickwechsel zwischen Jenny und Anton zweimal vorzukommen scheint. Es geht zwar um verschiedene Situationen, denn zuerst ist Anton mit Jan und Josef beschäftigt und zum zweiten Mal mit den Kindern Littelmary und Jonas. Doch Jennys Blickwinkel rührt sich im Zeitabstand vom ersten Blickwechsel zum zweiten nicht von der Stelle - sie steht am Küchenfenster und blickt auf Anton - und die beiden Blickwechsel scheinen unheimlicherweise einer und derselbe zu sein. Jenny denkt über die bevorstehende Trennung von ihrem Freund nach und wechselt mit ihm einen Blick durch das Küchenfenster: „Jennys Erinnerung würde sich an diesem Tag festhaken. An diesem Blick aus dem Küchenfenster auf Anton, den er, wie meistens, sofort spürte und wie zufällig spöttisch erwiderte." (S, 149) Darauf spricht die Erzählerin über Jennys Beziehung zu Anton, geht in die Bewusstseinströme der Gestalten ein und lässt zuerst Jenny und dann Anton in erlebter Rede sprechen. Clemens aber möchte mitreden, was besagt, dass es doch ein Gespräch gegeben hat, und die erlebte Rede wird von einem Dialog zwischen Anton und Clemens abgelöst. Dabei zimmert Anton einen Stuhl für Steffis Sohn David, Clemens hilft mit und Josef, Steffis Mann, kommt dazu und erinnert sich an die Schreinerei im Konzentrationslager, das er überlebt hat. Josef nimmt Stellung auf Antons Seite des Arguments, was bewirkt, dass Clemens das Gespräch als inneren Monolog weiterführt - uns in erlebter Rede mitgeteilt. Nach einer Weile horcht Clemens auf, vernimmt Antons und Josefs Gespräch über Tischlerei, und versinkt wieder in Gedanken über sein Verhältnis zum Landleben, zu Irene und Luisa. Hier schaltet sich die Erzählerin ein und fachsimpelt über die Schwierigkeit, eine Fiktion wie das Theaterstück zusammenzuhalten. Sie erwähnt weiterhin Jonas' geschäftigen „Einlassdienst" an der Tür und das Emblem der Malvenblüte, das Gäste zum Eintritt berechtigt. Ein kurzer Wortwechsel zwischen David und Jonas folgt und schließlich Jennys Empörung, da sie schreit, sie werde bei diesen Darstellern noch verrückt werden, während sie aus dem Küchenfenster blickt und wieder am Ausgangspunkt der Zeitschleife ist. Sie ist wieder in Gedanken bei der Trennung von Anton und der gleiche Blickwechsel findet statt wie zuvor: „Warum blieb nichts, wie es war. Warum konnte sie jetzt am Küchenfenster stehen und auf Anton hinaussehen, als sei er ihr bester Freund, aber doch nicht der einzige Anton. Und er [...] gab ihr einen Blick zurück, ein bißchen traurig, ein bißchen spöttisch." (S, 155) Man muss fragen, woher die Zeit kommt, die sich zwischen dem ersten und dem zweiten Blickwechsel ausdehnt, oder die ein und denselben Moment entzwei spaltet und sich als

Zeitschleife einschiebt. Mit der Frage, ob es um denselben Blickwechsel geht, kommt man der auktorialen Verfügungsgewalt über Zeit und Ort der Fiktion auf die Spur. Die Erzählerin kann sich in die Bewusstseinsströme der Gestalten begeben, kann ihre Dialoge und Handlungen wiedergeben und dabei das Verstreichen der Zeit nach Belieben gestalten. Jenny wird diesmal vom Lauf der Zeit nicht affektiert, während das Dasein der anderen Zeit verbraucht. Diese Unstimmigkeit ist im bewusst aufrechterhaltenen fiktionalen Rahmen des Stücks angebracht. Der Leser versteht, dass es in Bezug auf die Ort- und Zeitverhältnisse in den Kapiteln 14. und 15. nicht mit rechten Dingen zugehen kann.

Es gibt aber auch außerhalb des Theaterstücks instabile Zeitabschnitte, die entweder die Gestalten der Erzählung oder den Leser aus dem Gleichgewicht bringen. Wie in der Belegstelle, in der die Künstlergestalten angesichts der Materialität des traditionellen Bauernhauses ihre immaterielle Beschaffenheit konstatieren, kommt an anderer Stelle auch ihr Zeitgefühl mit dem Lebenswandel auf dem Dorf nicht zurecht. Das ‚alte' Leben verläuft nach einem Tempo, mit dem Ellen ihr Innenleben nicht synchronisieren kann. Das Resultat ist, dass sie sich aus der Bahn der dörflichen Gegenwart geworfen fühlt:

> Ellen hatte das Gefühl, als Akteur eines in normalem Tempo ablaufenden Films in eine Rückblende geraten zu sein, die aus undurchschaubaren Gründen in Zeitlupe lief, während ihr das Drehbuch zugeteilt hatte, sich immer weiter zu schnell zu bewegen, so daß sie, wenn auch nur für Sekunden, den leichten Schwindel der Asynchronität spürte und, wie spielerisch, nach Jans Arm griff. (S, 75-76)

Der Sommer auf dem Land wird im Text von Anbeginn als „seltene[] Erscheinung[]" (S, 7) behandelt, die in eine scheinbar unwirkliche Zeitzone gehört. Die Gestalten in *Sommerstück* nehmen das Vergehen der Zeit mit großer Aufmerksamkeit wahr, eben weil die Zeit jener Sommer niemals völlig mit ihrem wesentlich städtischen Zeitgefühl übereinstimmt. Dem Leser wird die erzählte Zeit häufig durch metafiktionale Einschübe aus der Erzählzeit verfremdet.[58] Die nachhaltigste Destabilisierung erreicht die Erzählerin beim Leser jedoch mit dem Ende der Erzählung. Die Erzählerin bietet das Gespräch zwischen Ellen und Steffi als imaginär an, baut jedoch eine Reihe von ontologisch instabilen Stellen ein. (S, 200ff.) In einem Gespräch über Altern und Sterben, das Ellen aus Rücksicht auf Steffi in Wirklichkeit nicht führen will, werden wirkliche und imaginierte Zeitläufte zusammengeballt. Man kann nicht wissen, ob der über-wirklich, fast naturalistisch wirkende Austausch zwischen Steffi und der Verkäuferin in einem Kleidergeschäft stattgefunden hat. (S, 206-207) Die wahnwitzige Geste Steffis, eine nichtsahnende Verkäuferin auf ihre prothetische Brust aufmerksam zu machen, ist jedenfalls ein Detail, das mit seiner Wirklichkeitsladung den vermeintlich imaginären Gesprächsrahmen sprengt. Aber vor allem die Zeit des Gesprächs an sich ist ungewiss. Steffi redet auf Ellen ein, dass sie eine Erzählung von der Zeit auf dem Dorf schreiben solle. (S,

[58] Der Abstand zwischen der erzählten Zeit und der Erzählzeit wird dem Leser immer wieder bewusst gemacht: „Es mußte so aussehen [...], als hätten wir uns nach einem ausgeklügelten Plan über die Landschaft verstreut. Aber damals spielte der Zufall noch eine glückliche, nicht immer nur eine unheilvolle Rolle." (S, 39); „Etwas hatte sich verändert. Etwas würde sich verändern, heute sagen wir alle, wir hätten gewußt, daß es so nicht bleiben konnte." (S, 124)

214) Ellens Antwort darauf lautet: „Ich sagte, ohne zu überlegen: Dazu müßte das Haus erst abgebrannt sein." (S, 214) Artikuliert Ellen eine Vorahnung vom zukünftigen Brand in der erzählten Zeit? Dafür spricht die Tatsache, dass dieses Gespräch in ihrem Arbeitszimmer im Rahmerschen Haus geführt wird. Andererseits leuchtet es ein, dass die Erzählerin in der Erzählzeit die Zeitläufte verwirrt: die Erzählerin stellt sich in der Erzählzeit vor, dass sie in der erzählten Zeit ein Gespräch mit Steffi führt und Kenntnis der zukünftigen Vorkommnisse hat. Die Zeit des Gesprächs wird mit dem Aufblühen und dem beginnendem Verwelken der Rosen in Ellens Arbeitszimmer verknüpft. Am Ende des Gesprächs ist es „tief in der Nacht". (S, 215) Trotz der späten Stunde scheint Ellen Besuch bekommen zu haben, denn „[u]nten ging das Licht an, sie riefen nach uns." (S, 216) Das letzte Bild der Erzählung zeigt Ellen und Steffi, wie sie im Halbdunkel die Treppe hinuntergehen. Die Erzählerin spielt hier dem Leser einen metafiktionalen Streich, indem sie plötzlich die Spielregeln ändert, und das imaginäre Gespräch mit einem wirklichen Gespräch *vor* Steffis Einweisung ins Krankenhaus überblendet. Jenes Gespräch hat wahrscheinlich so geendet, wie die Erzählerin abschließend zeigt. Der Dialog der Erzählerin mit Steffi fällt nun endgültig aus seinem Rahmen heraus. Der ontologische Status des Ankunftsortes am Ende der Erzählung ist kein anderer als der des Zwischenreichs, in dem Wolf die Ästhetik dieser Erzählung baumeln lässt.

SCHLUSS

Das Ziel der vorliegenden Arbeit ist, die Ästhetik Christa Wolfs unter dem Gesichtspunkt der metafiktionalen Gestaltungsmittel zu untersuchen. Metafiktion wird hier als Autoreflexivität verstanden, wie sie in der Literatur der zweiten Hälfte des 20. Jahrhunderts große Popularität genießt. Es hat sich ergeben, dass Wolf Metafiktion in jedem der drei herangezogenen Texte anders verarbeitet und zugleich durch ihr gesamtes Schreiben einen gravierenden Unterschied zum Mainstream der zeitgenössischen Ästhetik markiert. Ihre Absicht ist es, in ihrem Schreiben eine Ästhetik zu realisieren, die mit ihrem moralischen Antrieb vereinbar ist. Wolf versteht sich als eine Autorin, der die Verantwortung für die Greueltaten des Nazionalsozialismus besonders nahe geht. Das führt dazu, dass sie das übliche Verhältnis zwischen wirklich Geschehenem und literarisch Erschaffenem in ihrer Prosa umgestalten will. Die Tatsache, dass die Sprechweise der Realität sich von literarischer Sprechweise im Wesen unterscheidet, will die Ästhetik Wolfs mit Einfallsreichtum und gewaltigem Energieaufwand umgehen. Es geht der Autorin darum, ihr aufgerütteltes Verantwortungsgefühl und ihr Bestreben nach Moral und sogar nach Humanität im Fiktionalbewusstsein unterzubringen. Das geht allerdings gegen die Usancen des Umgangs mit Fiktionalität. Seit undenklichen Zeiten funktioniert die Wahrnehmung von Wirklichkeitsaussagen grundsätzlich anders als der Wahrnehmungsapparat, der in der Kreation und Rezeption von Literatur in Kraft tritt. Die Texte, die hier besprochen wurden, enthalten den Ansatz zu einer moralischen Ästhetik, doch sind im moralischen Strang viel mehr Fäden eingeflochten, so dass der Text letztendlich nicht Zustimmung beim Leser erreicht, sondern ästhetisches Wohlgefallen. Die Tendenz, im moralischen Sinn zu überzeugen und zu erziehen, verfeinert sich im Netz des Erzählsystems. Die Moral gewinnt an Polyvalenz - und dadurch an ästhetischem Wert - durch die meisterhaft komplexen Erzählstrukturen, in die Wolf ihren Stoff einzufassen versteht.

In *Nachdenken über Christa T.* findet Wolf das Gleichgewicht zwischen Hoffnung und Enttäuschung, Beschwingtheit und Niederlage, das alle Elemente der Erzählung in Einklang bündelt. Die schwankende, paradoxe Verfassung der Dargebotenen bewirkt, dass der Leser jeden skeptischen Vorbehalt suspendiert und auf die Spielregeln der Fiktion eingeht. Denn jeder Initiative in der Gestaltung des Geschehenen wirkt ein entsprechendes Ausgleichsmittel entgegen, so dass Urteile, die man beim Lesen fällt, systematisch verworfen werden müssen, und man letztendlich alles glaubt, was die Erzählerin unterbreitet. Der Leser pendelt hin und her zwischen den Selbstbeschuldigungen der Erzählerin und ihren Anstalten, sich wieder herauszureden; zwischen der Sprachskepsis der Erzählerin und Christa T.s und deren Begeisterung für Literatur; zwischen dem einerseits banalen Alltag Christa T.s und ihrem Talent, das Banale mit Kreativität zu durchwirken, andererseits; schließlich zwischen den misslungenen literarischen Versuchen aus Christa T.s Nachlass und dem romantisierten Künstlerimage, das aus dem Flair der Boheme und leise angedeuteten Referenzen zu Leitfiguren der literarischen Moderne auflebt. Die Hauptachse der Erzählung ist jedoch der Gegensatz zwischen der Ästhetik, die Christa T. zu verwirklichen sucht, und der Ästhetik, die von der Erzählerin anschaulich gemacht wird. Während Christa T. Wolfs moralisches Ästhetikideal verkörpert, nimmt die Erzählerin eine einmalig positive, bejahende Haltung zur Fiktionalität ein. Christa T. weist schon alle Komplikationen auf, die in Zukunft den Erzählinstanzen Wolfs im Umgang mit Fiktionalität bevorstehen. Die Erzählerin jedoch greift auf die vormoderne Erzählkunst zurück und verdreht sie dabei im modischen Sinn der Metafiktion. Dass die Erzählerin ein veraltetes Erzählverhalten gebraucht, geschieht aus praktischen Gründen: dadurch kann sie der Ästhetik der Hauptgestalt schärfere Umrisse geben. Unversehens aber eignet sich die Erzählinstanz mit der Fasson des auktorialen Erzählens auch die Rhetorik und die Verführungskunst vormoderner Beredtheit an, was den unwiderstehlichen Reiz dieser Erzählung ausmacht.

Die Erzählerin stellt den Eindruck her, dass durch Christa T.s Tod ein unvorgreiflicher und bedeutender Standpunkt verloren gegangen ist. Das Meisterhafte daran ist, dass wir bis zuletzt nicht konkret erfahren können, was sich Christa T. unter Literatur vorstellt. Aus der Perspektive Christa T.s erhalten wir keinen zusammenhängenden Eindruck und die auktoriale Stimme gibt nur Fragmente von Fragmenten aus dem Nachlass Christa T.s wieder. Durch die auktoriale Vermittlung profiliert sich das Künstlertum Christa T.s jedoch im Kontrast zur leichtfertigen Erzähllust der Erzählerin als absolutes Ideal. Die Erzählerin bewerkstelligt diese Suggestion, während sie den Leser nur ahnen lässt. Der Vergleich mit Thomas Manns *Tonio Kröger* verdeutlicht die Absicht Christa T.s, einen humanitär-mitfühlenden Standort in der Erzählkunst einzunehmen. Christa T. zufolge soll sich das epische Medium darum bemühen, ästhetisches und moralisches Empfinden zu einer Einheit zu verbinden. Aber nichts ist einfach und geradlinig in dieser Erzählung; für jede Aussage gibt es, wie bereits festgestellt, eine Gegenaussage, die sie relativiert oder aufhebt. Das Wesen Christa T.s wird dadurch erst recht unfassbar, dass es in widersprüchlicher Aufmachung daherkommt. Sie ist teils moralische Revolutionäre, teils Genie, sie rebelliert gegen die gefühlskalte Distanzierung beim Erzählen und gegen die amoralische Verpflichtung des ästhetischen Gesetzes, und bezieht sich auf ihren sozialen Umkreis wiederum in der Manier Tonio Krögers. Das Kombinieren von vormodern und modern ‚Altem' mit radikalen Ansprüchen auf Erneuerung konstituiert die Üppigkeit und zugleich die Rätselhaftigkeit der Erzählung. Als abgeschlossenes Ganzes ist die Erzählung hauptsächlich aufgrund der Ausgeglichenheit der Komposition erfassbar. Wenn man der Frage nach dem ästhetischen Erfolg von *Nachdenken über Christa T.* nachgeht, kommt man in erster Linie darauf zu sprechen, dass die Erzählung trotz aller Widersprüche einen vom realen Urteilsvermögen unabhängigen Status erlangt. Die Erzählung wirkt als Fiktion glaubwürdig.

Mit *Kindheitsmuster* stellt Wolf das Konzept des Gleichgewichts narratologischer Strukturen auf den Kopf. Da zieht sie mit der moralischen Ästhetik, die sie in Christa T.s Bestreben angedeutet hatte, gegen das Entstehen von Fiktionalität und gegen die begleitende genüssliche Leseerfahrung ins Feld. Wenn in *Nachdenken über Christa T.* die metafiktionale Gesprächigkeit der Erzählerin das Gegengewicht zur unverfügbaren literarischen Sprache der Christa T. beisteuert, wird in *Kindheitsmuster* den metafiktionalen Mutmaßungen der Erzählerin das ausschlaggebende Gewicht beigelegt. Die Erzählerin geht in dieser Erzählung der Prägung nach, die ihre faschistische Erziehung hinterlassen hat, und deckt allmählich die moralische Labilität ihrer Familienangehörigen, ihres sozialen Umkreises und auch der kindlichen Vorgängerin Nelly auf. Im Blick auf die Leichtigkeit, mit der faschistische Einflüsse die an sich wohlanständigen Kleinbürger korrumpieren, zerstäubt der Aufklärungsmythos von der unverrückbaren Bestimmung zum Guten und Edlen. Die Erzählerin unterzieht das Menschenbild der Aufklärung und des Klassizismus einer Korrektur. Das ist aber nicht destruktiv gemeint; die Erzählerin schickt sich an, realistischere Werte für unsere ernüchterte Gegenwart zu stiften. Dabei rückt die schonungslose Selbstbefragung nach der Mitschuld an der deutschen Täterschaft in den Vordergrund und drängt die Nellyebene in den Hintergrund. Die Vorkommnisse in der erzählten Zeit dienen der Erzählerin hauptsächlich als Stichwörter, auf die sie sich selbst den Prozess macht. Somit verhindern die metafiktionalen Überlegungen, dass der Text als Fiktion wahrgenommen wird. Die Diskussion über Fiktionalität in diesem Kapitel ergibt, dass die erzählte Zeit auf eine Art dargeboten wird, die der Entstehung von fiktionaler Rede bewusst entgegenarbeitet. Offenbar versteht Wolf Fiktionalität im konventionellen Sinn, und der Leser könnte davon ausgehend eine Evozierung der Vergangenheit erwarten, die in eine Rahmenhandlung aus den 70er Jahren eingebettet ist. Jedoch dadurch, dass die Erzählerin von der Meta-Ebene der Fiktion die Bildung des fiktionalen Zusammenhangs nicht zulässt, erhält der gewöhnliche Umgang mit Fiktionalität eine völlig neue Fassung. Die Erzählerin zieht es vor, bei der Erörterung ihres Schuldgefühls im Realbewusstsein zu verharren, um ihre Gewissensprozesse mit unverminderter und unbeirrbarer Verantwortlichkeit aufzurollen. Die rücksichtslos strengen Selbstverhöre der Erzählerin entspringen einem tief empfundenen Wunsch nach Unschuld. Die Erzählerin deutet ihre Bereitschaft an, großmütige Opfer zu bringen, um dem Druck der Schuld zu entgehen. Doch diese Impulse weichen der Einsicht, dass ein aufgeklärter Umgang mit der nazionalsozialistischen Vergangenheit allein durch konstante Vergegenwärtigung des Schuld- und Verantwortungsgefühls möglich ist. Die Erzählerin nimmt daher in der Behandlung ihres Stoffs einen schuldbeladenen Standort ein: sie erzählt aus der Täterperspektive. Es liegt an der Beispiellosigkeit des Menschheitsverbrechens im Dritten Reich, dass die Darstellung jener Zeit aus der Täterperspektive ein einmaliges Verhältnis zwischen Wirklichkeit und Fiktionalität hervorbringen muss. Wolf leitet diese Umwälzung ein, indem sie zur Wahrnehmung des Geschriebenen mit dem Wirklichkeitsbewusstsein auffordert. Dadurch, dass die metafiktionalen Einschübe den Leser davon abhalten, ins Fiktionalbewusstsein hinüberzuwechseln, bildet sich eine moralisch wachsame Schreib- und Leseart heraus, die dem Stoff angemessen ist. Die Originalität der erzählerischen Gestaltung bei Wolf ist besonders eindeutig, wenn man beobachtet, wie Autoren, die aus einer schuldfreien Perspektive schreiben, traumatische Erfahrungen fiktionalisieren. Die Beschreibung des Verhältnisses zwischen Trauma und Fiktionalität in Virginia Woolfs *Mrs Dalloway* und in Jurek Beckers *Jakob der Lügner* verdeutlicht, dass Erzählinstanzen normalerweise vorgehen, Schock- und Schmerzzustände mit der ablenkenden Wirkung der Fiktionalität zu lindern. Fiktionalität fungiert als eine Art geistiger Schadenbegrenzung, insofern der Übergang ins Fiktionalbewusstsein quälende Affekte vorübergehend vergessen macht. Wenn die Erzählerin in *Kindheitsmuster* die Konstituierung von Fiktionalität verhindert, wehrt sie im Grunde jene Konsequenzen der Literarisierung ab, die in den Texten von Woolf und Becker nachweislich wirksam werden. Die Erzählerin beabsichtigt, das Gegenteil zu erreichen: sie bringt durch die fortwährenden Selbstverhöre die Rede wieder und wieder auf „die Wunde [d]es eigenen Unrechts“[1] und beschäftigt sich somit unverwandt mit der Erfahrung, die sie erschüttert. Die Ästhetik, die Wolf für sich entdeckt, entsteht aus einem ähnlichen moralischen Impetus wie ihn die Sünder des Alten Testaments empfanden, als sie sich durch die äußerlichen Zeichen von Sack und Asche mit ihrer Schuld identifizierten.

Aufgrund der moralischen Ausrichtung von *Kindheitsmuster* kann der Text als Essay gelesen werden, der mit Kindheitserinnerungen durchsetzt ist. Mein Interpretationsvorschlag befasst sich jedoch mit der Frage des ästhetischen Gelingens und weist nach, dass der Text auch als Erzählung, als ästhetische Einheit also, gelesen werden kann. Die Grundlage dieser Leseart kann in der Konstruktion des Textes ausfindig gemacht werden. Die metafiktionalen Unterbrechungen sind gezielt eingesetzt, um die Sack-und-Asche-Ästhetik des Textes zu widerspiegeln. Sie können sogar nach der Art und Weise, in der sie die Ästhetik des Textes einfangen, differenziert werden. Die Diszipliniertheit, mit der Fiktionalität konterkariert wird, schlägt sich in ein ausgearbeitetes Muster nieder. Die regelmäßige und verschiedenartig realisierte Einnahme des zentralen Aspekts durch Metafiktion hält die moralischen Inhalte in einer raffinierten Form zusammen. In diesem Sinn lassen sich sechs metafiktionale Variationen auseinander halten. Erstens gilt, dass der Gebrauch von erlebter Rede die Vermittlung der Erzählerin in die Episoden der Kindheit einbringt. Daher ist die erzählte Zeit in allen Momenten durchlässig für metafiktionale Interventionen, die sich auch folgerichtig ausbreiten und Oberhand gewinnen. Zweitens erklärt die Erzählerin selbst in ihren Eingriffen aus der Erzählzeit nachdrücklich, dass sie das Geschehene nicht zu Geschichten verarbeiten darf, da Fiktionalität mit ihrem moralischen Anspruch unvereinbar ist. Außer den ausdrücklichen Erklärungen dieser Art zeugt im Grunde die gesamte metafiktionale Textgestaltung vom Verweigern fiktionaler Rede auf moralischer Basis. Die dritte systematisch vorkommende Variante von Metafiktion zeichnet sich durch einen bestimmten gleichgültigen Ton aus, in dem die Erzählerin ihre Schreibutensilien und sonstige Einzelheiten über die konkrete Herstellung des Textes *Kindheitsmuster* diskutiert. Seit den letzten drei Dekaden des 20. Jahrhunderts treiben Autoren einen mehr oder weniger auffälligen Kult mit der Schreibtätigkeit und ihrem handwerklichen Zubehör, was sich inzwischen als erkennbare metafiktionale Spielart etablieren konnte. Im Kontrast erscheinen die entsprechenden Bezugspunkte in *Kindheitsmuster* belanglos. Die erzählanalytischen Hinweise auf die Entstehung des Textes haben ebenfalls eine sachliche Präsenz, die eher die Mühe und Plackerei des Schreibens evident macht als die Aura inspirierten Schöpfertums. Dadurch, dass die Erzählerin das Schreiben an *Kindheitsmuster* als alltäglichen Trott präsentiert, verbindet sie diese Art von Metafiktion mit der Thematik der Gewissensarbeit, die den Text im Sinn einer Ästhetik des Trauerns und Rekonvaleszierens stilisiert. Eine weitere metafiktionale Variante lässt sich aus der Eigenart der chronologischen Vorwegnahmen erschließen. Offenbar ist die Erzählerin dadurch, dass sie den Ausgang spannungsgeladener Verwicklungen preisgibt, auf einen Verfremdungseffekt aus. Sie untergräbt auf diese Weise die Entstehung von Dramatik und, implizit, von Fiktionalität. Die Tatsache, dass die Erzählerin ihre Kenntnis von zukünftigen Ereignis-

[1] Christa Wolf, Kindheitsmuster. München 1993, S. 219.

sen dem Leser anvertraut, sollte im Grunde ihre Allwissenheit hervorstreichen und damit ihre Machtposition stärken. Statt dessen klingt in den Vorwegnahmen der Erzählerin der selbst auferlegte Zwang durch, wahrheitsgetreu zu erzählen und die wirkliche Zeitabfolge in ihrer Wiedergabe genau zu respektieren. Die Autorität der allwissenden Erzählinstanz wird somit abgetreten; es gilt, sich der auktorialen Freiheit zu enthalten und die Inhalte sachgemäß vorzubringen. Der Verfremdungseffekt, den die Vorhersage der Zukunft erzielt, bringt dem Leser die Realität des Erzählten zum Bewusstsein. Zusätzlich gibt die Zwanghaftigkeit, mit der sich die Erzählerin um Genauigkeit bemüht, fortwährend zu verstehen, dass der Leser den Text mit dem Realbewusstsein und dem Fiktionalbewusstsein gleichzeitig rezipieren muss. Als fünfte Variante werden die Stellen ausgelegt, an denen die Erzählerin anscheinend die Orientierung verliert und sich im impliziten Dialog mit dem Leser entscheidet, wovon zunächst gesprochen werden soll. Die Unsicherheit der auktorialen Erzählinstanz legt nahe, dass sie nicht souverän über ihren Stoff verfügt, sondern eher im Stil der Angeklagten vor Gericht ein nervöses, unordentliches und, von einem erzähltechnischen Standpunkt her, ungeformtes Geständnis ablegt. Als sechste und letzte Variante von Metafiktion gilt in dieser Interpretation die Reflexion der Erzählerin über die gesamte Erzählung, an der sie schreibt. Das Nachdenken der Erzählerin über ihre Kindheit arbeitet die Erkenntnis heraus, dass es ihr nicht gelingen wird, die Identität des Kindes Nelly wiederzufinden. Die Erzählerin macht sich und den Leser metafiktional auf das Scheitern der Aufgabe, ihre nationalsozialistische Kindheit zu ergründen und zu vereinnahmen, gefasst.

Tatsächlich entwickelt sich die Sack-und-Asche-Ästhetik des Textes in die entgegengesetzte Richtung weiter. Es lässt sich nachweisen, dass die Erzählerin eine planmäßige Umgestaltung der Perspektive des Kindes, das sie einmal war, vornimmt. Die gegenwärtige Haltung der Erzählerin gegenüber der nationalsozialistischen Vergangenheit durchdringt aus dem Nachhinein ihre Erinnerungen mit einer starken antinostalgischen Färbung. Die authentische Perspektive des Kindes wird beseitigt und mit einer Sichtweise ersetzt, die ohne Intensität, ohne Saft und Kraft, eine Welt schildert, um die man Nelly nicht beneiden wird. Die relevanten Belege wurden in der narrativen Aufreihung von Nebensächlichkeiten, in der Wiedergabe von Episoden mit erniedrigendem Ausgang für Nelly und in der suspekten Nüchternheit des Kindes in Bezug auf betörende Zauberkünste ausgemacht, also in Daten, die das Kind von damals in der fiktionalen Wiedergabe seines Lebens höchstwahrscheinlich ignoriert, wegzensiert oder anders gestaltet hätte. Die Vorliebe der Erzählerin für das Banale, das Alltägliche, das jeden extravaganten Genusses Abgewandte, die sowohl die Gestaltung ihrer Vergangenheit als auch ihren Lebenswandel in der Erzählzeit prägt, hängt wiederum mit dem ästhetischen Kern der Erzählung zusammen. Die moralische Grundlage, auf der die Erzählerin ihre Existenz aufbauen will, bewirkt, dass sie das Leben in seinen unscheinbarsten Erscheinungsformen schätzen lernt. Es kann nachgewiesen werden, dass die Erzählerin ihre Sichtweise bewusst einstellt, damit sie Realitäten, die auf eine gewisse tugendhafte Enthaltsamkeit abgestimmt sind, ausselektiert und mit einem höheren Wirklichkeitsgrad ausstattet. Dass der zentrale Aspekt der intendierten Ästhetik in *Kindheitsmuster* tatsächlich in der Textgestaltung durchgreift und schließlich alle Ebenen vereinheitlicht, hat zur Folge, dass der Text als Erzählung rezipiert werden kann. Dazu kommt noch, dass sich im Text ein Element der Intrige spürbar macht. Zu schwach, um eine novellistische Peripetie abzugeben, vermag es jedoch immerhin die rhetorische Gesamttendenz herauszufordern. Wenn die Erzählerin ihre Erinnerungen und die Welt der Erzählzeit in besonnener, Trauerflor tragenden Sichtweise präsent macht, geht ihr dabei konsequent die Erinnerung an die Vergangenheit, wie sie sich aus der Perspektive Nellys wirklich zugetragen hatte, verloren. Die Erzählerin muss sich der reellen Existenz des Kindes entledigen, um ihre Vergangenheit mit dem gegenwärtigen, ernüchterten und vor allem moralisch sensibilisierten Standpunkt vereinbaren zu können. Die Beseitigung des nazionalsozialistisch geprägten Kindes läuft jedoch nicht ganz reibungslos ab. Trotz der anti-nostalgischen Darstellung kann man eine verstohlene Faszination an der Erzählerin bemerken, wenn sie vom literarischen Ingenium Nellys spricht. In diesem Punkt identifiziert sie sich mit Nelly ohne den Vorbehalt der nachträglich gewählten Sichtweise. Die Erzählerin bedauert, dass Nellys Erfahrungen mit Fiktionalität aufgegeben werden müssen. Aber alles, was sich während der Zeit des Nazionalsozialismus im Leben des Kindes zugetragen hat, steht unter dem Zeichen moralischer Fragwürdigkeit und muss folglich vom gegenwärtigen Standpunkt der Erzählerin abgetrennt werden. Obzwar die Interpretation in diesem Kapitel *Kindheitsmuster* als Erzählung beschreibt, sollte man stets im Auge behalten, wie weit sich die Ästhetik dieses Textes über die Grenzen der tradierten Ästhetik hinauswagt. Wolf begibt sich mit *Kindheitsmuster* ins ästhetische Neuland an der Grenze zwischen Ästhetik und Moral, Erzählung und Essay, Fiktional- und Realbewusstsein.

In *Sommerstück* macht sich eine Distanzierung von der moralischen Ästhetik aus *Nachdenken über Christa T.* und *Kindheitsmuster* bemerkbar. Äußerlich betrachtet gibt es einige Parallelen zwischen den vorhergehenden beiden Erzählungen und *Sommerstück*. Wie in *Nachdenken über Christa T.* geht es auch in *Sommerstück* um ein gewaltsam abgebrochenes Beisammensein von Freunden. In der ersterwähnten Erzählung überwiegt jedoch die Freude und Begeisterung, dass es jene Freundschaft, wenn auch nur für kurze Zeit, überhaupt gegeben hat, während in *Sommerstück* die leidvolle Auflösung des Freundeskreises ausschlaggebend ist. Mit *Kindheitsmuster* verbindet *Sommerstück* die Wahl einer hinfälligen Gegenhandlung, die die Gesamttendenz der Erzählung nicht wirklich herausfordern kann. Die Peripetie in *Kindheitsmuster* wurde hier in der verräterischen Wehmut der Erzählerin identifiziert, mit der sie der literarischen Begabung ihrer kindlichen Vorgängerin nachhängt. In *Sommerstück* wiederum hängt die Erzählerin ihr Herz an ein aussichtsloses Unternehmen, wenn sie versucht, die Lebensart aus der Zeit der Großeltern künstlich zu verlängern. Dieses ‚schwache' Gegengewicht kann den fortschreitenden Zerfall der Vorstellung Ellens von Politik und Ästhetik nicht verhindern. Es hat sich ergeben, dass das Thema der Erzählung, der Verlust der utopischen Weltvorstellung, erzähltechnisch durch zwei parallel verlaufende Erzählstränge realisiert wird, die den Einsturz der politischen und ästhetischen Konstrukte Ellens dramatisch aufbereiten. Die politische Identitätskrise Ellens beginnt in Berlin, wo sie vermutlich mit der Partei in Konflikt kommt und um ihr Vertrauen in die SED-Führung gebracht wird. Bitter enttäuscht zieht sie sich aufs Land zurück, um sich zu erholen, erlebt jedoch statt dessen, dass die Krise sich vertieft. Nicht nur das Vertrauen in die Machthaber der DDR geht Ellen verloren, auch der frühere Glaube an den ideellen Sozialismus als Entwurf einer moralischen Gesellschaft entgleitet ihr zusehends. In der Interpretation werden die Differenzen zwischen ihrem ehemaligen politischen Weltbild und der gegenwärtig ernüchterten Erkenntnis aufgegriffen. Die Erzählerin selbst beobachtet Veränderungen am eigenen Standpunkt und geht auf antagonistische Einstellungen von Familienangehörigen und Freunden ein. Die Tendenz, sich zu distanzieren, ist vor allem darin sichtbar, dass die Erzählerin Haltungen, die dem Leser von Christa T. und von den Erzählinstanzen aus *Nachdenken über Christa T.* und *Kindheitsmuster* vertraut sind, bei einer anderen Gestalt, nämlich Luisa, unterbringt. Die Interpretation geht im ersten Teil des Kapitels den Folgen nach, die Ellens Abtrünnigkeit vom früheren Ideal nach sich zieht. Die Distanzierung verschafft Ellen den nötigen Durchblick im sozialen Umfeld, so dass ihr indessen die Zerstörung der Lebensformen und Institutionen durch den sozialistischen Umbau ins Auge fällt. Was als temporäre Ablösung von Denkmustern, über die Ellen sich im Erwachsenenalter definiert hatte, beginnt, scheint die Büchse der Pandora geöffnet zu haben. Ellen verliert nicht nur ihre politische Überzeugung; sie registriert das Zerstörungspotential der sozialistischen Reformen und weiß, dass sie als ehemalige Befürworterin des Sozialismus für den Untergang der traditionellen Lebensformen verantwortlich ist. Das Thema des Verrats ist vielgestaltig: die Tagespolitik der DDR hat Ellens Ideale verraten; allmählich gibt sie ihrerseits ihren Glauben an den ideellen Sozialismus preis, da ihr Verständnis für die Vernichtung von überlegenen Traditionen durch die Implementierung sozialistischer Strukturen geweckt wird. Dadurch, legt Ellen nahe, seien die Urheber der Tradition verraten worden. Meine Interpretation befasst sich daraufhin mit der Beschreibung der erzähltechnischen Gestaltung von Verrat als Symptom für den Verlust des sozialistischen Weltbilds. Verrat bringt die Notwendigkeit von Vergeltung auf. Es lässt sich erzählanalytisch nachweisen, dass Ellens Bereitschaft, sich mit Todes- und Hinrichtungsgedanken abzugeben, auf die dramatische Inszenierung des Brandes übertragen wird. Auf die Steigerung von Warnsignalen, die den Brand vorausdeuten, folgt nicht etwa der Brand des Hauses, sondern Ellens Vorwegnahme des zukünftigen Desasters. Indem sie in Gedanken den Verlust ihres Heims vorwegnimmt, vollstreckt sie freiwillig ein destruktives Urteil, weil sie das für richtig hält. Die Brisanz der dramatischen Katastrophe kommt auch vom Kontrast zwischen den aquatischen Bildmotiven, die das neu belebende, erfrischende Potential des Landlebens ausmalen, und dem Hitzemotiv aus den Warnsignalen, das schließlich im Brand kulminiert.

Der zweite Erzählstrang, der ebenfalls einen dramatischen Spannungsbogen bildet, veranschaulicht den Verlust der Grundannahmen, die Ellens ästhetische Ausrichtung bestimmen. Die Schönheit der mecklenburgischen Landschaft und das traditionelle Design von Bauernhäusern und bäuerlichem Hausrat erobern die Herzen der Künstler im Sturm. Sie knüpfen an die ästhetische Erscheinung des Dorfes an und stilisieren ihr Leben im Hinblick auf Nostalgie nach der präindustriellen Vergangenheit. Doch das Faible für Nostalgie ist lediglich dazu da, um Ellen und ihre Freunde zu zerstreuen. Der Verlust der politischen Orientierung zieht eine gravierende Verunsicherung nach sich, die sie um die Fundamente ihres ästhetischen Weltbilds bringt. Das Interesse für anachronistische Lebensformen lenkt Ellen vom erlittenen Verlust zwar ab, taugt aber kaum als Grundlage für eine neue Ästhetik. Man kann im Licht der Interpretation erkennen, dass der nostalgische Lebensstil einen Abgrund von Unsicherheit verdeckt. Einerseits scheint die Erzählerin sich von der moralischen Ästhetik aus *Nachdenken über Christa T.* oder *Kindheitsmuster* distanziert zu haben, da sie das ästhetisch Schöne und Fiktionalität im überlieferten Sinn begreift. Es lässt sich ein gewichtiger Unterschied zwischen ihrer Position zu Ästhetik in *Sommerstück* und der Anfangsposition Wolfs erkennen, die sie im Artikel *Achtung, Rauschgifthandel!* zu Beginn ihrer schriftstellerischen Karriere formuliert. Andererseits fällt jedoch auf, dass Ellen nur halbherzig den Schritt in Richtung amoralischer Ästhetik tut, und eigentlich bei Ansichten verweilt, denen ein moralischer Wert abgewonnen werden kann. Die Erzählerin legt dadurch metafiktionale Belege für den labilen Zustand vor, in den ihr ästhetisches Weltbild gefallen ist. Das eigentliche Drama um den Verlust des ästhetischen Selbstverständnisses bahnt sich an, wenn Minderwertigkeitsgefühle das Künstlertum der Gestalten unterminieren. Es wurde gezeigt, wie arg ihre Hilfsbedürftigkeit in praktischen Dingen oder bestimmte Bemerkungen von Clemens, vor allem aber die Anklage in der Mexikaner-Parodie von Jenny und Anton den Künstlergestalten zusetzen. Der Vorwurf, den die unterhaltsame Intervention der ‚Mexikaner' gegen Ellen und ihre Freunde erhebt, besagt, dass sie alle als Plünderer über ihre Umgebung hergezogen sind. Der Vorwurf hat metafiktionale Ausdruckskraft, denn er bezieht sich nicht nur auf die Übernahme der Immobilien und Wertgegenstände der Dörfler durch kaufkräftige Städter. Der nostalgische Schein, mit dem die Künstler das Dorfleben bewusst überzogen haben, nimmt die Erscheinung des Dorfes aus artistischer Sichtweise ein und entfremdet sie zugleich seinen einheimischen Bewohnern. Die Plünderung vollzieht sich durch die Angleichung der Realität an ein ästhetisches Konstrukt anhand von Metaphern, Personifikationen und Vergleichen, kurzum, anhand von allen Stilmitteln, die das Dorf evozieren. Die kreierte Landschaft der Erzählung ist mit der Bilderwelt der heidnischen Naturgeister vernetzt. Die Welt Oberons hat jedoch mit der Realität des DDR-Dorfs nichts gemein, so dass der Vorwurf der ‚Mexikaner' die Herauslösung der Gestalten aus ihrem Konstrukt veranlasst. Nachdem sich die Künstler über ihre Einbildung erheben und sie von einer Metaebene der Erzählung ins Auge fassen, ist die Katastrophe unmittelbar bevorstehend. Das Gefühl von Zugehörigkeit und Geborgenheit verfliegt, die Künstlergestalten nehmen sich metafiktional, aus der Außenperspektive wahr und erkennen, dass der vermeintliche Ausweg aus ästhetischer Desorientierung unhaltbar ist. Was den Künstlern das nostalgische Weltbild verbaut, ist ironischerweise ihre typische Fähigkeit, Abstand von den Gegebenheiten zu nehmen.

Im Verhältnis zum doppelten Verlust, der durch den Brand und vorher noch durch den Riss der Illusion vorgeführt wird, kann man Ellens literarische Entdeckung beim Malvenfest als Ausgleichselement interpretieren. Im metafiktionalen Spiel im Spiel entdeckt die Erzählerin den Ursprung des Textes, den sie als *Sommerstück* vorlegen wird, und lässt den Leser an dieser Entdeckung teilhaben. Wenn metafiktionale Distanz einerseits die Künstler um ihre gemütvolle Einrichtung bringt, spielt sie in der Episode des Malvenfests eine sinnstiftende Rolle. Von Ungewissheit geplagt, richtet Ellen ihr Augenmerk auf die Grundstrukturen fiktionaler Rede und schöpft Inspiration für die

Prosa *Sommerstück* aus dem wesentlichen „Urchaos"[2] der Literatur. Durch das Interesse an den elementaren, sogar profanen Formen des Fiktionalen und durch die spielerisch-anarchische Nuance im Loslassen und Einholen von auktorialer Autorität setzt sich diese Option vom klassisch modernen Kunstverständnis, wie Virginia Woolfs *Between the Acts* es beispielsweise vertritt, ab. Mitten im dramatisch zugeführten Verlust politischer und literarischer Gewissheiten entdeckt Ellen ihre Erzähllust auf betont publikumsbezogene Weise wieder. Wenn man das Verhältnis zwischen Verlust und Gewinn als Grundstruktur der Erzählung annimmt, fällt auf, wie substanziell die Rolle der metafiktionalen Gestaltungsmittel ist. Die Fähigkeit, sich auf eine metafiktionale Metaebene zu begeben, führt zum Verlust der Illusionen. Sie führt aber auch zu jenem Moment einmaliger Intimität zwischen Erzählerin und Rezipienten, während dem die Entstehung der Erzählung offenbart wird. Am spektakulärsten gestaltet Metafiktion das Thema vom Zusammenbruch der Weltvorstellungen, wenn sowohl im Theaterstück als auch im Alltag außerhalb des Schauspiels das wiederholte Aufheben der ontologischen Grenzen zwischen Realität und Fiktion eindrückliche instabile Stellen erzeugt. Diese Variante von Metafiktion wird im letzten Teil des Kapitels diskutiert. Die Ästhetik dieser Prosa ist weder die der Moderne noch die engagierte, moralische Ästhetik aus früheren Erzählungen. Sie macht sich von der moralischen Tendenz frei, verweilt dann aber in einem unbestimmten Zwischenreich. Sicher ist nur, dass der fiktionale Seinsbereich in einem nicht-elitären, exoterischen Sinn begriffen wird, nämlich als wesentliche Fakultät des menschlichen Geistes.

Die Originalität der Ästhetik Wolfs ist besonders darin zu bewundern, wie die Autorin von einer so modischen Erzähltechnik wie die Metafiktion Gebrauch zu machen versteht, um eine eigene Richtung im Bereich der Gegenwartsliteratur einzuschlagen. Das Unternehmen ist riskant, und man darf das Urteil der Kritik, der zufolge Wolfs Schriften keine ästhetische Gültigkeit haben, nicht unbesehen verwerfen. Die Rhetorik Wolfs bemüht sich zuweilen, den Leser zu überzeugen, und da ist es möglich, dass ihre Prosa ins Sprachregister des Essays überwechselt. Die vorliegende Arbeit argumentiert, dass die Konstruktion der Erzählungen es auf ausreichend komplexe und mehrdeutige Erzählsysteme absieht, um den Weg ins Fiktionalbewusstsein des Lesers zu finden und sich seiner Fantasie zu bemächtigen. Damit der relationale Zusammenhang in den hier beschriebenen drei Erzählsystemen verstanden wird, ist die Kenntnis vom Funktionieren der metafiktionalen Gestaltungsmittel vital. Ein anderer Aspekt der Ästhetik Wolfs, der ebenfalls von hochkarätiger Originalität zeugt, konnte in dieser Arbeit nur angedeutet werden. Es geht um den Ansatz, den schon Virginia Woolfs Schriften zeigen, indem sie die anonyme, gering geschätzte und ephemere Arbeit der (Haus)Frauen ästhetisieren. Im Kapitel über *Nachdenken über Christa T.* wurde diese Tendenz der Wolfschen Ästhetik gestreift und im Kapitel über *Sommerstück* konnte die Ästhetisierung der Haus- und Gartenarbeit gleichfalls nur angerissen werden. Im zweiten Kapitel wurde dieser Aspekt eingehender diskutiert, da er mit der Ästhetik des Gesamttextes wesentlich enger zusammenhängt. Die Zuwendung in der Ästhetik Wolfs für die häusliche Welt im Alltag hängt mit ihrer Wertschätzung von friedfertiger Normalität zusammen, ein Zu-

[2] Christa Wolf, Sommerstück. München 1997, S. 164.

stand, an dem es in ihrer Zeit offenbar gemangelt hat. Wolf baut in ihren Texten eine Reihe von häuslichen Welten aus, die sich, von *Nachdenken über Christa T.* ausgehend, in *Kindheitsmuster*, *Störfall*, *Kassandra*, *Sommerstück* und *Medea Stimmen* niederschlagen. Die Veranschaulichung und Ausdeutung dieser Einstellung in der Prosa Wolfs wäre von Interesse für weiterführende Erforschung im Bereich der Ästhetik.

BIBLIOGRAPHIE

Primärliteratur - Christa Wolf

Nachdenken über Christa T. (1969), Deutscher Taschenbuch Verlag, München 1999.

Juninachmittag (1965), in: Gesammelte Erzählungen, Deutscher Taschenbuch Verlag, München 1996, S. 42-64.

Kindheitsmuster (1976), Deutscher Taschenbuch Verlag, München 1993.

Kein Ort. Nirgends (1979), Deutscher Taschenbuch Verlag, München 1998.

Voraussetzungen einer Erzählung: Kassandra. Frankfurter Poetik-Vorlesungen (1983), Deutscher Taschenbuch Verlag, München 1998.

Kassandra (1983), Deutscher Taschenbuch Verlag, München 1999.

Störfall (1987), Deutscher Taschenbuch Verlag, München 1997.

Sommerstück (1989), Deutscher Taschenbuch Verlag, München 1997.

Was bleibt (1990), Deutscher Taschenbuch Verlag, München 1997.

Medea Stimmen (1996), Luchterhand, Darmstadt und Neuwied 1996.

Essays und Reden - Christa Wolf

Achtung, Rauschgifthandel!, in: Neue Deutsche Literatur 2 (1955), S. 136-140.

Selbstinterview (1966), in: Die Dimension des Autors. Essays und Aufsätze, Reden und Gespräche 1959-1985, Luchterhand, Darmstadt und Neuwied 1987, S. 31-35.

Lesen und Schreiben (1968), in: Die Dimension des Autors. Essays und Aufsätze, Reden und Gespräche 1959-1985, Luchterhand, Darmstadt und Neuwied 1987, S. 463-503.

Subjektive Authenizität (Gespräch mit Hans Kaufmann, 1973), in: Die Dimension des Autors. Essays und Aufsätze, Reden und Gespräche 1959-1985, Luchterhand, Darmstadt und Neuwied 1987, S. 773-805.

Von Büchner sprechen (Darmstädter Rede 1980), in: Die Dimension des Autors. Essays und Aufsätze, Reden und Gespräche 1959-1985, Luchterhand, Darmstadt und Neuwied 1987, S. 611-625.

Zum 80. Geburtstag von Hans Mayer (1987), in: Ansprachen, Luchterhand, Darmstadt 1988, S. 35-51.

Dankrede, in: Neue Deutsche Literatur 38 Nr. 12 (1990), S. 148-150.

Sekundärliteratur zu den Texten von Christa Wolf

Adams, Marion: Christa Wolf und die Vergangenheit, in: Wolf: Darstellung - Deutung - Diskussion, hrsg. von Jurgensen, Manfred, Francke, Bern 1984, S. 77-87.

Arnold, Heinz Ludwig (Hg.): Christa Wolf, Text und Kritik, Heft 46, München 1994.

Baumgart, Reinhard: Der neudeutsche Literaturstreit, in: Vom gegenwärtigen Zustand der deutschen Literatur, hrsg. von Arnold, Heinz Ludwig, Text und Kritik, Heft 113, München 1992, S. 72-85.

Behn, Manfred (Hg.): Wirkungsgeschichte von Christa Wolfs „Nachdenken über Christa T.“, Athenäum, Königstein 1978.

Beicken, Peter und Rolf J. Goebel: Erzählerische Selbstverständigung: Christa Wolf zwischen Moderne und Tradition, in: Monatshefte 74 Nr. 1 (1982), S. 59-71.

Bock, Sigrid: Christa Wolf: „Kindheitsmuster“, in: Weimarer Beiträge 23 Nr. 9 (1977), 102-130.

Bohrer, Karl Heinz: Die Ästhetik am Ausgang ihrer Unmündigkeit, in: Merkur 44 Nr. 10-11 (1990), S. 851-865.

Ders.: Kulturschutzgebiet DDR?, in: Merkur 44 Nr. 10-11 (1990), S. 1017.

Ders.: Die Grenzen des Ästhetischen, in: Die Aktualität des Ästhetischen, hrsg. von Welsch, Wolfgang, Wilhelm Fink, München 1993, S. 48-64.

Chiarloni, Anna: Christa Wolfs „Sommerstück“, in: GDR Monitor 21 (1989), S. 39-48.

Cramer, Sybille: Kein Ort. Nirgends. Ein Ort. Irgendwo. Wolfgang Hilbig versus Christa Wolf: Klassizistische und moderne Positionen in der Literatur des Sozialismus, in: Wolfgang Hilbig, hrsg. von Arnold, Heinz Ludwig, Text und Kritik, Heft 123, München 1994, S. 80-92.

Crick, Joyce: Christa Wolf and Virginia Woolf: Selective Affinities, in: Responses To Christa Wolf: Critical Essays, hrsg. von Fries, Marilyn Sibley, Wayne State University Press, Detroit 1989, S. 91-107.

Drescher, Angela (Hg.): Christa Wolf: Ein Arbeitsbuch. Studien - Dokumente - Bibliographie, Aufbau, Berlin & Weimar 1989.

Ecker, Hans-Peter: Plädoyer für eine neue Rezeption von DDR-Literatur, demonstriert an Christa Wolfs „Sommerstück“, in: Euphorion Bd. 88 Heft 2 (1994), S. 223-235.

Eickenrodt, Sabine: Ein lebendiges Kunstwerk? Untersuchungen zum poetischen Ausdruck in den Prosastücken Christa Wolfs, Königshausen & Neumann, Würzburg 1992.

Einhorn, Barbara: Der Roman in der DDR 1949 - 1969: die Gestaltung des Verhältnisses von Individuum und Gesellschaft: eine Analyse der Erzählstruktur, Scriptor, Kronberg 1978.

Emmerich, Wolfgang: Der Kampf um die Erinnerung. Laudatio auf Christa Wolf anläßlich der Verleihung des Bremer Literaturpreises 1977, in: Christa Wolf. Materialienbuch, hrsg. von Sauer, Klaus, Luchterhand, Darmstadt und Neuwied 1979, S. 111-117.

Ders.: Der verlorene Faden: Probleme des Erzählens in den siebziger Jahren, in: Literatur der DDR in den 70er Jahren, hrsg. von Hohendahl, Uwe Peter und Patricia Herminghouse, Suhrkamp, Frankfurt am Main 1983, S. 153-192.

Ders.: Gleichzeitigkeit. Vormoderne, Moderne und Postmoderne in der Literatur der DDR, in: Bestandsaufnahme Gegenwartsliteratur, hrsg. von Arnold, Heinz Ludwig, Sonderband Text und Kritik, München 1988, S. 193-211.

Ders.: Kleine Literaturgeschichte der DDR, Kiepenheuer, Leipzig 1996.

Finney, Gail: The Christa Wolf Controversy: Wolf's „Sommerstück“ as Chekhovian Commentary, in: The Germanic Review Vol. LXVII No. 3 (Summer 1992), S. 106-111.

Firsching, Annette: Kontinuität und Wandel im Werk von Christa Wolf, Königshausen & Neumann, Würzburg 1996.

Frieden, Sandra: „Falls es strafbar ist, die Grenzen zu verwischen“: Autobiografie, Biografie und Christa Wolf, in: Christa Wolf: Ein Arbeitsbuch. Studien - Dokumente - Bibliographie, hrsg. von Drescher, Angela, Aufbau, Berlin & Weimar 1989, S. 121-139.

Dies.: A Guarded Iconoclasm: The Self As Deconstructing Counterpoint To Documentation, in: Responses To Christa Wolf: Critical Essays, hrsg. von Fries, Marilyn Sibley, Wayne State University Press, Detroit 1989, S. 266-278.

Fries, Marilyn Sibley (Hg.): Responses To Christa Wolf: Critical Essays, Wayne State University Press, Detroit 1989.

Gilliland, Gail: Self and Other: Christa Wolf's „Patterns of Childhood“ and Primo Levi's „Se Questo E Un Uomo“ as Dialogic Texts, in: Comparative Literature Studies Vol. 29 No. 2 (1992), S. 183-209.

Peter J. Graves: Reckoning with the Past, in: Times Literary Supplement 07. 04. 1978, S. 396.

Ders.: Christa Wolf's „Kassandra“: the Censoring of the GDR Edition, in: Modern Language Review 81 (1986), S. 944-956.

Ders.: Christa Wolf and the Concept of Morality, in: GDR: Individual and Society, hrsg. von Williams, I.K.J., Ealing College of Higher Education, Division of German Studies, London 1987, S. 115-123.

Ders.: An Idyll, and Afterwards, in: Times Literary Supplement 21.-27. 04. 1989, S. 435.

Ders.: East-West Memories of a Lost Summer: Christa Wolf and Sarah Kirsch, in: German Literature at a Time of Change 1989-1990, hrsg. von Williams, Arthur, Stuart Parkes und Roland Smith, Peter Lang, Bern 1991, S. 129-138.

Ders.: Christa Wolf's „Sommerstück“: an Intensified June Afternoon, in: Modern Language Review 87 (1992), S. 393-406.

Ders.: The Erosion of Hope, or: What Remains of Christa Wolf?, in: ‚Geist und Macht‘: Writers and the State in the GDR, hrsg. von Goodbody, Axel und Dennis Tate, German Monitor 29 (1992), S. 129-139.

Greiner, Bernhard: Die Schwierigkeit „ich“ zu sagen: Christa Wolfs psychologische Orientierung des Erzählens, in: Deutsche Vierteljahrsschrift für Literaturwissenschaft und Geistesgeschichte 55 (1981), S. 323-342.

Ders.: „Sentimentaler Stoff und fantastische Form“: Zur Erneuerung frühromantischer Tradition im Roman der DDR (Christa Wolf, Fritz Rudolf Fries, Johannes Bobrowski), in: DDR-Roman und Literaturgesellschaft, hrsg. von Hoogeveen, Jos und Gerd Labroisse, Rodopi, Amsterdam 1981, S. 249-328.

Ders.: „Mit der Erzählung geh ich in den Tod“: Kontinuität und Wandel des Erzählens im Schaffen von Christa Wolf, in: Erinnerte Zukunft: 11 Studien zum Werk Christa Wolfs, hrsg. von Mauser, Wolfram, Königshausen & Neumann, Würzburg 1985, S. 107-140.

Greiner, Ulrich: Die deutsche Gesinnungsästhetik, in: Es geht nicht um Christa Wolf. Der Literaturstreit im vereinten Deutschland, hrsg. von Anz, Thomas, Spangenberg, München 1991, S. 208-216.

Herrmann, Anne: „Intimate, Irreticent and Indiscreet in the Extreme": Epistolary Essays by Virginia Woolf and Christa Wolf, in: New German Critique 38 (1988), S. 161-180.

Dies.: The Dialogic and Difference: „An/Other Woman" in Virginia Woolf and Christa Wolf, Columbia University Press, New York 1989.

Hilzinger, Sonja: Christa Wolf, Metzler, Stuttgart 1986.

Hörnigk, Therese: Christa Wolf, Steidl, Göttingen 1989.

Dies.: „Sommerstück" - Ein Theater der Frauen?, in: Christa Wolf in feministischer Sicht, hrsg. von Vanhelleputte, Michel, Peter Lang, Frankfurt am Main 1992, S. 159-172.

Huyssen, Andreas: Auf den Spuren Ernst Blochs: Nachdenken über Christa Wolf, in: Wirkungsgeschichte von Christa Wolfs „Nachdenken über Christa T.", hrsg. von Behn, Manfred, Athenäum, Königstein 1978, S. 147-155.

Jackson, Neil und Barbara Saunders: Christa Wolf's „Kindheitsmuster". An East German Experiment In Political Autobiography, in: German Life and Letters 4 (1980), S. 319-329.

Jäger, Manfred: Sozialliteraten. Funktion und Selbstverständnis der Schriftsteller in der DDR, Bertelsmann Universitätsverlag, Düsseldorf 1973.

Ders.: Die Grenzen des Sagbaren. Sprachzweifel im Werk von Christa Wolf, in: Christa Wolf: Ein Arbeitsbuch. Studien - Dokumente - Bibliographie, hrsg. von Drescher, Angela, Aufbau, Berlin & Weimar 1989, S. 309-330.

Ders.: Rauschgift-Lektüre: zu Christa Wolfs Literatur-Vorstellungen, nach dem Wiederlesen eines sehr alten Aufsatzes, in: Christa Wolf, hrsg. von Arnold, Heinz Ludwig, Text und Kritik, Heft 46, München 1994, S. 35-47.

Jurgensen, Manfred: »Die Suche nach dem verlorenen Ich«. Christa Wolf: „Kindheitsmuster", in: Ders., Erzählformen des fiktionalen Ich: Beiträge zum deutschen Gegenwartsroman, Francke, Bern und München 1980, S. 58-94.

Koch, Lennart: Ästhetik und Moral bei Christa Wolf und Monika Maron: der Literaturstreit von der Wende bis zum Ende der neunziger Jahre, Peter Lang, Frankfurt am Main 2001.

Krauss, Hannes: Rückzug in die Moderne. Christa Wolf und Virginia Woolf, in: Retrospect and Review. Aspects of the Literature of the GDR 1976-1990, hrsg. von Atkins, Robert und Martin Kane, German Monitor 40 (1997), S. 164-175

Kuhn, Anna K.: Christa Wolf's Utopian Vision: from Marxism to Feminism, Cambridge University Press, Cambridge 1988.

Dies.: „Zweige vom selben Stamm"? Christa Wolf's „Was bleibt", „Kein Ort. Nirgends", and „Sommerstück", in: Christa Wolf in Perspective, hrsg. von Wallace, Ian, German Monitor 30 (1994), S. 187-205.

Leeder, Karen: „eine abstellkammer des authentischen": Postmodernism and Poetry in the New Germany, in: The Individual, Identity and Innovation: Signals from Contemporary Literature and the New Germany, hrsg. von Williams, Arthur und Stuart Parkes, Peter Lang, Bern 1994, S. 201-220.

Lennox, Sara: „Nun ja! Das nächste Leben geht aber heute an" Prosa von Frauen und Frauenbefreiung in der DDR, in: Literatur der DDR in den 70er Jahren, hrsg. von

Hohendahl, Uwe Peter und Patricia Herminghouse, Suhrkamp, Frankfurt am Main 1983, S. 224-258.

Lepenies, Wolf: The Failure of the Interpreting Class or Intellectuals in the Two Germanies, in: New Literary History Vol. 22 No. 4 (1991), S. 911-925.

Levine, Michael G.: Writing Anxiety: Christa Wolf's „Kindheitsmuster", in: Diacritics Vol. 27 No. 2 (1997), S. 106-120.

Liersch, Werner: Herbst- und Sommerstücke, in: Neue Deutsche Literatur 37 Nr. 5 (1989), S. 140-145.

Love, Myra: Christa Wolf and Feminism: Breaking the Patriarchal Connection, in: New German Critique Vol. 7 No. 16 (1979), S. 31-53.

Dies.: Christa Wolf: Literature and the Conscience of History, Peter Lang, New York & London 1991.

Mauser, Wolfram (Hg.): Erinnerte Zukunft: 11 Studien zum Werk Christa Wolfs, Königshausen & Neumann, Würzburg 1985.

Mayer, Hans: Christa Wolf: „Nachdenken über Christa T." [Rezension], in: Wirkungsgeschichte von Christa Wolfs „Nachdenken über Christa T.", hrsg. von Behn, Manfred, Athenäum, Königstein 1978, S. 89-93.

McPherson, Karin: Christa Wolf's „Kindheitsmuster", in: The Writer and Society in the GDR, hrsg. von Wallace, Ian, Hutton Press, Tayport 1984, S. 103-119.

Melchert, Monika: Epischer Spielraum im Roman. Am Beispiel von Christa Wolfs „Kindheitsmuster", in: Weimarer Beiträge 28 Nr. 7 (1982), S. 101-116.

Meyer-Gosau, Frauke: Lebensform Prosa: eine Wegbeschreibung von der »Moskauer Novelle« zu »Was bleibt«, in: Christa Wolf, hrsg. von Arnold, Heinz Ludwig, Text und Kritik, Heft 46, München 1994, S. 23-43.

Mohr, Heinrich: Produktive Sehnsucht. Struktur, Thematik und politische Relevanz von Christa Wolfs „Nachdenken über Christa T.", in: Christa Wolf: Ein Arbeitsbuch. Studien - Dokumente - Bibliographie, hrsg. von Drescher, Angela, Aufbau, Berlin & Weimar 1989, S. 32-62.

Müller-Waldeck, Gunnar: Christa Wolfs „Sommerstück" - jetzt gelesen, in: Weimarer Beiträge 37 Nr.1 (1991), S. 136-140.

Paver, Chloë: Narrative and Fantasy in the Post-War German Novel. A Study of Novels by Johnson, Frisch, Wolf, Becker, and Grass, Clarendon Press, Oxford 1999.

Quernheim, Mechthild: Das moralische Ich: kritische Studien zur Subjektwerdung in der Erzählprosa Christa Wolfs, Königshausen & Neumann, Würzburg 1990.

Raddatz, Fritz J.: Ein Rückzug auf sich selbst: Christa Wolfs „Sommerstück", in: Die Zeit - Literaturbeilage Nr. 13, 24. 04. 1989, S. 2.

Reed, Donna K.: Merging Voices: „Mrs. Dalloway" and „No Place on Earth", in: Comparative Literature Vol. 47 No. 2 (1995), S. 118-134.

Reich-Ranicki, Marcel: Eine unruhige Elegie, in: Ders., Entgegnungen. Zur deutschen Literatur der 70er Jahre, Deutsche Verlagsanstalt, Stuttgart 1981, S. 240-248.

Ders.: Ein trauiger Zettelkasten, in: Ders., Entgegnungen. Zur deutschen Literatur der 70er Jahre, Deutsche Verlagsanstalt, Stuttgart 1981, S. 249-254.

Rey, William H.: Vor dem Durchbruch zur Freiheit: Christa Wolfs „Sommerstück" als prärevolutionärer Text, in: Colloquia Germanica Vol. 23 No. 1 (1990), S. 1-16.

Ders.: Christa Wolf im Schnittpunkt von Kritik und Gegenkritik; Gedanken zu dem Literaturstreit in der Deutschen Presse, in: Orbis Litterarum 46 (1991), S. 222-239.

Ders.: „Wo habt ihr bloß alle gelebt" Christa Wolfs Dilemma in ihrem Verhältnis zur DDR, in: The Germanic Review 66 (1991), S. 89-95.

Ryan, Judith: The Discontinuous Self: Christa Wolf's „A Model Childhood", in: Dies., The Uncompleted Past. Postwar German Novels and the Third Reich, Wayne State University Press, Detroit 1983, S. 141-154.

Saalman, Dieter: „We Erect Our Structure in the Imagination Before We Erect It in Reality" (Karl Marx, *Das Kapital*) Postmodern Reflexions on Christa Wolf, in: The Germanic Review 67 (1992), S. 159-165.

Sauer, Klaus (Hg.): Christa Wolf. Materialienbuch, Luchterhand, Darmstadt und Neuwied 1979.

Sayre, Robert und Michael Löwy: Romanticism as a Feminist Vision: the Quest of Christa T., in: New German Critique 64 (1995), S. 105-134.

Schenkel, Michael: Fortschritts- und Modernitätskritik in der DDR-Literatur. Prosatexte der achtziger Jahre, Stauffenburg, Tübingen 1995.

Schirrmacher, Frank: »Dem Druck des härteren, strengeren Lebens standhalten«, in: Es geht nicht um Christa Wolf. Der Literaturstreit im vereinten Deutschland, hrsg. von Anz, Thomas, Spangenberg, München 1991, S. 77-89.

Schmidt, Ricarda: Die Dialektik zwischen Wort und Wirklichkeit, dem Selbst und dem Fremden in Christa Wolfs „Sommerstück", in: German Life and Letters Vol. 44 No. 5 (1991), S. 469-476.

Dies.: History Reflected in the Imaginary: Pre-Revolutionary Attitudes towards the Process of History in Works by Christa Wolf, Helga Königsdorf, Angela Krauss and Irina Liebmann, in: The Individual, Identity, and Innovation: Signals from Contemporary Literature and the New Germany, hrsg. von Williams, Arthur und Stuart Parkes, Peter Lang, Bern 1994, S. 165-181.

Dies.: Intertextuality: a Study of the Concept and its Application to the Relationship of Christa Wolf's „Neue Lebensansichten eines Katers" to E. T. A. Hoffmann's „Lebensansichten des Katers Murr", in: Contemporary German Writers: Their Aesthetics and Their Language, hrsg. von Williams, Arthur, Stuart Parkes und Julian Preece, Peter Lang, Bern 1996, S. 9-34.

Schmidt, Ulrich: Engagierter Ästhetizismus. Über neudeutsche Literaturkritik, in: Vom gegenwärtigen Zustand der deutschen Literatur, hrsg. von Arnold, Heinz Ludwig, Text und Kritik, Heft 113, München 1992, S. 89-99.

Schuler, Brigitta: Phantastische Authentizität: Wirklichkeit im Werk Christa Wolfs, Peter Lang, Frankfurt am Main & Bern & New York 1988.

Sevin, Dieter: The Plea for Artistic Freedom in Christa Wolf's „Lesen und Schreiben" and „Nachdenken über Christa T.": Essay and Fiction as Mutually Supportive Genre Forms, in: Studies in GDR Culture and Society 2. Proceedings of the Seventh

International Symposium on the German Democratic Republic, hrsg. von Gerber, Margy et al., University Press of America, Washington D. C. 1982, S. 45-58.

Ders.: Christa Wolf. Der geteilte Himmel. Nachdenken über Christa T.: Interpretation, Oldenbourg, München 1982.

Ders.: Textstrategien in DDR-Prosawerken zwischen Bau und Durchbruch der Berliner Mauer, Universitätsverlag C. Winter, Heidelberg 1994.

Smith, Colin: Tradition, Art and Society: Christa Wolf's Prose, Die Blaue Eule, Essen 1987.

Stephan, Alexander: Christa Wolf, C. H. Beck Verlag, München 1976.

Ders.: Christa Wolf, „Kindheitsmuster", in: New German Critique 11 (1977), S. 178-182.

Stephens, Anthony: Vom Nutzen der zeitgenössischen Metafiktion: Christa Wolfs „Kindheitsmuster", in: Erzählung und Erzählforschung im 20. Jahrhundert. Tagungsbeiträge eines Symposiums der Alexander von Humboldt-Stiftung Bonn-Bad Godesberg veranstaltet vom 9. bis 14. September 1980 in Ludwigsburg, hrsg. von Kloepfer, Rolf und Gisela Janetzke-Dillner, W. Kohlhammer Verlag, Stuttgart 1981, S. 359-370.

Ders.: ›Die Verführung der Worte‹ - von „Kindheitsmuster" zu „Kassandra", in: Wolf: Darstellung - Deutung - Diskussion, hrsg. von Jurgensen, Manfred, Francke, Bern 1984, S. 127-147.

Christa Thomassen: Der lange Weg zu uns selbst. Christa Wolfs Roman „Nachdenken über Christa T." als Erfahrungs- und Handlungsmuster, Scriptor, Kronberg 1977.

von Salisch, Marion: Zwischen Selbstaufgabe und Selbstverwirklichung: Zum Problem der Persönlichkeitsstruktur im Werk Christa Wolfs, Klett, Stuttgart 1979.

Wallmann, Jürgen P.: Christa Wolf: „Sommerstück", in: Neue Deutsche Hefte 210, 36 Nr. 1 (1989), S. 152-153.

Weber, Heinz-Dieter: »Phantastische Genauigkeit«. Der historische Sinn der Schreibart Christa Wolfs, in: Erinnerte Zukunft: 11 Studien zum Werk Christa Wolfs, hrsg. von Mauser, Wolfram, Königshausen & Neumann, Würzburg 1985, S. 81-106.

Wiesenhahn, Gretchen: Christa Wolf Reconsidered: National Stereotypes in „Kindheitsmuster", in: The Germanic Review Vol. 68 No. 2 (1993), S. 79-87.

Wittstock, Uwe: Über die Fähigkeit zu trauern: das Bild der Wandlung im Prosawerk von Christa Wolf und Franz Fühmann, Athenäum, Frankfurt am Main 1987.

Zahlmann, Christel: „Kindheitsmuster": Schreiben an der Grenze des Bewusstseins, in: Erinnerte Zukunft: 11 Studien zum Werk Christa Wolfs, hrsg. von Mauser, Wolfram, Königshausen & Neumann, Würzburg 1985, S. 141-160.

Club der einsamen Schmerzen, in: Der Spiegel Nr. 43, 10. 04. 1989, S. 229 (anonym).

Primärliteratur - andere Autoren

Becker, Jurek: Jakob der Lügner, Suhrkamp, Frankfurt am Main 2000.

Chekhov, Anton: The Sea Gull, in: Anton Chekhov's Plays, hrsg. von Bristow, Eugene K., W. W. Norton & Company Inc., New York 1977, S. 1-51

Ders.: Uncle Vanya, in: Anton Chekhov's Plays, hrsg. von Bristow, Eugene K., W. W. Norton & Company Inc., New York 1977, S. 53-96

Grass, Günter: Die Blechtrommel, Deutscher Taschenbuch Verlag, München 1998.

Günther, Johann Christian: Trostaria, in: Sämtliche Werke, Bd. 2, Wissenschaftliche Buchgesellschaft Darmstadt 1964, S. 9.

Kafka, Franz: Ein Landarzt, in: Gesammelte Schriften, Bd. 1, hrsg. von Brod, Max, Schocken, Berlin 1935, S. 134-140.

Levi, Primo: If This Is A Man, Abacus, London 1994.

Mann, Thomas: Bekenntnisse des Hochstaplers Felix Krull, in: Gesammelte Werke, Bd. 7, S. Fischer Verlag, Oldenburg 1960, S. 263-661.

Ders.: Tonio Kröger, in: Gesammelte Werke. Erzählungen, Bd. 8, S. Fischer Verlag, Oldenburg 1960, S. 271-338.

Ders.: Mario und der Zauberer, in: Gesammelte Werke. Erzählungen, Bd. 8, S. Fischer Verlag, Oldenburg 1960, S. 658-711.

Novalis: Heinrich von Ofterdingen, in: Novalis. Schriften, Bd. 1, hrsg. von Kluckhorn, Paul und Richard Samuel, W. Kohlhammer, Stuttgart 1960, S. 183-334.

Rilke, Rainer Maria: Der Panther, in: Sämtliche Werke, Bd. 1, Insel, Wiesbaden 1956, S. 505.

Shakespeare, William: Cymbeline, King of Britain, in: The Oxford Shakespeare. The Complete Works, hrsg. von Wells, Stanley, Gary Taylor et al., Clarendon Press, Oxford 1999, S. 1131-1165.

von Hofmannsthal, Hugo: Ein Brief, in: Hugo von Hofmannsthal Sämtliche Werke, Bd. 31, hrsg. von Ritter, Ellen, S. Fischer Verlag, Frankfurt am Main 1991, S. 45-55.

Woolf, Virginia: Mrs Dalloway, Oxford University Press, Oxford 2000.

Dies.: To The Lighthouse, Oxford University Press, Oxford 1992.

Dies.: A Room Of One's Own. Three Guineas, Oxford University Press, Oxford 1992.

Dies.: Between the Acts, Oxford University Press, Oxford 1992.

Sekundärliteratur zu den Texten von Jurek Becker und Virginia Woolf

Ames, Christopher: Carnivalesque Comedy in „Between the Acts", in: Twentieth Century Literature Vol. 44 No. 4 (1998), S. 394-408.

Bennett Smith, Susan: Reinventing Grief Work: Virginia Woolf's Feminist Representations of Mourning in „Mrs Dalloway" and „To The Lighthouse", in: Twentieth Century Literature Vol. 41 No. 4 (1995), S. 310-327.

DeMeester, Karen: Trauma and Recovery in Virginia Woolf's „Mrs Dalloway", in: Modern Fiction Studies Vol. 44 No. 3 (Fall 1998), S. 649-673.

Koppen, Randi: Embodied Form: Art and Life in Virginia Woolf's „To the Lighthouse", in: New Literary History Vol. 32 No. 2 (2001), S. 375-389.

Minogue, Sally: Was it a Vision? Structuring Emptiness in „To the Lighthouse", in: Journal of Modern Literature Vol. XXI No. 2 (Winter 1997-98), S. 281-294.

Nussbaum, Martha C.: The Window: Knowledge of Other Minds in Virginia Woolf's „To the Lighthouse“, in: New Literary History Vol. 26 No. 4 (1995), S. 731-753.

Rock, David: Jurek Becker: A Jew Who Became A German?, Berg, Oxford und New York 2000.

Snaith, Anna: Virginia Woolf's Narrative Strategies: Negotiating Between Public and Private Voices, in: Journal of Modern Literature Vol. XX No. 2 (Winter 1996), S. 133-148.

Wall, Kathleen: Frame Narratives and Unresolved Contradictions in Virginia Woolf's „A Room of One's Own“, in: Journal of Narrative Theory Vol. 29 No. 2 (Spring 1999), S. 184-207.

York, R. A.: Virginia Woolf and the Rhythm of the Novel, in: Orbis Litterarum Vol. 50 No. 2 (1995), S. 103-122.

Literatur- und kulturtheoretische Schriften

Benjamin, Walter: Das Paris des Second Empire bei Baudelaire, in: Gesammelte Schriften, Bd. I·2, hrsg. von Tiedemann, Rolf und Hermann Schweppenhäuser, Suhrkamp, Frankfurt am Main 1974, S. 511-604.

Booth, Wayne: The Rhetoric of Fiction, Penguin, London 1991.

Derrida, Jacques: Die Schrift und die Differenz, Suhrkamp, Frankfurt am Main 1972.

Ders.: The Truth in Painting, The University of Chicago Press, Chicago 1987.

Hoesterey, Ingeborg: Postmodern Bricoleurs: the New Syncretism in German Studies, in: German Studies Review Vol. 14 No. 3 (1991), S. 587-596.

Dies.: Critical Narratology, in: Text and Performance Quarterly Vol. 11 No. 3 (1991), S. 207-216.

Dies.: Postmodern Pastiche: a Critical Aesthetic, in: The Centennial Review Vol. 39 No. 3 (1995), S. 493-510.

Dies.: Ästhetische Postmoderne und deutschsprachige Literatur, in: Wendezeiten - Zeitwenden. Positionsbestimmungen zur deutschsprachigen Literatur 1945-1995, hrsg. von Weininger, Robert und Brigitte Rossbacher, Stauffenburg, Tübingen 1997, S. 99-111.

Horkheimer, Max und Theodor W. Adorno: Dialektik der Aufklärung. Philosophische Fragmente, in: Adorno, Theodor W.: Gesammelte Schriften, Bd. 3, Suhrkamp, Frankfurt am Main 1981.

Iser, Wolfgang: Der Akt des Lesens. Theorie ästhetischer Wirkung, Wilhelm Fink, München 1976.

Lucy, Niall: Postmodern Literary Theory. An Introduction, Blackwell, Oxford 1997.

Ders.: Postmodern Literary Theory. An Anthology, Blackwell, Oxford 2000.

McHale, Brian: Postmodernist Fiction, Routledge, London & New York 1987.

Petersen, Jürgen: Erzählsysteme: eine Poetik epischer Texte, Metzler, Stuttgart & Weimar 1993.

Ders.: Fiktionalität und Ästhetik: eine Philosophie der Dichtung, E. Schmidt, Berlin 1996.